국역

영희전지·남전속지

번역
《영희전지》 김진옥(전 한국고전번역원 책임연구원)
《남전속지》 지금완(전 한국고전번역원 연구원)

교열 및 감수
강제훈(고려대학교 교수)

자료소개
김진옥(전 한국고전번역원 책임연구원)

자료협조
한국학중앙연구원 장서각

서울사료총서 21

국역 영희전지·남전속지
永禧殿志·南殿續志

발 행 인 서울역사편찬원장 이상배
발 행 처 서울역사편찬원(history.seoul.go.kr)
서울특별시 송파구 올림픽로 424(02-413-9622)
기 획 · 편 집 박명호(시사편찬과장), 김근영, 김현정
발 행 일 2024년 11월 30일
판 매 가 15,000원
디자인·인쇄 이른아침(031-908-7995)
발간등록번호 51-6113542-000115-01
I S B N 979-11-6071-202-5 (94910)
978-89-94033-03-7 (세트)

서울사료총서 21

국역 영희전지 · 남전속지

서울역사편찬원

발/간/사

과거 사건이나 인물을 연구하기 위한 역사적 기초 자료를 '사료史料'라고 합니다. 서울역사편찬원은 "서울史" 연구를 위한 사료를 연구자와 시민들에게 제공하고자 1956년 5월 15일 서울사료총서 제1권 《동국여지비고》를 발간하였습니다. 그 이후 꾸준히 서울에 관련된 공문서, 지리지, 일기, 의궤 등 다양한 사료를 선별하고 번역하여 소개하고 있습니다.

이번 서울사료총서 제21권은 조선시대 왕의 초상화인 어진御眞을 모시는 건물, '영희전永禧殿'에 대한 내용입니다. 조선시대 어진을 제작하는 것은 상당히 중요한 일이었습니다. 어진을 그리는 방식도 다양해서 살아생전 직접 보고 그리거나[圖寫], 돌아가신 후 기억을 토대로 그리거나[追寫], 기존에 제작한 어진을 본本으로 삼아[模寫] 그리기도 했습니다. 어진은 왕의 모습을 담은 만큼 진전眞殿에 봉안되어 나라에서 관리하였습니다. 진전 가운데 잘 알려진 전주의 경기전은 태조의 어진을 모신 외방진전의 하나입니다. 조선후기 서울에는 선원전과 남별전에서 어진을 봉안하고 있었는데, 숙종 때 태조, 세조, 원종의 어진을 남별전에 모시고 중건하게 되면서 '영희전永禧殿'이라는 전호를 내리게 되었습니다. 영희전은 곧 남별전이기도 하며, 남전이라는 이름으로도 불렸습니다. 《영희전지》에는 그 내력이 자세하게 정리되어 있습니다.

1750년 영희전 참봉으로 부임한 김용겸은 "업무에 대해 참고할 만한 자료"가 마땅치 않아 《영희전지》를 편찬했다고 합니다. 1751년 완성된 《영희전지》에는 영희전의 창건, 전각배치, 전호殿號를 짓는 과정, 영정의 보수, 제향, 영희전에서 보관하는 의물·제기 등 영희전에 대한 다양한 정보가 담겨 있습니다. 다른 관원이 오더라도 근무하는 관서官署에 대해 잘 알 수 있도록 정리한 관서지官署志인 것입니다. 《남전속지》는 1859년 영희전 참봉 김계진이 지었습니다. 김계진은 《영희전지》 편찬 이후 영조 때 중수청을 설치한 일, 영조의 어진을 봉안한 일 등 100년 사이 기록하지 않은 여러 자료를 《남전속지》에 담아 완성하였습니다.

《국역 영희전지·남전속지》는 서로 비슷하면서도 다른 두 권의 책을 하나로 엮은 것입니다. 영희전 참봉인 두 인물이 편찬한 책을 통해 지금은 기록으로만 남아 있어 생소하기도 한 '영희전'의 역사를 알 수 있는 것입니다. 더불어 이 책은 영희전의 관원이 편찬한 관서지라는 특수성뿐만 아니라, 한국학중앙연구원 장서각 소장 유일본을 국역했다는 자료적 가치도 있습니다. 향후 편찬할 '영희전 영건 의궤류' 국역서에 앞서 영희전을 이해하는 좋은 길잡이가 될 것입니다.

책이 나오기까지 수고해 주신 번역자와 감수자 선생님, 서울역사편찬원 연구원들을 비롯한 관계자 여러분께 감사드립니다. 이 책을 통해 "서울史" 연구가 다양한 분야에서 더 활발해지길 바라며, 서울 역사에 관심을 가진 독자들이 한층 더 서울의 역사상에 가까워질 수 있기를 바랍니다.

2024. 11.

서울역사편찬원장 이상배

목/차

국역 영희전지

영희전지(건)

영희전지(곤)

국역 남전속지

原文

일러두기

* 이 책은 한국학중앙연구원 장서각 소장 《永禧殿志》(K2-2471)와 《南殿續志》(K2-2436)를 번역한 것이다.

* 번역문의 단락 구분이나 구성은 사료 원문의 형태를 존중하여 편집하였으나, 가독성을 위해 단락을 구분하기도 했다.

* 번역이나 편집 과정에서 항목을 추가하거나 수정한 내용은 별도로 표기하였다.

* 《남전속지》의 경우 "목록"에 없는 〈건물배치도〉와 〈찬품진설도〉가 개별 장에 해당한다고 판단하여 내용을 구성하였다.

* 맞춤법과 띄어쓰기는 국립국어원 〈한글맞춤법〉과 〈표준어규정〉을 따르는 것을 원칙으로 하였다.

* 번역문에 표기한 문장부호는 다음과 같다.

  [ ] : 번역문과 음이 다른 한자

  【 】: 원문의 주석(原主와 小字雙行으로 표현한 내용)

  " " : 대화나 상소문 등 인용문

  ' ' : " " 안의 재인용 부분

  「 」: ' ' 안의 재인용 부분

  《 》: 책명

  〈 〉: 책의 편명, 운문·산문의 제목, 도설 등

  ■ : 상위 소제목 아래 하위 소제목이 나오는 경우

자료소개

永禧殿志

南殿續志

진전으로서의 영희전

-《영희전지》와 《남전속지》를 중심으로 -

영희전永禧殿은 조선 왕조 여러 임금의 어진御眞을 봉안한 진전眞殿이다. 어진은 왕의 초상화를 지칭한다.[1] 일찍이 어진에 대한 기록은 《삼국사기》부터 확인할 수 있다. 열전 궁예전에는 부석사浮石寺에 신라왕의 어진이 있었다는 내용이 있고,[2] 경순왕敬順王의 초상은 후대에 원본을 보고 다시 그린 이모본移模本이 경주의 숭혜전崇惠殿에 5점이나 남아있다.

고려시대에 왕과 왕후에 대한 초상이 활발하게 제작되었다는 것은 기록을 통해 알 수 있다.[3] 제작된 어진은 개성에 5실을 갖춘 경령전景靈殿을 설

1 왕의 초상화는 진영(眞影), 영자(影子), 진용(眞容), 성진(聖眞), 수용(睟容), 어용(御容), 정자(幀子), 영정, 어진 등으로 다양하게 일컫다가 1713년(숙종 39)에 대신들의 논의를 거쳐 어진이란 용어가 가장 적합하다는 결정을 보게 되었다(《승정원일기》 숙종 39년 5월 6일). 하지만 조선말까지 '영정'이라는 용어도 빈번히 사용하였다(조선미, 〈조선왕실의 어진〉, 《조선왕실의 어진과 진전》, 국립고궁박물관, 2015, 194쪽).

2 통일신라시대 왕의 초상화를 제작했다는 직접적인 기록은 나오지 않는다. 다만, 《삼국사기》 열전 궁예전에 "부석사에 이르러 벽에 그려진 신라 왕의 초상을 보고 칼을 뽑아 그것을 쳤는데, 그 칼자국이 아직도 남아 있다."는 기록이 있어 초상화가 있었음을 짐작할 수 있다(《삼국사기》 권50 열전10 궁예).

3 고려시대의 어진은 대부분 소실되어 현재 국립중앙박물관에 고려 태조의 어진이 남아 있고, 경기도 화장사에 있었던 공민왕의 어진이 사진으로 남았을 뿐이다.

치하여,[4] 제1실에는 태조의 어진을 영구히 보관하고 나머지 4실에 현재 왕을 기준으로 4대조의 어진을 봉안하였다. 4실이 다 찬 뒤 새 어진이 들어오게 되면 가장 오래된 왕의 어진은 궁궐 밖 원찰願刹로 옮겨졌다. 원찰은 특정인의 명복을 빌기 위해 세운 사찰로, 고려 왕실은 이 원찰 안에 진전을 마련하여 왕과 왕후의 어진을 봉안하고 기일忌日마다 불교식 재齋를 올려 명복을 빌었다.[5]

조선에서도 많은 어진을 제작하였다.[6] 조선 초기에 태종은 지방 5처에 태조의 어진을 봉안한 외방진전外方眞殿[7]을 설립하는 한편 한양에 태조와 신의왕후神懿王后의 어진을 모신 문소전文昭殿이라는 진전을 두었다. 문소전은 한양에 있던 태조 진전인 동시에 왕실의 원묘原廟이기도 하였다. 원묘는 종통宗統을 강조한 종묘宗廟와 달리 사친私親에 대한 효에 기반한 왕실의 사당祠堂이다. 세종 때 원묘 제도를 개혁하면서 문소전에 영정 대신

4 《고려사》 권99 열전12 제신 유응규, "어느 날 궁궐에 불이 나자, 유응규(庾應圭)는 먼저 경녕전으로 가서 5실에 있는 선왕들의 어진을 안고 나왔으며, 또 중서성으로 가서 국인(國印)을 꺼내왔다."

5 조선미, 앞의 글, 2015, 194쪽.

6 조선의 어진들은 1908년 칙령에 의해 모두 국유로 귀속되었다. 1920년에 일제가 창덕궁 북일영 터에 신선원전(新璿源殿)을 건립하여 12실에 조선의 열성 어제들을 모두 봉안 향사하였다. 이 신선원전의 수리 과정을 기록한 《선원전영정수개등록》(1935)에 의하면, 당시 봉안된 어진의 총 수효는 46점이었다. 제1실에 태조 3점, 제2실에 세조 1점, 제3실에 원종 1점, 제4실에 숙종 2점, 제5실에 영조 6점, 제6실에 정조 4점, 제7실에 순조 4점, 제8실에 익종 3점, 제9실에 헌종 2점, 제10실에 철종 4점, 제11실에 고종 9점, 제12실에 순종 7점이었다(조선미, 앞의 글, 2015, 197쪽 표2).

7 태조 어진의 봉안처는 영흥의 준원전, 개성의 목청전(穆淸殿), 전주의 경기전, 평양의 영숭전(永崇殿), 경주의 집경전(集慶殿)이다. 이 다섯 곳은 모두 태조와 각별한 인연이 있는 곳이거나 옛 도읍지였다. 영흥은 태조가 태어난 곳이고, 전주는 태조의 본관이 전주이씨이고, 개성·평양·경주는 옛 도읍지였던 곳이며, 특히 개성의 목청전 터는 태조가 왕이 되기 전에 살던 집터였다.

신주를 모시기로 하여,[8] 어진은 궤에 넣어 문소전 뒤에 위치한 선원전璿源殿으로 옮겨졌다. 선원전은 초상만이 아니라 왕실의 족보나 죽책 등도 보관하는 곳이었으므로, 어진이 선원전으로 옮겨졌다는 것은 즉 한양의 진전이 폐지되었다는 것을 뜻한다.

임진왜란과 병자호란을 거치면서 어진의 대부분이 소실되었다. 양란兩亂 이후에 진전으로는 태조의 어진을 봉안한 전주의 경기전慶基殿과 영흥의 준원전濬源殿이 있고, 열성列聖의 어진을 봉안한 서울의 선원전과 남별전南別殿만 남게 되었다. 이후 다시 진전을 건립한 것이 영희전이다. 영희전은 조선 후기 한양에 영정을 모신 진전이자, 원묘의 기능을 회복했다는 의미가 있다.

숙종은 어진의 임시봉안처였던 남별전을 확장하여 태조·세조·원종의 어진을 봉안하고 영희전이라는 전호殿號를 내림으로써, 한양에 태조의 진전을 복구하였다. 영희전은 1908년의 〈향사이정享祀釐正에 관한 건〉(칙령 제50호, 1908. 7. 23 공포)으로 전각 운영이 중단될 때까지 태조·세조·원종·숙종·영조·순조의 총 6본本의 어진을 봉안하는 진전으로서의 역할을 담당하였다. 그러나 이처럼 중요한 왕실 제례 시설이었음에도 불구하고, 현재 영희전 건물은 남아있지 않아 기록 속에만 살아있는 진전이 되었다.[9] 여기에 영희전 연구의 필요성이 있다.

영희전 관련 자료는 규장각과 장서각 등에 몇몇 고서古書와 의궤儀軌 형태로 남아있다. 고서로는 《영희전별등록永禧殿別謄錄》, 《영희전의장제기등

8 어진을 봉안하는 진전 중심으로 제례를 올렸던 고려와 달리, 조선은 종묘에 선왕의 신주를 봉안하여 제례를 행하는 유교식 의례를 시행하였다.

9 《궁궐지》에는 영희전이 '남부 훈도방'에 있었다고 하였다. 현재 서울시 중부경찰서 자리이다.

물등록永禧殿儀仗祭器等物謄錄》, 《영희전지永禧殿志》, 《남전속지南殿續志》 등이 있다. 의궤로는 《남별전중건청의궤南別殿重建廳儀軌》, 《진전중수도감의궤眞殿重修圖鑑儀軌》, 《남전증건도감의궤南殿增建都監儀軌》, 《영희전영건도감의궤永禧殿營建都監儀軌》 등이 있다.

〈표 1〉 영희전 관련 고서 목록

서명	편찬연대	편찬주체	소장처	청구기호
영희전별등록	1699 (숙종 25)	예조	한국학중앙연구원 장서각	K2-2467
영희전지	1751 (영조 27)	김용겸	한국학중앙연구원 장서각	K2-2471
영희전의장제기등물등록	1774 (영조 50)	예조	한국학중앙연구원 장서각	K2-2469
남전속지	1859 (철종 10)	김계진	한국학중앙연구원 장서각	K2-2436

〈표 2〉 영희전 관련 의궤 목록

의궤명	편찬연대	편찬주체	소장처	청구기호
남별전중건청의궤	1677 (숙종 3)	중건청	규장각한국학연구원	奎14353
진전중수도감의궤	1748 (영조 24)	중수도감	규장각한국학연구원	奎14913
			한국학중앙연구원 장서각	K2-3595
진전중수도감의궤	1772 (영조 48)	영건청	한국학중앙연구원 장서각	奎14237
남전증건도감의궤	1858 (철종 9)	증건도감	규장각한국학연구원	奎14354 奎14920
영희전영건도감의궤	1900 (광무 4)	영건도감	한국학중앙연구원 장서각	K2-3575 K2-3576
			규장각한국학연구원	奎14243 奎14244 奎14246 등

이번 서울사료총서 제21권은 한국학중앙연구원 장서각 소장 자료인 《영희전지》(K2-2471)와 《남전속지》(K2-2436)이다. 이 두 자료는 영희전의 창건에서부터 중건重建, 봉안한 영정影幀, 제향祭享 등에 관한 제반 사항을 기록하고 있어, 조선시대 진전으로서의 영희전의 전모를 파악하기에 적합한 자료이다.

이를 위해 본 해제에서는 우선 영희전의 연혁을 기술하여 영희전이 진전으로 확립되어 가는 과정을 살펴보겠다. 다음으로 《영희전지》와 《남전속지》의 구체적인 편찬 시기, 편찬자, 구성과 내용 등에 대해 살펴보고, 마지막으로 자료의 가치에 대해 소개하고자 한다.

1. 영희전의 연혁

영희전 부지는 궁궐 밖 남부南部 훈도방薰陶坊에 위치하였고, 세조가 즉위하기 전에 살았던 구저舊邸였다. 그 후 세조의 장녀 의숙공주懿淑公主와 사위 정현조鄭顯祖의 저택으로 쓰였고,[10] 인종이 어렸을 적에 양육되었던 곳이기도 하다.[11] 임진왜란 이후 광해군 때 이 부지에 봉자전奉慈殿을 건립하고 광해군의 생모인 공빈恭嬪 김씨의 신주를 안치하였다. 이로써 영희전 부지는 왕실 관련 인물들이 거처하던 저택에서 국왕의 생모를 추숭하는 사당으로 변하였다.

영희전에 처음 어진을 봉안하게 된 것은 태조와 세조의 어진을 강화도에 봉안하기 전 도성 내 임시봉안처로 사용하면서부터이다. 광해군 생모

10 《세조실록》 권32, 세조 10년 1월 20일 계유.

11 《중종실록》 권31, 중종 13년 1월 16일 병진; 권34, 중종 13년 8월 17일 갑신.

의 사당인 봉자전은 이때부터 남별전이라 불리게 되었다. 그 후 태조와 세조의 어진을 강화도의 진전으로 옮기고 난 뒤 비어 있던 이곳에 인조는 자신의 생부인 정원군定遠君을 원종元宗으로 추숭하면서 그 영정을 이곳에 봉안하였다. 원종의 영정을 봉안했을 때는 전호를 숭은전崇恩殿이라 하였다. 그러나 전란으로 인해 강화도의 진전이 불타 없어지자 그곳에 있던 세조의 어진을 이곳으로 다시 가져와 원종의 어진과 같이 봉안하였는데, 이때 다시 남별전이라 하였다.

이렇게 왕실 소유의 저택과 사당, 어진의 임시봉안처 등 다양한 용도로 쓰이던 남별전은 숙종 대에 들어서 대대적인 중건重建 과정을 거쳐 진전으로서 확고하게 자리 잡게 되었다. 숙종은 남별전을 1실에서 3실로 확장하고, 기존에 봉안했던 원종, 세조의 이진에 더해 태조의 어진을 이곳에 봉안하였다. 그리고 1690년(숙종 16)에는 영희전이라는 새 전호도 내렸다.[12] 그리고 3년마다 왕이 친행親幸하여 잔을 올리는 의례인 작헌례酌獻禮를 정례화하였다.[13] 이는 임시봉안처였던 남별전을 영희전이라는 진전으로 승격시킴으로써 한양에 다시 태조의 진전을 복구하였다는 것을 의미한다.

영조는 태조·세조·원종을 모신 3실 규모의 영희전을 5실로 다시 확장하였다. 그리고 여기에 숙종의 어진까지 더해 4본의 어진을 봉안하였다.[14] 영희전의 제례祭禮도 격상되었다. 영희전의 작헌례는 1744년(영조 20)에 편찬된 《국조속오례의國朝續五禮儀》 〈길례吉禮〉 조에 국가 전례로 정식 편입되었

12 《승정원일기》 343책, 숙종 16년 11월 3일 경인.

13 《숙종실록》 권38, 숙종 29년 9월 19일 임술.

14 《영조실록》 권67, 영조 24년 2월 25일 기묘.

는데, 이 의주에는 2년 간격으로 작헌례를 시행하는 것으로 명시되었다.[15] 그뿐 아니라 종래에는 육명일(정조·한식·단오·추석·동지·납일)에 제관祭官들이 제향을 올렸으나 영조 때부터 친향親享하기도 하였다. 이로써 왕이 친향을 위해 영희전에 나아가는 거가車駕의 출궁出宮과 망전례望殿禮가 종묘에 나아가는 의식에 준하게 되었다. 《영희전지》는 바로 이러한 시기에 해당하는 1751년(영조 27)에 편찬되었다. 따라서 《영희전지》의 내용을 통해 영희전에 태조·세조·원종·숙종의 어진을 봉안하기까지의 과정과 의례의 변화를 엿볼 수 있다.

1778년(정조 2)에는 영희전의 5실 중 비어 있던 1실에 영조의 어진을 더해 모두 5본의 어진을 이곳에 봉안하고, 어진 관계 의례를 《춘관통고春官通考》 〈가례嘉禮〉 어진 조에 실었다. 이는 《국조속오례의》에서 제사 의례로 다루었던 어진 관계 의례를 국가 전례화하고자 한 것으로 볼 수 있다.[16] 그 이후 1858년(철종 9)에 영희전은 다시 한번 중건되어 순조의 어진까지 총 6본의 어진을 봉안하는 진전의 역할을 수행하게 되었다. 《남전속지》는 이때의 중건 뒤에 편찬되었다. 따라서 《남전속지》는 어진봉안처로서의 영희전의 내력과 운영을 연속적으로 파악할 수 있게 해주는 자료라 할 수 있다. 이상에서 영희전이 진전으로 확립되어가는 연혁에 대해 대략 기술하고, 《영희전지》와 《남전속지》의 편찬이 이루어지는 시기와 연계시켜 보았다. 이하에서는 두 자료의 형태와 내용에 대해 다루고자 한다.

15 《국조속오례의》 길례 작헌영희전의(酌獻永禧殿儀).

16 유재빈, 〈조선 후기 어진 관계 의례 연구:의례를 통해 본 어진의 기능〉, 《미술사와 시각문화》 10, 2011, 84~86쪽.

2. 《영희전지》

1) 형태 서지

《영희전지》(K2-2471)는 불분권不分卷 2책의 고본稿本으로 구성되었으며, 두 책 모두 표지 서명書名은 《영희전지》이다. 선장線裝 형태로 장정이 되었고,[17] 본문은 저지楮紙를 사용하였다. 크기는 가로 21.43cm, 세로 3.8cm이고, 반엽半葉은 11행 21자이며 주註는 소자小字를 사용하여 쌍행雙行으로 기록하였다. 현재 《영희전지》는 한국학중앙연구원 장서각에서 소장하고 있는 본이 유일본이다.

2) 《영희전지》의 편찬 과정

이 책은 영희전의 창건에서부터 전각 배치, 전호殿號, 영정의 모사模寫, 봉안奉安, 제향祭享, 운영과 관리 등 1757년(영조 27)에 이르기까지의 영희전에 관한 제반 사항을 정리하여 기록한 영희전에 관한 '지志'이다.[18]

본지를 편찬한 사람은 1750년(영조 26)에 영희전 참봉으로 재직했던 김용겸金用謙(1702~1789)이다. 그는 본관이 안동安東이고, 자는 제대濟大이며, 호는 효효재嘐嘐齋이다. 부친은 주부主簿 김창즙金昌緝이고 조부는 숙종 때 영의정을 지낸 김수항金壽恒이었다. 명문 집안 출신이었으나, 신임사화

17 인쇄된 면이 밖으로 나오도록 책장의 가운데를 접고 책의 등 부분을 끈으로 묶는 장정(裝幀) 방법의 하나이다. 국립국어원 표준국어대사전 참고(stdict.korean.go.kr).

18 당시 사람들은 '지(志)'를 '전장(典章)을 밝히는 것' 또는 '고실(故實)을 기록하는 것'으로 이해하였다. 특징 관사에 '지' 자를 붙인 서명을 가진 관서지(官署志)의 경우, 해당 관서의 설치 연혁, 소속 관원, 고유업무, 업무지침, 고사(故事) 등을 기술하는 특징을 보인다(김진옥, 〈조선후기 관서지에 대한 고찰〉, 《고전번역연구》 7, 2016, 186~190쪽).

(1721~1722) 때 백부 김창집金昌集이 사사賜死되고 전주로 유배되었다가 4년 만에 풀려났다. 1745년(영조 21)에 만녕전 참봉萬寧殿參奉에 제수되고, 이듬해 공릉 참봉恭陵參奉에 제수되었으나 모두 나아가지 않았다. 그가 영희전 참봉에 제수된 것은 1750년(영조 26) 5월이었다.

김용겸은 본지의 말미에 실은 지識에서 "경오년(1750) 여름에 내가 본전의 전랑殿郞이 되어 상고할 만한 전고典故를 물으니, 단지 예조에서 온 등록謄錄 2책이 있었는데 엉성하고 번잡하여 지誌를 기록하는 체재와 모양을 이루지 못하였다. 내심 그것을 병통으로 여겨"[19] 자신이 《영희전지》를 편찬하였다고 기술하였다. 이 기술로 볼 때 본지는 상부의 지시를 받은 공적 업무로 편찬된 것이 아닌, 사찬私撰임을 알 수 있다. 그가 본지의 편찬을 끝낸 것은 그다음 해인 1751년(영조 27) 3월이었다.

본지를 편찬하게 된 목적은 "본전本殿의 관원이 된 자에게 고찰하여 준거로 삼게 하기"[20] 위해서였다. 즉, 영희전에 근무하는 관원들을 위한 참고 자료로 쓰기 위한 것이었다. 편찬 작업은 영희전에 비치되어 있던 예조의 등록 2책에서 긴요한 내용을 추출하고, 《오례의五禮儀》와 《속오례의續五禮儀》에서 내용을 보충하였으며, 구체적인 사례는 전복殿僕들에게 물어서 기술하였다. 이렇게 모은 자료들을 분류하여 2책으로 정리하였고, 서사書寫는 본전의 청지기[廳直] 송대원宋大源이 하였다.

3) 《영희전지》의 구성과 내용

본지는 권의 구별이 없이 건乾, 곤坤 2책으로 구성되어 있다. 항목은 총

19 《영희전지》 지(識).
20 《영희전지》 지(識).

25개로 이루어져 있는데, 〈창건〉에서 〈축문〉까지는 건乾에, 〈제향의주〉에서 〈전사집물〉까지는 곤坤에 실려 있다.

건乾 책 앞에 목록目錄이 있다. 목록에 제시된 각 항목의 내용을 간략히 정리하면 다음과 같다.

〈창건〉에는 영희전의 위치와 태조·세조·숙종의 영정을 봉안한 진전으로서의 연혁에 대하여 기술하였다.

〈전각 배치〉에는 정전·이안청·어재실·동궁재실·제기고 등의 규모를 기술하였다.

〈전호〉에는 남별전이라는 별칭이 영희전이라는 정식 전호로 바뀌는 1690년(숙종 16)의 전교와 예조·홍문관·승정원의 계사를 실었다.

〈중건〉에는 남별전을 개건하려던 1676년(숙종 2)의 논의와 1697년(숙종 23) 남별전을 3실로 중건한 일, 1748년(영조 24) 5실로 확장 중건하고 숙종의 어진을 봉안한 일과 참여자 명단을 기록하였다.

〈영정의 위차〉에는 태조, 세조, 원종, 숙종의 영정을 봉안한 순서를 밝혔다.

〈영정의 개모改模〉에는 1688년(숙종 14) 태조의 영정을 모사하여 경기전에 환안還安하는 과정과 1735년(영주 11) 세조의 영정을 모사한 일과 영정모사도감影幀模寫都監에 참여한 화원畫員 및 관원 명단, 1748년(영조 24) 숙종의 영정을 모사하여 영희전에 봉안하고 작헌례를 치르기까지의 전교와 계사, 참여자 명단을 기술하였다.

〈영정의 보수〉에는 1637년(인조 15)의 세조 영정 보수, 1648년의 원종 영정 보수, 1669년(현종 10)과 1670년의 세조 영정 보수, 1692년(숙종 18)의 세조 영정 보수와 수보도감 참여자 명단, 1712년~1713년(숙종 38~39)의 세조 영정 보수, 1727년(영조 3)의 세조 영정 배접 보수에 대한 군신 간의 논의 과정이 실려 있다.

〈영정의 표지表識〉에는 영정의 표지를 추가하는 것에 대한 1695년(숙종 21) 군신 간의 논의 과정을 기록하였다.

〈제향 총목〉에는 영희전에 지내는 제향이 대제, 친림작헌례, 고유제, 환안제, 위안제임을 밝혔다.

〈친향〉에는 영희전의 제향에 정기적으로 친향하는 일의 논의 과정을 기록하였다.

〈작헌례〉에는 1637년부터 1750년(영조 26)까지 거행한 작헌례를 기록하였다.

〈제향 찬품〉에는 대제와 친림작헌례 등의 제향 때 쓰는 제물祭物을 기록하고, 제향에 채화綵花를 쓰는 것을 중지하는 1682년(숙종 8)의 논의 과정에 대해 기록하였다.

〈제향 진배〉에는 대제와 별제別祭에 쓰는 제물을 기록하고, 각사各司에서 진배하는 물종物種 및 원역員役에게 지급하는 요포料布에 대한 규식을 밝혔다.

〈축문〉에는 태조(제1실), 세조(제2실), 원종(제3실), 숙종(제4실)에게 올리는 축문의 형식을 기술하였다. 이외에 1730년(영조 6)에 있었던 제문 형식에 대한 논의와 1778년(정조 2)에 있었던 영희전 제5실에 영조의 영정을 봉안하는 과정이 추가되었다.

〈제향 의주〉에는 영희전에 친향하는 의주儀註, 작헌례를 거행하는 의주, 속절俗節에 섭행攝行으로 본전에 제향을 지내는 의주, 왕이 본전에 친향할 때 왕세자가 아헌하는 의주 등에 대해 기록하였다.

〈제향 잡의雜儀〉에는 제향의 의식을 제물배래-연향-전축-제찬성시-전향-망예-진상-음복 순서로 기술하였다.

〈잡의〉에는 영정을 이안하고 환안하는 절차, 삭망 때 분향하는 절차, 봄·가을에 봉심하고 수개修改하는 절차, 전사殿司가 봉심하고 숙배肅拜하고 수향受香하는 절차 등을 기술하였다.

〈의물·제기〉에는 4실에 쓰는 포진, 의장, 제기, 궤 등의 물종과 수량을 상세히 기록하고, 영희전에 주렴을 설치하고 흑장통을 마련하는 일에 대한 1682년(숙종 8)과 1699년의 군신 간의 논의 과정을 기술하였다.

〈어제御製〉에는 1741년에 영희전에서 작헌례를 치른 뒤, 1744년에 친향한 뒤, 1748년에 숙종의 영정을 봉안한 뒤 지은 영조의 어제시御製詩 4편과 전사殿司와 재관齋官에게 제향을 경건하게 올리도록 칙유하는 어제를 실었다.

〈어유御諭〉에는 예관이나 전랑의 공식적인 봉심 이외에 사적인 봉심을 금하는 1746년(영조 22)의 전교를 비롯하여 제향 절차와 제물을 경건히 다루도록 신칙하는 전교, 영정의 보관·관리·봉심에 대한 전교 등 주로 영조 때의 전교를 기록하였다.

〈변통變通〉에는 분향할 때 쓰는 홰[炬]와 초의 진배, 수직군守直軍의 충원을 지시한 1683년(숙종 9)과 1677년(숙종 23)의 일, 영희전 수복守僕의 늠료廩料[21] 증액과 수직군의 충원, 수복방守僕房의 위치 이동, 제기고의 건립에 대한 1745년~1750년(영조 21~26)까지의 변통 사항을 기술하였다.

〈도변盜變〉에는 1673년(현종 14) 때 남별전의 은제기를 도둑맞은 사건에

21 벼슬아치들에게 주던 봉급. 18등급으로 나뉘어 있다.

대해 기술하였다

〈관원〉에는 영희전의 관원과 이졸吏卒의 정원과 변통에 대해 기술하였다.

〈전사 식례殿司 式禮〉에는 1749년(영조 25) 영희전 참봉 홍재洪梓가 작성한 18개 항목의 "전사가 지켜야 할 사례 절목[殿司通行事例節目]", 수복이 담당할 직무와 잡규를 실었다.

〈전사의 집물什物〉에는 전사가 쓰는 제관祭冠, 제복祭服, 선생안先生案, 방석, 병풍 등의 여러 물종을 기록하였다.

말미에 영희전 참봉 김용겸이 본지를 편찬하게 된 과정을 기술한 지識가 있다. 서사書寫는 본전의 청지기 송대원宋大源이 하였다는 기록이 있다.

3. 《남전속지》

본지는 1859년(철종 10)에 영희전 참봉 김계진金啓鎭이 남전南殿과 관련된 사항을 수집 정리하여 엮은 책이다. 남전은 남별전의 약칭이다. 1690년(숙종 16) 숙종이 남별전에 영희전이라는 전호를 내리면서 정식 명칭이 되었다. 서명에서 알 수 있듯이 《남전속지》는 전지前志인 《영희전지》를 이어 편찬한 속지續志이고, 추가된 내용은 1751년(영조 27)부터 1858년까지의 영희전 관련 내용이다.

1) 형태 서지

《남전속지》(K2-2436)는 불분권不分卷 1책(56장)의 필사본이다. 선장線裝 형태로 장정이 되었고, 본문은 저지楮紙를 사용하였다. 크기는 가로 22.2cm, 세로 34.8cm이고, 반엽半葉은 10행 20자이며 주註는 소자小字를 사용하여 쌍행雙行으로 기록하였다. 유일본이다.

2) 《남전속지》의 편찬 과정

본지의 편찬에 대해서는 본지 말미에 실린 김계진의 지에 상세하다. 직접적인 계기는 김계진이 영희전 참봉에 제수된 것이었다. 《승정원일기》에 따르면, 그는 1858년 9월 29일에 영희전 참봉에 제수되었다. 이때는 바로 5실이었던 영희전을 6실로 확장하고, 순조의 어진을 봉안한 때였다.

김계진이 참봉에 제수된 후에 영희전 재실에 가보니 《영희전지》 2책이 있었다.[22] 그런데 그 책은 1751년에 편찬되었기 때문에 그 뒤에 있었던 1772년(영조 48)에 중수청을 설치한 일이라든가, 1778년에 영조의 어진을 영희전 제5실에 봉안한 일 등에 대한 기록이 없었다. 정조도 《영희전지》의 후속 기록이 갖추어지지 못한 것을 애석하게 여겨 1781년(정조 5)에 "본전지本殿志를 보니 경오년(1750) 이후로 계속해서 짓지 못한 탓에 그 뒤의 의문儀文이 이로 인해 폐기되었으니 어찌 흠이 되는 일이 아니겠는가. 본전지를 예조 참의 유의양柳義養에게 속히 찬차撰次하여 올리게 하라."[23]라고 하교하였다. 그러나 유의양이 만든 초본草本은 불에 타서 없어졌다고 한다. 이에 김계진은 영희전 참봉으로서 영희전에 대한 기록을 완비해야겠다는 의지를 가졌던 것으로 보인다.

또한 김계진으로 하여금 영희전의 속지를 편찬하게 한 중요한 계기는 바로 기존의 《영희전지》를 편찬한 김용겸이 그의 족조族祖였다는 것도 크게 작용하였다. 김용겸은 김극효金克孝(1542~1618)의 5남 중 4남인 김상헌金尙憲

22 《남전속지》 지(識).

23 《승정원일기》 1499책, 정조 5년 12월 2일 경오.

의 4대손이고, 김계진은 김극효의 장남인 김상용金尙容의 6대손이었다. 약 100년의 시간적 차이를 두고 김용겸과 김계진이 똑같이 영희전 참봉을 제수받았으니, 김계진이 족조인 김용겸이 편찬한 《영희전지》를 이어서 완성하려던 뜻을 가진 것은 충분히 이해할 만하다.

이렇듯 정조와 김용겸의 뜻을 염두에 두고 속지 편찬이 시작되었다. 김계진은 우선 영희전에 비치되어 있던 "의궤와 등록謄錄을 가져다 《승정원일기》와 대조해가며 번잡한 것을 삭제하고 긴요한 것을 추려 모은 뒤 의심나는 것은 빼고 신뢰할 만한 것만 기술"[24]하였다. 다룬 내용은 "영종 신미년에서 금상 무오년까지"라고 하였으니, 1751년부터 1858년까지의 영희전 관련 사실이다. 즉, 《남전속지》는 《영희전지》가 편찬된 이후의 영희전 관련 내용을 수집 정리하여 후대에 전하려는 의도에서 편찬하게 되었고, 그 내용도 이러한 의도에 충실한 쪽으로 구현되었다고 할 수 있다.

3) 《남전속지》의 구성과 내용

본지의 맨 앞에 목록이 있다. 목록에는 〈제향躋享〉 이하 〈변통變通〉까지 총 18개의 항목이 제시되어 있다. 본지의 목록을 《영희전지》의 목록과 비교하면, 속지로서의 《남전속지》의 성격이 확연히 드러난다.

목록에 제시된 각 항목의 내용을 간략히 정리하면 〈표 3〉과 같다.

24 《남전속지》 지(識).

〈표 3〉《영희전지》와 《남전속지》의 목록 비교

<table>
<tr><th rowspan="2"></th><th>영희전지</th><th colspan="2">남전속지</th></tr>
<tr><th>목록</th><th>목록</th><th>범례</th></tr>
<tr><td>1</td><td>창건</td><td>제향, 증건</td><td></td></tr>
<tr><td>2</td><td>전각 배치</td><td>×</td><td>그림으로 보충</td></tr>
<tr><td>3</td><td>전호</td><td>×</td><td>이미 전호가 있어 항목 삭제</td></tr>
<tr><td>4</td><td>중건</td><td>중수</td><td>중건, 중수는 공역 규모 차이</td></tr>
<tr><td>5</td><td>영정의 위차</td><td>영정의 위차</td><td></td></tr>
<tr><td>6</td><td>영정의 모사</td><td>×</td><td rowspan="3">근년의 등록에 해당 사실 없어 삭제</td></tr>
<tr><td>7</td><td>영정의 보수</td><td>×</td></tr>
<tr><td>8</td><td>영정의 표지</td><td>×</td></tr>
<tr><td>9</td><td>제향 총목</td><td>제향 총목</td><td></td></tr>
<tr><td>10</td><td>친향</td><td>친향</td><td></td></tr>
<tr><td>11</td><td>작헌례</td><td>작헌례</td><td></td></tr>
<tr><td>12</td><td>제향 찬품</td><td>제향 찬품</td><td></td></tr>
<tr><td>13</td><td>제향 진배</td><td>제향 진배</td><td></td></tr>
<tr><td>14</td><td>축문</td><td>축문</td><td></td></tr>
<tr><td>15</td><td>제향 의주</td><td>제향 의주</td><td></td></tr>
<tr><td>16</td><td>제향 잡의</td><td>제향 잡의</td><td></td></tr>
<tr><td>17</td><td>잡의</td><td>잡의</td><td></td></tr>
<tr><td>18</td><td>의물·제기</td><td>의물·제기</td><td></td></tr>
<tr><td>19</td><td>어제</td><td>어제</td><td></td></tr>
<tr><td>20</td><td>어유</td><td>어유</td><td></td></tr>
<tr><td>21</td><td>변통</td><td>변통</td><td></td></tr>
<tr><td>22</td><td>도변</td><td>×</td><td>고종 때 〈도변〉 추가</td></tr>
<tr><td>23</td><td>관원</td><td>×</td><td rowspan="3">중요치 않은 내용으로 판단하여 항목을 삭제하고 전지(前志)에 현주(懸註)함</td></tr>
<tr><td>24</td><td>전사의 식례</td><td>×</td></tr>
<tr><td>25</td><td>전사의 집물</td><td>×</td></tr>
</table>

〈범례〉에는 우선 본지의 총목이 전지前志(영희전지)의 차례를 따랐다는 점을 분명히 하였다. 전지와 달라진 항목에 대해서는 범례에 그 이유를 밝혔다.

전지의 〈창건〉 항목이 속지에서 〈제향〉과 〈증건〉으로 바뀐 것은 전지와 속지의 차이이고, 전지의 〈전각 배치〉 항목이 속지에 없지만 이 내용을 〈건물배치도[殿宇間架圖]〉로 대신하였다. 〈영정의 모사〉·〈영정의 보수〉·〈영정의 표지〉 항목은 근년의 등록謄錄에 해당 사실이 없어서 뺐고, 마지막의 〈관원〉·〈전사의 식례〉·〈전사의 집물〉에 대한 것은 일부 변동은 있었으나 중요하지 않아 항목에서 뺐다는 등의 설명이 그것이다.

〈제향〉에는 1778년 영희전 제5실에 영조의 영정을 봉안하는 절차에 대해 기록하였다.

〈증건〉에는 1858년 영희전 북쪽에 1실을 증건하고 순조의 영정을 봉안하는 과정과 증건도감 참여자 명단, 증건상량문을 실었다.

〈영정의 위차〉에는 태조(제1실), 세조(제2실), 원종(제3실), 숙종(제4실), 영조(제5실), 순조(제6실)의 영정의 위차를 기술하였다.

〈중수〉에는 1772년 중수영건청을 설치하여 영희전을 중수하는 과정과 참여자 명단을 기술하였다.

〈각양수보各樣修補〉에는 1751년 이후 염장簾帳·포진鋪陳, 양상도회樑上塗灰, 개와改瓦, 담장과 계석[墻堦], 하마비下馬碑, 담장 등을 보수한 일에 대해 기술하였다.

〈제향 총목〉은 범례에 항목명이 있으나, 실제 본문에는 〈제향총목〉의 내용이 없다.

〈친향親享〉에는 담당 제관들이 지내던 한식, 납일, 단오, 동지의 제사를 왕이 직접 친향한 기록이다.

〈작헌례〉에는 1752년부터 1858년(철종 9)까지 영희전에 왕이 작헌례를 친행 또는 섭행한 기록이다.

〈제향 찬품〉에는 1763년(영조 39)과 1785년(정조 9)의 제향에 쓸 유과油果, 탕湯, 황률黃栗, 다식茶食 등의 찬품에 대해 왕에게 여쭈어 정한 일들을 기록하였다.

〈제향 진배〉 영조 39년과 정조 9년에 제향에 쓸 초주지草注紙와 되[升]·말[斗]에 대해 왕에게 여쭈어 정한 일을 기록하였다.

〈축문〉에는 제5실에 봉안한 영조, 제6실에 봉안한 순조의 제향에 쓰는 축문의 내용이다.

〈제향 의주〉에는 추후에 보충한 내용으로, 친제 때 젓가락을 놓는 방향, 단오제 때 제물에 쓸 물을 길어오는 방식, 재계할 때 절주節酒할 것을 지시한 내용을 기록하였다.

〈제향 잡의〉에는 준축準祝·전향傳香·망예望瘞·진상進上 등에 대한 영조와 정조의 지시 사항을 기록하였다.

〈잡의〉에는 영희전 보수 시 영정의 이안과 환안, 춘추 봉심에 대한 정조 때와 순조 때의 지시, 수향에 대한 1754년(영조 30)년과 1788년(정조 12)의 결정을 기록하였다.

〈의물·제기〉에는 제5실과 제6실에 쓰는 의물과 제기에 대한 내용을 기록하였다.

〈어제〉에는 한식제를 친행하고 지은 1752년(영조 28)의 어제와 납향제를 지낼 때 지은 1781년(정조 5)의 어제를 실었다.

〈어유〉에는 영희전의 보수, 전지殿志 편찬, 봉심 등에 대한 1751년(영조 27)·1755년(영조 31)의 전교와 정조 때의 전교들을 기록하였다.

〈변통〉에는 제향에 쓸 찬품을 태상시 숙수에게 만들도록 한 1766년(영조 42)의 지시, 가관假官·수복守僕·체아직遞兒職 등을 임명할 때의 규례에 대한 정조의 지시를 기록하였다.

말미에 《남전속지》를 편찬한 영희전 참봉 김계진의 지識가 있다. "歲己未季秋日"이라고 쓴 글자 위에 "哲宗己未"라고 쓴 찌가 붙어 있어, 본지가 1859년(철종 10)에 편찬되었음을 알 수 있다. 전지에 이어 속지를 편찬하게 된 동기와 작업 방식에 대하여 기술하였다.

〈도변〉에는 1892년(고종 29)에 영희전의 은제기를 도둑맞은 사건과 새로 제작하게 한 은제기명과 수량을 기록하였다. 이 항목명은 목록에 없고, 본지가 편찬된 철종 10년 이후의 일이므로 추후에 보충한 기록으로 보인다.

4. 자료의 가치

영희전은 왕의 어진을 봉안한 진전으로, 태조·세조·원종·숙종·영조·순종의 어진을 봉안하였다. 본래는 한양 남부 훈도방에 위치하였다고 하나, 현재는 그 흔적도 남아있지 않아 찾아보기 어렵워 기록 속에만 존재한다. 《영희전지》와 《남전속지》는 이 영희전이 진전으로 확립되어 가는 과정과 제향, 운영 등을 기록한 전문적인 해설서로, 전지와 속지의 성격을 가진다. 즉, 《영희전지》는 영조 대인 1751년(영조 27)까지 영희전의 건립부터 변화를 다루고 있으며, 《남전속지》는 그 이후 철종 대인 1858년(철종 9)까지의 영희전에 대한 종합적인 기록을 보여준다. 따라서 이 두 문헌은 관서지로서 조선시대의 진전인 영희전의 관리와 실무, 연혁에 관한 전모를 파악할 수 있는 귀중한 자료라 할 수 있다.

참/고/문/헌

《永禧殿志》(K2-2471), 《南殿續志》(K2-2436)

김혁, 《永禧殿志》, 한국학중앙연구원 디지털장서각 해재(jsg.aks.ac.kr)

노혜경, 《南殿續志》, 한국학중앙연구원 디지털장서각 해재(jsg.aks.ac.kr)

이근호, 《南殿續志》, 한국학중앙연구원 디지털장서각 해재(jsg.aks.ac.kr)

전관수, 《永禧殿志》, 한국학중앙연구원 디지털장서각 해재(jsg.aks.ac.kr)

국립고궁박물관, 《조선 왕실의 어진과 진전》, 2015.

국립문화재연구소, 《다시 보는 우리 초상의 세계 -조선시대 초상화 학술논문집-》, 2007.

김성희, 〈조선시대 御眞에 關한 연구〉, 이화여자대학교 석사학위논문, 1989.

김세은, 〈조선시대 眞殿 의례의 변화〉, 《진단학보》 118, 2013.

김지영, 〈肅宗·英祖代 御眞圖寫와 奉安處所 확대에 대한 고찰〉, 《奎章閣》 27, 2004.

______, 〈19세기 眞殿 및 御眞奉安處 운영에 대한 연구〉, 《장서각》 26, 2011.

김진옥, 〈조선 후기 官署志에 대한 고찰 -관서지의 정의, 범주, 편찬 특징을 중심으로-〉, 《고전번역연구》 7, 2016.

안선호, 《조선시대 眞殿 건축 연구》, 원광대학교 박사학위논문, 2011.

______, 〈조선시대 진전 건축과 운영〉, 《조선 왕실의 어진과 진전》. 국립고궁박물관, 2015.

유재빈, 〈조선 후기 어진 관계 의례 연구:의례를 통해 본 어진의 기능〉, 《미술사와 시각문화》 10, 2011.

윤 정, 〈광해군의 太祖 影幀 모사와 漢陽眞殿(南別殿) 수립 -永禧殿의 역사적 연원에 대한 고찰-〉, 《향토서울》 85, 2013.

이미경, 〈조선시대 御眞 연구〉, 홍익대학교 석사학위논문, 2006.

장필구, 〈복원연구를 통한 영희전의 고찰〉, 서울대학교 석사학위논문, 2003.

조선미, 〈조선왕실의 어진〉, 《조선왕실의 어진과 진전》, 국립고궁박물관, 2015.
조인수, 〈조선 후기의 어진의 제작과 봉안〉, 《다시 보는 우리 초상의 세계 -조선 시대 초상화 학술논문집-》, 2007.

국역

영희전지

永禧殿志

영희전지 목록

永禧殿志 目錄

永禧殿志
目錄

창건

전각 배치

전호

중건

영정의 위차

영정의 개모

영정의 보수

영정의 표지

제향 총목

친향

작헌례

제향 찬품

제향 진배

축문

제향 의주

제향 잡의 【제물배래·연향·전축·제찬성시·전향·망예·진상·음복】

잡의 【이안·환안·삭망분향·춘추봉심수개·전사봉심·숙배·수향】

의물·제기

어제

어유

변통

도변

관원

전사 식례

전사의 집물

창건

創建

創
建

영희전은 경성 안 남부 훈도방에 있다. 정전은 유방酉方(서쪽)을 등지고 묘방卯方(동쪽)을 바라본다.

옛날 국초에 태조대왕의 영정을 모신 곳이 5곳이었다. 개성부에 있는 목청전穆淸殿, 함경도 영흥에 있는 준원전濬源殿,[1] 전라도 전주에 있는 경기전慶基殿, 평안도 평양에 있는 영숭전永崇殿, 경상도 경주에 있는 집경전集慶殿이었다. 세조대왕의 영정은 경기 양주에 있는 봉선전奉先殿에 봉안하였고, 의경왕懿敬王의 영정은 의묘懿墓의 북쪽에 봉안하였다【덕종대왕의 시호가 '의경'이다. 세조가 최경안과 귀생 두 사람에게 덕종의 화상을 그리라고 명하였다. 성종대왕이 즉위하자 월산대군의 집에 봉안하였다가 종묘로 옮겨 봉안하였다】. 선조宣祖 때의 임진왜란으로 망실된 것들이 많았으나 영숭전과 봉선전에 있던 두 분의 영정은 온전하여 다른 곳으로 옮겨 봉안하였다. 광해군 초에 영정을 모셔 왔으나 곧이어 국가에 일이 많아 수원부와 개성부 두 곳에 머물러 두었다. 기미년(1619, 광해군 11)에 두 부府에 과거를 설행하여 인사人士들을 위무하고, 승지와 예관을 보내 영정을 받들어 서울로 와 남별전南別殿에 함께 봉안하였다【광해군의 생모 김씨가 공성왕후가 되자[2] 경술년(1610)에 봉자전(奉慈殿)에 위패를 모셨는데, 을묘년(1615)에 태묘(太廟)에 합사하였다. 봉자전이 바로 남별전이다】.

개성, 평양, 경주, 양주의 전들은 결국 없어졌다. 그 후 영숭전【《장녕전지》에

1 원문은 "璿源殿"인데, 《세종실록》 권97 세종 24년 6월 22일 신해 기사 등 다수의 기록에 의거하여 '璿'을 '濬'으로 바로잡았다(이하 동일).

2 광해군의 생모 공빈 김씨(1553~1577)는 조선의 제14대 임금 선조의 빈이자 광해군이 왕으로 즉위하면서 왕후로 추존되어 자숙단인공성왕후(慈淑端仁恭聖王后)의 시호와 성릉(成陵)의 능호가 올려졌고, 1616년 8월 4일 존호로 경렬 명순(敬烈明順)이 추상되었으나 광해군 폐위 후 시호 및 능호는 모두 삭탈되었다. 광해군 폐위 후 시호 및 능호는 모두 삭탈되었다. 생모 김씨가 공성왕후가 되었다는 것은 광해군이 즉위한 것을 말한다.

는 '봉선전'이라 하였다】을 강화에 다시 세우고 경기전에 있던 태조의 영정을 모사模寫하여 봉안하였다. 집경전을 강릉에 세웠으나 인조 을해년(1635, 인조 13)에 소실燒失되어 준원전의 어용을 모사해왔다【조경남(趙慶男)의 《잡기》[3]에 화재로 소실된 일을 기록하였는데, "부사 민응형이 이 일로 인해 의금부에 잡혀갔다."라고 하였고, 참판 정두경의 문집 《동명집》에 영흥으로 어용을 모사하러 가는 정뇌경을 전송하는 시가 있는데, 그 시에 "강릉 땅의 화재 소식 어찌 차마 들으리오" 운운 한 것을 보니 화재 후에 어용을 모사한 것이 확실하다. 그러나 그 이후의 일은 고찰할 만한 곳이 없다】.

병자란 때 남별전에 있던 태조의 영정이 유실되었고, 세조의 영정은 성城 밖에서 찾았는데 약간 찢어져 손상되어 있었다. 임금이 울면서 말하기를, "이는 내가 덕이 없어 그런 것이다."라고 하였다. 시민당時敏堂에 임시 봉안하였다. 영숭전의 영정은 완전히 훼손되었기 때문에 종묘의 북쪽 계단 위에 묻었다.

그 후 인조 병자년(1636, 인조 14)에 원종대왕의 영정을 남별전에 봉안하였고, 다음해인 정축년(1637)에 또 세조대왕의 영정을 봉안하였다. 숙종 무진년(1688, 숙종 14)에 경기전에 있던 태조의 영정을 모사하여 남별전에 봉안하였다. 경오년(1690)에 전의 명칭을 '영희전'으로 바꿨다. 금상今上 을묘년(1735, 영조 11)에 세조의 영정이 비에 젖어 얼룩졌기 때문에 다시 모사하여 안치하였다【구본(舊本)은 말아서 보관하였다】. 숙종대왕의 영정은 1본은 창덕궁 선원전에 안치하였고, 1본은 강화부 장녕전長寧殿【숙종 신사년(1701)에 건립하였으니, 즉 영숭전(永崇殿) 옛터이다】에 안치하였는데 금상今上 무진년(1748, 영조 24)에 또 2본을

3 조경남은 전라도 남원의 유학자이며 무용(武勇)을 겸비한 의병장으로, 호는 산서(山西)이다. 그는 《난중잡록》과 《속잡록》을 편찬하였는데, 강릉 집경전 화재에 대한 기록은 《속잡록 삼(三)》에 실려 있으므로 여기서 말하는 《잡기》는 《속잡록》을 가리키는 것으로 보인다. 두 종의 저서 모두 《대동야승》에 포함되어 있다.

모사하여 1본은 영희전에 안치하고 1본은 선원전에 안치하였다.

국초에 열성조列聖朝와 열후列后들은 모두 초상肖像이 있어 문소전 안에 별도로 전각 하나를 세워 선원전이라 호칭하고 그곳에 봉안하였으나 제사하는 의례는 없었다. 대개 태조와 세조는 세실世室[4]을 옮기지 않기 때문에 세실의 주인은 사당을 군국郡國에 세우게 한 한漢나라의 제도를 준용하여[5] 목청전, 봉선전 등 여러 영전影殿을 지방에 분산하여 건립하였다. 그리고 세실이 되지 못한 그밖의 임금들의 영정은 조금 그 예를 달리하여 선원전에 봉안하였는데, 병란을 여러 차례 거치는 동안 여러 임금들의 영정이 모두 없어졌다고 한다.

4 나라에서 지내는 제사의 위패를 모시던 종묘의 신실(神室)을 말한다.

5 한나라 때 공과 덕이 있는 제왕을 정하여 제사 지내는 대수(代數)가 다하여도 천묘(遷廟)하지 않는 불천지묘(不遷之廟)로 삼아 종묘의 음악을 제정하여 이를 천하에 선포하고 군국(郡國)으로 하여금 사당을 세우게 한 것을 말한다(《오례통고》 권84 종묘제도).

전각 배치

殿宇間架

殿宇間架

정전正殿, 퇴退 포함 28간間

이안청移安廳, 퇴 포함 8간, 행각行閣 3간

신문神門 3간, 향문香門 1간과 협문夾門 1간, 월랑月廊 3간, 수복방守僕房 3간

어재실御齋室, 퇴 포함 4간 반, 월랑 3간, 동편 대문 1간과 협문 1간 【외대문(外大門)의 문과 통한다】, 남편 정문 1간과 협문 1간 【정전의 문과 통한다】

동궁재실東宮齋室 퇴 포함 4간 반 【금상 병진년(1736) 3월에 지형이 낮고 습하여 기울어 무너졌으므로 다시 건립하였다】

향대청香大廳 퇴 포함 6간

제기고祭器庫 퇴 포함 3간

전사청典祀廳 앞뒤 퇴, 익랑翼廊 포함 22간 반

침조소砧造所 2간

제집사재방諸執事齋房 8간

외향문 1간, 협문 1간

사재실殿司齋室 주고廚庫 포함 7간

부장직소部長直所 3간

외대문 3간

제기고는 옛날에 전사청 곁에 있었는데, 금상 경오년(1750, 영조 26) 9월에 향대청을 남쪽 편으로 옮기고, 그 땅에 제기고를 다시 건립하였다. 호조 좌랑 김치공金致恭, 선공감역 김성휴金聖休가 공사를 감독하였다【예전 제기고는 그 벽을 터서 전사청과 공동으로 사용하였다】.

전호
殿號

殿號

숙묘조 경오년(1690, 숙종 16) 10월 29일에 예조가 아뢰기를, "이번 10월 27일에 대신과 비변사 당상이 입시한 자리에서 남별전의 전호를 조사해서 아뢰도록 신 이우정李宇鼎이 직접 성상의 하교를 받았습니다. 본전本殿과 본조本曹에는 모두 참고할 만한 오래된 문서가 없어 《동국여지승람》,[6] 《고사촬요攷事撮要》,[7] 《동각잡기東閣雜記》[8] 등의 서적을 찾아보았으나 모두 실린 곳이 없어 조사해 낼 길이 없습니다. 사대부들 간에 더러 전하는 말이 있으나, 봉자전과 남별전의 호칭이 모두 어느 때에 시작되었는지 모르겠으니, 다시 유신儒臣(홍문관 관원)으로 하여금 여러 서적을 두루 조사하고 고사故事를 널리 찾아서 성상께 여쭈어 처리하게 하는 것이 어떻겠습니까?" 하니, 주상이 윤허한다고 하였다.

홍문관이 아뢰기를, "예조의 계사로 인하여 남별전의 전호를 본관本館으로 하여금 널리 조사하여 품처하도록 명하셨습니다. 본관이 소장하고 있는 서적 중에서 우리나라의 고사를 조사할 만한 것으로는 《여지승람》과 《고사촬요》 두 종의 서적에 지나지 않는데 이러한 내용이 실려 있는 곳이 없고, 기타 《동각잡기》 등의 서적에도 근거할 만한 고사가 없습니다. 사

6 조선 성종의 명에 따라 노사신 등이 편찬한 우리나라의 지리서로, 55권 25책의 활자본이다. 우리나라 각 도의 지리·풍속과 그 밖의 사항을 기록하였는데, 특히 누정(樓亭), 불우(佛宇), 고적(古跡), 제영(題詠) 따위의 조(條)에는 역대 명가(名家)의 시와 기문도 풍부하게 실려 있다.

7 조선 시대의 사대교린과 일상생활에 필요한 사항을 엮은 류서(類書)이다. 1554년(명종 9)에 어숙권 등이 왕명을 받아 《제왕역년기》 및 《요집(要集)》 등을 참조하여 편찬하였다.

8 조선 명종·선조 때의 문신 이정형(1549~1607)이 편찬한 야사(野史)이다. 태조 이성계가 조선을 건국한 배경부터 선조 때까지의 정치와 명신(名臣)들의 행적을 기록하고 있다.

대부들 사이에서 더러 덕종대왕[9]이 종묘에 부묘되기 전에 그것을 봉자전이라 불렀다고 전하는데, 비록 어느 말이 옳은지는 알지 못하겠으나 지금까지 여항에서 모두 봉자전이라 호칭하는 것은 아마도 여기에서 유래하는 듯합니다. 남별전의 호칭이 언제 시작되었는지에 대해서는 참고할 만한 곳도 없는 데다가 또 전하는 말도 없으니 본관에서 두루 조사하고 널리 고찰할 길이 없습니다. 만약 세조대왕의 어진을 진전에 봉안했을 때[10]의 《승정원일기》를 찾아본다면 혹시 나타나 있는 곳이 없지 않을 것이니, 다시 승정원으로 하여금 조사하여 아뢰게 하는 것이 어떻겠습니까?" 하니 전교하기를, "그 당시 태조의 초상을 봉안한 곳은 여섯 곳이 있었는데 모두 전호가 있었다. 경복궁의 선원전, 송도의 목청전, 경주의 집경전, 전주의 경기전, 평양의 영숭전, 영흥의 준원전[11]이 이것이다. 단지 경사京師에 봉안한 장소에만 유독 전호가 없고 범범하게 남별전이라 호칭하는 것은 참으로 국가의 잘못된 일이다. 이른바 봉자전이라는 호칭은 바로 세속에서 전해오는 명칭이니 본래 바른 호칭이 아닌데, 이외에는 달리 나타나 있는 곳이 없다. 혹자는 남별전이 서울 안에 있어 유독 전호가 없는 것은 아마도 이 때문인 듯하다고 하는데, 선원전 역시 대궐 안에 있으니 의심할 만한 말이 아니다. 전호를 예관으로 하여금 속히 의정議定하게 하라." 하였다.

9 덕종(1438~1457)의 휘는 이장(李暲)이고, 별호는 의경왕, 의경세자이다. 세종의 손자이자 세조와 정희왕후 윤씨의 맏아들이며 예종의 형이다. 차남인 성종이 즉위한 후 덕종으로 추존하였다.

10 왕의 초상화 즉, 어진을 봉안하고 제례를 지내는 건물을 말한다. 세조의 진전은 봉선전인데, 경기도 양주에 있는 광릉(光陵, 세조릉) 옆에 있었다. 진전 옆에 봉선사를 세워 능과 진전을 관리하게 하였다.

11 원문은 "璿源殿"이나, 《승정원일기》와 조선왕조실록의 다수 용례에 의거하여 '璿'을 '濬'으로 바로잡았다.

11월 3일에 승정원이 아뢰기를, "빈청賓廳[12]에서 개좌開坐하였을 때 의정부의 동벽·서벽과 관각館閣의 당상, 예조의 당상이 모두 모여 남별전의 전호를 의정하는 일을 예조가 올린 계사로 인하여 이미 윤허하셨습니다. 양관兩館의 제학提學들이 모두 와서 대령하지 않았으니 모두를 즉시 패초牌招하는 것이 어떻겠습니까?" 하니, 전교하기를 "윤허한다." 하였다.

빈청이 아뢰기를, "오늘은 바로 정기적으로 빈청을 여는 날이기 때문에 신들이 와서 모여 남별전의 전호를 관각의 당상들과 함께 의정하였습니다. 영의정 권대운權大運이 병으로 와서 참여하지 못하였기 때문에 서신을 왕복하여 의정하느라 자연히 지체되어 지금에야 비로소 전호를 봉헌하게 되었습니다. 그런데 시어時御[13]하는 전각의 호칭은 으레 삼망三望을 갖추어야 하는 규례[14]가 있기 때문에 이것 역시 삼망을 갖추어 들이겠습니다." 하고 예조 판서가 망단자望單子를 승지에게 전하였다. 승지가 내관內官에게 나아가니 내관이 주상에게 봉입하였다. 주상이 수망首望인 영희전으로 낙점하였다. 승지 이우정이 전호를 경외京外에 반포하는 일과 고유제告由祭의 날짜를 택하는 일을 탑전정탈榻前定奪[15] 받았다.

주상이 말하기를, "이제 전호를 정하였는데, 편액하는 일은 없는가?" 하니, 우의정 김덕원金德遠이 "경기전도 편액이 없습니다." 하였다.

12 조선 시대에 비변사의 대신이나 당상관이 정기적으로 모여 회의하던 곳으로, 궁중에 있었는데 처음에는 매월 3회씩 회의를 열었으나 1698년(숙종 24)부터 매월 6회씩 열었다.

13 임금이 임시로 머무는 곳을 말하는데, 여기서는 임금의 초상을 봉안하는 곳이라는 의미로 쓰였다.

14 벼슬아치를 발탁할 때 공정한 인사 행정을 위하여 세 사람의 후보자를 임금에게 추천하던 일을 말하는데, 여기서는 전호(殿號)의 후보 명칭 세 가지를 올린다는 뜻으로 쓰였다.

15 신하가 제기한 의견에 대하여 왕이 그 자리에서 결정하는 것을 말한다.

중건

重建

重建

숙묘조 병진년(1676, 숙종 2) 7월 20일에 예조 판서 목내선睦來善이 청대請對하여 아뢰기를, "남별전을 개건改建하는 일은 작년에 내년 농사 형편을 다시 살펴서 품정稟定하라는 지시가 있었습니다. 금년 농사가 풍년이 들 가능성이 있으므로 지난번에 대신과 상의하였더니, 그 역시 개건을 하지 않을 수 없다고 하였습니다. 그러나 남별전은 기지基址가 낮고 습하여 정전 외의 다른 실室들도 기울어지고 허물어질 염려가 있기 때문에 혹자는 다른 곳으로 옮겨서 건립해야 한다고 합니다. 신이 공조工曹의 당상과 봉심한 후 서계書啓하여 정탈定奪하는 것이 어떻겠습니까?" 하니, 주상이 "우선 봉심하라." 하였다.

25일에 예조가 아뢰기를, "전교하셨기에, 신 목내선이 공조 판서 유혁연柳赫然, 호조 판서 오시수吳始壽와 함께 나아가 본전을 봉심해보니, 정전의 동쪽 편 첫 번째 기둥이 안쪽으로 조금 기울고, 북쪽 편 가운데 기둥의 주춧돌이 아래로 무너졌으며, 서쪽 편 첫 번째 기둥이 북쪽으로 조금 기울고 세 번째 기둥의 주춧돌이 아래로 무너졌으며, 전내殿內의 서쪽 편 세 번째 기둥이 동쪽으로 조금 기울었습니다. 어재실은 사면의 기둥과 주춧돌 태반이 기울고 무너졌으며, 그 나머지 낭무廊廡[16] 역시 모두 기울어져 보기에 편안치 않았으니 때맞춰 개건하지 않을 수 없습니다. 그런데 그 지세地勢를 보니 애초에 정전의 기지에 쌓은 석축石築이 높지 않았고 전각의 재목을 대부분 묵은 것을 사용하여 처음 지었기 때문에 매번 장맛비가 내리는 계절이 되면 객수客水가 스며들어 점점 기울고 무너지게 된 것이지 지세가 낮고 습하여 그런 것이 아니었습니다. 지금 만약 석축을 전보다 조금 높게 하

16 정전(正殿) 아래로 동서(東西)에 붙여 지은 건물을 말한다.

고 새 재목을 써서 개건한다면 반드시 다른 곳으로 옮겨서 짓지 않더라도 영구히 봉안할 수 있을 것입니다. 전각과 어재실에 들어가는 재목이 매우 많은데 경강京江의 사저私儲 중에서는 쓰기에 적합한 재목을 구하기 어렵고, 지방에 분부하여 마련하려면 운반해오는 과정에 걸핏하면 여러 달이 걸려 얼음이 얼기 전에 공사를 마치기 어려운 형편이니 내년 봄을 기다려 공사를 시작해야 할 것 같습니다. 일이 중대한 데 관련되었으니 대신에게 의견을 물어 정탈하는 것이 어떻겠습니까? 하니, 윤허한다고 전교하셨습니다.

대신에게 의견을 물으니, 영의정 허적許積 등이 '정전이 기울고 무너진 것이 당초에 처음 지을 때 기지基址를 높이 쌓지 못한 데서 실로 말미암은 것이고, 본래 지세가 낮고 습하여 그런 것이 아니라고 한다면, 다른 곳에 옮겨 짓는 문제는 실로 더 이상 논의할 필요가 없습니다. 그러나 공사에 들어갈 허다한 재목들을 쓰기에 적합한 것들로 경강에서 구해 놓아야 하고, 기울고 무너진 기둥과 주춧돌이 이번 겨울을 버텨내지 못할 염려가 없다면 지금에 와서 내년 봄을 기다려 공사를 시작하는 것으로 조정하는 것이 일의 형편상 당연하고 별도의 논의가 필요 없습니다.' 하였습니다." 하였다. 전교하기를, "아뢴 의견대로 시행하라." 하였다.

정축년(1697, 숙종 23) 1월 10일에 주상이 대신과 비변사 당상을 인견하였을 때 예조 판서 이지익李之翼이 아뢰기를, "남별전을 중건할 예정인데 신이 얼마 전에 제사에 차출되어 봉심하니 처소가 여염집들에 둘러싸여 있어 시끄럽고 번잡하여 매우 정결하지 못하였고, 또 그 기지가 낮고 습하고 뒷 편 언덕이 기울어져 장마철이면 쉽게 기울어 무너질 염려가 있습니다. 게다가 전각 건물은 동향인데 어진의 봉안은 남향이어서 방향이 서로 맞지 않은 것 역시 편안치 않습니다. 지금 만약 장의동莊義洞 근처 공간이 넓고 정결한 곳으로 옮겨 짓는다면 합당할 듯합니다."하였다.

영의정 허적이 아뢰기를, "남별전은 바로 선조대왕이 난리를 겪고 도성으로 돌아온 후부터 길이 건립된 곳으로 신이 애초에 다른 곳으로 옮겨 짓는 것을 바라지 않은 데는 나름의 생각이 있어서였습니다. 그러나 지형이 낮고 습하며 여염집들과 매우 가까워 시끄럽고 정결하지 못한 것이 참으로 이지익의 말과 같다면 정결한 곳으로 옮겨 짓는 것도 합당할 듯합니다." 하였다.

주상이 말하기를, "봉안하는 건물의 위치와 방향이 이미 편안치 못한 점이 있고 여염집 사이에 있는데다가 또 정결하지 못하니 우선 인경궁仁慶宮 옛 터를 택하여 옮겨 짓되 그 땅이 만약 적합한 처소가 아니라면 다른 적합한 곳을 택하여 정하도록 하라." 하였다.

23일에 주상이 대신과 비변사 당상을 인견하였을 때 영의정 허적이 아뢰기를, "그저께 신들이 지사地師를 많이 인솔하여 남별전을 옮겨 짓기에 적합한 땅을 가서 보았는데, 예전 동평위東平尉[17] 집터 뒤에 있는 바로 인경궁의 전각 터였습니다. 지관地官들이 모두 길지吉地라고 하였고 신들이 보기에도 합당하게 여겨졌으니 이 땅에 옮겨 짓는 것이 어떻겠습니까?" 하니, 주상이 "그대로 하라." 하였다.

28일에 대신과 비변사 당상을 인견하였을 때 주상이 말하기를, "남별전을 이안移安하는 일을 이미 의논하여 결정하였다. 그런데 다시 생각해보

17 조선 제17대 효종의 사위 정재륜(1648~1723)이다. 본관은 동래이고 자는 수원(秀遠), 호는 죽헌(竹軒)이다. 정창연의 증손으로, 1656년(효종 7) 효종의 다섯째 딸 숙정공주와 혼인하여 동평위가 되었다. 숙정공주가 일찍 죽고, 1681년(숙종 7) 독자이던 정효선이 요절하자 재취할 것을 상소하여 왕의 허락을 받았으나, 대간의 반대로 이루지 못하였다.

니, 이 전은 선조대왕이 도성에 돌아오신 뒤 건립한 것이고, 게다가 영령英靈을 봉안한 지 매우 오래되어서 하루아침에 다른 곳으로 옮겨 짓는 것이 편안치 못한 점이 있다. 예전 기지에 의거하여 다시 건립하되 지대地臺를 견고하게 쌓아 빗물로 인해 기울고 무너질 염려가 없게 하라." 하였다.

4월 1일 진시辰時에 중건하는 초석을 놓았다. 20일 진시에 기둥을 세우고 대들보를 올렸다. 6월에 공사를 마쳤다. 7월 11일 진시에 영정을 환안還安[18]하였다.

금상 무진년(1748, 영조 24) 1월 27일에 영정을 어재실로 이안하였다. 같은 날 신시申時에 정전 2간間을 중건하기 위한 터를 닦기 시작하였다.

2월 3일 오시午時에 초석礎石을 놓았나. 4일 오시에 기둥을 세웠다. 신시에 대들보를 올렸다. 25일에 영정을 환안하고 숙종대왕의 영정을 함께 봉안하였다.

진전중수도감眞殿重修都監의 당상과 낭청의 좌목은 다음과 같다. 도제조都提調는 영의정 김재로金在魯이고, 제조提調는 호조 판서 김약로金若魯, 영성군靈城君 박문수朴文秀, 병조 판서 정우량鄭羽良이고, 도청都廳은 부사과副司果 송창명宋昌明, 전前 보덕輔德 이익보李益輔, 낭청郎廳은 호조 정랑 이창원李昌元, 호조 좌랑 이명중李明中, 예조 정랑 박징좌朴徵佐, 공조 좌랑 유선양柳善養이고, 감조관監造官은 부사용副司勇 박명양朴鳴陽·윤득경尹得庚·서명응徐命膺이고, 별공작別工作은 선공감 가감역繕工監假監役 성진석成晉錫이다.

18 다른 곳으로 옮겼던 신주(神主)를 다시 제자리로 모시는 것을 말한다.

영정의 위차

影幀位次

影幀位次

정전 제1실에는 태조 강헌지인계운성문신무정의광덕대왕康獻至仁啓運聖文神武正義光德大王 영정을 봉안하였다.

제2실에는 세조 혜장승천체도열문영무지덕융공성신명예흠숙인효대왕惠莊承天體道烈文英武至德隆功聖神明睿欽肅仁孝大王 영정을 봉안하였다.

제3실에는 원종 공량경덕인헌정목장효대왕恭良敬德仁憲靖穆章孝大王 영정을 봉안하였다.

제4실에는 숙종 현의광륜예성영렬장문헌무경명원효대왕顯義光倫睿聖英烈章文憲武敬明元孝大王 영정을 봉안하였다.

영정의 개모

影幀改模

影幀改模

숙묘조 무진년(1688, 숙종 14) 3월 4일 낭원군朗原君 이간李偘[19]이 차자를 올려 아뢰기를, "우리 태조대왕의 초상이 평시에 경복궁의 선원전, 송도의 목청전, 경주의 집경전, 평양의 영숭전, 전주의 경기전, 영흥의 준원전에 봉안되어 있었는데, 여러 차례의 전쟁을 치른 뒤 지금은 단지 집경전과 준원전 두 전에만 남아 있습니다. 남별전에 이르러 몇 해 전 중건할 때 특별히 세 실을 만들도록 한 것은 의도가 있었던 것인데, 지연되어 건축할 틈이 없어 오른쪽을 비워둔 채[20] 오늘에 이르렀으니, 신민臣民들의 서운함과 탄식이 어떠하겠습니까. 지금 만약 한 본을 모사하여 함께 봉안한다면, 우리 성상께서 때때로 첨배瞻拜하여 효성이 무궁할 수 있도록 돕기에 충분할 것이고 먼 후대까지 전하는 도리에 있어서도 도움이 될 것입니다. 신이 소회가 있어 이렇게 감히 말씀드립니다." 하였다.

예조의 계목에, "계하된 문건을 첨부하였습니다. 이 차자의 내용을 보니, 태조대왕의 초상 1본을 모사하여 남별전에 봉안함으로써 몇 해 전에 중건할 때 특별히 세 실을 만든 취지에 부응하자고 하였습니다. 본조의 등록을 조사해보니, 전에 병신년(1656, 효종 7)에 처음 이 논의가 있었고 본조가 대신의 의견을 물어 윤허를 받았으나 윤허를 미처 거행하지 못하였다고 합니다.

신축년(1661, 현종 2)에 본전의 분참봉分參奉 이홍일李鴻逸이 상소하여 전에

19 조선 중기의 왕족 출신 가객(歌客)으로, 자는 화숙(和叔)이고 호는 최락당(最樂堂)이다. 선조의 손자이다. 19대 숙종 때 중국 청나라에 사신으로 왕래하였으며, 《선원보략》을 편찬하고, 《선원보략》을 편찬하고, 《영언(永言)》이라는 가집(歌集)을 내었으나 그 중 7수(首)가 《청구영언》, 《해동가요》 따위에 전할 뿐이다. 글씨에도 능했으며 특히 전서와 예서에 뛰어났다.

20 허우(虛右)의 제도를 말한다. 허우는 합장을 위해 무덤의 한쪽을 임시로 만들어 모래를 채워 두던 제도를 말하는데, 여기서는 앞으로 봉안할 영정을 위해 전각 내 오른쪽 자리를 비워두었다는 뜻으로 쓰였다.

정탈한 대로 시행할 것을 청하였는데, 본조가 올린 의견에 '예전에 선조先朝 때 이미 정탈하여 관사를 설치하고 진행해가던 즈음에 마침 어려운 때 사치를 한다는 이유로 일단 정지하였습니다. 이렇게 재정이 바닥난 때에 또 중대한 공사를 일으키는 것은 일의 형세를 따져 볼 때 적절한 시기가 아닌 듯하니, 선조 때 이미 정탈한 논의에 의거하여 우선 풍년이 되기를 기다려 다시 주상에 여쭈어 처리하도록 하소서.' 하여 윤허를 받았습니다.

그 후 정사년(1677, 숙종 3)에 비로소 본전을 개조하면서 다시 한 실室을 늘려서 향후에 영정을 봉안할 곳으로 하였습니다. 이번에 이렇게 진달한 뜻은 대개 여기에서 나온 것이나 어용을 모사하는 일은 사체가 매우 중대하니, 선조에서 못한 일을 신이 맡은 본조에서 멋대로 정하기는 어려우므로 대신에게 의견을 물어 정탈하는 것이 어떻겠습니까?" (이 일에 대해 아뢰어) "이미 선조 때 정탈한 것이 있어 다만 오늘날 낭원군 한 사람의 뜻에 그치는 것이 아니니 반드시 매번 대신의 의견을 물을 필요는 없겠습니다. 그러나 일의 체모가 지극히 중대하니 본조의 당상이 직접 나아가 여러 대신에게 의견을 물어 후일에 어전御前에 나아왔을 때 직접 여쭈어 거행하겠습니다." 하였다.

3월 7일에 주상이 대신과 비변사 당상을 인견한 자리에서 예조 판서 남용익南龍翼이 아뢰기를, "태조대왕의 영정을 모사하는 일을 여러 대신에게 의견을 물어 어전에 나왔을 때 정탈하라고 명하셨습니다. 신이 직접 가서 두루 의견을 물으니, 영중추부사 김수흥金壽興과 판중추부사 정지화鄭知和는 '선조先朝에서 이미 정탈한 일이 있으니, 주상께서 시행하시고자 한다면 신하들이 어찌 감히 받들지 않겠습니까.' 하였습니다.

판중추부사 이상진李尙眞은 '병신년 이후 30년 동안 시행하지 않은 일이고 일의 체모가 중대하나, 주상께서 반드시 시행하고자 하신다면 안 될 것은 없을 듯합니다.' 하였습니다.

판중추부사 민정중閔鼎重은 '예전에 효묘조孝廟朝 때 옥당玉堂으로 입시하였는데 그 당시에 처음 이 논의를 하였습니다. 그런데 그때 신은 모사하는 과정에서 혼魂을 전하기가 매우 어려우니 행여 약간이라도 잘못 그리게 될 것 같으면 하지 않는 것만 못하다고 진달하였고, 지금도 신의 의견은 전과 다르지 않습니다.' 하였습니다." 하였다.

주상이 말하기를, "영상의 뜻은 어떠한가?" 하니, 영의정 남구만南九萬이 아뢰기를, "이 일은 일찌기 병신년에 대신에게 의견을 물어 이미 정탈하였다고 하고, 신축년에 이홍일이 올린 상소에 대한 예조의 회답을 보니 남별전을 흉년인 때에 개조하는 것은 지극히 어렵다는 이유로 정지하였습니다. 지금은 남별전을 이미 어용 봉안처로 개조하였고 게다가 빈 공간이 있으니 어용御容을 모사하기만 하면 될 것이니, 더 이상 공사가 어렵다는 것으로 말할 수는 없습니다. 그러나 모사하는 과정에서 혼을 전하기가 지극히 어려우니 선유先儒가 말한 '터럭 하나라도 달라지면 곧 다른 사람이다.'라고 한 것이 참으로 바꿀 수 없는 의론입니다. 보통의 사람도 이런 염려가 있는데 하물며 어용이겠습니까. 현재 화공畫工의 솜씨가 매우 형편없으니 모사할 때 만약 만에 하나 서로 닮지 않은 곳이 있게 된다면 일의 체모가 참으로 매우 온당치 않을 것이니, 신은 이것 때문에 지극히 어렵다고 생각합니다." 하였다.

주상이 말하기를, "이것은 선조先朝 때 정탈하고도 거행하지 못한 일이고, 남별전에 단지 두 분 임금의 화상만 봉안하고 태조 임금의 화상은 유독 봉안하지 못하였으니 참으로 매우 잘못되었다. 게다가 이미 실室이 만들어져 있으니 공역이 그다지 중대하지 않을 것이니, 경외의 공인과 화공을 불러 모아 전사하게 하여 봉안하게 하도록 하라."

영의정 남구만이 아뢰기를, "성상의 하교가 이와 같으니 마땅히 도감을 설치하여 거행할 것입니다. 준원전과 경기전의 어용御容 중에 선조에서는 경기전의 어용을 봉심하고 모사하도록 정탈하였는데, 지금은 어떻게 해야 하겠습니까? 또 도감의 관원 및 예관, 화사畵師가 나아가 그곳에서 어용을 전사하는 것은 경솔할 듯하고, 구 영정을 모시고 서울로 올라오게 된다면 모사하는 과정에서 신하들이 여러 차례 봉심할 것이니 행여 의심나는 일이 생기면 그때마다 주상께 여쭐 것이니 미진할 염려가 없을 듯합니다만 이렇게 오래 멀리 어용을 모시고 오는 것 역시 지극히 어려운 일이니 주상께서 판단하셔서 하교하시는 것이 어떻겠습니까?" 하였다.

주상이 말하기를, "선조에서 경기전의 어용을 전사傳寫하기로 결정한 데는 분명히 이유가 있을 것이니, 이번에도 이대로 하라. 서울 안으로 어용을 모시고 들어온 후 내가 신하들과 함께 세밀하게 봉심하여 미진할 염려가 없게 할 수 있을 것이다. 대신, 승지, 예관 각 1인이 전주全州에 나아가서 어용을 받들어 모시고 오고, 지영祗迎하고 작헌酌獻하는 등의 의례에 관한 절목은 해당 조가 내게 물어 거행하라. 모사할 때 들어가는 광초廣綃 역시 기일 전에 직조하도록 상방尙房에 분부하라." 하였다.

3월 21일에 태조대왕의 영정을 모사하기 위해 모시고 오는 일로 경기전에 내려간 사람은 영중추부사 김수흥, 예조 판서 남용익, 우승지 이현석李玄錫, 병조 참지 김만길金萬吉, 도청都廳인 응교應敎 이돈李墪, 낭청郎廳인 예조 정랑 위정상魏定相, 봉교奉敎 심계량沈季良이었다.

4월 1일에 영정이 거둥하여 전주에서 출발하여 8일에 서울로 들어왔다.

주상이 교외에서 영접하여 모시고 들어와 경덕궁 자정전資政殿에 봉안하고 작헌례를 행하였다.

4월 11일 묘시에 영정을 모사하는 작업을 시작하였다【화원은 윤상익, 조세걸이다】.

5월 1일에 영정을 모사한 화원 윤상익과 조세걸이 각각 1본本을 가지고 그리기를 마친 후 주상이 자경전에 친림親臨하여 봉심하였을 때 영의정 남구만, 영정도감 도제조 영중추부사 김수흥, 예조 판서 남용익, 호조 판서 유상운柳尙運이 함께 입시하였는데, 윤상익이 모사한 본을 봉안하라고 하교하였다.

5월 6일에 영정을 남별전에 봉안하였다.

기사년(1689, 숙종 15) 1월 19일에 태조대왕 영정의 구본舊本을 경기전으로 받들고 돌아갈 때 주상이 흥화문興化門 밖에서 공손히 전송하고 영돈녕부사 김수항金壽恒, 예조 참판 송규렴宋奎濂이 모시고 갔다.

1월 27일에 영정을 경기전에 환안하였다.

금상 을묘년(1735, 영조 11) 8월 3일에 예조가 아뢰었다. "지난 7월 28일에 행한 영희전 작헌례 때 주상이 말하기를, '제2실 영정의 손상된 곳이 해가 오래되었으니 나중에 점점 퇴색할 염려가 없지 않다. 옛날에 「활과 검을 잡지 못했다」[21]라는 말이 있는데, 활과 검도 오히려 그러한데 300년 동안

21 원문은 "弓劍莫攀"이다. 궁검은 임금이 승하한 것을 의미한다. "황제(黃帝)가 수산(首山)의 동을 캐어 형산(荊山) 아래서 솥을 만들었는데, 그 솥이 완성되자 하늘에서 수염을 드리운 용이 내려와서 황제를 맞으니 황제는 올라탔으나, 그때 황제를 시종한 여러 신하와 후궁 70여 명은 타지를 못했다. 용이 마침내 올라가니 나머지 소신(小臣)들이 모두 용의 수염을 잡고 늘어졌으나 용의 수염이 뽑히면서 신하들과 황제의 활과 칼이 떨어졌다. 황제가 하늘로 올라가 버리니 백성은 그 궁검과 용의 수염을 안고 울었다."라고 하였다(《사기》 권28, 봉선서).

봉안한 영정이 하루아침에 퇴색해서 우러러 바라볼 곳이 없게 된다면 정리에 있어서 어찌 섭섭하지 않겠는가. 지금 그다지 퇴색하지 않은 때에 한 본을 이모移模하여 신본新本은 일단 펼쳐서 봉안하지 말고 있다가 앞으로 구본이 퇴색하게 되면 신본으로 바꿔 봉안한다면 일이 매우 마땅할 것이다. 이러한 내용을 예관을 보내 시원임대신時原任大臣, 봉조하奉朝賀, 지방에 있는 유신儒臣에게 의견을 물으라.'라고 명하셨습니다.

즉시 의견을 물으니 좌의정 서명균徐命均은 '신은 이번에 명을 받고 봉심한 뒤에 이미 진달한 것이 있습니다. 지금 이렇게 하교하신 것은 실로 깊고 장구한 염려에서 나온 것이니 다른 의견이 있을 여지가 없습니다만, 이모하는 과정에서 행여 미진하게 되면 그 역시 중대할 듯하니 충분히 생각하시는 것이 아마도 마땅할 것입니다.' 하였습니다.

우의정 김흥경金興慶은 '신은 그날 하순下詢하셨을 때 이미 모사하는 것이 지당하다고 말씀드렸으므로 지금 다른 의견이 없습니다.' 하였습니다.

봉조하奉朝賀 이광좌李光佐는 '영정을 옮겨 모사하라고 지금 이렇게 하교하신 것은 실로 깊고 원대한 성상의 뜻에서 나온 것이고, 반드시 구본이 퇴색하게 되면 그때 비로소 신본을 펼쳐 봉안하는 것 역시 일의 편의에 매우 합당하므로 모두 다른 의견이 있을 여지가 없습니다. 다만 화사 중에 어진을 잘 그리는 자가 죽거나 늙어서 모사하는 과정에서 미진한 점이 생길까 매우 두렵습니다. 이 문제는 오직 충분히 신칙하여 초본草本을 그리게 한 뒤 다시 자세히 살펴서 헤아려 보아야 할 것입니다.' 하였습니다.

봉조하 민진원閔鎭遠은 '신이 병오년(1726, 영조 2) 봄에 명을 받들어 영희전 제2실의 영정을 봉심하였고, 그 후 작헌례 때도 배종陪從하였습니다. 주상께서 신에게 영정이 퇴색하는 일에 대해 물으셔서 신이 지금은 퇴색한 것이 이와 같으나 나중에 세월이 점차 오래되면 바라볼 것이 없게 되는데 이르게 될까 두렵다고 대답하였습니다. 몇 년 전에 경기전의 영정에 의거하여 별도로 1본을 모사해두는 것이 마땅할 듯하다고 말씀드렸습니다만 여러 신하가 모두 지극히 어렵다고 하였기 때문에 일단 중지하였습니다. 지금 이렇게 하순하신 뜻은 바로 신이 전날에 진달한 것이고, 성상께서 하교하신 「옮겨 모사한 1본은 일단 펼쳐서 봉안하지 말고 구본舊本이 퇴색하여 우러러 바라볼 것이 없게 되면 신본新本으로 바꾸어 봉안하라」라고 하신 말씀은 더욱 일의 체모와 정리에 합당하여 다른 의견의 여지가 없습니다.' 하였습니다.

판중추부사 심수현沈壽賢은 '지금 이 모사하는 일은 성상의 생각이 심원하고 장구하신 데서 나온 것이고, 예전에 선조先朝에서 경기전의 영정 역시 옮겨 모사하는 일이 있었으니 전례典禮를 찾아보면 의심할 만한 것이 없을 듯합니다. 신의 얕은 소견으로는 다른 의견이 없습니다.' 하였습니다.

판중추부사 이태좌李台佐는 '영정을 옮겨 모사하는 것을 그만둘 수 없다는 성상의 하교는 지극히 합당하나, 신하들 중에 서로 다른 의견이 없지 않은 것은 일의 체모가 지극히 중대할 뿐 아니라 혹 영정이 퇴색하여 혼을 선하는 것이 배나 어려울까 염려해서입니다. 그렇다면 모본이 나오기를 기다린 뒤 충분히 살펴보고 다시 주상께 여쭈어 논의하면 될 것이니, 이 문제로 옮겨 모사하는 일을 늦추거나 의심해서는 안 됩니다.' 하였습니다. 서울에 있는 대신大臣, 시원임대신時原任大臣, 봉조하의 뜻이 이와 같아 먼저 써서 들입니다. 감히 아룁니다."

전교하기를, "대신이 바친 의견이 이와 같으니, 의견대로 시행하되 오직 도감을 설치하여 유신儒臣이 의견을 바치거든 거행하라." 하였다.

8월 27일에 세조대왕의 영정을 경덕궁 광명전光明殿으로 옮겨 봉안하고 친림하여 작헌례를 행하고 이어 초본草本을 모사하는 일을 시작하였다. 29일에 정본正本 초본綃本에 올리기 위해 모사하는 일을 시작하였다.

9월 1일에 채색을 시작하였다. 8일에 영정이 완성되었다. 10일에 주상이 친림하여 봉심하였다. 11일에 장황粧潢하였다. 16일에 장축粧軸하여 봉안하였다. 17일에 신본 영정과 구본 영정을 광명전에서 본전本殿으로 환안하였다【미시(未時)에 봉안하였다】. 주상이 수행하여 나아가 작헌례를 행하였다. 영정을 모사하는데 참여한 화원은 박동보朴東普·장득만張得萬·양기성梁箕星이고, 그림을 잘 그린 사람은 이치李治·양희맹梁希孟이다.

영정모사도감影幀模寫都監의 당상과 낭청의 좌목은 다음과 같다. 도제조는 우의정 김흥경, 제조는 예조 판서 김취로金取魯, 호조 판서 이정제李廷濟, 공조 판서 조정만趙正萬, 도청은 장악원 정 신사영申思永, 응교 조적명趙迪命, 낭청은 호조 정랑 서종벽徐宗璧, 예조 정랑 이세후李世垕, 감조관은 전前 봉사奉事 김진동金鎭東, 별공작은 선공감 직장 이숭신李崇臣이다.

금상 무진년(1748, 영조 24) 1월 18일에 영의정 김재로, 좌의정 조현명趙顯命, 이조와 예조의 당상을 함께 인견하였을 때 주상이 다음과 같이 전교하였다. "영희전에 비로소 광묘光廟(세조)의 어진을 봉안하고, 그 후에 또 원묘原廟의 어진을 봉안하였으며 무진년(1688, 숙종 14)에 태조대왕의 어진을 모사하여 같이 봉안하여 마침내 한 전에 세 개의 실을 두는 제도를 만들었다. 이미 진전眞殿이 있으니 여러 성인의 영정을 한꺼번에 같이 봉안하는 것이 예禮에 있어서 당연하지만, 근 30년 동안 봉안했던 어용을 차마 갑자기 옮겨 봉안하지 못하여 오늘날까지 이르렀는데, 자성慈聖께서 대체大體

를 고려하고 장구하고 원대하게 생각하시어 계사년(1713, 숙종 39)에 모사하여 대궐의 전각과 강화에 봉안하였던 숙종의 영정을 함께 봉안할 것을 바라셨다. 근래 탈이 생긴 것으로 인하여 해가 갈수록 점점 더해져서 때 맞춰 다시 모사하지 않을 수 없게 되었고, 전에 모사했던 것은 신본新本으로 봉안하여 진전에 같이 봉안하는 것이 인정과 도리에 합당하므로 먼저 자성에게 여쭈어 윤허를 받았다. 오늘 진전에 전알하는 때에 친히 고유告由하였으니, 고유한 뒤에는 날을 허비해서는 안 된다. 오늘 대신과 예조 당상을 입시하라고 명한 것은 이 때문이다. 선조先朝(숙종)의 어용을 모사하는 일과 세 성인을 모신 진전을 중수하는 일은 일의 체모가 둘 다 중대하니 어용모사도감의 당상과 낭청, 진전중수도감의 당상과 낭청을 해당 조로 하여금 즉시 써서 아뢰게 하고, 제반 일들을 이달부터 역시 즉각 거행하되 도제조가 두 도감을 겸하여 살피라. 도제조의 망단자望單子는 '모사중수도감模寫重修都監 도제조'로 써서 들이라.

아, 어진을 봉안하게 되면 조금도 흠이 없게 하고 싶은 것이 자식으로서 인지상정이고, 같은 전에 함께 봉안하여 몸소 맑은 술을 바치고 싶은 것 역시 자손된 도리로서 당연한 것이다. 비록 그러하나 위로는 예년에 경비를 염려하시어 절약하기를 힘쓰신 성대한 뜻을 본받으라는 자성의 하교가 내렸고 나의 뜻도 마찬가지이다. 자성께서 제기는 예년에 사용하던 것이 있으니 새로 마련하지 말고 이것으로 사용하라고 하교하셨으니, 자성의 하교가 이와 같으니 내 어찌 감히 조금이라도 경비를 보조하여 내가 다만 장대하게 하지 않는 것을 우선으로 삼는다는 뜻을 보이지 않을 수 있겠는가. 선혜청의 선미膳米 100석을 탁지度支(호조)로 보내 경비에 보태게 하라. 도감의 신하들 역시 이러한 뜻을 본받고 위로는 우리 성고聖考께서 경비를 절약하고 백성을 사랑하셨던 성대한 덕을 후대에 전하는데 부응하라.

대개 초상을 그리는 것은 〈열명說命〉[22]에서부터 시작하였고 한漢나라 때에도 기린각麒麟閣에 초상을 그린 일[23]이 있었다. 제왕帝王은 초상을 그리는 경우가 드물었으나 말세로 갈수록 점차 초상을 그리는 일이 빈번해졌다. 우리 왕조의 옛날 궁궐에 어용을 봉안하는 전각이 있었으나 지금은 단지 영희전에 봉안한 세 실의 어용이 있을 뿐이고 여러 임금의 조정에서는 어진이나 영정을 이어서 그린 일이 없었다. 아, 성인의 뜻을 우러러 받들 만 하도다.

예전의 무진년(1688, 숙종 14)에 우리 태조의 영정을 모사한 뒤로 7년이 지났을 때 우리 성고聖考(숙종)께서 그 성대한 일에 의거하여 그때의 회사繪師를 써서 어용을 그리게 하신 데는 성상의 의도가 있었다.[24] 내가 즉위한 지 9년 되었을 때 어진을 그리도록 명한 것은 처음 그리는 것이 아니었고 또 장대하게 하고자 해서도 아니었다. 내가 잠저潛邸에 있을 때인 갑오년(1714, 숙종 40)에 주상이 하사하신 도본圖本이 있었다.[25] 그 때문에 전에 은혜로이 하사하신 것을 없어지게 해서는 안 되고, 이미 도본이 있으니 훗날의 (임금

22 《서경》 상서(商書)의 편명인데, 은나라 고종이 꿈에 어진 사람을 보고서 그 형상을 그림으로 그려 그와 같은 사람을 찾던 결과 부암(傅巖)이란 곳에서 열(說)을 얻었다고 한다.

23 기린각은 공신들의 화상을 모셔 놓은 전각을 말한다. 한나라 선제 때 미앙궁 안에 기린각을 짓고 곽광 등 공신 11명의 화상을 봉안하여 그들의 공적을 기렸다(《한서》 권54 소무전(蘇武傳)).

24 1695년(숙종 21)에 조세걸(1621~?)에게 자신의 초상을 도사(圖寫)하도록 한 일을 말한다(《승정원일기》 477책, 숙종 39년 4월 11일). 1713년(숙종 39)에도 어진을 도사하게 한 일이 있다.

25 당시 숙종은 8개월 간 병상에 있다가 회복하였는데, 그동안 밤낮으로 곁에서 시중을 들었던 연잉군(영조)과 그 이복동생 연령군의 수고를 기특하게 여겨 화원에게 두 왕자의 초상을 그리게 하여 말과 함께 하사하였다. 〈연잉군 초상〉은 현재 국립고궁박물관에 소장되어 있다.

의) 복색服色을 다시 그리지 않을 수 없었으니, 이 또한 근본이 있어서 그런 것이다.

대체로 근래에는 초상을 그리는 것이 일종의 습속을 이룬 가운데 선조先朝에서 나에게 이를 때까지 연이어 초상을 그린 일이 있게 되었다. 훗날 자손된 자들이 그 일의 근본은 알지 못하고 특별한 이유도 없고 특별한 일도 없는데 이것 역시 계승해야 한다고 오해함으로 인하여 대를 이어 초상을 그린다면 아무리 그 폐해를 다스리고자 하여도 어려울 것이다. 어째서인가? 사대부가 초상을 그리는 것은 날마다 백 명의 초상을 그린다 해도 각 집에 보관하면 아무 상관이 없다. 그것은 보관하기도 쉽고 편하여 대대로 각기 도본을 가지고 있어도 무슨 어려움이 있겠는가. 그러나 국가의 경우에는 그렇지 않으니, 도본이 있으면 반드시 봉안해야 한다. 이와 같다면 막중한 진전의 실수室數가 장차 태묘太廟와 같아지고야 말 것이다. 이와 같다면 문소전을 다시 설치해야 할 것이고 능제陵祭에도 육선肉饍을 회복할 것이니, 이것이 어찌 국가를 다스리는 장구하고 원대한 방법이 되겠는가. 그 폐해를 알게 된다면 그리지 않는 것만 못할 것이다.

아, 말세에 허례허식이 풍속을 이루어 장대하게 하고자 하는 마음이 나날이 성해지니, 훗날 왕위를 이은 임금이 마음 속에서 장대하게 하고자 하는 마음이 있어 겉으로는 선대를 계승한다는 것을 빙자하여 반드시 초상을 그리고야 마는 폐단이 생기지 않는다고 어찌 장담하겠는가. 신하된 자들 역시 마음속으로 임금의 마음에 맞추고자 하여 겉으로는 임금의 체모를 높인다는 핑계로 초상을 그리도록 권하고야 마는 폐단이 생기지 않는다고 어찌 장담하겠는가. 지금 진전을 중건하는 일로 인하여 나의 깊은 뜻을 보였으니, 아 훗날 임금된 자와 신하된 자가 어찌 감히 나의 이 말을 소홀히 하겠는가. 아, 오늘의 이 일은 신도神道와 인정人情에 있어 당연한 것인데, 이번의 이 중건하는 일로 인하여 앞으로 장대하게 하는 폐단이 열리게 된다면, 이는 위로는 우리 성고께서 어제御製 중에 말씀하신 '겸양[謙抑]'의 뜻을 저버리는 것이다. 특별히 보인 은미한 뜻을 의궤에 포함시키라고 명하라. 아아, 왕위를 이은 임금이 감히 소홀히 해서야 되겠는가. 감히 소홀히 해서야 되겠는가."

1월 23일에 주상이 다음과 같이 전교하였다. "한 번 도감都監을 정한 뒤부터 마음이 진전에 있어 아침부터 밤까지 어찌 해이하겠는가. 모사가 도사圖寫와 차이가 있다고 하나[26] 일의 체모의 중대함은 차이가 없다. 막중한 화본畫本과 화필畫筆이 만약 조금이라도 잘못된다면 이는 내가 불효한 것이다. 생각이 여기에 미치니 나도 모르게 두려워진다. 과거를 더듬어보니, 계사년(1713, 숙종 39)에 이 당堂에 내가 입시하였던 일이 마치 어제 일 같은데 지금 이미 36년이 흘렀다. 늙고 지친 내가 어찌 거듭 모사하는 일을 다시 바라볼 수 있으리라 생각하겠는가. 곱절이나 선왕이 그리우니, 밑그림을 다 그린 후 채색을 입히기 전까지 내 어찌 다른 궁궐에 거처할 수 있겠는가. 동가動駕를 자주 하고 군병軍兵을 자주 동원하는 것 역시 부차적인 일이다. 3일에 작헌과 고유를 임시로 행한 뒤 채색을 입히기 전까지 창덕궁 그대로 머물 것이니, 전에 관무재觀武才를 하기 위해 동가했을 때의 예에

26 어진은 그 제작 시기와 방법에 따라 도사(圖寫), 추사(追寫), 모사(模寫)로 구분한다. 도사는 왕이 생존해 있을 때 그 모습을 그리는 것이고, 추사는 왕이 승하한 뒤 그 모습을 그리는 경우로 가장 그리기 어렵다고 하며, 모사는 이미 그려진 어신이 훼손되었거나 혹은 새로운 진전에 봉안하게 될 경우에 기존의 본을 본보기로 하여 새로운 본을 그리는 것을 일컫는다.

의거하여 해엄解嚴[27]하고, 궁궐 안에 입직하고 군병이 숙위하는 것은 한결같이 이 예에 의거하여 거행하도록 시위侍衛 및 수궁승지守宮承旨, 문안승지問安承旨에게 분부하라. 이번에 하는 전알展謁은 이미 진전에 고유하였으니, 그 일이 같다. 영희전에 봉안하기 전에 그대로 거행하도록 또한 분부하라."

같은 날 주상이 다음과 같이 전교하였다. "이번에 모사하는 일은 초본初本에 탈이 생긴 것에 연유한 것이니, 서울에 봉안한 것이나 지방에 봉안한 것이 마찬가지이다. 장녕전의 어용은 훗날에 필시 다시 모사할 일이 생길 것인데, 자주자주 거듭 모사하는 것은 일의 체모가 막중하니 이때에 한꺼번에 2본을 모사하여 (1본은) 영희전에 펼쳐 봉안하고 1본은 궐내의 진전에 봉하였다가 훗날 강도江都에 봉안했던 영정에 탈이 생겨 점점 심해져 다시 모사해야 할 수 밖에 없는 지경에 이르면 이것을 받들고 가 펼쳐 봉안하고 구본舊本은 궤짝에 넣어 같은 전각 안에 봉안하도록 《승정원일기》에 기록하고, 예조등록禮曹謄錄과 《도감의궤都監儀軌》에도 기록함으로써 훗날의 참고에 대비하게 하라."

1월 29일에 주상이 말하기를, "선정전 작헌례 때의 전사殿司[28]는 영희전 관원으로 하고, 수복守僕 역시 본전의 수복으로 거행하라고 분부하라." 하였다.

2월 3일 진시辰時에 주상이 창덕궁 선원전에 친림하여 봉안한 숙종대왕의 영정을 선정전에 이안移安하여 펼쳐 봉안한 뒤 친히 작헌례를 행하였다.

27 엄(嚴)은 경계 태세의 발령을 뜻하는 말로, 나라의 큰 의식이나 행사에 임금이 거둥할 때 이에 참여하는 관원이나 시위 군사에게 준비를 서두르도록 북을 쳐 알리는 일인데, 이를 해제하는 것을 말한다.

28 영녕전, 문소전, 혼전, 진전, 영희전 등 여러 전에 제사지낼 때 청소, 제기(祭器)와 제물(祭物)의 진설과 철수 등을 담당하는 관원이다.

같은 날 미시未時에 초본初本을 죽청지竹清紙[29]로 모사하였다. 4일에 주상이 표제를 쓰고 1본을 상초上綃[30]하였다. 5일에 또 1본을 상초하였다. 6일에 두 본을 채색하였다. 일을 시작한 지 13일만에 마침내 두 본의 그림을 끝내고 이어서 후배後褙(안감을 댐)하였다. 시원임대신時原任大臣이 들어가 바라보고 봉심하였다. 같은 날 술시戌時에 구舊 영정을 자내自內에서 선원전으로 환안한 뒤 주상이 경덕궁[31]으로 돌아갔다. 14일에 회장繪粧하고 이어서 향수香水를 뿌렸다【20일에 향수 뿌리는 일을 마쳤다】. 24일 아침 전에 주상이 창덕궁에 나아가 장축하고 표제를 붙인 후에 1본은 펼쳐 봉안하여 전알례展謁禮를 행하고 전에 올린 뒤 정2품 이상이 첨배하고 봉심하였다. 끝나고 또 1본을 흑장궤黑長櫃에 봉안하였다. 25일에 고동가제告動駕祭를 친히 행하였다. 같은 날 인시寅時에 1본을 친히 배종陪從하여 영희전에 봉안하였다.

영정의 모사를 주관한 화사는 장경주張景周이고, 동참한 화사는 진응회秦應會·장득만張得萬·정홍래鄭弘來·김희성金喜誠이고, 수종隨從한 화사는 함도홍咸道弘·김덕하金德夏·박태환朴泰煥이고, 유화儒畫[32]는 전前 현감縣監 조영우趙榮祐와 사인士人 윤덕희尹德熙이다.

29 그림을 베낄 때 쓰는 얇고 질긴 종이를 말한다(《승정원일기》 804책, 영조 11년 7월 28일).

30 '초(綃)'는 정본(正本)을 그리기 위한 비단을 말하며, '상(上)'은 '올리다/위에 얹다'의 의미이다. 구 영정의 그림을 죽청지(竹清紙) 또는 유지(油紙)에 베껴 그린 초본(草本)에 초(綃)를 놓고 윤곽선을 옮겨 그리는 것을 말한다(조선미, 〈조선 왕실의 어진〉, 《조선 왕실의 어진과 진전》, 국립고궁박물관, 2015, 200쪽).

31 광해군이 한성에 창건한 궁으로, 1760년(영조 36)에 경희궁으로 개칭되었다.

32 조선 시대에 그림 그리는 일을 맡아보던 도화서의 화원이 아니라, 사인(士人)으로서 그림을 잘 그리는 사람을 말한다.

영정의 보수

影幀修補

影幀修補

숭정 10년 인묘조 정축년(1637, 인조 15) 4월 25일에 봉선전의 영정을 강도의 변란 때 매장해두어 훼손되었으므로 다시 단장하였다. 용안龍顏의 양 미간과 턱 아래에 조금 파손된 흔적이 있으나 손 댈 수가 없어 그대로 두었다. 곤룡포 앞면과 흉배胸背 두 곳이 찢어져 다시 보수하였다. 용상龍床 아래 사면이 모두 찢겨 나가 다시 보수하였다. 영정 사면四面의 회장回粧과 후배를 새로 수보하였다. 흑장궤 1, 자물쇠[鎖金] 2, 열쇠開金 1, 홍주유금紅紬襦衾 1, 자적욕紫的褥 1, 홍주 갑보紅紬甲袱 1, 홍주 단보紅紬單袱 1, 백주 단보白紬單袱 1, 궤를 묶을 홍사紅絲로 만든 바[所][33] 3이 들었다.

도감의 당상은 호조 판서 이경직李景稷, 동지同知 홍우洪虞이고, 도청은 사예司藝 홍헌洪憲이며, 낭청은 장흥고 주부長興庫主簿 황전黃㙉이고, 본전의 참봉參奉은 김유성金有聲·윤홍거尹鴻擧이며, 화원은 한선국韓善國·이덕익李德益·이기룡李起龍이다. 윤4월 24일에 시강원侍講院 대청에 임시 봉안했던, 다시 단장한 세조대왕의 영정을 받들고 숭은전[34]에 나아갈 때 참판 홍방洪霶과 승지가 배종하고 나아갔다.

인묘조 무자년(1648, 인조 26) 5월 29일에 예조가 아뢰기를, "방금 남별전 참봉의 보장報狀을 보니, '이달 27일에 있었던 이안제와 환안제 때 봉심하니 제2실 영정 하부下部의 가죽신[靴子] 근처와 어탑御榻 아래에 좀 먹은 곳이 있어 녹두 모양이나 쌀알 모양의 것이 11곳이나 되었습니다. 대개 보통 때에는 지극히 엄중한 곳이라 감히 항상 봉심하지는 못하고, 분향할 때에는 으레 주렴 밖에서 분향하여 그때에도 대수롭지 않게 봉심하여 이러한

33 '所'는 '바'의 차자어(借字語)이다. 밧줄이라는 의미이다.
34 남별전의 명칭을 고친 것이다(《인조실록》 권26, 인조 10년 3월 9일 병오).

근심이 있는 줄 알지 못하다가 지금 이렇게 이안하는 시기에 비로소 알게 되었습니다.' 하였습니다. 이 첩보를 보고 매우 놀라고 두려웠으니, 본조의 당상과 낭청이 상세하게 봉심한 뒤 입계入啓하여 처리하는 것이 어떻겠습니까?" 하니 전교하기를 "윤허한다." 하였다.

6월 1일에 예조가 아뢰기를, "신들이 남별전에 나아가 즉시 실내에 들어가니, 깊숙하고 어두컴컴하여 어쩔 수 없이 촛불을 켜고 봉심하였습니다. 영정 하부의 가죽신 근처와 어탑을 그린 곳 및 회장의 남색 부분에 좀이 먹어 어떤 곳은 녹두만 하고 어떤 곳은 쌀알만 하여[35] 조금 큰 것이 대개 11곳이고 중간인 곳이 1곳인데 구멍이 나지는 않았습니다. 또 축목軸木에 좀 먹은 곳은 구멍이 조금 깊게 나서 서둘러 수개修改해야 할 것입니다. 그런데 삼가 들으니, 정축년에 세조대왕의 영정을 강도에서 경성으로 이안할 때 곤룡포와 어탑이 많이 오염되고 손상되었는데, 그 당시에 계품하여 정탈한 뒤 보수하여 봉안하였다고 들었습니다. 지금 이 예에 의거하여 거행할 것인데, 일이 중대하여 신의 조曹에서 감히 마음대로 할 수 없으니 삼가 바라건대 주상께서 재결하소서." 하니, 전교하기를 "윤허한다." 하였다.

8월 18일 새벽에 고유제를 행하였다. 진시辰時에 원종대왕의 영정을 어재실로 이안하고 이어서 보수하였다. 22일에 보수를 마치고 건조시켰다. 24일에 영정을 환안한 뒤 제향을 올린다. 화원은 이덕익李德益·한선국韓善國이었다.

현묘조 기유년(1669, 현종 10) 11월 10일에 예조가 아뢰기를, "방금 남별전

35 원문은 "或如菉豆 或似"인데, 문맥이 통하지 않아 바로 앞에 나온 5월 29일 계사에 근거하여 '似' 뒤에 '稻米'를 보충하여 번역하였다.

참봉의 첩정을 보니, '세조대왕의 영정이 용포의 단령團領 이하부터 가죽신까지의 사이에 주름지고 부풀어 일어난 흔적이 약간 있고, 화용상畵龍床(용 그린 평상) 이하에도 약간 손상되려고 하는 곳이 있는데, 범범하게 바라보면 흔적이 있는 줄 알지 못하겠으나 앞으로 나아가 자세히 보면 비로소 알아볼 수 있습니다. 지금 본 것은 대단한 정도에 이르지 않으나 앞으로 이안하고 환안하면서 영정을 폈다 말았다 하는 과정에서 해가 오래되면 세초細綃가 점차 손상되게 될까 염려되어 감히 이렇게 낱낱이 보고합니다.' 하였습니다. 신들이 이 첩정의 내용을 자세히 보니 손상이 이미 드러난 정도에 이르지는 않았으나 점차 손상될까 염려하였습니다. 지금 비록 대단한 정도에 이르지 않았더라도 진전은 중대한 일이니 전례前例에 의거하여 본조 당상이 진전에 나아가 봉심한 후 주상께 여쭈어 처리하는 것이 어떻겠습니까?" 하니 윤허한다고 전교하였다.

12일에 예조가 아뢰기를, "신들이 당일에 일제히 남별전에 가서 예를 행한 뒤 즉시 제1실의 실내에 들어가 앞으로 나아가 영정을 봉심하니, 손상된 희미한 흔적이 용포에 단령의 백색 옷깃 아래에 1곳, 청색 옷깃 아래에 1곳, 옥대 아래에 4곳, 가죽신 아래 화용상의 변자邊子[36]에 부풀어 일어난 곳이 3곳이었고, 변자 양쪽에도 미세한 흔적이 있었습니다. 그러나 지엄하고 지극히 공경해야 할 곳이므로 신들 역시 감히 상세하게 쳐다보지 못하여 화원과 장인을 불러들여 일시에 자세히 살펴보니, 대개 난리 후에 보수할 때 지배紙褙가 조금 두꺼웠고 채색을 입힌 것도 지나쳐서 세월이 오래되자 세초가 펴기도 하고 말기도 하는 과정에서 점차 손상될 수밖에 없었

36 물건(物件)의 가장자리에 대는 꾸미개이다.

습니다. 현재 보수가 불가피하나 마침 겨울철에 해당하여 앞으로 추위가 혹독할 것이므로 그 역시 생각할 수 없습니다. 일이 중대하므로 때에 맞춰 조정해야 할 것인데, 신의 아문이 감히 마음대로 할 수 없으니 대신에게 의견을 물어 주상께 여쭈어 처리하는 것이 어떻겠습니까?" 하니, 윤허한다고 전교하였다.

16일에 예조가 아뢰기를, "명을 내리셨습니다. 대신에게 의견을 물으니, 영중추부사 이경석李景奭은 '영정이 미세하게 손상된 곳은 일의 체모가 중대하니 계절의 춥고 더움을 상세하게 살펴서 보수하지 않아서는 안 됩니다. 지금 비록 온난한 듯 하지만 한기寒氣가 갑자기 엄습할지 어찌 알겠습니까. 혹시 그렇지 않다 하더라도 중동仲冬(음력 11월)의 달이고 동지冬至가 장차 임박하니 따뜻한 봄을 기다렸다가 거행하는 것이 더 나을 듯합니다.' 하였습니다.

좌의정 허적은 '해당 조가 영정을 수개해야 할지 말지를 마음대로 결정할 수 없을 것 같으면 신들에게 의견을 묻기를 청하는 것이 괜찮겠지만 만약 수개는 불가피하나 단지 겨울철의 극심한 추위를 걱정하는 것이라고 한다면 일단 봄이 되기를 기다려서 해도 늦지 않을 것입니다. 오직 해당 조가 일의 형세를 참작하여 조정하는데 달려 있으니, 굳이 신들에게 의견을 물을 필요는 없습니다.' 하였습니다.

판중추부사 정치화鄭致和는 '영정의 보수는 중대한 일이므로 겨울철에 하게 된다면 미진할 염려가 있을 듯하니 날씨가 따뜻해지길 기다려 여유 있게 거행하는 것이 마땅할 듯합니다.' 하였습니다. 대신의 의견이 이와 같으니 주상께서 재결하시는 것이 어떻겠습니까?" 하니, 전교하기를, "훗날 어전御前에 나올 때 다시 내게 물어 처리하라." 하였다.

12월 3일에 주상이 대신과 비변사 당상을 인견하였을 때 예조 판서 박장원朴長遠이 아뢴 내용에 "영정을 보수하는 일에 대해 대신의 의견을 물어 입계하니 어전에 나왔을 때 주상께 여쭈어 처리하라고 명하셨습니다. 대신이 지금 입시하였으니 논의하는 것이 어떻겠습니까?" 하니 주상이 말하기를, "봄이 되어 따뜻해지길 기다릴 필요 없다. 날씨가 조금 풀려 어는 정도가 아니라면 할 수 있으니, 다시 봉심한 후 의정議定하여 보수하라." 하였다.

박장원이 아뢰기를, "전부터 본전을 봉심할 때 대신이 동참한 규례가 없었습니다만, 일의 체모가 중대하니 앞으로는 신들이 대신과 함께 봉심해야겠습니까?" 하니, 주상이 말하기를 "일의 체모가 중대하니 비록 전례前例가 없더라도 대신이 특별히 나아가서 동참하여 봉심하라." 하였다.

7일에 예조 낭청이 좌의정의 뜻으로 아뢰기를, "신이 오늘 예조 판서 박장원朴長遠, 참의 이준구李俊耇와 함께 남별전에 나아가 세조대왕의 어진을 상세하게 봉심하니, 백색 앞섶[衿] 아래 1곳, 청색 앞섶 아래 4곳, 용포 위에 1곳, 옥대 아래 1곳, 왼쪽 소매[袂] 위에 1곳과 소매 아래 1곳, 오른쪽 소매 위에 1곳, 용포 자락 위 12곳, 화용상 위 5곳과 화용상 아래 좌·우 각 1곳에, 어떤 것은 분명하게 볼 수 있는 흔적이 있기도 하고 어떤 것은 미세하여 자세히 보아야 알 수 있는 흔적도 있었습니다. 화용상 아래에는 손상된 흔적이 매우 많아 일일이 기록하기에 어려움이 있어 화원 중에 일을 잘 아는 사람과 솜씨 좋은 배접공들과 함께 반복하여 숙의해 보니 모두들 개배改褙로는 어렵다고 하였으니, 탑전정탈한 대로 내년 봄에 날씨가 춥거나 얼지 않을 때가 되거든 구본을 그대로 보수하는 것이 마땅할 것입니다. 그 사이에도 문자로 형용할 수 없는 사정이 생기면 훗날 어전에 나올 때 상세하게 진달하겠습니다." 하니, 알았다고 전교하였다.

경술년(1670, 현종 11) 윤2월 26일 새벽에 고유제를 행하였다. 묘시卯時에 세조대왕의 영정을 어재실 대청으로 이안하였다. 진시辰時에 보수를 시작하여 이날 사역을 끝마쳤다. 같은 날 수개도감修改都監이 아뢰기를 "영정을 이안한 후 배첩공 및 화원들과 함께 다시 상세하게 봉심하니, 용안 양 눈 사이 왼쪽 구석, 왼쪽 눈썹 끝과 오른쪽 눈 아래, 오른쪽 뺨 이렇게 모두 4곳에 작은 손상 흔적이 있었습니다. 양쪽 뺨의 배접한 곳에 예전에 붙였던 것이 안에서 들떠 그 역시 한때 보수하였으나, 정축년(1637, 인조 15)에 개장改粧했을 때의 등록을 찾아보니, 본전에 남아 있는 초책草冊에는 용안 양 미간 사이 및 턱 아래에 작은 손상 흔적이 있으나 붓을 댈 수 없었다고 하였습니다. 지금 역시 아교를 써서 그대로 보수하였으나 감히 덧그리지는 않았습니다." 하니, 알았다고 전교하였다.

27일에 영정을 환안한 후 환안제를 행하였다. 수개도감 당상인 예조 판서 박장원, 호조 판서 권대운, 낭청인 호조 정랑 이관李慣·이흥직李興稷, 예조 정랑 오찬吳燦, 화원인 이유탄李惟坦·함제건咸悌健, 전 참봉 유명길柳命吉이 동참하였다.

숙묘조 임신년(1692, 숙종 18) 8월 27일에 예조가 아뢰기를, "방금 영희전 참봉의 첩정을 보니, '본전의 제2실에 있는 세조대왕의 영정을 경술년(1670, 현종 11)에 개보한 후 지금 20여 년이 넘었습니다. 이안하고 환안하며 말았다 폈다하는 과정에서 세월이 오래되어 지배紙褙와 세초細綃가 곳곳에 미세하게 손상되려는 곳이 있는 듯합니다. 그런데 지엄하고 지극히 공경해야 하는 곳이라 감히 마음대로 손을 대거나 세세하게 살펴볼 수가 없습니다. 두 참봉이 근무를 교대할 때 함께 나아가 봉심해보니, 용포의 단령 앞자락 오른쪽에 1치[寸] 가량과 화용상 다리 변자에 반 치, 이렇게 두 곳에 떠서 일어난 곳이 있었습니다. 지금은 비록 대단하지 않으나 앞으로 이안하고 환안하며 말았다 폈다 하는 과정에서 점점 더 손상될까 염려되어 감히 이렇게 보고 드립니다.' 하였습니다. 크기를 막론하고 영정에 이미 떠서 일어난 흔적이 생겼으니 즉시 봉심해야 할 것 같습니다. 그런데 영정을 수개할 때인 경술년(1670, 현종 11)의 등록을 조사해보니, 진전을 봉심하는 일은 일의 체모가 중대하니 대신이 동참하여 봉심하라고 주상께서 전에 하교하셨습니다. 지금 이렇게 봉심하는 일도 일의 체모가 전과 다름이 없으니 경술년의 예에 의거하여 대신과 본조 당상이 즉시 나아가 봉심한 뒤 주상께 여쭈어 처리하게 하는 것이 어떻겠습니까?" 하니 윤허한다고 전교하였다.

9월 4일에 예조 낭청이 우의정의 뜻으로 아뢰기를, "신이 예조 판서 유명현柳命賢, 참판 이옥李沃, 참의 안여석安如石과 더불어 영희전에 나아가서 세조대왕의 영정을 봉심하니, 용포 단령 오른쪽 소매의 주름이 겹치는 곳에 5푼[分] 가량의 손상된 흔적이 있고, 앞자락 오른쪽 구석 하단에 1치 가량의 손상된 흔적이 있으며, 앞자락 좌·우 하단의 주름이 겹치는 곳에 간간히 손상된 흔적이 있고, 화용상 및 펼친 채단綵緞에 간간히 손상된 흔적이 있는데 일일이 기록할 수 없습니다. 경술년(1670, 현종 11)의 예에 의거하여 예전대로 보수하여야 할 것이니, 해당 조로 하여금 주상의 뜻을 여쭈어 거행하게 하는 것이 어떻겠습니까?" 하니, 윤허한다고 전교하였다.

18일 새벽에 고유제를 행하고, 묘시卯時에 세조대왕의 영정을 어재실로 이안하고 이어서 수보하였다. 이날 사역을 마치고 환안한 후 제향을 행하였다.

같은 날 수보도감이 아뢰기를, "영정을 이안한 후 배접장 및 화원들과 같이 다시 상세하게 봉심하니, 전날에 대신과 예관이 봉심했을 때 탈頉로 잡았던, 용포 단령 오른쪽 소매의 주름이 겹치는 곳에 5푼 가량의 손상된 흔적과 앞자락 오른쪽 구석 하단에 1치 가량의 손상된 흔적, 앞자락 좌·우 하단의 주름이 겹치는 곳의 손상된 흔적, 화용상 및 펼친 채단의 손상된 흔적 외에, 왼쪽 부분의 가죽신에 7푼 가량 손상된 곳과 용포 앞자락 좌우에 간간히 손상된 곳이 있었고, 용포 청금靑衿 좌우 3곳에 각각 3푼씩의 손상된 곳이 있어 모두 한꺼번에 수보하였습니다. 용안의 좌우 눈썹에 안에서 부풀어 오른 곳이 있는데, 등록謄錄을 찾아보니 용안에는 전부터 감히 붓을 대지 않았다고 하였기에 이번에도 전례에 의거하여 아교로 그대로 수보하였고 감히 덧그리지 않았습니다." 하니, 알았다고 전교하였다.

수보도감 당상은 호조 판서 유명천柳命天, 예조 판서 유명현柳命賢이고, 낭청은 호조 좌랑 나두춘羅斗春, 예조 좌랑 박수인朴壽寅이며, 화원은 허의순許義順·윤상익尹商翊·함태석咸泰碩이었다.

임진년(1712, 숙종 38) 12월 25일에 예조가 아뢰기를, "방금 영희전 참봉이 보고한 것을 보니, '제2실의 세조대왕의 영정의 익선관 오른쪽 부분에 주름이 일어난 곳이 조금 있는데 흑색黑色이 터져서 내면의 배지인 백색白色이 2치 가량 드러났고 상하좌우에도 약간씩 일어난 곳이 있습니다. 예전에 이안하고 환안하느라 폈다 말았다 하는 과정에서 해가 오래된 세초가 점점 닳아서 손상되었습니다. 현재 본 바로는 비록 대단하지는 않으나 일이 중대하므로 감히 이렇게 낱낱이 보고합니다.' 하였습니다. 마땅히 즉시 봉심해야 할 것인데, 임신년(1692, 숙종 18)에 영정을 보수했을 때의 등록을 가져다 보니 진전의 봉심은 일의 체모가 중대하니 대신이 동참하여 봉심하라고 주상께서 하교하셨으니, 본조의 세 당상 역시 함께 나아가 봉심하는 것이 어떻겠습니까?" 하니 윤허한다고 전교하였다.

27일에 영의정 이유李濡, 예조 판서 김진규金鎭圭, 참판 이야李壄, 참의 조도빈趙道彬이 청대請對하여 입시하였다.

이유가 아뢰기를, "신들이 나아가 영희전 제2실의 영정을 봉심하였습니다. 익선관 오른쪽 부분에 약간 터진 곳은 길이가 주척周尺으로 2치 가량이고, 후배지의 백색이 드러났는데 그 길이가 상하 양 끝에 각각 2푼 가량이며, 미세하게 터진 흔적이 익선관 아래 끝부터 용안의 이마 모서리까지 미쳤습니다. 이밖에 녹색 창의氅衣 오른쪽 목 부분의 꽃무늬 채색이 벗겨진 곳이 있는데 팥알 크기이고, 용상 아래 펼친 채단綵緞[37]의 좌변左邊 비단[綃]와 채색이 벗겨진 곳이 2곳 있는데, 어떤 것은 팥알만 하고 어떤 것은 녹두알만합니다. 어용의 초본綃本이 변질되어 채색이 간간히 흐려졌고, 후배와 비단이 곳곳에 서로 분리되었습니다. 감히 손을 댈 수 없고 단지 바라보고 추측할 수 밖에 없기 때문에 자세하게 살필 수 없으나, 이렇게 된 것은 어진을 그린 비단과 후배가 서로 분리되어 맞지 않은 결과입니다. 등록을 가져다 보니, 정축년(1637, 인조 15) 난리 후에 강도에서 서울로 영정을 옮겼는데, 그때 곤룡포와 어탑에 손상된 곳이 있었기 때문에 보수하였습니다. 그러나 어용의 손상된 곳은 감히 붓을 대지 않고 그대로 봉안하였

37 원문은 '綵段'인데, 다수 용례에 근거하여 '段'을 '緞'으로 바로잡았다.

습니다. 그 후 무자년(1648, 인조 26), 경술년(1670, 현종 11), 임신년(1692, 숙종 18)에도 모두 전례에 의거하여 단지 다른 곳을 보수하여 봉안하였을 뿐이고, 그간 어용에 손상된 곳은 모두 붓을 대지 않았습니다. 그 당시에는 손상된 곳이 대단한 정도는 아니었으나 지금은 손상된 곳이 비교적 중대하여[38] 수보하는 일을 그만둘 수 없는데, 초본이 해가 오래 되어 손을 댄 이후에 어떤 난처한 문제가 생길지 알 수 없으니, 이것이 매우 염려됩니다. 하지만 일의 체모로 말하자면 봉심한 후에 손을 댈 수 없어 그대로 둔다고 하는 것 역시 매우 온당치 못합니다. 오늘날 데리고 있는 장인들은 솜씨 좋은 장인들이 아니므로 그들과 서로 논의해보아도 자세히 알 수 없었습니다. 궐내에 도착한 뒤 액정서의 솜씨 좋은 배장인褙匠人을 불러 물어보니, 갈라진 곳을 직접 보아야 알 수 있다고 하였습니다. 지금은 일기日氣가 이와 같으니 따뜻한 봄이 되기를 좀 기다려 도감을 설치하여 수보하는 일을 할 것입니다. 이러한 곡절을 서계書啓로 다 진달하기 어려워서 감히 이렇게 직접 뵙고 말씀드립니다."[39] 하였다.

김진규가 아뢰기를, "대신이 이미 큰 뜻을 주상께 진달하였습니다. 전에 있던 수보등록을 두루 조사해보니, 무자년에 봉심하고 서계하여[40] 수보하였고, 기유년 겨울에 봉심하고 경술년 봄에 수보하였는데 그 당시 예관과 대신이 차례로 봉심한 후 연석에서 진달하여 거행하였습니다. 임신년에는

38 원문은 "傷處輕重"인데, 문맥이 통하지 않아 《승정원일기》 474책, 숙종 38년 12월 27일 기사에 근거하여 '輕'을 '較'로 교감하였다.

39 원문은 "敢此面"인데, 문맥이 통하지 않아 《승정원일기》 474책, 숙종 38년 12월 27일 기사에 근거하여 '面' 다음에 '陳'을 보충하여 번역하였다.

40 원문은 "春審書啓"인데, 문맥이 통하지 않아 《승정원일기》 474책, 숙종 38년 12월 27일 기사에 근거하여 '春'을 '奉'으로 교감하였다.

경술년에 전례에 따른 봉심이 있었으므로 곧바로 서계하여 보수하였습니다. 지금 이번에 생긴 탈은, 그 수가 전에 비해 적으나 일의 체모가 조금 중대한 곳이 있습니다. 손상된 곳이 의대, 용상 및 상 아래에 펼치는 채단 등에 불과한 곳은 손상된 곳이 많아도 손을 대기 어렵지 않으나, 현재 익선관의 갈라진 흔적부터 어용의 이마 위 눈썹에 이르기까지는 날이 어두워 촛불로는 분명하게 알 수 없었는데도 소견이 오히려 이와 같으니, 청명한 때에는 필시 그보다 더할 것입니다. 지금 수개하려고 공인과 장인들과 논의해보니, 영정을 펼쳐 놓고 그 위에 종이를 덮은 다음 물에 적신 베를 갈라진 흔적이 난 곳에 붙이고 그것이 약간 젖게 되거든 다시 죽첨竹籤으로 천천히 그 속에 아교를 넣어 붙여서 안과 밖의 초綃와 후배지가 서로 합쳐진 뒤에 흑채黑彩로 메우는 것이 좋겠습니다. 다만 죽첨을 사용할 때 갈라진 흔적이 행여 그대로 어용의 이마 위 눈썹과 연결될까 두려우니, 이것이 염려됩니다. 일의 체모로 말하자면, 이미 탈이 생긴 것을 봉심하였으니 마땅히 보수해야 할 듯하나 수개할 때 염려되는 것이 또 이와 같으니, 이것이 문자로 서계하지 않고 직접 뵙고 여쭙는 이유입니다." 하였다.

이야李壄가 아뢰기를, "익선관의 갈라진 곳은 백색이 약간 드러났는데, 이는 오늘 갑자기 생긴 흔적이 아닙니다. 장인들은 잘만 보수하면 순색純色이 될 것이라 하였습니다." 하였다.

김진규가 말하기를, "봉심할 때 데려간 자들은 상방尙方의 배접장들인데 솜씨가 없는 데다가 경험이 없는 자들입니다. 합문閤門 밖에 도착하여 액정서의 하인 중에 솜씨 있는 자가 있어 불러서 물어보니, '후배지와 초지가 서로 분리되었다면 보수하기가 어렵지 않습니다. 그런데 후배지는 으레 당지唐紙와 우리나라의 종이를 삼중으로 붙여 사용하는데 이 종이가 서로 분리되었다면 수보하기가 필시 어려울 것입니다.' 하였습니다. 봉심할 때는 어용을 쳐다만 보고 감히 직접 만지지 못하였기 때문에 그것이 어떠하였는지 자세히 알지 못하겠습니다." 하였다.

주상이 말하기를, "지금은 이미 해가 오래되었으니 익선관이 갈라진 흔적은 오늘 갑자기 생긴 흔적이 아니라 전에 이미 갈라진 것인 듯하다." 하니, 조도빈이 아뢰기를, "참봉 두 사람을 새로 임명하였기에 봉심하여 이렇게 보고하였습니다만, 이는 전부터 이미 있었던 흔적입니다." 하였다.

주상이 말하기를, "이번에 처음 보고한 것인데 이와 같은 것이 이미 오래되었다면 봉심한 뒤 그대로 방치하는 것은 매우 온당치 못하다. 솜씨 좋은 장인에게 잘 보수하게 하여 익선관의 백색을 제거하는 것이 좋겠다." 하였다.

이유가 아뢰기를, "지금 이 수보하는 일은 본래 중대하고 어려우나 봉심한 뒤에 그대로 방치하는 것은 온당치 못합니다. 그러므로 잘 보수해야 할 것입니다만 일을 시작한 뒤에는 의당 다시 봉심할 것을 주상께 품달하는 일이 있어야 하고, 다시 봉심한 뒤에는 형세가 어떠한지를 상세히 알 수 있을 것입니다. 해당 조로 하여금 날짜를 택하게 하여 날씨가 조금 따뜻해진 뒤에 거행하는 것이 마땅합니다." 하고, 김진규가 아뢰기를 "자주자주 봉심하는 것 역시 온당치 못합니다. 오늘 데려간 장인들이 솜씨가 없으니 앞으로 수개할 시기가 임박했을 때 액정서의 솜씨 좋은 장인들을 데려가서 다시 봉심한 뒤 어떻게 해야 할지를 주상께 여쭈어 결정한 다음 시작하는 것이 일을 꼼꼼하고 신중하게 하는 도리에 맞을 듯합니다." 하였다.

주상이 말하기를, "일을 시작할 시기가 임박했을 때 이 말에 근거하여 하는 것이 좋겠다." 하니, 김진규가 아뢰기를, "전례에 따라 도감을 설치할 것이고, 기유년(1669, 현종 10) 겨울에 봉심하여 경술년(1670) 봄에 날을 택하여 수보하였으니 이번에도 내년 봄에 날씨가 따뜻해지는 때로 날짜를 택하여 거행하겠습니다." 하여, 주상이 "그대로 하라." 하였다.

계사년(1713, 숙종 39) 4월 8일 새벽에 고유제를 행하고, 묘시卯時에 세조대왕의 영정을 어재실로 이안移安하였다. 이어서 수보修補하여 이날 일을 마치고 환안한 후 제향을 올렸다.

같은 날에 수보도감修補都監이 아뢰기를, "영정을 이안한 후 배접장과 화원들과 함께 다시 자세하게 봉심해보니 전날에 대신과 신들이 봉심했을 때 탈로 잡았던, 익선관 우측이 미세하게 갈라져 후배지인 백색이 드러난 흔적이 익선관 아래 끝부터 어용의 이마까지 미친 흔적과 녹색 창의의 꽃무늬 채색, 용상에 펼친 채단 좌측의 초綃와 채색이 손상된 흔적 등 외에도 족자 상부의 횡목橫木을 싼 초지綃紙가 부풀어 일어나 서로 분리된 곳이 있어 아교를 발라 수보하였습니다. 용안의 좌우 눈썹에도 안에서 부푼 곳이 있는데, 등록을 가져다 보니 용안의 손상에는 전부터 감히 붓을 대지 않았으므로 이번에도 전례대로 아교로 보수하고 감히 덧그리지 않았습니다." 하니, 알았다고 전교하였다.

수보도감 당상은 예조 판서 김우항金宇杭, 호조 판서 조태구趙泰耉이고, 낭청郎廳은 호조 정랑 이의화李宜華, 예조 좌랑 김령金坽이며, 화원은 장득만張得萬과 박동보朴東普이었다.

금상 정미년(1727, 영조 3) 1월 4일에 예조가 아뢰기를, "방금 영희전 참봉의 첩보를 받아보니, '제2실에 있는 세조대왕의 영정이 익선관의 오른쪽에 주름지고 약간 갈라진 흔적이 있는데 한 곳은 주척周尺으로 3푼 정도이고 한 곳은 2푼 정도이며, 상하좌우에도 옆으로 갈라져 백색이 약간 드러난 흔적이 많았습니다. 종전에 이안하고 환안하면서 말았다 폈다 하는 과정에서 해 묵은 세초가 저절로 닳아서 손상된 것입니다. 현재의 소견으로는 전보다 손상이 더한 것 같습니다.' 하였습니다. 마땅히 즉시 봉심하여야 하나, 계사년(1713, 숙종 39)에 영정을 수보할 때의 등록을 가져다 보니, 임신년(1692, 숙종 18)의 전교에 의거하여 진전의 봉심은 일의 체모가 중대하여 대신이 동참하여 봉심하였으니, 본조의 세 당상이 이번에도 함께 나아가 봉심하는 것이 어떻겠습니까?" 하니, 윤허한다고 전교하였다.

5일에 예조 낭청이 영중추부사의 뜻으로 아뢰기를 "신이 오늘 명을 받고서 예조 참판 황선黃璿, 참의 신무일愼無逸과 함께[41] 영희전으로 나아가 제2실에 있는 세조대왕의 영정을 봉심하니, 익선관 우측이 약간 갈라져 흰색이 드러난 곳이 있었습니다. 예전에 계사년에 도감을 설치하여 개수하였는데, 오래된 영정이라 감히 크게 손을 대지 못하고 아교로 붙여 다시 칠만 하였기 때문에 10여 년 사이에 다시 떨어져 나가 흰색이 드러난 곳이 두 곳인데 각각 2~3푼쯤 되고, 그 사이에 초본이 갈라져 들떠 일어났으며, 위아래와 좌우에도 옆으로 갈라진 흔적이 많았습니다. 지금 이 영정은 만들어진 지 이미 200년이 넘은 데다가 여러 차례 병화兵火를 겪었기 때문에 옆으로 터지고 주름이 지는 등 탈이 생긴 것입니다. 그 유래가 이미 오래되어 지금 개수한다 하더라도[42] 계사년 때처럼 아교로 붙이고 다시 칠하는 일에

41 원문은 "與禮曹參判黃 參議愼"인데, 《승정원일기》 630책, 영조 3년 1월 5일 기사에 의거하여 '黃' 다음에 '璿'을, '愼' 다음에 '無逸'을 보충하여 번역하였다.

42 원문은 "今難修改"이나, 《승정원일기》 630책, 영조 3년 1월 5일 기사에 의거하여 '難'을 '雖'로 교감하였다.

불과할 것입니다. 공역이 대단하지는 않더라도 일의 체모가 매우 중대하니, 전례대로 도감을 설치하여 거행해야 하는데, 현재 날씨가 추워 우선은 일을 거행하기 어렵습니다. 해당 조로 하여금 3월에 길일을 택하여 거행하도록 하고, 수보도감의 당상과 낭청은 그때 가서 차출하여 계하 받도록 분부하는 것이 어떻겠습니까?" 하니, 윤허한다고 전교하였다.

2월 14일에 본전을 봉심할 때 주상이 말하기를, "제2실의 영정을 다시 배접하는 일은 장인이 조금도 잘못될 염려가 없다고 하더라도 다시 배접하는 과정에 만약 털끝만큼이라도 잘못된다면 어찌 몹시 곤란하지 않겠는가. 다시 배접을 하지 않는 이상 도감을 설치해서 개수할 필요가 없을 듯하다." 하였다.

영중추부사 민진원이 아뢰기를, "해묵은 초본은 다시 배접하기가 참으로 어렵습니다. 신의 생각에는 마땅히 솜씨 좋은 화사에게 먼저 1본을 모사하게 한 다음 구본을 다시 배접해서 만약 잘못되지 않는다면 도로 봉안하고 모사본은 없애 버리며, 만약 잘못된다면 모사본을 그대로 봉안하는 것이 만전을 기하는 일일 듯합니다." 하였다.

판중추부사 이관명李觀命이 아뢰기를, "대개 모사하여 전하는 과정에서 진면모眞面貌를 잃기 쉽고 그 정신을 느끼도록 그리기는 더욱 어렵습니다. 오늘날의 화사는 아무래도 옛사람에게는 못 미칩니다." 하니, 주상이 말하기를, "설혹 다시 배접한다 하더라도 반드시 먼저 1본을 모사해서 만전을 기하는 방도로 삼는 것이 실로 신중히 하는 뜻에 부합한다.[43] 지금 만약 떠서 솟은 부분에 다만 아교로 붙이고 색을 칠한다면 앞으로 다시 배접할

43 원문은 "實無愼重之意"인데, 문맥이 통하지 않아 《승정원일기》 632책, 영조 3년 2월 13일 기사에 의거하여 '無'를 '合'으로 교감하였다.

때에 문제될 것이 없겠는가?"[44] 하였다.

민진원이 아뢰기를, "장인에게 물으니 '만약 매양 아교로 붙이다가 다시 배접할 일이 생긴다면 아교로 붙이지 않는 것이 낫습니다.'라고 하였습니다." 하였다.

도승지 조영복趙榮福이 아뢰기를, "장인이 설령 다시 배접하는 일을 잘한다 하더라도 다시 배접하는 과정에 만약 잘못되기라도 한다면 어찌 대단히 온당치 못한 일이 아니겠습니까. 신의 생각에는 다시 배접하는 것은 참으로 몹시 어려운 일이라고 생각합니다." 하였다.

우부승지 권적權𥛚이 아뢰기를, "신이 계사년(1713, 숙종 39)에 본전의 낭청으로 있어서 여러 차례 어진을 봉심하였는데, 지금 15년이나 지났는데도 별반 더 손상된 일이 없습니다. 지금 만약 다시 배접하다가 잘못되기라도 한다면 어찌 몹시 온당치 못한 일이 아니겠습니까." 하고, 이관명이 아뢰기를, "승지의 말로 보더라도 15년 동안에 더 손상된 일이 없었으니, 지금에 와서 다시 배접하는 것은 참으로 몹시 곤란한 일일 듯합니다." 하였다.

주상이 말하기를, "만약 다시 배접하지 않는다면 도감을 설치해서 거행할 일이 무엇인지 화사에게 물으라." 하니, 민진원이 아뢰기를, "화사가 '장인은 마땅히 떠서 솟은 부분에만 아교를 칠하고 익선관과 그 밖의 채색이 흐려져서 잘 보이지 않는 곳에는 조금 더 손을 보아야 합니다.'라고 하였습니다." 하였다.

주상이 말하기를, "지금 개수하지 않더라도 앞으로 점점 손상될 염려가 별로 없겠는가?" 하니, 민진원이 아뢰기를, "화사에게 다시 물으니 '이번에

---

44 원문은 "若無所妨耶"인데, 《승정원일기》 632책, 영조 3년 2월 13일 기사에는 '若'이 '別'로 되어 있다.

개수하지 않는다 하더라도 앞으로 점점 손상될 염려는 별로 없습니다.'라고 하였습니다." 하였다.

주상이 말하기를, "새로 부임하는 전사殿司가 봉심은 처음이라 의당 놀라는 마음이 있었을 것이다. 그러나 지금 다시 배접하는 것은 참으로 몹시 어려운 일이어서 경솔히 의논하기 어렵고, 계속해서 개수하는 것도 마땅하지 않다. 도감을 설치하는 문제는 지금 우선 정지하고, 전사로 하여금 자주자주 봉심하되 용포의 들떠서 솟은 부분을 봉심할 때에는 절대 손으로 만지지 말고 다만 살펴보게만 하라. 전사가 교체될 때에도 차례차례 이 말을 전해서 그다음 전사로 하여금 알게 하라." 하였다.

영정의 표지
影幀表識

影幀表識

숙묘조 을해년(1695, 숙종 21) 4월 3일에 대신과 비변사 당상이 입시하였을 때 예조 판서 박태상朴泰尙이 아뢴 내용에, "열성조의 어용을 영희전에 봉안하였는데 축면軸面(굴대)에 표지하는 것으로는 먼 앞날을 생각하는 방도에서 완전하지 못할까 염려됩니다. 신의 생각에는 표지를 추가하여 후손에게 보이는 것이 마땅하다고 봅니다. 대신에게 의견을 묻는 것이 어떻겠습니까?" 하니, 주상이 말하기를, "예관의 말이 어떠한가?" 하였다.

영의정 남구만이 아뢰기를, "지극히 존엄한 곳이니 문자를 더해서는 안 됩니다만, 모든 일은 반드시 먼 앞날을 생각해야 마땅합니다. 만약 사변事變이 나서 혹시라도 어진을 옮겨야 할 일이 생긴다면 필시 바뀌게 될 염려가 없지 않으니 예관이 진달한 것이 옳습니다." 하고, 좌의정 유상운柳尙運이 아뢰기를, "외면에 보이는 곳에 드러내어 써놓는 것은 일이 매우 온당치 않습니다." 하였다.

남구만이 아뢰기를, "예전에 중원中原(중국)의 도본圖本을 보니 반드시 표지하였습니다." 하니 박태상이 아뢰기를, "소신의 뜻으로는 옆면에 '아무개 대왕 어용[某大王御容]'으로 표지하면 지장이 없을 듯합니다." 하고 유상운이 아뢰기를, "보통 때는 별반 의식할 일이 없으나 불행히 사변이 생긴 뒤에는 증험할 수 있으니, 중원의 예에 따라 배지를 갈라 그 속에 기록해놓는 것이 좋을 듯합니다." 하였다.

병조 판서 서문중徐文重이 아뢰기를, "이것은 증거가 없으니 억측하여 대답하기 어려울 듯합니다. 그러나 예조 판서가 아뢴 것은 뒷날의 염려를 위한 것이니, 대신의 염려가 지나치게 깊은 듯합니다." 하고 남구만이 아뢰기를, "옆면에 쓴다 해도 반드시 길일을 택하여 제향을 올려 고한 뒤에야 할 수 있습니다." 하였다.

주상이 말하기를,[45] "배지를 갈라 그 속에 쓰는 것은 일이 매우 중대하나 옆면에 작게 쓰는 것은 지장이 없을 듯하다. 길일을 택하고 고유하는 일 등은 그대로 하라." 하였다.

4월 15일에 예조 낭청이 영의정과 우의정의 뜻으로 아뢰기를, "영희전을 대신과 예관들이 봉심한 뒤 어용에 표지하는 일을 다시 주상께 여쭈라고 명하셨습니다. 오늘 신들이 예조 판서 박태상과 참판 이李와 함께 봉심한 뒤 함께 상의해보니, '지극히 공경할 곳에 또 표시할 글자를 쓰는 것은 일의 체모가 온당치 못하고, 게다가 표시할 글자를 쓸 때 자획字劃이 잘못되면 고치기 어려운 염려가 없지 않으니, 별도로 작은 찌를 만들어 미리 표시할 글자를 써두었다가 고유제를 지낸 다음에 영정을 탁자 위에 봉안할 때 영정 족자 왼편에 찌를 붙이되 찌 위에 찌를 더 붙이면 나중에 영정을 환안할 때 편리할 듯합니다. 이대로 거행하라고 해당 조에 분부하는 것이 어떻겠습니까?' 하니 윤허한다고 전교하셨습니다. 제1실·2실·3실에 표지할 찌를 붙일 길일吉日을 일관日官에게 가려 뽑게 하니, 이번 4월 24일 묘시卯時가 길하다고 하였습니다. 선고사유제先告事由祭를 같은 날 새벽 무렵에 행하고, 이안을 같은 날 같은 시時에 하며, 환안과 환안제는 일이 끝난 뒤 그때 가서 설행하되, 작은 찌는 무늬 없는 흰 비단을 쓰고 그 위에 덧붙일 홍색 찌는 홍사紅紗를 쓰도록 하는 것이 합당할 듯합니다. 호조 당상과 낭청 각 1원員에게 나아가 봉심하여 거행하게 하고, 서사관書寫官도 이조로 하여금 미리 차출하도록 분부하는 것이 어떻겠습니까?" 하니, 윤허한다고 전교하였다.

45 원문에는 "上曰"이 없으나, 문맥으로 볼 때 "배지를…하라[拆褙書之 事甚重大 傍邊細書 似無所害 擇日告由等事 依爲之可也]"까지는 신하의 말이 아니라 지시하는 말이 되어야 하므로 임금의 말로 번역하였다(《숙종실록》 권28, 숙종 21년 4월 3일 갑오).

제향 총목

祭享摠目

祭享摠目

대제大祭는 매년 정월 초하루, 한식,[46] 단오, 추석, 동지,[47] 납일[48]에 행한다【삼헌례(三獻禮)[49]이다】. 육향六享 중 친향親享은 특교特敎가 있어야 행한다.

친림작헌례親臨酌獻禮[50]는 3년마다 한 번 행한다.

고유제告由祭는 고유할 일이 있으면 행한다【단헌례(單獻禮)[51]로 한다. 아래도 같다】.

환안제는 이안·환안할 일이 있으면, 환안한 뒤에 행한다.

위안제慰安祭는 궁 안의 담이 무너졌거나 수목이 바람에 부러졌거나 진동하는 소리가 전내殿內에 울리면 행한다.

---

46 동지에서 105일째 되는 날로서 4월 5일이나 6일쯤이 되며, 민간에서는 조상의 산소를 찾아 제사를 지내고 사초(莎草)하는 등 묘를 돌아본다.

47 대설(大雪)과 소한(小寒) 사이에 들며 태양이 동지점을 통과하는 때인 12월 22일이나 23일경이다. 북반구에서는 1년 중 낮이 가장 짧고 밤이 가장 길다. 동지에는 음기가 극성한 가운데 양기가 새로 생겨나는 때이므로 1년의 시작으로 간주한다. 이날 각 가정에서는 팥죽을 쑤어 먹으며 관상감에서는 달력을 만들어 벼슬아치들에게 나누어 주었다고 한다.

48 민간이나 조정에서 조상이나 종묘 또는 사직에 제사 지내던 날로, 동지 뒤의 셋째 술일(戌日)에 지냈으나, 조선 태조 이후에는 동지 뒤 셋째 미일(未日)로 하였다.

49 제사에서 초헌·아헌·종헌 이렇게 세 번 술을 부어 올리는 것을 말한다.

50 임금이 친히 왕릉, 영전(影殿), 종묘, 문묘 따위에 참배하고 잔을 올리던 제례를 말한다.

51 제사할 때 초헌, 아헌, 종헌으로 3번 술을 바쳐야 할 것을 1번으로 줄인 것을 말한다.

친향

親享

親享

숙묘조 병진년(1676, 숙종 2) 11월 1일에 좌의정 권대운, 예조 판서 이지익李之翼이 청대하여 입시하였을 때, 예조 판서 이지익이 아뢴 내용에 "지난번에 남별전의 납향대제臘享大祭를 친행하도록 계하啓下받았습니다. 그런데 남별전이 여염집 사이에 있어서 주상께서 친히 행행行幸하여 경숙經宿하게 되면 숙위宿衛와 순라巡邏 등의 일의 형세가 여염집들을 철거한 뒤에야 가능합니다. 또 전내殿內가 좁아서 시종하는 백관百官 역시 수용하기 어려우니, 이것이 매우 불편합니다." 하니, 좌의정 권대운이 아뢰기를, "일의 형세가 불편한 것이 이지익이 진달한 것과 같습니다. 성상이 조상을 추모하는 도리에서 한 번 영정을 바라보기를 원하신다면 낮에 작헌례를 행하는 것이 편리할 듯합니다. 예전에 효묘조(효종) 때도 이렇게 행한 사례가 있었습니다." 하자, 주상이 말하기를, "그렇다면 내년 봄에 따뜻해지거든 날을 정해 작헌례를 행하라." 하였다.

금상今上 병인년(1746, 영조 22) 5월 1일 석강夕講에 입시하였을 때, 이렇게 전교하셨다. "진전에 작헌하는 것은 애초에 정해진 것이 없었으나 여러 해 전부터 2년 걸러 행하였다. 이는 지극하신 성인의 효심에서 말미암은 것이었는데, 나의 정성이 부족함으로 인하여 이를 계승하지 못하였다. 아, 책을 펴내 이미 진술하였으니,[52] 애타는 나의 마음은 오직 묘·전에 있다. 어용을 바라보면 마치 직접 모시고 있는 듯하여 그리운 마음이 배가 된다.

52 영조가 이 해 2월에 《자성편(自省篇)》을 저술한 것을 말한다(《영조실록》 권63, 영조 22년 2월 17일 계축).

그러나 이 전은 근세에 창건되어 침묘寢廟[53]와는 다르기에 모든 예절에서 공경이 많이 부족하다. 얼마 전에 종2품을 제관으로 차임할 때 무신武臣이 아니면 임명하지 않아 일의 체모가 한심하였기 때문에 내가 이미 신칙하여 나무랐다.

아, 작헌하는 일은 예禮를 펴는데 불과하나, 그리운 마음 간절하니 나는 육향六享 중 한번이라도 직접 행하기를 원한다.[54] 나의 정신과 기력이 날로 점차 소진되고 있으니 장차 우물쭈물하게 된다면 다시 어느 때를 기다리겠는가. 본전의 친향에 대해서는 《오례의》에 실려 있지 않으나 원릉園陵의 친향 역시 어찌 예문禮文에 실려 있어서 그리 하였겠는가. 의義로 일으킨다면[55] 마찬가지이다. 한 번 행하여 예전의 성인의 효성을 따라서 넓힐 것이니 의조儀曹(예조)로 하여금 즉시 대신에게 의견을 물어 아뢰게 하라."

2일에 예조가 아뢰기를 "명을 내리셨습니다. 대신에게 의견을 물으니 영의정 김재로, 좌의정 송인명宋寅明, 영중추부사 김흥경은 '지금 이렇게 하순下詢하신 것은 효심을 미루어 확대하려는 성상의 지극한 뜻에서 나온 것이니 이루 말할 수 없이 흠앙欽仰합니다. 다만 생각건대, 진전에 지내는 육향을 임금이 친히 행하는 것에 대해 《오례의》에는 실려 있지 않습니다. 성상의 하교에서 원릉의 친향을 언급하셨는데, 원릉의 오명절五名節과 기신

53 종묘를 의미한다. 종묘의 제도에 능원(陵園)의 앞에 있는 건물을 '묘(廟)', 뒤에 있는 건물을 '침(寢)'이라고 하였다. 묘에는 조상의 위패 혹은 목주(木主)를 안치하고, 침에는 의관궤장(衣冠几杖)을 비치하였다.

54 원문은 "欲躬一行六享中一祭"인데, 《승정원일기》의 이날 기사에 의거하여 '躬'과 '一'을 도치하여 번역하였다(《승정원일기》 1002책, 영조 22년 5월 1일).

55 선왕의 예문에 없는 경우에도 의리에 합당하면 예를 새로이 만드는 것으로, 《예기》 〈예운〉에 "예라는 것은 의의 실제이니, 의에 합하여 맞으면 그 예가 비록 선왕이 예를 만든 때에 있지 않았더라도 의로써 일으킬 수 있는 것이다[禮也者 義之實也 協諸義而協 則禮雖先王未之有 可以義起]"라고 하였다.

제忌辰祭를 과연 임금이 친히 행하였는지의 여부에 대해서는 신이 잘 모르겠습니다. 능에 참배하는 제사로 근거를 삼는다면, 이 역시 육향六享을 친행하는 분명한 증거는 아닐 듯합니다. 성상께서 의로써 일으켜 한번 직접 행하고자 하신다면 신하된 도리에서 감히 막아서는 안 됩니다만, 일이 처음 창시하는 것에 관계되므로 의식과 등급 간에 혹 상충되는 일이 없지 않을 것 같습니다. 지방에 있는 여러 유신儒臣에게 널리 순문하시어 천천히 결정하여 처리하는 것이 온당할 것이고, 지금 이 단오의 제향 때 갑자기 행해서는 안 될 듯합니다.' 하였습니다. 대신의 뜻이 이와 같으니 주상께서 재결하시는 것이 어떻겠습니까?" 하니, 전교하기를 "묘와 전에 오향五享을 친향하는 것 외에 능이나 묘에 대해서는 실린 기록이 없으나, 능을 참배하는 것으로 말하자면 친제가 있으니, 이것이 이른바 방조傍照[56]한다는 것이다. 영상領相이 바친 의견은 본뜻을 잘 알지 못한데서 온 결과이니, 이번이 하교는 한편으로는 정례情禮를 펴고자 하는 것이고 한편으로는 사전祀典을 중히 여기고자 하는 것이다.

앞으로 육향은 특교 중의 친제에 대한 일은 하교를 기다려 거행하는 것으로 정식을 삼아 시행하고, 원릉에 친제할 때의 예에 의거하여 마찬가지로 서계誓戒하되[57] 단지 산재散齋 3일, 치재致齋 3일[58]로 하라. 친제할 때에

56 맞추어 쓸 만한 법문(法文)이 없을 때에 비슷한 다른 것을 참고하여 적용하는 것을 말한다.

57 원문은 "不爲誓戒"인데, 《승정원일기》 이날 기사에 근거하여 '不'을 '亦'으로 교감하였다(《승정원일기》 1002책, 영조 22년 5월 2일).

58 원문은 "致齋二日"인데, 《승정원일기》 이날 기사에 근거하여 '二'를 '三'으로 교감하였다(《승정원일기》 1002책, 영조 22년 5월 2일).

는 마찬가지로 능제陵祭의 예에 의거하여[59] 삼헌을 갖추고, 여러 집사와 모든 예절 또한 원릉을 친제할 때의 의주儀註에 의거하여 거행하라. 이 또한 잘 알게 하여 거행하라." 하였다.

6일에 대신과 비변사 당상이 입시하였을 때 영의정 김재로가 아뢴 내용에, "영희전의 육향제 때 해당 조가 매번 종묘의 오향 때처럼 주상께 여쭈어 결정한다면 일의 체모가 문제가 있을 듯합니다. 아래에서 여쭙지 않았는데 위에서 특교가 있은 뒤에 거행하는 것입니까?" 하니, 주상이 말하기를, "내 뜻이 본래 이와 같은 것이다. 육향 중에 특교를 내리거든 마련하여 거행하라." 하였다.

정묘년(1747, 영조 23) 2월 27일 한식에 친제를 행하였다.

같은 달 29일 주강晝講에 입시하였을 때, 다음과 같이 전교하였다. "능陵을 배알하는 친향에 사시향의四時享儀를 썼는데, 진전에 지내는 이번 친향에는 한결같이 속절향의俗節享儀를 따랐으니, 이것은 이번에 하교한 내용 중에 능제의陵祭儀에 의거하라는 것에 따른 것이다. 그러나 음복위飮福位는 이미 《오례의》에 실려 있는데 그 의주에 '술을 한 번만 올리는 제사에는 음복飮福이 없다.'라고 하였으니, 속절에 지내는 진전의 제향에 태묘의 대향의 예를 모방하였다는 것을 알 수 있다. 그런데 의주를 마련할 때 이런 예가 있다는 것을 살피지 못하여 시행하지 못하였으니, 당시의 해당 예관을 엄하게 추고하고, 이 예를 본 의주에 첨가해 넣어 훗날의 참고에 대비하라.

59 원문은 "亦依親祭例"인데, 《승정원일기》 이날 기사에 근거하여 '親'을 '陵'으로 교감하였다(《승정원일기》 1002책, 영조 22년 5월 2일).

친향할 때는 일의 체모가 차등이 있어야 마땅한데 진폐찬작관進幣瓚爵官이 없으니 '대축大祝이 도승지에게 주어[60] 올리게 하며, 마시고 난 후 도승지에게 주어 준소樽所에 둔다.'라는 것으로 부표付標하고, 섭행攝行할 때는 한결같이 《오례의》를 따라 거행하라. 그런데 지금 들으니 제향이 끝난 뒤에 헌관獻官 이하가 제1실의 동랑東廊에 모여 제향의 남은 음식을 먹는다 하니, 이것은 외람되고 잘못된 예이다. 앞으로는 엄하게 신칙하라."

무진년(1748, 영조 24) 단오에 친향을 행하였다.

기사년(1749) 단오에 친향을 행하였다.

60 원문은 "大祝受於都承旨"인데, 《승정원일기》 이날 기사에 의거하여 '受'를 '授'로 교감하였다(《승정원일기》 1003책, 영조 22년 5월 29일).

작헌례

酌獻禮

酌獻禮

숭정 10년 인묘조 정축년(1637, 인조 15) 9월 2일에 작헌례를 행하였다.

효묘조 무술년(1658, 효종 9) 4월 10일에 작헌례를 행하였다.

숙묘조 정사년(1677, 숙종 3) 본전을 중건하고 환안한 뒤 8월 26일에 작헌례를 행하였다.

경오년(1690, 숙종 16) 10월 18일에 작헌례를 행하였다.

임신년(1692, 숙종 18) 9월 24일에 작헌례를 행하였다.

병자년(1696, 숙종 22) 8월 30일에 작헌례를 행하였다.

계미년(1703, 숙종 29) 8월 27일에 전교하기를, "진전의 어진을 오랫동안 첨배瞻拜하지 못하였으니 작헌례를 다음달 10일 사이에 있는 길일을 잡아 거행하고, 앞으로는 3년에 1번 첨배하도록 해당 조에 말하라." 하였다.

같은 해 9월 6일에 작헌례를 행하였다.

병술년(1706, 숙종 32) 3월 18일에 작헌례를 행하였다.

경묘조 계묘년(1723, 경종 3) 3월 9일에 작헌례를 행하였다【왕세제(王世弟, 훗날의 영조)가 배종하였다】.

금상 정미년(1727, 영조 3) 2월 13일에 작헌례를 행하였다.

경술년(1730, 영조 6) 2월 9일에 작헌례를 행하였다.

계축년(1733, 영조 9) 2월 8일에 작헌례를 행하였다.

을묘년(1735, 영조 11) 8월 27일에 세조대왕의 영정을 광명전에 이안할 때 고유작헌례를 세 실에 행하고, 이안한 후 작헌례를 행하였다.

같은 해 9월 17일에 세조대왕의 새 영정을 본전에 도로 봉안할 때 광명전에서 고유작헌례를 행하고, 본전에 환안한 후 세 실에 작헌례를 행하였다.

무오년(1738, 영조 14) 2월 9일에 작헌례를 행하였다.

신유년(1741, 영조 17) 2월 11일에 작헌례를 행하였다.

갑자년(1744, 영조 20) 2월 4일에 작헌례를 행하였다.

무진년(1748, 영조 24) 1월 27일에 본전을 중수할 때 고유작헌례를 행하고, 세 실의 영정을 어재실에 임시 봉안하였다.

같은 해 2월 3일에 숙종대왕의 영정을 선원전에서 선정전宣政殿으로 이안할 때 고유작헌례를 행하였다.

같은 달 25일에 숙종대왕의 새 영정을 본전에 봉안할 때 고유작헌례를 행하였다. 같은 날에 세 실의 영정을 환안하고 숙묘의 영정을 봉안한 후 한꺼번에 작헌례를 행하였다.

경오년(1750, 영조 26) 1월 27일에 작헌례를 행한 후 세조대왕의 새 영정을 펼쳐 봉안한 후 봉안제를 행하였다【삼헌(三獻)을 갖추었다. 왕세자가 배종하였다】.

제향 찬품

祭享饌品

祭享饌品

육절일六節日[61] 대제에는 1위位마다 중박계中朴桂[62] 4그릇[器], 홍산자紅散子 2그릇, 백산자白散子 3그릇, 전다식煎茶食 3그릇, 백다식白茶食 2그릇, 각색 과실 6그릇, 각색 떡[餠] 6그릇【자박(自朴), 두단자(豆團子), 상화(霜花), 절병(切餠), 당고병(唐糕餠), 유병(油餠)이다】, 소탕素湯[63] 2그릇【煎蒸, 白蒸이다】, 면 1그릇, 시접匙楪[64] 1, 차 1그릇, 향온香醞(술) 3잔, 사촉四燭 2자루, 준소의 오촉五燭 1자루이다.

친향작헌례도 모두 위와 같다【오직 초는 화촉(畵燭)을 쓰고, 준소에는 사촉을 쓴다】.

고제告祭에도 위와 같다【오직 박계(朴桂)[65]만 작은 것을 쓰고, 술은 1잔을 올린다】.

숙묘조 임술년(1682, 숙종 8) 12월 4일에 예조가 아뢰기를, "이번 4일 주강晝講에 입시하였을 때, 지중추부사 이단하李端夏가 아뢴 내용에 '각 능의 기신제에 유과油果와 과일 외에 채화綵花[66]를 더하는 것은 본래 바른 예가 아니니 부질없는 형식이 됩니다. 비록 제향에 관련되었다 하나 이 또한 삭감해야 마땅하다는 뜻을 신이 이미 상소하여 진달하였습니다. 다시 《오례의》를 상고해보니, 제물의 도식圖式에도 채화를 사용한 것이 없었으니 그것이 비례非禮라는 것을 알 수 있습니다. 각 능과 남별전, 영소전永昭殿에 설치하는 채화의 값을 호조가 현목玄木으로 지급하는데, 1년을 통틀어 계

61 정조(正朝), 한식, 단오, 추석, 동지, 납일이다.

62 중배끼라고도 한다. 유밀과의 하나로, 밀가루를 꿀과 기름으로 반죽하여 네모지게 잘라 기름에 지져 만든다.

63 제사에 쓰는 것으로, 고기는 넣지 않고 두부와 다시마를 썰어 넣고 맑은 장에 끓인다.

64 제사 지낼 때 수저를 담는 대접 비슷한 놋그릇을 말한다.

65 밀가루나 쌀가루를 반죽해서 네모진 모양으로 납작하게 빚어 바싹 말린 뒤에 기름에 튀겨 꿀을 바르고 그 위에 튀밥이나 깨고물을 앞뒤에 입힌 유밀과(油蜜果)를 말한다.

66 비단 헝겊으로 만든 꽃을 말한다.

산하면 2동 45필이 됩니다. 지금 우선 이 비용을 줄여야 마땅하므로 감히 진달합니다.' 하였습니다.

좌의정 민정중閔鼎重이 아뢰기를, '생각건대, 이것은 전조前朝의 폐습弊習이 지금까지 그대로 이어져 온 것인데, 예에 근거할 만한 것이 없으니 혁파하자는 논의[67]가 비용을 줄이는 것이 될 뿐 아니라 실로 사리에 맞습니다. 그러나 일이 제향에 관계되고 행한 지가 오래되었으므로 혁파하는 일을 가볍게 바꾸어서는 안 됩니다. 예관으로 하여금 여러 대신에게 의견을 물어 주상께 여쭈어 처리하게 하는 것이 어떻겠습니까?' 하였습니다.

시독관試讀官 이세백李世白이 아뢰기를, '제향은 중대한 일이므로 비용을 절약한다는 이유로 없애는 것이 있어서는 안 됩니다. 그러나 고례古禮나 국례國禮에 모두 근거로 삼을 것이 없다면 잘못을 인습하여 그대로 사용하는 것은 매우 온당치 못합니다.' 하였습니다.

주상이 말하기를, '제향에 채화를 쓰는 것이 근거로 삼을 예문禮文이 없으니 비록 흉년이 아니라 하더라도 의당 혁파해야 한다. 그러나 행한 지가 오래되고 일이 제향에 관계되므로 갑자기 변통할 수 없으니 해당 조로 하여금 여러 대신에게 의견을 물은 뒤에 내게 물어 처리하라.'라고 명하셨습니다.

대신에게 의견을 물으니, 영의정 김수항, 행 판중추부사 김수흥, 판중추부사 정지화, 행 지중추부사 이상진李尙眞이 의견을 내기를, '거행함이 있으면 없애지 못한다는 문구가 예문에 있으니, 능묘陵廟에 제향하는 제물

67 원문은 "於禮所無所據革之論"인데, 문맥이 통하지 않아 《승정원일기》 296책, 숙종 8년 12월 9일 기사에 의거하여 '所'를 '旣'로 바로잡고 '革' 앞에 '請'을 보충하여 번역하였다.

은 본래 가볍게 논의하여 변통하기 어렵습니다. 그러나 채화를 쓰는 것에 대해서는 예문에 근거로 삼을 것이 없어 이미 문식文飾을 더한 것이고, 희생·폐백·곡식과 같은 품목이 아니므로 지금 비록 없앤다 하더라도 선조를 봉양하는 도리에 지장이 없을 듯합니다.' 하였습니다. 대신의 뜻이 이와 같으니 주상께서 재결하시는 것이 어떻겠습니까?" 하니, 의견대로 시행하라고 전교하였다.

제향 진배

祭享進排

【잡진배(雜進排) 첨부】

祭享進排

제물

【육명일에 지내는 대제와 친림작헌례도 같다. 봉상시가 진배한다】

상말上末(상등 밀가루) 1위位마다 53근斤 4냥兩 4전錢씩 도합 213근 7냥 6전 【46말[斗]】

청밀淸蜜(꿀) 1위마다 2말 6홉씩 도합 8말 2되 4홉

진유眞油(참기름) 1위마다 1말 7되 3사씩 도합 6말 8되 1홉 2사

건반乾飯 1위마다 8되 5홉씩 도합 3말 4되

지초芝草 1위마다 4냥씩 도합 1근

흑당黑糖 1위마다 6근 6냥씩 도합 25근 8냥

점미粘米(찹쌀) 1위마다 2말 1되씩 도합 8말 4되

기주起酒[68] 1복자[鐥][69]

호두[胡桃] 1위마다 2근 3홉씩 도합 9되 2홉

잣[栢子] 1위마다 2되 6홉 5사씩 도합 1말 6홉

비자榧子[70] 1위마다 2되 3홉씩 도합 9말 2홉

황률黃栗(깐 밤) 1위마다 2되 6홉씩 도합 1말 4홉

대추[大棗] 1위마다 3되씩 도합 1말 2되

곶감[乾枾] 1위마다 1첩貼[71]씩 도합 4첩

---

68 증편 등을 만들 때 부어서 부풀어 오르게 하는 용도의 술이다.

69 삼(釤)과 동자(同字), 복자(覆字)의 뜻으로는 우리나라에서만 쓰임. 뜻을 나타내는 쇠금(金)자와 음(音)을 나타내는 선(善)을 합하여 이루어짐.

70 비자나무의 열매로, 두 끝이 뾰족하고 기름이 많으며 맛이 떫다. 비자를 겉껍질을 벗겨서 기름에 볶아 속껍질을 마저 벗긴 뒤에 꿀이나 엿을 바르고 콩가루를 묻혀 강정을 만든다.

71 '접'의 뜻으로, 곶감이나 과실 100개를 하나치로 세는 데 쓰는 것이다.

이상 육색六色 과실은 때로 계절 과실로 대신하여 쓸 수 있다. 황률·대추·곶감 이 3종의 과실은 더운 달에는 벌레가 생겨 못 쓰게 되기 쉬우므로 5·6·7월에는 한과漢果[72]·운빙과雲氷果·양면과兩面果[73]로 대신 쓴다.

3과果에 들어가는 것

진말眞末(밀가루) 1위마다 3근 6냥씩 도합 13근 8냥

청밀 1위마다 1되 5홉 6사씩 도합 6되 2홉 4사

진유 1위마다 7홉 8사씩 도합 3되 1홉 2사

협백자俠栢子 1위마다 3홉씩 도합 1되 2홉

백미白米 1위마다 7되씩 도합 2말 8되

녹두가루[菉豆末] 1위마다 1되 8홉씩 도합 7되 2홉

정함丁含 1위마다 1되 1홉 3사씩 도합 4되 5홉 2사

죽순竹笋 1위마다 5홉씩 도합 2되

후추[胡椒] 1위마다 1전錢씩 도합 4전

팥[小豆] 1위마다 2되 3홉 3사씩 도합 9되 3홉 2사

간장艮醬 1위마다 7홉씩 도합 2되 8홉

오해조烏海藻[74] 1위마다 1냥 5전씩 도합 6냥

청주淸酒 1위마다 2병甁씩 도합 8병

콩[太] 1위마다 5되씩 도합 2말

72 유밀과의 하나이다. 밀가루를 꿀이나 설탕에 반죽하여 납작하게 만들어서 기름에 튀겨 물들인 것으로 흔히 잔칫상이나 제사상에 놓는다.

73 약과의 일종이다.

74 검은 빛깔을 띠고 있는 해초이다.

초주지草注紙 1위마다 1권卷씩 도합 4권

간수艮水 1위마다 3홉 3사 3리里씩 도합 1되 3홉 3사 2리

표고薫古 1위마다 1냥씩 도합 4냥

사촉 1위마다 2자루씩 도합 8자루 【1자루 당 무게는 9냥 5전이다. 친제에는 화촉을 쓴다. 1자루 당 무게는 1근 14냥이다】

준소에는 오촉五燭 1자루씩 도합 4자루 【친제에는 사촉을 쓴다】

별제別祭의 제물

상말 1위마다 40근 5냥 7전씩 도합 161근 6냥 8전

청밀 1위마다 1말 5되 7홉 7사씩 도합 6말 3되 8사

진유 1위마다 1말 3되 3홉 2사씩 도합 5말 3되 2홉 8사

건반 1위마다 6되 6홉씩 도합 2말 6되 4홉

흑당 1위마다 5되씩 도합 20근

잣 1위마다 1되 7홉 5사씩 도합 7되

호두 1위마다 1되 5홉씩 도합 6되

비자 1위마다 1되 5홉씩 도합 6되

황률 1위마다 7홉씩 도합 6되 8홉

대추 1위마다 2되씩 도합 8되

곶감 1위마다 8관串씩 도합 3첩 2관

과실은 때로 계절 과실로 대신하여 쓸 수 있다. 황률·대추·곶감 이 3종의 과실은 5·6·7월에는 한과·운빙과·양면과로 대신 쓴다.

3과에 들어가는 것

진말 1위마다 2근 3전씩 도합 8근 1냥 2전

청밀 1위마다 9홉 1사씩 도합 3되 6홉 4사

진유 1위마다 4홉 7사씩 도합 8홉 8사

협백자 2홉씩 도합 8홉

초주지 1위마다 1권씩 도합 4권

점미 1위마다 1말 8되씩 도합 7말 2되

백미 1위마다 6되씩 도합 2말 4되

기주 1위마다 1복자씩 도합 4복자

콩 1위마다 5되씩 도합 2말

녹두가루 1위마다 1되 8홉씩 도합 7되 2홉

간장 1위마다 7홉씩 도합 2되 8홉

후추 1위마다 1전씩 도합 4전

정함 1위마다 1되씩 도합 4되

팥 1위마다 2되씩 도합 8되

표고 1위마다 1냥씩 도합 4냥

오해조 1위마다 1냥 5전씩 도합 6냥

죽순 1위마다 5홉씩 도합 2되

지초 1위마다 3냥 2전씩 도합 12냥 8전

간수 1위마다 3홉 3사 3리里씩 도합 1되 3홉 3사 2리

오촉五燭 1위마다 2자루씩 도합 8자루 【1자루 당 무게는 4냥 8전이다】

쥬소에는 소밀촉小蜜燭 1자루씩 도합 4자루 【1자루 당 무게는 2냥이다】

육명일대제六名日大祭에 각사가 진배하는 물종

작설차雀舌茶 1위마다 1냥씩 도합 4냥

진설촉陳設燭 1위마다 1자루씩 도합 4자루 【1자루 당 무게는 1냥 5전이다】

대용지大龍脂 40자루柄

계등桂燈에 쓸 들기름[法油] 7홉 5사 【이상은 의영고(義盈庫)가 진배한다】

향탄香炭[75] 1위마다 3되씩 도합 1말 2되

작설탄雀舌炭 1위마다 1말 5되씩 도합 6말

세정탄洗淨炭 1위마다 5말씩 도합 20말

명화목明火木 1위마다 100근씩 도합 400근

목욕목沐浴木 20근

난수목煖水木 60근

축거杻炬[76] 1위마다 5자루씩 도합 20자루 【이상은 공조의 기인(其人)이 진배한다】

향로에 사용할 가자회茄子灰[77] 1위마다 2되씩 도합 8되 【사포서(司圃署)가 진배한다】

축문을 쓰기 위한 황필黃筆 1자루

참먹 1자루 【이상은 공조가 진배한다. 납향과 친제 때의 대절묵(大節墨) 1자루는 상의원(尙衣院)이 진배한다】

질항아리[陶瓮] 2좌

질동이[陶東海] 10좌

75 향불을 피우는 데 쓰이는 숯을 말한다.

76 싸리나무를 묶어 만든 홰이다.

77 가자(茄子)는 음식물이나 물건을 나를 때 쓰는 들것인데, 여기서는 가자에 회(灰)를 담은 것인 듯하다.

질소라[陶所羅] 6좌

큰 질시루[陶大甑] 4좌

질탕관[陶湯罐][78] 4좌 【이상 5종은 예전에는 매 제사 때마다 진배하였으나 경오년에 규례(規例)를 정할 때 1년치를 한꺼번에 지급하는 것으로 바꿨다】

동관자銅貫子 1개

천혈장穿穴匠 1명 【훼손되었을 때마다 보수한다】

주성장鑄成匠 1명

마경장磨鏡匠 1명 【이상은 공조가 진배한다】

봉표[79]하기 위한 백지 1장

상다리[床足]에 붙일 저주지楮注紙 4장

홀기笏記의 도련搗鍊용 저주지 반장 【친제 때는 1장이다】

진상단자進上單子용 저주지 2장

물건을 싸서 봉하는 데 쓸 백지 10장

준소의 바닥에 깔 유지油紙[80] 8장

제수를 올리는 12개의 그릇을 덮을 유지 20장

진상할 과실을 쌀 유지 10장

덮을 유지 2장 【이상 4종은 예전에는 매 제사 때마다 진배하였으나 경오년에 규례를 정할 때 1년치를 한꺼번에 지급하는 것으로 바꿨다】

78 흙으로 구워 만든, 국을 끓이거나 약(藥)을 달이는 그릇이다. 쇠붙이나 오지로 조그마하게 만드는데 흔히 손잡이가 달려 있다.

79 특정한 지역이나 물품을 대상으로 타인의 출입이나 사용을 금지할 목적으로 돌이나 나무 등의 재료에 이러한 사실을 고지한 시설물이나 그러한 행위를 말한다.

80 제상 위에 까는 기름종이이다.

바닥에 깔 육유둔六油芚 1위마다 1장[番][81]씩 도합 4장

제물을 덮기 위한 육유둔 1장

버들키[柳箕] 1개 【이상은 1년치이다】

버들고리[柳箕] 8부部

버들상자[柳笥] 5부 【이상 2종은 경오년에 규례를 정할 때 훼손되는 대로 그때그때 보충하기로 하였다. 이상은 장흥고(長興庫)가 진배한다】

제물을 덮을 백저白苧(흰모시) 4폭 홑보자기[單袱] 4건件

절병切餅에 쓸 백목白木(흰 무명) 4폭 홑보자기 4건

상화霜花[82]를 말리는 데 쓸 백목 4폭 속보자기[襦袱] 4건

격포隔布 20자[尺]

두부 만드는 데 쓸 백목 자루 2건

격감 백목 20자

작건爵巾[83] 8건

작세건爵洗巾 8건

시루[甑]를 덮을 백포 4폭 홑보자기 2건

증대포甑帶布[84] 2건

향로수건香爐手巾 4건

행자포行子布 20자

헌관獻官·집사執事들이 목욕할 때 쓰는 백포수건 4건

---

81 번(番)은 장(張)의 뜻으로, 유둔(油芚)을 세는 데 쓰는 말이다.

82 밀가루를 누룩이나 막걸리 따위로 반죽하여 부풀려 꿀팥으로 만든 소를 넣고 빚어 시루에 찐 떡으로, 보통 유월 유둣날이나 칠월 칠석날 먹으며 절사(節祀)에도 쓴다.

83 술잔을 덮는 데 쓰는 수건이다.

84 시루를 솥에 안칠 때 그 틈에서 김이 새지 않도록 동여매는 데 쓰는 베를 말한다.

손 씻는 데 쓰는 백포수건 4건 【이상 14종은 경오년(1750)에 규례를 정할 때 봄가을로 반을 나누어 지급하는 것으로 정식을 삼았다. 이상은 제용감이 진배한다】

생마生麻 12냥

고운 말총체[細馬尾篩][85] 8부部

승사升篩[86] 4부 【이상 2종은 1년치를 한꺼번에 지급한다】

대통大桶 2부

담통擔桶 2부 【이상 2종은 제사 때마다 띠를 바꾼다】

동관자줄銅貫子乼 줄바[條所][87] 1거리[巨衣] 【이상은 1년치를 한꺼번에 지급한다】

두부 만드는 데 쓸 고조高槽(술주자)[88] 1부 【상하 편판(片板)을 갖춘다】

마교磨橋 1개 【마석(磨石) 1부를 갖춘다】

병추餠推 1개

유병 배판油餠排板 4개

긴 홍두깨[長弘道介] 5개

화저火著[89] 1

큰 적쇠[大炙金] 1

큰 석쇠[大鑾金] 1부

제정祭井의 개판蓋板 1좌

목광명대木光明臺 5부

85 술이나 장을 거르거나 가루를 치는, 말총으로 만든 체이다.

86 사(篩)는 술이나 장을 거르거나 가루를 치는 도구인 '체'이다. 승(升)은 용량을 나타내는 단위인 '되'를 말한다. 여기서는 되 용량들이 체를 가리키는 것으로 보인다.

87 짚이나 삼 따위로 꼬아 만든 밧줄이다.

88 술을 거르거나 짜내는 틀인데, 여기서는 두부를 만들 때 쓰는 것이다.

89 화로에 꽂아 두고 불덩이를 집거나 불을 헤치는 데 쓰는 쇠로 만든 젓가락이다.

목두木斗 1좌

목승木升 1개 【이상은 훼손되는 대로 그때그때 보충한다】

향우산香雨傘 1자루

서판書板 1부

전판剪板 1부 【이상 6종은 2년치를 한꺼번에 지급한다. 이상은 선공감(繕工監)이 진배한다】

풀가루[膠末] 1되 【예빈시(禮賓寺)가 진배한다】

은기銀器를 광택 내는 데 쓸 소금 7홉 【사재감(司宰監)이 진배한다】

제기를 닦는 데 쓸 빈 섬[空石] 10닙

제정祭井을 청소하는 데 쓸 망網을 갖춘 빈 섬 5닙 【이상은 제사 때마다 진배한다】

안팎에 배설하는 데 들어가는 물품[內外排設隨所入] 【쓰고 난 후 돌려준다】

초둔草芚 15번番 【경오년에 규례를 정할 때 1년치를 한꺼번에 지급하는 것으로 정식을 삼았다. 이상은 군자감·광흥창이 진배한다】

조래照來 2개 【1년치를 한꺼번에 지급한다. 평시서(平市署)가 진배한다】

표주박 3개

초성草省[90] 2개 【이상은 평시서(平市署)가 진배한다】

등잔종지[燈盞鍾子] 8개 【내섬시(內贍寺)가 진배한다】

질화로[土火爐] 7좌 【이상은 1년치를 한꺼번에 지급한다. 와서(瓦署)가 진배한다】

상여석常礪石(보통 숫돌) 1괴塊 【5년치를 한꺼번에 지급한다. 군기시(軍器寺)가 진배한다】

은기 취색장銀器取色匠 1명 【상의원이 진배한다】

진지충의進止忠義 5원員 【병조가 진배한다】

90 짚이나 풀의 고갱이로 만든 솔이다.

제기 취색군祭器取色軍 10명 【위장소(衛將所)가 진배한다】

정전의 보첨차일補簷遮日

전사청장典祀廳帳

향대청장香大廳帳

목욕장沐浴帳 【이상은 쓰고 난 뒤 돌려준다. 전설사(典設司)[91]가 진배한다】

친림대제親臨大祭에 각사가 진배하는 물종

【섭행대제 때와 같은 것은 중복하여 기록하지 않았다】

찬막청饌幕廳에 쓸 좌면유지座面油紙 10장 【장흥고가 진배한다】

축문을 쓸 자주색 4폭 홑보자기 2건 【제용감이 진배한다】

임금 목욕[御沐浴]에 쓸 사유둔四油芚 2번 【장흥고가 진배한다】

탕자湯子 1부 【걸좌판(乬座板)을 갖춘다】

담통擔桶 1부 【담목(擔木)을 갖춘다】

말총체[馬尾篩] 1부 【이상은 선공감이 진배한다】

표주박 1개 【사도시가 진배한다】

고운 백색 저포 수건苧布手巾 1건 【이상 4종은 쓰고 돌려준다. 제용감이 진배한다】

91 의례에 사용되는 각종 차일과 휘장을 관장하던 병조(兵曹) 소속의 관사이다.

1자루당 3냥兩 무게의 초[三兩燭] 1쌍 【의영고가 진배한다】

임금이 손 씻을 상에 쓸 곡수유지曲水油紙 1장 【장흥고가 진배한다】

고운 홍색 저포휘건苧布揮巾 1건

상건床巾 1건 【이상은 제용감이 진배한다】

1자루당 3냥 무게의 초 1쌍 【의영고가 진배한다】

집례가 쓸 1자루당 1냥 5전 무게의 초 1쌍 【의영고가 진배한다】

헌관과 여러 집사의 목욕에 쓸 백색 베수건[布手巾] 6건

손 씻는 데 쓸 백색 베수건 6건 【이상은 쓰고 돌려준다. 제용감이 진배한다】

담통 2부

목관자木貫子 2개 【줄(乼)을 갖춘다. 이상은 선공감이 진배한다】

표주박 1개

별제에 각사가 진배하는 물종

【대제 때와 같은 것은 중복하여 기록하지 않았다】

대용지 30자루

계등에 쓸 법유法油 5사 【이상은 의영고가 진배한다】

풀가루 5홉 【예빈시가 진배한다】

이안移安·환안還安할 때 진배하는 물종

식건拭巾 1실室 당 1건 【백색 표주(表紬)로 1년에 1차례 진배한다】

영정을 이안할 때 쓸 1실 당 자적주욕紫的紬褥 1건 【이상은 제용감이 진배한다】

채화단석彩花單席 1실 당 1건 【쓰고 돌려준다】

면서지面敍紙 1실 당 1장 【이상은 장흥고가 진배한다】

매달 삭망 분향할 때 진배하는 물종

1실 당 1자루에 2냥 무게인 초[二兩燭] 1쌍씩 도합 4쌍 【의영고가 진배한다】

향탄 3되씩 도합 1말 2되

축거杻炬 2자루씩 도합 8자루 【이상은 공조의 기인이 진배한다】

3일마다 진배하는 물종

1실 당 온돌점화목溫埃點火木 3단丹씩 도합 12단 【이상은 공조의 기인이 진배한다】

매달 초하루에 진배하는 물종

공사백지公事白紙 10장

봉표백지封標白紙 8장

생기백지省記白紙 10장 【이상은 장흥고가 진배한다】

재실齋室의 시유채柴油債[92]로 쓸 현목玄木[93] 1필疋 【호조가 진배한다】

추축목箒杻木 8속束 【기인이 진배한다】

화재를 막기 위한 물종[禁火物種]

두멍[豆毛][94] 5좌 【훼손되는 대로 보충한다. 공조가 진배한다】

화수염和水塩[95] 1좌 당 4말 【사재감이 진배한다】

고방석藁方席 1좌 당 2닢

곡초穀草 1좌 당 1속 【1년치를 한꺼번에 지급한다. 이상은 사복시가 진배한다】

진장목眞長木 10개

목속줄木束乼 1거리艮衣 【이상은 선공감이 진배한다】

두멍 밖을 감쌀 망을 갖춘 빈 섬 16닢 【경오년에 정한 규례에는 빠졌다. 양창(兩倉)이 진배한다】

표주박[木瓢] 4개 【이상은 5년치를 한꺼번에 지급한다. 사도시가 진배한다】

걸강쇠[乬江金] 2개

쇠스랑[小侍郎] 2개

도끼[斧子] 2개

92 땔나무와 기름을 대는 데 드는 값을 말한다.

93 바래지 않아 빛깔이 누렇고 거무스름한 무명을 말한다.

94 물을 많이 담아 놓고 쓰는 큰 가마나 독을 말한다.

95 금화염(禁火鹽)을 가리킨다. 화재를 예방하거나 소화하기 위해 궁궐이나 능, 원(園) 등의 건물 내에 설치하는 두멍[豆毛], 곧 큰 가마나 독에 보관해 두는 물을 섞은 소금이다.

목층교木層橋 1부 【이상은 선공감이 진배한다】

모소내포毛所乃布 30자 【제용감이 진배한다】

제설 물종掃雪物種

나무가래[木加乃][96] 3개

고무래[古尾乃][97] 1개

미추尾箒[98] 40자루

노기蘆器[99] 12개 【이상은 성공감이 진배한다. 1년치를 한꺼번에 지급한다】

연례적으로 지급하는 물종[年例上下物種]

전교를 받아 적간摘奸할 때 쓸 백문방석白紋方席 1닙 【장흥고가 진배한다】

모구피방석毛狗皮方席[100] 1닙 【이상은 3년치를 한꺼번에 지급한다. 호조가 진배한다】

수복守僕 6인이 입을 홍의 1인 당 백저포 1필씩

96 곡식이나 눈 따위를 한곳으로 밀어 모으는 데 쓰는 기구로, 넓적한 나무 판에 긴 자루를 달았다. 넉가래와 같은 말이다.

97 곡식을 그러모으고 펴거나, 밭의 흙을 고르거나 아궁이의 재를 긁어모으는 데에 쓰는 '丁' 자 모양의 기구인데, 장방형이나 반달형 또는 사다리꼴의 널조각에 긴 자루를 박아 만든다.

98 개꼬리로 만든 비이다.

99 갈대로 결어 만든 그릇이다.

100 모구피(毛狗皮)는 털이 붙은 개가죽을 말하며, 이것으로 만든 방석이다.

홍화紅花 1근씩

오미자五味子 10냥씩 【이상은 호조가 진배한다. 1년에 1차례 지급한다】

두건頭巾 1인당 1건씩 【안감[內共]을 갖춘다】

정수淨袖[101] 1인당 1건씩 【이상은 제용감이 진배한다. 봄가을에 봉심하고 수개(修改)한다】

향관제집사방享官諸執事房의 창호窓戶 도배[壁塗]

전사방殿司房 창호 도배 【이상은 훼손되는 대로 그때그때 보수한다】

전사가 사용하는 포진鋪陳에 탈이 생기면 보수한다.

이 밖에 봉심하여 탈이 있는 물종은 훼손되는 대로 그때그때 보수한다.

원역의 요포 규식[員役料布規式]

수복 6인에게 매달 초하룻날에 대미大米(쌀) 10말 【호조가 지급한다. 예전에는 대미 5말, 소미(小米, 좁쌀) 1말이었으나, 금상 병인년(1746)에 늘려서 이 수량으로 하였다】

포布 1필 【병조가 지급한다. 예전에는 없었으나 병인년에 추가하였다】

서원書員 1인의 요料 대미 5말, 소미 1말

고지기[庫直] 1인의 요 대미 5말, 소미 1말

대청지기[大廳直] 1인이 요 대미 10말, 소미 2말 【예전에는 취라치[吹螺赤]·방지기[房直] 2명이었는데, 중간에 1명으로 합하고 대청지기로 삼았다】

101 저고리 소매 위에 덧씌우는 토시이다.

축문
祝文

祝文

제1실

유維 연호 몇 년 세차歲次 모갑某甲 모월 모삭某月某朔 모일 모갑某日某甲에 효증손孝曾孫인 사왕嗣王 【신(臣)】 휘諱는 삼가 신 모관某官 모某를 보내, 감히 태조 강헌康獻 지인계운성문신무정의광덕 대왕至仁啓運聖文神武正義光德大王께 밝게 고합니다. 삼가 아뢰오니, 세월은 쉬 흘러 이렇게 좋은 때를 만나니 더욱 그리운 마음 깊어져 구차하게나마 정결한 제사를 올립니다. 삼가 맑은 술과 여러 제수로 경건히 밝은 제사를 올리니 흠향하소서.

제2실

유 연호 몇 년 【운운(云云)】 효증손인 사왕 【신(臣)】 휘는 삼가 신 모관 모를 보내, 감히 세조世祖 혜장惠莊 승천체도열문영무지덕융공성신명예흠숙인효 대왕承天體道烈文英武至德隆功聖神明睿欽肅仁孝大王께 밝게 고합니다. 삼가 아뢰오니, 【이하는 위와 같다】

제3실

유 연호 몇 년 【운운(云云)】 효증손인 사왕 【신(臣)】 휘는 삼가 신 모관 모를 보내, 감히 원종元宗 공량恭良 경덕인헌정목장효 대왕敬德仁憲靖穆章孝大王께 밝게 고합니다. 삼가 아뢰오니, 【이하는 위와 같다】

제4실

유 연호 몇 년 【운운(云云)】 효자孝子인 사왕 【신(臣)】 휘는 삼가 신 모관 모를 보내, 감히 황고皇考인 숙종肅宗 현의顯義 광륜예성영열장문헌무경명원효대왕光倫睿聖英烈章文憲武敬明元孝大王께 밝게 고합니다. 삼가 아뢰오니,

【이하는 위와 같다】

친향에는 별도로 제문을 지어서 쓰나 두사頭辭와 결사結辭는 위와 같다.

고제에는 별도로 제문을 지어서 쓰나 두사와 결사는 위와 같다.

금상今上 경술년(1730, 영조 6) 11월 18일에 좌부승지 유엄柳儼이 청대하여 입시하였을 때 아뢴 내용에, "신이 지금 제문에 관한 일로 인하여 소회所懷가 있어 감히 이렇게 진달합니다. 예전에 영희전을 전알展謁할 때 신이 대축大祝으로 들어가 참여하였는데, 세 실室에 제문이 똑같았으니 매우 온당치 못합니다. 세조실世祖室과 원종실元宗室의 것은 태조에게 똑같이 고하여도 일이 혹 문제가 되지 않으나 태조실의 제문을 세조와 원종에게 고하는 것은 어찌 매우 온당치 못한 일이 아니겠습니까. 매번 이를 진달하고 싶었으나 미처 하지 못하였습니다. 대신과 유신儒臣에게 물어보니 각각 제문을 쓰는 것이 온당할 듯하다고 하기에 감히 진달합니다." 하였습니다.

주상이 말하기를, "진전은 비궁閟宫(종묘)과 다르나 제문을 같이 쓰는 것을 그대로 답습하여 고치지 않은 것은 내 마음에도 온당치 않다고 생각된다. 승지가 진달한 것이 옳으니, 예관을 보내 대신과 유신에게 의견을 물으라."라고 명하셨습니다.

대신에게 의견을 물으니, 우의정 조문명趙文命이 아뢰기를, "세 실에 똑같은 제문을 사용하는 일은 외형상으로 보기에는 온당치 못한 것처럼 보입니다. 그러나 삼가 생각해보면 종묘에서 제향을 올릴 때 오직 선묘실宣廟室에만 별도의 악장樂章이 있고, 그 위로 사조四祖와 태조, 태종의 악장을 가지고 사조와 태조, 태종의 공덕功德을 찬술하여 태조 이하의 각실各室에 두루 사용하였습니다. 이것은 미비한 것처럼 보이나 이와 같이 하는 것이 어찌 중요하게 여기는 것이 있어서 그런 것이 아니겠습니까. 게다가 엄숙한 장소에서 술잔을 권하고 고하는 등의 예절은 간결해야 마땅하고 번잡해서는 안 되므로 명나라에서 널리 썼던 묘악廟樂의 제도에서 취한 것이 아니겠습니까. 더구나 이 하나의 진전 제문은 비록 같은 글이라 하나 그중에는 각각 지칭하여 찬양하는 말이 있으니, 전적으로 사조와 태조, 태종의 악장을 가지고 각실마다 그것을 사용하는 것과 비교해볼 때 또한 다르지 않겠습니까. 선배들이 의문儀文에 관한 일을 주의 깊게 살핀 것이 비록 오늘날과 같지 않더라도 만약 이 일이 매우 온당치 못하다고 생각하였다면 전에 필시 바로잡으려는 논의가 있었을 터인데, 예전에 이렇게 하지 않은 것은 혹시 소견이 있어서 그런 것이 아니겠습니까. 신의 생각으로는 그대로 전처럼 사용하는 것이 거듭 고쳐서 만드는 방법보다 합당할 듯합니다. 그러나 신의 학문이 본래 노둔하고 부족하여 억측을 면하지 못하니, 오직 주상께서 재결하소서." 하였습니다.

판중추부사 이태좌李台佐, 영의정 홍치중洪致中이 아뢰기를 "세 실에 하나의 축문을 사용하는 것은 실로 온당치 못한 것 같지만, 태조가 친향할 때 각실의 축문 역시 하나였습니다. 지금 만약 공덕의 찬술을 각기 달리해야 하기 때문에 하나의 제문을 쓸 수 없다고 한다면, 조사措辭를 자세하게 하는 정도에 그쳐야 하고, 전날에 겨를을 내지 않았던 규례를 새로 만들어 각실마다 각각 축문을 만들자고 연석의 신하가 진달한 것처럼 해서는 안 됩니다. 대개 나라……."[102] 하였습니다.[103]

무술년(1778, 정조 2) 윤6월 7일 정종조

전교하였다. "영희전 제5실에 봉안하는 절차에 대해 하순할 일이 있으니, 내일 대신, 예조의 당상과, 병조 판서는 입시하라."

같은 달 8일

대신, 예조의 당상관, 병조 판서가 입시하였을 때 전교하였다. "영희전 제5실에 영정을 봉한할 일자日子를 이달 20일 전후로 추택推擇하라고 분부하라."

같은 날

대신, 예조의 당상관, 병조 판서가 입시하였을 때 겸 예조 판서 이경호李景祜가 아뢴 내용에, "영정을 영희전에 봉안할 때 고동가제告動駕祭를 지내야 할 것인데 현재 봉안할 처소에 불편한 일이 있으니 어떻게 해야겠습니까?" 하니, 주상이 말하기를, "양지당養志堂으로 하고 작헌례로 마련하라." 하였다.

이경호가 아뢰기를, "무진년(1748, 영조 24)에 이봉移封할 때 《속오례의》 오향의五享儀에 의거하여 삼헌을 갖추어 지냈으니, 이번에도 이대로 마련해

102 원문은 "大抵國"으로, 문장이 제대로 이어지지 않으나 원문에 의거하여 이렇게 번역하였다. 《승정원일기》 713책, 영조 6년 11월 17일 기사에 의하면 이 뒤에도 내용이 이어진다.

103 《승정원일기》 713책, 영조 6년 11월 17일 기사에 의하면, 이 기사는 정우량이 예조의 말로 아뢴 계사의 내용이다.

야겠습니까? 또 이봉할 때 도감 당상이 으레 배종하고 전달에 선원전에 이봉할 때 본 도감 당상이 배봉陪奉하라고 명하셨으니, 이대로 해야겠습니까?" 하니, 주상이 "그리 하라." 하였다.

같은 달 10일

예조가 아뢰기를, "영희전 제5실에 봉안할 길일을 20일 전후로 추택하라고 명하셨습니다. 길일을 즉시 일관日官으로 하여금 추택하게 하니, 이번 윤6월 17일, 19일, 25일, 26일이 모두 길하다고 합니다. 어느 날로 정하여 행해야 하겠습니까? 감히 여쭙니다." 하니, 전교하기를 "25일로 정하여 행할 것이니 그리 알라." 하였다.

같은 달 11일

예조가 아뢰기를, "신 이경호李景祜가 호조 판서 구윤옥具允鈺과 함께 영희전에 나아가 봉심하니, 전殿 안의 상탁床卓과 포진鋪陳은 별로 수개修改할 곳이 없으나, 창호에 바른 종이가 해묵었고 기둥 안팎 퇴退의 지의地衣가 색이 바랜 곳이 많으며, 합문閤門 주렴朱簾의 선縇 및 낙영絡纓의 동도리줄東都里乼도 파손되어 즉시 수개해야 할 것입니다. 수개는 이번 윤6월 21일에 하는데, 본전의 선고사유제先告事由祭를 겸하여 행할 것이니 축문 중에 말을 만들어 추가해 넣고, 일을 시작하는 길시吉時는 같은 날 묘시卯時가 길하다고 하니 이대로 거행하도록 분부하는 것이 어떻겠습니까? 들어가는 잡물雜物은 각 해당관사가 마련하여 진배하게 하고, 또한 선공감으로 하여금 감역관을 정하여 즉시 수개하도록 분부하는 것이 어떻겠습니까?" 하니, 윤허한다고 전교하였다.

예조가 아뢰기를, "이번 윤6월 25일 영희전 제5실에 영정을 봉안할 때 제1실부터 제4실까지 선고사유제를 지낼 길일을 일관으로 하여금 추택하게 하니, 같은 달 21일이 길하다고 합니다. 이날로 거행하는 것이 어떻겠습니까?" 하니, 윤허한다고 전교하였다.

같은 달 13일

예조가 "이번 윤6월 25일에 영희전 제5실에 영정을 봉안할 때 양지당에 동가動駕할 길시吉時와 영희전에 봉안할 길시를 일관으로 하여금 추택하게 하니, 동가는 같은 날 진시辰時가 길하고 봉안은 같은 날 사시巳時가 길하다고 합니다. 이 시각으로 거행하는 것이 어떻겠습니까?"라고 아뢴 데 대해, 아뢴 대로 시행하라고 전교하였다.

제향 의주

祭享儀註

祭享儀註

본전에 친향하는 의주[親享本殿儀]

시일時日【총목(摠目)에 보인다】

재계齋戒[104]

제향을 지내기 4일 전에 예조가 전하에게 보고하여 재계할 것을 청한다. 전하가 별전別殿에서 2일 동안 산재散齋[105]하고 재전齋殿[106]에서 1일 동안 치재致齋[107]한다. 무릇 산재할 때는 조문弔問하거나 병문안을 하지 않고 음악을 듣지 않으며 유사有司가 사형에 관한 문서를 아뢰지 않는다. 치재할 때는 오직 제향의 일만 아뢴다. 향관享官들과 근시관으로서 전하를 따라 제향에 참여하는 자들은 모두 2일 동안 산재하며 정침正寢에서 묵고 향사 지낼 곳에서 1일 동안 치재한다. 제사에 배종할 관원과 여러 위衛 소속으로서 전문殿門을 지키는 자들은 각각 본사本司에서 청재淸齋하며 하루를 묵는다.

재관齋官[108]【헌관, 예의사(禮儀使), 집례는 예차(預差)[109]를 둔다】

---

104 원문은 "齊戒"인데, 다수 용례에 의거하여 '齊'를 '齋'로 교감하였다. 이하도 같다.

105 원문은 "散齊"인데, 다수 용례에 의거하여 '齊'를 '齋'로 교감하였다. 이하도 같다.

106 원문은 "齊殿"인데, 다수 용례에 의거하여 '齊'를 '齋'로 교감하였다. 이하도 같다.

107 원문은 "致齊"인데, 다수 용례에 의거하여 '齊'를 '齋'로 교감하였다. 이하도 같다.

108 원문은 "齊官"인데, 다수 용례에 의거하여 '齊'를 '齋'로 교감하였다. 이하도 같다.

109 실차로 차출된 관원이나 군병 등이 탈이 생겼을 때 그 대신 임무를 맡기기 위해 예비로 차출한 관원이나 군병 등을 예차라고 한다. 실차가 병이 있거나 상을 당하는 등의 탈이 생기면 예차에게 실차의 임무를 대행하도록 하였다. 헌관(獻官), 사신(使臣), 서사관(書寫官), 통사(通事), 서리(書吏), 토관(土官), 군병(軍兵) 등을 차출할 때 실차와 예차를 두었다.

아헌관·종헌관 【의정(議政)이 맡는다】, 전사관典祀官[110] 【봉상시 정(正)이 맡는다. 사정이 생기면 차관(次官)이 맡는다】, 집례 【문관 당하관 3품이 맡는다】, 전사 【본전 관원이 맡는다】

각 실마다 대축大祝 각 1 【지제교(知製敎) 4품 이상이 맡는다】, 축사祝史 각 1, 재랑齋郎 각 1 【모두 문관 참상관이 맡는다】, 집준執樽 각 1 【6품이 맡는다】, 작세위爵洗位·관세위盥洗位 【모두 6품이 맡는다】, 아헌관·종헌관의 관세위 【참외(參外)가 맡는다】, 찬자贊者 2, 알자謁者 2, 찬인贊引 2 【모두 인의(引儀)가 맡는다】, 감찰監察 2, 예의사 【예조 판서가 맡는다. 사정이 있으면 참판이 맡는다】, 진규관進圭官 【도승지가 맡는다】, 작주관酌酒官·작수주관爵受酒官·봉향합관奉香盒官[111]·봉향로관奉香爐官 【모두 승지가 맡는다】

진설陳設

제향을 지내기 2일 전에 전사가 소속 인원을 인솔하여 전의 안팎을 청소한다. 전설사典設司가 대차大次를 재전齋殿에 설치하고, 소차小次를 전의 동쪽 계단에서 조금 동쪽에 서쪽을 향하도록 설치한다.

1일 전에 액정서가 전하의 판위版位를 전의 동쪽 계단 아래 동북쪽에 서쪽을 향하도록 설치하고, 음복위飮福位를 앞 기둥 밖 동쪽 가까운 곳에 서쪽을 향하도록 설치한다. 찬자가 아헌관과 종헌관의 자리를 전하의 판위 뒤 남쪽 가까운 곳에 서쪽을 향하도록 설치하되 북쪽이 윗자리가 되게 한다. 집사자의 자리를 헌관 뒤 조금 남쪽에 설치하는데, 품계마다 자리를 달리하여 모두 겹줄로 서쪽을 향하되 북쪽이 윗자리가 되도록 설치한다. 집례의 자리를 동쪽 계단 아래 북쪽에 가깝게 서쪽을 향하도록 설치하며,

110 나라의 제향(祭享)에 관한 사무를 관장하는 임시 관직이다.

111 원문은 "奉香合官"인데, 본서의 다수 용례에 의거하여 '合'을 '盒'으로 교감하였다. 이하도 같다.

찬자·알자·찬인은 집례 뒤 조금 남쪽에 서쪽을 향하되 북쪽이 윗자리가 되게 한다. 감찰의 자리 2자리를 전정殿庭에 설치하는데, 하나는 동남쪽에 서쪽을 향하도록, 하나는 서남쪽에 동쪽을 향하도록 한다. 배향관陪享官의 자리를 신문神門 안에 설치하는데, 문관 1품 이하는 길 동쪽에, 종친 및 무관 1품 이하는 길 서쪽에, 품계마다 자리를 달리하여 모두 겹줄로 북쪽을 향하되 길에 가까운 쪽이 윗자리가 되게 한다【종친은 여느 때처럼 각 품계마다 반열의 머리에 별도로 자리를 설치한다】. 문밖의 자리를 설치하는데, 여러 향관의 자리는 서문西門 밖 길 남쪽에 품계마다 자리를 달리하여 모두 겹줄로 북쪽을 향하되 동쪽이 윗자리가 되게 하고, 배향관의 자리는 신문 밖 동쪽과 서쪽에 품계마다 자리를 달리하여 모두 겹줄로 북쪽을 향하게 한다【동쪽은 서쪽이 윗자리가 되고, 서쪽은 동쪽이 윗자리가 된다】. 전사가 소속 인원을 인솔하여 전의 안팎을 청소한다.

제향을 지내는 날, 제향을 지내기 전에 전사관과 전사가 각각 소속 인원을 인솔하여 들어가 축판 각각 하나씩을 신위 오른쪽【각각 받침대가 있다】에 올리고, 향로와 향합, 초 2자루를 신위 앞에 진설한다. 다음에 제기를 규식대로 진설한다【서례(序例)에 나타나 있다】, 복주작福酒爵[112] 하나를 제1실 준소에 진설하고, 어세御洗를 동쪽 계단 아래에 북쪽을 향하도록 진설하며【관세(盥洗)는 동쪽에 두고, 작세(爵洗)는 서쪽에 두며 반(盤, 대야)과 이(匜, 주전자)가 있다】 작勺(국자)을 올려둔다. 비篚(대광주리)는 어세 서남쪽에 두고 수건을 넣어 둔다. 또 아헌관·종헌관의 세洗를 어세의 동남쪽에 진설하고 여러 집사의 관세를 아헌관·종헌

112 제향을 마치고 철상(撤床)할 때 술잔과 주전자 및 다른 그릇에 담긴 술을 모두 모아 독이나 병에 옮겨 담아서 음복(飮福)하는데 쓰는데, 이를 복주(福酒)라 한다. 복주작은 이 복주를 떠내는 잔을 말한다.

관의 세 동남쪽에 진설하되 모두 북쪽을 향하게 한다. 집준자執尊者·집비자執者·집멱자執冪者의 자리를 준尊·비篚·멱冪(준을 덮는 보자기) 뒤에 진설한다.

거가 출궁車駕出宮 【《국조오례의》 서례에 보인다】

망전례望殿禮

당일에 전의典儀가 전하의 판위를 동문 밖에 서쪽을 향하도록 설치하고, 문관 1품 이하의 자리를 신문 밖 동쪽에, 종친 및 무관 1품 이하의 자리를 신문 밖 서쪽에 설치하는데 모두 품계마다 자리를 달리하여 겹줄로 북쪽을 향하게 하되 중앙이 윗자리가 되게 한다. 처음에 어가御駕가 재전齋殿에 이르면, 인의의 인도를 받아 종친과 문무백관이 나뉘어 신문 밖에 나아간다. 좌통례左通禮가 재전 앞에 나아가 꿇어앉아 전하에게 중엄中嚴을 계청啓請한다. 조금 있다 또 바깥에 준비가 되었다고 아뢴다. 전하가 면복 차림으로 나온다. 근시近侍가 무릎 꿇고 규圭를 바친다. 좌통례가 규를 잡을 것을 계청한다. 좌우통례의 인도를 받아 전하가 판위에 이르러 서쪽을 향해 선다. 좌통례가 사배四拜할 것을 계청한다. 전하가 사배한다. 자리에 있는 자들이 모두 사배한다【찬의(贊儀)가 역시 창(唱)한다】. 마치면 좌우통례의 인도를 받아 전하가 재전으로 돌아간다. 인의의 인도를 받아 종친과 문무백관이 재전 남쪽에 나아간다. 전하의 뜻을 여쭈어 막차에 나아가기를 의식대로 한다.

예를 행함[行禮]

제향을 지내는 날 축시丑時 5각刻 전【축시 5각 전은 즉 3경(更) 3점(點)이다. 제사는 축시 1각에 시작한다】에 전사가 신실神室을 열고 신악神幄을 정돈하고 먼지를 턴다. 전사관과 전사가 신실에 들어가서 찬구饌具에 제찬祭饌을 담는다. 마치면 찬인의 인도를 받아 감찰이 서쪽 계단으로 올라가【아헌관과 종헌관은 동쪽 계단으로 올라가고 내려오며, 나머지는 모두 서쪽 계단으로 한다】 진설한 상태를 점검하고 나서 도로 나온다.

축시 3각 전에 여러 향관과 제향에 배종할 관원들이 각각 해당 차림【향관은 제복 차림을 하고, 제향에 배종할 관원의 경우 4품 이상은 조복을, 5품 이하는 흑단령 차림을 한다】을 하고 모두 문밖의 자리에 나아간다. 좌통례가 재전 앞에 나아가 부복하였다가 무릎을 꿇고 중엄中嚴을 계청한다. 집례가 찬자, 알자, 찬인을 인솔하고 문안에 들어가 전정殿庭의 배위拜位에 나아가 자리를 달리하여 겹줄로 북쪽을 향하되[113] 서쪽이 윗자리가 되게 선다. 사배하고서 자리에 나아간다.

축시 1각 전에 찬인의 인도를 받아 감찰과 대축 이하 여러 집사가 들어가 전정의 배위에 나아가 겹줄로 북쪽을 향하되 서쪽이 윗자리가 되게 선다. 자리가 정돈되면 집례가 "사배"라고 말한다. 찬자가 이를 외쳐 전달한다【일반적으로 집례가 말하면 찬자가 모두 외쳐 전달한다】. 감찰 이하가 모두 사배한다. 찬인의 인도를 받아 감찰이 자리에 나아간다. 찬인의 인도를 받아 여러 집사가 관세위盥洗位에 나아가 손을 씻고 수건으로 손을 닦은 다음 각각 자리에 나아간다. 인의引儀의 인도를 받아 제향에 배종할 관원이 나뉘어 자리에 나아간다. 알자의 인도를 받아 아헌관과 종헌관이 자리에 나아간다. 알자의 인도를 받아 아헌관과 종헌관이 들어가 자리로 나아간다. 집사자들이 작세위爵洗位에 나아가 작爵을 씻고 작을 수건으로 닦는다. 마치면 작

113 원문은 "位重行北向"인데, 《세종실록》 〈오례〉 등 다수 용례에 의거하여 '位' 앞에 '異'를 보충하여 번역하였다.

을 비篚에 담아 받들고 준소 앞에 나아가 탁자 위에 둔다.

제향을 지낼 시각이 되면, 좌통례가 재전 앞에 나아가 부복하였다가 무릎을 꿇고 바깥의 준비가 되었다고 아뢴다. 전하가 면복 차림으로 재전에서 나온다. 예의사禮儀使의 인도를 받아 전하가 동문 밖에 이른다. 예의사가 부복하였다가 무릎을 꿇고 전하에게 규를 잡기를 계청한다. 근시가 무릎 꿇고 규를 드린다. 전하가 규를 잡는다【산선(繖扇)과 시위(侍衛)로서 들어갈 수 없는 자는 문밖에서 멈춘다】. 예의사의 인도를 받아 전하가 들어가 판위에 나아가 서쪽을 향하여 선다【매번 전하가 자리를 잡고 나면 예의사는 물러나 왼쪽에 부복한다】. 집례가 "예의사계청행사禮儀使啓請行事"라고 말하면, 예의사가 무릎을 꿇고 전하에게 유사有司가 삼가 갖추어 제향을 지내시기를 청한다고 아뢴다. 집례가 "사배"라고 말하면 예의사가 무릎 꿇고 전하에게 몸을 굽힌 다음 네 번 절하고 일어나 몸을 펴기를 계청한다. 전하가 몸을 굽힌 다음 네 번 절하고 일어나 몸을 편다. 자리에 있는 자들이 모두 사배한다【찬자가 역시 창한다. 먼저 절한 자는 절하지 않는다】. 전사관과 전사가 제찬을 올린다. 근시가 관세위에 나아가 손을 씻고 수건으로 닦는다. 집례가 "예의사도전하행초헌례禮儀使導殿下行初獻禮"라고 말한다. 예의사의 인도를 받아 전하가 관세위에 나아가 북쪽을 향하여 선다. 예의사가 무릎 꿇고 전하에게 규를 꽂기를 계청한다. 전하가 규를 꽂는다【꽂기가 불편하면 근시가 받들어 잡는다. 아래도 이와 같다】. 근시가 무릎 꿇었다가 이匜(주전자)를 가지고 일어나 물을 붓고, 또 다른 근시가 무릎 꿇고 반槃에 물을 받는다. 전하가 손을 씻는다. 근시가 무릎 꿇고 비에서 수건을 꺼내 드린다. 전하가 손을 닦는다. 근시가 수건을 받아 비에 올려놓는다. 예의사가 무릎 꿇고 전하에게 규를 잡기를 계청한다. 전하가 규를 잡는다. 예의사의 인도를 받아 전하가 동쪽 계단으로 올라가【근시가 따라 올라간다】 제1실의 준소에 나아가 서쪽을 향하여 선다. 집준자가 멱冪을 들면 근시 1인이 술을 따르고 다른 1인이 작에 술을 받는다. 예의사의 인도를 받아 전하가 신위 앞에 나아가 북쪽을 향하여 선다【예의사는 지게문[戶] 밖에 멈춘다. 아래도 이와 같다】. 집례가 "궤跪"라고 말하면, 예의사가 무릎 꿇고 전하에게 무릎 꿇고 규를 꽂기를 계청한다. 전하가 무릎 꿇고 규를 꽂는다. 자리에 있는 자들이 모두 무릎 꿇는다【찬자가 역시 창한다】. 근시 1인이 향합香盒[114]을 받들고 다른 1인이 향로를 받들어 무릎 꿇고 드린다. 예의사가 무릎 꿇고 전하에게 세 번 향을 올리기를 계청한다. 전하가 세 번 향을 올린다. 근시가 신위 앞에 향로와 향합을 올린다. 근시가 작을 받들어 무릎 꿇고 전하에게 드린다.

예의사가 무릎 꿇고 전하에게 작을 잡고 작을 바치기를 계청한다. 전하가 작을 잡고 작을 바치는데, 작을 근시에게 주어 신위 앞에 올리게 한다【전하에게 향을 드리고 작을 드리는 것은 동쪽에서 서쪽을 향하여 하고, 신위 앞에 화로를 올리고 작을 올리는 것은 서쪽에서 동쪽을 향하여 한다】. 예의사가 무릎 꿇고 전하에게 규를 잡고 부복하였다가 일어나 조금 물러나서 북쪽을 향하여 무릎 꿇기를 계청한다. 전하가 규를 잡고 부복하였다가 일어나 조금 물러나서 북쪽을 향하여 무릎 꿇는다. 대축이 신위 오른쪽에 나아가 동쪽을 향하여 무릎 꿇고 축문을 읽는다. 마치면 예의사가 무릎 꿇고 전하에게 부복하였다가 일어나 몸을 펴기를 계청한다. 전하가 부복하였다가 일어나 몸을 편다. 자리에 있는 자들이 모두 부복하였다가 일어나 몸을 편다【찬자가 역시 창한다】.

예의사의 인도를 받아 전하가 제2실의 준소에 나아가 서쪽을 향하여 선

114 원문은 "香合"인데, 본서의 다수 용례에 의거하여 '合'을 '盒'으로 교감하였다. 이하의 경우도 같다.

다. 집준자가 멱을 들면 근시 1인이 술을 따르고 다른 1인이 작에 술을 받는다. 예의사의 인도를 받아 전하가 신위 앞에 나아가 북쪽을 향하여 선다. 집례가 "궤"라고 말한다. 예의사가 무릎 꿇고 전하에게 무릎 꿇고 규를 꽂기를 계청한다. 전하가 무릎 꿇고 규를 꽂는다. 자리에 있는 자들이 모두 무릎 꿇는다【찬자가 역시 창한다】. 근시 1인이 향합을 받들고 다른 1인이 향로를 받들어 무릎 꿇고 드린다. 예의사가 무릎 꿇고 전하에게 세 번 향을 올리기를 계청한다. 전하가 세 번 향을 올린다. 근시가 신위 앞에 향로와 향합을 올린다. 근시가 작을 받들어 무릎 꿇고 전하에게 드린다. 예의사가 무릎 꿇고 전하에게 작을 잡고 작을 바치기를 계청한다. 전하가 작을 잡고 작을 바치는데, 작을 근시에게 주어 신위 앞에 올리게 한다. 예의사가 무릎 꿇고 전하에게 규를 잡고 부복하였다가 일어나 조금 물러나서 북쪽을 향하여 무릎 꿇기를 계청한다. 전하가 규를 잡고 부복하였다가 일어나 조금 물러나서 북쪽을 향하여 무릎 꿇는다. 대축이 신위 오른쪽에 나아가 동쪽을 향하여 무릎 꿇고 축문을 읽는다. 마치면 예의사가 무릎 꿇고 전하에게 부복하였다가 일어나 몸을 펴기를 계청한다. 전하가 부복하였다가 일어나 몸을 편다. 자리에 있는 자들이 모두 부복하였다가 일어나 몸을 편다【찬자가 역시 창한다】.

예의사의 인도를 받아 전하가 제3실의 준소에 나아가 서쪽을 향하여 선다. 집준자가 멱을 들면 근시 1인이 술을 따르고 다른 1인이 작에 술을 받는다. 예의사의 인도를 받아 전하가 신위 앞에 나아가 북쪽을 향하여 선다. 집례가 "궤"라고 말하면, 예의사가 무릎 꿇고 전하에게 무릎 꿇고 규를 꽂기를 계청한다. 전하가 무릎 꿇고 규를 꽂는다. 자리에 있는 자들이 모두 무릎 꿇는다【찬자가 역시 창한다】. 근시 1인이 향합을 받들고 다른 1인이 향로를 받들어 무릎 꿇고 드린다. 예의사가 무릎 꿇고 전하에게 세 번 향을 올리기를 계청한다. 전하가 세 번 향을 올린다. 근시가 신위 앞에 향로와 향합을 올린다. 근시가 작을 받들어 무릎 꿇고 전하에게 드린다. 예의사가 무릎 꿇고 전하에게 작을 잡고 작을 바치기를 계청한다. 전하가 작을 잡고 작을 바치는데, 작을 근시에게 주어 신위 앞에 올리게 한다. 예의사가 무릎 꿇고 전하에게 규를 잡고 부복하였다가 일어나 조금 물러나서 북쪽을 향하여 무릎 꿇기를 계청한다. 전하가 규를 잡고 부복하였다가 일어나 조금 물러나서 북쪽을 향하여 무릎 꿇는다. 대축이 신위 오른쪽에 나아가 동쪽을 향하여 무릎 꿇고 축문을 읽는다. 마치면 예의사가 무릎 꿇고 전하에게 부복하였다가 일어나 몸을 펴기를 계청한다. 전하가 부복하였다가 일어나 몸을 편다. 자리에 있는 자들이 모두 부복하였다가 일어나 몸을 편다【찬자가 역시 창한다】.

예의사의 인도를 받아 전하가 제4실의 준소에 나아가 서쪽을 향하여 선다. 집준자가 멱을 들면 근시 1인이 술을 따르고 다른 1인이 작에 술을 받는다. 예의사의 인도를 받아 전하가 신위 앞에 나아가 북쪽을 향하여 선다. 집례가 "궤"라고 말하면 예의사가 전하에게 무릎 꿇고 규를 꽂기를 계청한다. 전하가 무릎 꿇고 규를 꽂는다. 자리에 있는 자들이 모두 무릎 꿇는다【찬자가 역시 창한다】. 근시 1인이 향합을 받들고 다른 1인이 향로를 받들어 무릎 꿇고 드린다. 예의사가 무릎 꿇고 전하에게 세 번 향을 올리기를 계청한다. 전하가 세 번 향을 올린다. 근시가 신위 앞에 향로와 향합을 올린다. 근시가 작을 받들어 무릎 꿇고 전하에게 드린다. 예의사가 무릎 꿇고 전하에게 작을 잡고 작을 바치기를 계청한다. 전하가 작을 잡고 작을 바치는데, 작을 근시에게 주어 신위 앞에 올리게 한다. 예의사가 무릎 꿇고 전하에게 규를 잡고 부복하였다가 일어나 조금 물러나서 북쪽을 향하여 무릎 꿇기를 계청한다. 전하가 규를 잡고 부복하였다가 일어나 조금 물러나서 북쪽을 향하여 무릎 꿇는다. 대축이 신위 오른쪽에 나아가 동쪽을 향하여 무릎 꿇고 축문을 읽는다. 마치면 예의사가 무릎 꿇고 전하에게 부복하였다가 일어나 몸을 펴기를 계청한다. 전하가 부복하였다가 일어나 몸을 편다. 자리에 있는 자들이 모두 부복하였다가 일어나 몸을 편다【찬자가 역시 창한다】. 예의사의 인도를 받아 전하가 내려와 자리로 돌아간다. 집례가 "예의사도전하입소차禮儀使導殿下入小次"라고 말하면 예의사가 무릎 꿇고 전하에게 소차小次에 들기를 계청한다. 집례의 인도를 받아 전하가 소차 앞에 이른다. 예의사가 무릎 꿇고 전하에게 규를 내려놓기를 계청한다. 전하가 규를 내려놓는다. 근시가 무릎 꿇고 규를 받는다. 예의사의 인도를 받아 전하가 임시로 소차에 나아간다.

집례가 "행아헌례行亞獻禮"라고 말하면 알자의 인도를 받아 아헌관이 관세위에 나아가 북쪽을 향하여 선다. 알자가 "진홀搢笏"이라고 외친다. 아헌관이 손을 씻고 수건으로 손을 닦는다. 알자가 "집홀執笏"이라고 외친다. 알자의 인도를 받아 아헌관이 동쪽계단으로 올라가 제1실의 준소에 나아가 서쪽을 향하여 선다. 집준자가 덮개를 들고 술을 따른다. 집사자가 작에 술을 받는다. 알자의 인도를 받아 아헌관이 신위 앞에 나아가 북쪽을 향하여 선다. 알자가 "궤"라고 외친다. 집사자가 작을 아헌관에게 준다. 아헌관이 작을 잡아 작을 바치는데, 작을 집사자에게 주어 신위 앞에 바치게 한다. 알자가 "부복俯伏, 흥興, 평신平身"이라고 외친다. 알자의 인도를 받아 아헌관이 제2실, 제3실, 제4실에 나아가 술을 따르고 작을 바치는데, 예를 행하기를 모두 아헌례와 같이 한다. 끝나면 알자의 인도를 받아 아헌관이 내려가 자리로 돌아간다.

집례가 "행종헌례行終獻禮"라고 말하면 알자의 인도를 받아 종헌관이 예를 행하기를 모두 아헌례와 같이 한다. 끝나면 알자의 인도를 받아 종헌관이 내려가 자리로 돌아간다.

대축이 제1실의 준소에 나아가 작에 상준上尊의 복주福酒를 떠낸다. 집례가 "예의사도전하 예음복위禮儀使導殿下詣飮福位"라고 말한다. 예의사가 무릎 꿇고 전하에게 음복위에 나아가기를 계청한다. 전하가 소차에서 나온다. 예의사가 무릎 꿇고 규를 잡기를 계청한다. 근시가 무릎 꿇고 규를 드린다. 전하가 규를 잡는다. 예의사의 인도를 받아 전하가 음복위에 나아가 서쪽을 향하여 선다. 대축이 작을 근시에게 준다. 근시가 작을 받고 북쪽을 향하여 무릎 꿇고 올린다. 예의사가 무릎 꿇고 전하에게 무릎 꿇고 규를 꽂기를 계청한다. 전하가 무릎 꿇고 규를 꽂는다. 자리에 있는 자들이 모두 무릎 꿇는다【찬자가 역시 창한다】. 예의사가 무릎 꿇고 전하에게 작을 받기를 계청한다. 전하가 작을 받아 마신다. 마시고 나면 근시가 작을 받아 대축에게 준다. 대축이 작을 받아 준소에 되돌려놓는다. 예의사가 무릎 꿇고 전하에게 규를 잡고 부복하였다가 일어나 몸을 펴기를 계청한다. 전하가 규를 잡고 부복하였다가 일어나 몸을 편다. 자리에 있는 자들이 모두 부복하였다가 일어나 몸을 편다【찬자가 역시 창한다】. 예의사의 인도를 받아 전하가 내려가 자리로 돌아간다. 집례가 "사배"라고 말한다. 예의사가 무릎 꿇고 전하에게 몸을 굽혔다가 사배하고 일어나 몸을 펴기를 계청한다. 전하가 몸을 굽혔다가 사배하고 일어나 몸을 편다. 자리에 있는 자들이 모두 사배한다【찬자가 역시 창한다】. 조금 있다가 집례가 "사배"라고 말한다. 예의사가 무릎 꿇고 전하에게 몸을 굽혔다가 사배하고 일어나 몸을 펴기를 계청한다. 전하가 몸을 굽혔다가 사배하고 일어나 몸을 편다. 자리에 있는 자들이 모두 사배한다【찬자가 역시 창한다】. 예의사가 무릎 꿇고 전하에게 예가 끝났음을 아뢴다【찬자가 역시 창한다】.

예의사의 인도를 받아 전하가 동문 밖으로 도로 나온다. 예의사가 무릎 꿇고 전하에게 규를 내려놓기를 계청한다. 전하가 규를 내려놓는다. 근시가 무릎 꿇고 규를 받는다. 예의사의 인도를 받아 전하가 재전으로 돌아온다. 알자의 인도를 받아 아헌관과 종헌관이 나온다. 찬인의 인도를 받아 제향에 배종한 관원들이 나온다. 찬인의 인도를 받아 감찰 및 대축 이하 여러 집사가 모두 배위로 돌아간다. 자리가 잡히면 집례가 "사배"라고 말한다. 감찰 이하가 모두 사배한다. 찬인이 차례로 인도하여 나온다. 집례가 찬자, 알자, 찬인을 인솔하여 배위에 나아가 사배하고 나온다. 대축이 축판을 가져다 구덩이에 묻는다. 전사관과 전사가 각각 소속 인원을 거느리고 예찬禮饌을 철거한 다음 지게문을 닫고 내려와 물러간다.

본전에 작헌하는 의주[酌獻本殿儀]

시일

재관

전사관【봉상시 정이 맡는다. 사정이 생기면 차관이 맡는다】, 집례【문관 당하관 3품이 맡는다】, 진시【본전의 관원이 맡는다】. 각 실마다 대축 각 1【지제교 4품 이상이 맡는다】, 집준 각 1【6품이 맡는다】, 찬자 2, 알자 2, 찬인 2【모두 인의가 맡는다】, 감찰監察 2, 찬례贊禮

【예조 판서가 맡는다. 사정이 생기면 차관이 맡는다】, 진규관 【도승지가 맡는다】, 작주관, 작수주관, 봉향합관, 봉향로관 【모두 승지가 맡는다】

진설

제향을 지내기 1일 전에 전사가 소속 인원을 인솔하여 전의 안팎을 청소한다. 전설사典設司가 대차를 재전에 설치한다.

제향을 지내는 당일에 액정서가 전하의 판위를 전의 계단 아래 동북쪽에 서쪽을 향하도록 설치하고, 왕세자의 자리를 판위 뒤에 설치한다. 전의가 종친과 문무백관의 자리를 신문 안에 설치하는데, 문관은 동쪽에 무관은 서쪽에 자리를 달리하여 겹줄로 북쪽을 향하도록 설치하고, 여러 집사의 자리를 전정에 설치하기를 여느 의식 때처럼 한다. 집례의 자리를 동쪽 계단 아래 모두 지형에 따라 알맞은 곳에 설치한다.에 설치한다. 또 여러 집사의 외위外位를 서문 밖에 설치하는데 자리를 달리하여 겹줄로 북쪽을 향하도록 설치하고, 종친과 문무백관의 외위를 신문 밖에 자리를 달리하여 겹줄로 북쪽을 향하도록 설치한다.

거가 출궁과 망전례 【위에 보인다】

예를 행함

당일에 제향을 지내기 전에 전사관과 전사가 각각 소속 인원을 인솔하고 향로, 향합, 초 2자루를 신위 앞에 설치하고, 들어가 축판을 신위 오른쪽에 올린다. 차례로 제기를 진설하기를 정해진 식대로 한다【서례에 보인다】. 전사관이 들어가 찬구饌具를 채운다.

끝나면 인의의 인도를 받아 종친과 문무백관【4품 이상은 조복 차림을, 5품 이하는 상복(常服) 차림을 한다】이 외위에 나아가고, 여러 집사가 외위에 나아간다. 좌통례가 재전 앞에 나아가 부복하였다가 무릎 꿇고 전하에게 중엄을 계청한다. 집례가 찬자, 찬인을 거느리고 들어가 전정에 나아가 사배한 다음 자리에 나아간다. 찬인의 인도를 받아 감찰 및 전사관, 대축, 여러 집사가 들어가 전정의 배위에 나아가 겹줄로 북쪽을 행하여 서되 서쪽이 윗자리가 되게 한다. 자리가 잡히면 집례가 "사배"라고 말하고 찬자가 외쳐 전달한다. 감찰 이하가 모두 사배한다. 끝나면 찬인의 인도를 받아 감찰이 자리에 나아간다. 찬인의 인도를 받아 여러 집사가 관세위에 나아가 손을 씻고 손을 수건으로 닦은 다음 각각 자리에 나아간다.

인의의 인도를 받아 종친과 문무백관이 동서로 나뉘어 들어가 자리에 나아간다. 집사자들이 작세위에 나아가 잔을 씻고 잔을 닦은 다음 비에 담아 받들고 준소에 나아가 점坫(받침대) 위에 둔다. 상례相禮의 인도를 받아 왕세자가 면복 차림으로 들어가 자리에 나아간다. 좌통례가 재전 앞에 나아가 전하에게 작헌례를 행하기를 계청한다. 전하가 면복 차림으로 손을 씻고 손을 수건으로 닦고서 나온다. 찬례가 앞에서 인도한다. 동문 밖에 도착할 무렵에 찬례가 부복하였다가 무릎 꿇고 전하에게 규圭를 잡기를 계청한다. 근시가 무릎 꿇고 전하에게 규를 드린다. 전하가 규를 잡는다. 찬례의 인도를 받아 전하가 들어가 판위에 나아가 서쪽을 향하여 선다【근시가 따라 들어가고, 시위라 들어가서는 안 되는 자는 문밖에 멈춘다】. 집례가 "국궁, 사배, 흥, 평신"이라고 말한다. 찬례가 전하에게 몸을 굽혀 사배하고 일어나 몸을 펴기를 계청한다. 전하가 몸을 굽혀 사배하고 일어나 몸을 편다. 왕세자 및 자리에 있는 자들이 모두 사배한다【찬자가 역시 창한다. 먼저 절한 자는 절하지 않는다】. 집례가 "찬례는 전하를 인도하여 작헌례를 행하시오."라고 말한다.

찬례의 인도를 받아 전하가 동쪽 계단으로 올라가【근시가 따라 올라간다】 제1실의 준소에 나아가 서쪽을 향하여 선다. 집준자가 멱을 들면 근시 1인이 술을 따르고 다른 1인이 작에 술을 받는다. 찬례의 인도를 받아 전하가 신위 앞에 나아가 북쪽을 향하여 선다. 집례가 "궤"라고 말한다. 찬례가 전하에게 무릎 꿇고 규를 꽂기를 계청한다. 전하가 무릎 꿇고 규를 꽂는다【만약 꽂기가 불편하면 근시가 받들어 잡는다】. 왕세자 이하 자리에 있는 자들이 모두 무릎을 꿇는다【찬자가 역시 창한다】. 근시 1인이 향합을 받들고 다른 1인이 향로를 받들어 무릎 꿇고 전하에게 드린다. 찬례가 전하에게 세 번 향을 올리기를 계청한다. 전하가 세 번 향을 올린다. 근시가 신위 앞에 향로를 올린다. 근시가 작을 받들어 무릎 꿇고 전하에게 드린다. 찬례가 전하에게 작을 잡고 작을 바치기를 계청한다. 전하가 작을 잡고 작을 바치는데, 작을 근시에게 주어 신위 앞에 올리게 한다【전하에게 향(香)을 드리고 작(爵)을 드릴 때는 동쪽에서 서쪽을 향하여 하고, 신위 앞에 향로를 올리고 작을 올릴 때는 서쪽에서 동쪽을 향하여 한다. 이후는 이와 같다】. 찬례가 전하에게 규를 잡고 부복하였다가 일어나 조금 물러나서 북쪽을 향하여 무릎 꿇기를 계청한다. 대축이 신위 오른쪽에 나아가 동쪽을 향하여 무릎 꿇고 축문을 읽는다. 마치면 찬례가 전하에게 부복하였다가 일어나 몸을 펴기를 계청한다. 전하가 부복하였다가 일어나 몸을 편다. 왕세자 이하 자리에 있는 자들이 모두 부복하였다가 일어나 몸을 편다【찬자가 역시 창한다】.

찬례의 인도를 받아 전하가 지게문[戶]으로 나와 차례로 제2실, 제3실, 제4실에 나아가 작헌례를 행하기를 모두 위의 의식과 같이 한다. 마치면 찬례의 인도를 받아 전하가 전에서 나와 계단을 내려가 자리로 돌아간다.

집례가 "사배"라고 말한다. 찬례가 전하에게 몸을 굽혀 사배하고 일어나 몸을 펴기를 계청한다. 전하가 몸을 굽혀 사배하고 일어나 몸을 편다. 왕세자 이하 자리에 있는 자들이 모두 사배한다【찬자가 역시 창한다】. 조금 있다 집례가 "사배"라고 말한다. 찬례가 전하에게 몸을 굽혀 사배하고 일어나 몸을 펴기를 계청한다. 전하가 몸을 굽혀 사배하고 일어나 몸을 편다. 왕세자 이하 자리에 있는 자들이 모두 사배한다【찬자가 역시 창한다】. 찬례가 예가 끝났다고 아뢴다【찬자가 역시 창한다】.

찬례의 인도를 받아 전하가 돌아가 동문 밖에 이른다. 찬례가 전하에게 규를 내려놓기를 계청한다. 전하가 규를 내려놓는다. 근시가 무릎 꿇고 규를 받는다. 찬례의 인도를 받아 전하가 재전으로 돌아간다. 상례의 인도를 받아 왕세자가 재실로 돌아간다. 인의가 나뉘어 인도하여 종친과 문무백관이 나간다. 여러 집사가 배위에 나아가 사배하고 나간다. 대축이 축판을 가져다 예감에 묻는다. 전사관과 전사가 예찬을 거두고, 지게문을 닫고 계단을 내려가 물러간다.

속절에 대리로 본전에 제향을 지내는 의주

【선고사유제(先告事由祭)와 이안제·환안제도 같다. 오직 1헌만 올리며 음복은 없다】

시일 【총목에 보인다】

재계 【위에 보인다】

재관

헌관【종2품이 맡는다. 납향에는 정2품이 맡는다】, 전사관【봉상시 관원이 맡는다】, 전사[115]【본전의 관원이 맡는다】, 대축【문관 6품 이상이 맡는다】, 축사祝史【참상관 또는 참하관이 맡는다】, 재랑齋郎【위와 같다】, 찬자·알자【모두 통례원(通禮院) 관원이 맡는다】, 감찰【진지충의위(進止忠義衛) 4인이 맡는다. 충훈부에서 정하여 보낸다. 전사가 물선(物膳)을 올릴 때 각 실에 물선을 전달하여 올린다】

진설

제향을 지내기 1일 전에 전사가 소속 인원을 인솔하여 전의 안팎을 청소한다. 찬자가 헌관의 자리를 동쪽 계단 동남쪽에 서쪽을 향하도록, 음복위를 앞 기둥 밖 동쪽 가까운 곳에 서쪽을 향하도록 설치한다. 여러 집사의 자리를 헌관 뒤 조금 남쪽에, 찬자와 알자의 자리를 동쪽 계단의 서쪽에 모두 서쪽을 향하되 북쪽이 윗자리가 되게, 감찰의 자리를 집사의 자리 동남쪽에 서쪽을 향하도록 설치한다. 여러 향관의 문밖 자리를 남문 밖에 설치하는데, 등급마다 자리를 달리하여 겹줄로 북쪽을 향하되 동쪽이 윗자리가 되게 한다.

제향을 지내는 당일에 아직 제향을 지내기 전에 전사관과 전사가 각각 소속 인원을 인솔하고 들어가 축판을 신위 오른쪽에 올리고【각각 받침대가 있다】, 향로·향합과 초 두 자루를 신위 앞에 진설한 다음 제기를 진설하기를 정해진 식대로 한다【서례에 보인다】. 음복할 잔 1개를 제1실 준소에 진설하고, 세洗를 동쪽 계단 동남쪽에 북쪽을 향하도록 설치하고【관세(盥洗)는 동쪽에 있고, 작세(爵洗)는 서쪽에 있으며, 반(槃, 대야)과 이(匜, 주전자)가 있다】 작을 올려둔다. 비篚는

---

115 영녕전·문소전·혼전(魂殿)·진전(眞殿)·영희전 등 여러 전(殿)에 제사지낼 때 청소, 제기(祭器)와 제물(祭物)의 진설과 철수 등을 담당하는 관원이다.

세의 서남쪽에 두고 수건을 담아둔다. 여러 집사의 관세를 헌관의 세의 동남쪽에 북쪽을 향하도록 설치하고, 집준자·집비자·집멱자의 자리를 준·비·멱 뒤에 설치한다.

예를 행함

제향을 지내는 날 축시丑時 5각 전에 전사가 신실을 열고 신악神幄을 정돈하고 먼지를 턴다. 전사관과 전사가 들어가 찬구에 제찬을 담는다. 끝나면 알자의 인도를 받아 감찰이 서쪽 계단으로 올라가【헌관은 동쪽 계단으로 오르내리고, 나머지는 모두 서쪽 계단으로 오르내린다】 진설한 상황을 점검하여 살피고 도로 나온다.

축시 3각 전에 여러 향관이 각각 해당 차림을 하고 문밖의 자리에 나아간다. 찬자와 알자가 들어가 전정의 배위에 나아가 북쪽을 향하여[116] 서쪽이 윗자리가 되게 서서 사배한 다음 자리에 나아간다.

축시 1각 전에 알자의 인도를 받아 감찰과 대축 이하 여러 집사가 들어가 전정의 배위에 나아가 북쪽을 향하여 서쪽이 윗자리가 되게 선다. 집례가 "사배"라고 말하면, 감찰 이하가 모두 사배한다. 알자의 인도를 받아 감찰이 자리에 나아간다. 알자의 인도를 받아 여러 집사가 관세위에 나아가 손을 씻고 수건으로 손을 닦은 다음 각각 자리에 나아간다. 알자의 인도를 받아 헌관이 들어가 자리에 나아간다. 찬자가 "사배"라고 말하면, 헌관이 사배한다. 전사관과 전사가 예찬을 올린다. 마치면 찬자가 "행초헌례行初獻禮"라고 말한다.

---

116 원문은 "位重行北向"인데, 《세종실록》 〈오례〉 등 다수 용례에 의거하여 '位' 앞에 '異'를 보충하여 번역하였다.

알자의 인도를 받아 헌관이 관세위에 나아가 북쪽을 향하여 선다. 알자가 "진홀搢笏"이라고 외친다. 헌관이 손을 씻는다. 알자가 "집홀執笏"이라고 외친다. 알자의 인도를 받아 헌관이 동쪽 계단으로 올라가 제1실의 준소에 나아가 서쪽을 향하여 선다. 집준자가 멱을 들고 술을 따른다. 집사자가 잔에 술을 받는다. 알자의 인도를 받아 헌관이 신위 앞에 나아가 북쪽을 향하여 선다. 알자가 "궤진홀跪搢笏"이라고 외친다. 집사자 1인이 향합을 잡고 다른 1인이 향로를 잡아 무릎 꿇고 드린다. 알자가 "삼상향三上香"이라고 외친다. 집사자가 향로와 향합을 안案에 올린다. 집사자가 잔을 헌관에게 준다. 헌관이 잔을 잡아 잔을 바치는데, 집사자에게 주어 신위 앞에 올리게 한다. 알자가 "집홀, 부복俯伏, 흥, 소퇴少退, 북향北向, 궤'라고 외친다. 대축이 신위 오른쪽에 나아가 동쪽을 향하여 무릎 꿇고 축문을 읽는다. 마치면 알자가 "부복, 흥, 평신平身"이라고 외친다.

알자의 인도를 받아 헌관이 제2실 준소에 나아가 서쪽을 향하여 선다. 집준자가 멱을 들고 술을 따른다. 집사자가 잔에 술을 받는다. 알자의 인도를 받아 헌관이 신위 앞에 나아가 북쪽을 향하여 선다. 알자가 "궤진홀"이라고 외친다. 집사자 1인이 향합을 잡고 다른 1인이 향로를 잡아 무릎 꿇고 드린다. 알자가 "삼상향三上香"이라고 외친다. 집사자가 향로와 향합을 안에 올린다. 집사자가 잔을 헌관에게 준다. 헌관이 잔을 잡아 잔을 바치는데, 집사자에게 주어 신위 앞에 올리게 한다. 알자가 "집홀, 부복, 흥, 소퇴, 북향, 궤"라고 외친다. 대축이 신위 오른쪽에 나아가 동쪽을 향하여 무릎 꿇고 축문을 읽는다. 마치면 알자가 "부복, 흥, 평신"이라고 외친다.

알자의 인도를 받아 헌관이 제3실 준소에 나아가 서쪽을 향하여 선다. 집준자가 멱을 들고 술을 따른다. 집사자가 잔에 술을 받는다. 알자의 인도를 받아 헌관이 신위 앞에 나아가 북쪽을 향하여 선다. 알자가 "궤진홀"이라고 외친다. 집사자 1인이 향합을 잡고 다른 1인이 향로를 잡아 무릎 꿇고 드린다. 알자가 "삼상향"이라고 외친다. 집사자가 향로와 향합을 안에 올린다. 집사자가 잔을 헌관에게 준다. 헌관이 잔을 잡아 잔을 바치는데, 집사자에게 주어 신위 앞에 올리게 한다. 알자가 "집홀, 부복, 흥, 소퇴, 북향, 궤"라고 외친다. 대축이 신위 오른쪽에 나아가 동쪽을 향하여 무릎 꿇고 축문을 읽는다. 마치면 알자가 "부복, 흥, 평신"이라고 외친다.

알자의 인도를 받아 헌관이 제4실 준소에 나아가 서쪽을 향하여 선다. 집준자가 멱을 들고 술을 따른다. 집사자가 잔에 술을 받는다. 알자의 인도를 받아 헌관이 신위 앞에 나아가 북쪽을 향하여 선다. 알자가 "궤진홀"이라고 외친다. 집사자 1인이 향합을 잡고 다른 1인이 향로를 잡아 무릎 꿇고 드린다. 알자가 "삼상향"이라고 외친다. 집사자가 향로와 향합을 안에 올린다. 집사자가 잔을 헌관에게 준다. 헌관이 잔을 잡아 잔을 바치는데, 집사자에게 주어 신위 앞에 올리게 한다. 알자가 "집홀, 부복, 흥, 소퇴, 북향, 궤"라고 외친다. 대축이 신위 오른쪽에 나아가 동쪽을 향하여 무릎 꿇고 축문을 읽는다. 마치면 알자가 "부복, 흥, 평신"이라고 외친다. 헌관이 내려가 자리로 돌아간다.

찬자가 "행아헌례"라고 말한다. 알자의 인도를 받아 헌관이 올라가 제1실 준소에 나아간다. 집준자가 술을 따른다. 집사자가 잔에 술을 받는다. 알자의 인도를 받아 헌관이 신위 앞에 나아가 북쪽을 향하여 선다. 알자가 "궤진홀"이라고 외친다. 집사자가 잔을 헌관에게 준다. 헌관이 잔을 잡아 잔을 바치는데, 집사자에게 주어 신위 앞에 올리게 한다. 알자가 "부복, 흥, 평신"이라고 외친다. 알자의 인도를 받아 헌관이 올라가 제2실, 제

3실, 제4실에 나아가 술을 따르고 예를 행하기를 모두 위의 의식과 같이 한다. 마치면 알자의 인도를 받아 헌관이 내려가 자리로 돌아간다. 찬자가 "행종헌례"라고 말한다. 알자의 인도를 받아 헌관이 예를 행하기를 모두 아헌례의 의식과 같이 한다. 마치면 알자의 인도를 받아 헌관이 내려가 자리로 돌아간다.

대축이 제1실 준소에 나아가 잔에 복주福酒를 따른다. 찬자가 "알자인헌관예음복위謁者引獻官詣飮福位"라고 말한다. 알자의 인도를 받아 헌관이 음복위에 나아가 서쪽을 향하여 선다. 알자가 "궤진홀"이라고 한다. 대축이 헌관의 왼쪽에 나아가 북쪽을 향한다. 대축이 잔을 헌관에게 준다. 헌관이 잔을 받아 마신다. 대축이 빈 잔을 받아 준소에 되돌려 놓는다. 알자가 "집홀, 부복, 흥, 평신"이라고 외친다. 알자의 인도를 받아 헌관이 내려가 자리로 돌아간다. 찬자가 "사배"라고 하고, 헌관이 사배한다. 조금 있다가 찬자가 "사배"라고 하고 헌관이 사배한다. 알자의 인도를 받아 헌관이 나간다. 알자, 감찰, 대축 이하 여러 집사가 모두 배위로 돌아간다. 자리가 정돈되면 찬자가 "사배"라고 한다. 감찰 이하가 모두 사배하고 알자의 인도를 받아 나간다. 찬자와 알자가 배위에 나아가 사배하고서 나간다. 대축이 축판을 가져다 구덩이에 묻는다. 전사관과 전사가 각각 소속 인원을 거느리고 예찬을 거둔 다음 지게문을 닫고 내려가 물러간다.

왕이 본전에 친향할 때 왕세자가 아헌하는 의주

시일 【총목에 보인다】

재계 【위에 보인다】

진설

제향을 지내기 2일 전에 전사가 소속 인원을 인솔하여 전의 안팎을 청소한다. 전설사가 전하의 대차를 재전에 설치하고, 소차를 전의 동쪽 계단에서 조금 동쪽에 서쪽을 향하도록 설치한다. 왕세자의 막차를 재전에 설치하고, 편차便次를 소차의 동남쪽에 서쪽을 향하도록 설치한다.

1일 전에 액정서가 전하의 판위를 전의 동쪽 계단 아래 동북쪽에 서쪽을 향하도록 설치하고, 음복위를 앞 기둥 밖 동쪽 가까운 곳에 서쪽을 향하도록 설치한다. 왕세자의 자리를 전하의 판위 뒤 남쪽에 가까운 곳에 서쪽을 향하도록 설치한다. 찬자가 종헌관의 자리를 왕세자의 자리 뒤에 설치하고, 집사자의 자리를 헌관의 뒤 조금 남쪽에 설치하는데, 품계마다 자리를 달리하여 겹줄로 서쪽을 향하되 북쪽이 윗자리가 되도록 설치한다. 집례의 자리를 동쪽 계단 아래 북쪽에 가까운 곳에 서쪽을 향하도록 설치한다. 찬자·알자·찬인은 집례의 뒤 조금 남쪽에 서쪽을 향하되 북쪽이 윗자리가 되게 자리한다. 감찰의 자리 2자리를 전정에 설치하는데, 하나는 동남쪽에 서쪽을 향하도록, 하나는 서남쪽에 동쪽을 향하도록 설치한다. 배향관陪享官의 자리를 신문神門 안에 설치하는데, 문관 1품 이하는 길 동쪽에, 종친 및 무관 1품 이하는 길 서쪽에, 품계마다 자리를 달리하여 겹줄로 북쪽을 향하되 중심이 윗자리가 되게 한다【종친은 각 품계마다 반열의 머리에 별도로 자리를 설치하기를 여느 의식 때처럼 한다】 문밖의 자리를 설치하는데, 여러 향관은 시문 밖 길 남쪽에 품계마다 자리를 달리하여 겹줄로 북쪽을 향하되 동쪽이 윗자리가 되고, 배향관은 신문 밖 동쪽과 서쪽에 품계마다 자리를 달리하여 모두 겹줄로 북쪽을 향한다【동쪽은 서쪽이 윗자리가 되고, 서쪽은 동쪽이 윗자리가 된다】.

제향을 지내는 날, 제향을 지내기 전에 전사관과 전사가 각각 소속 인원을 인솔하여 들어가 축판 각 하나씩을 각 실의 신위 오른쪽【각각 받침대가 있다】에 올리고, 향로와 향합, 초 두 자루를 신위 앞에 진설한 다음 제기를 규식대로 진설한다【서례에 나타나 있다】. 복주작 하나를 제1실 준소에 진설하고, 어세御洗를 동쪽 계단 아래에 북쪽을 향하도록 진설한다. 왕세자의 세를 어세의 동남쪽에 북쪽을 향하도록 진설한다. 종헌관의 세를 왕세자의 세 동남쪽에 진설하고, 여러 집사의 세를 종헌관의 세 동남쪽에 진설하되 모두 북쪽을 향하게 한다【관세는 동쪽에, 작세는 서쪽에 둔다. 어세와 왕세자의 세에는 반과 이가 있다】 작勺을 올려놓는다. 비는 세 서남쪽에 두고 수건을 담아둔다. 집준자·집비자·집멱자의 자리를 준·비·멱 뒤에 진설한다.

거가 출궁과 망전례 【위에 보인다】

예를 행함

제향을 지내는 날 축시丑時 5각 전【즉 즉 3경(更) 3점(點)이다. 제사는 축시 1각에 시작한다】에 전사가 신실을 열고 신악을 정돈하고 먼지를 턴다. 전사관과 전사가 신실에 들어가서 찬구에 제찬을 담는다. 마치면 찬인의 인도를 받아 감찰이 서쪽 계단으로 올라가【왕세자와 종헌관은 동쪽 계단으로 올라가고 내려오며, 나머지는 모두 서쪽 계단으로 한다】 진설한 상태를 점검하고 나서 도로 나온다.

축시 3각 전에 여러 향관과 제향에 배종할 관원들이 각각 해당 차림【향관(享官)은 제복 차림을 하고, 제향에 배종할 관원의 경우 4품 이상은 조복을, 5품 이하는 흑단령 차림을 한다】을 하고 문밖의 자리에 나아간다. 통례가 재전 앞에 나아가 부복하였다가 무릎을 꿇고 중엄을 계청한다. 상례가 제실 앞에 나아가 무릎 꿇고 왕세자에게 내엄內嚴을 찬청贊請한다. 집례가 찬자, 알자, 찬인을 인솔하고 들어가 전정의 배위에 나아가 겹줄로 북쪽을 향하되 서쪽이 윗자리가 되게 선다. 사배하고서 자리에 나아간다.

축시 2각 전에 찬인의 인도를 받아 감찰과 대축 이하 여러 집사가 들어가 전정의 배위에 나아가 겹줄로 북쪽을 향하되 서쪽이 윗자리가 되게 선다. 자리가 정돈되면 집례가 "사배"라고 말하고 찬자가 이를 외쳐 전달한다【일반적으로 집례가 말하면 찬자가 모두 외쳐 전달한다】. 감찰 이하가 모두 사배한다. 찬인의 인도를 받아 감찰이 자리에 나아간다. 찬인의 인도를 받아 여러 집사가 관세위에 나아가 손을 씻고 수건으로 손을 닦은 다음 각각 자리에 나아간다. 인의의 인도를 받아 제향에 배종할 관원이 나뉘어 들어가 자리에 나아간다.

축시 1각 전에 알자의 인도를 받아 종헌관이 들어가 자리에 나아간다. 상례가 무릎 꿇고 왕세자에게 막차에서 나오기를 찬청한다. 왕세자가 면복 차림으로 규를 잡고 나온다. 상례가 앞에서 인도하여 왕세자가 자리에 나아간다. 집사자가 작세위에 나아가 작爵을 씻고 작을 수건으로 닦는다. 마치면 작을 비에 담아 받들고 준소에 나아가 탁자 위에 둔다.

제향을 지낼 시각이 되면, 좌통례가 부복하였다가 무릎을 꿇고 전하에게 바깥의 준비가 되었다고 아뢴다. 전하가 면복 차림으로 나온다. 예의사의 인도를 받아 전하가 동문 밖에 이른다. 예의사가 부복하였다가 무릎을 꿇고 전하에게 규를 잡기를 계청한다. 근시가 무릎 꿇고 전하에게 규를 드린다. 전하가 규를 잡는다【산선과 시위로서 들어갈 수 없는 자는 문 밖에 멈춘다】. 예의사의 인도를 받아 전하가 들어가 판위에 나아가 서쪽을 향하여 선다【매번 전하가 자리를 잡고 나면 예의사는 물러나 왼쪽에 부복한다】. 집례가 "예의사계청행사禮儀使啓請行事"라고 말하면, 예의사가 무릎을 꿇고 전하에게 유사有司가 삼가 갖추어 제향을 지내시기를 청한다고 아뢴다. 집례가 "사배"라고 말하면 예의사가 무릎 꿇고 전하에게 몸을 굽힌 다음 사배하고 일어나 몸을 펴기를 계청한다. 전하가 몸을 굽힌 다음 사배하고 일어나 몸을 편다. 왕세자 및 자리에 있는 자들이 모두 사배한다【찬자가 역시 창한다. 먼저 절한 자는 절하지 않는다. 왕세자가 예를 행할 때는 상례가 찬청한다. 아래도 이와 같다】. 전사관과 전사가 제찬을 올린다. 마치면 근시가 관세위에 나아가 손을 씻고 수건으로 닦는다. 집례가 "예의사도전하행초헌례禮儀使導殿下行初獻禮"라고 말하면, 예의사의 인도를 받아 전하가 관세위에 나아가 북쪽을 향하여 선다. 예의사가 무릎 꿇고 전하에게 규를 꽂기를 계청한다. 전하가 규를 꽂는다【꽂기가 불편하면 근시가 받들어 잡는다. 아래도 이와 같다】. 근시가 무릎 꿇었다가 이匜를 가지고 일어나 물을 붓고, 또 다른 근시가 무릎 꿇고 반槃을 가지고 물을 받는다. 전하가 손을 씻는다. 근시가 무릎 꿇고 비篚에서 수건을 꺼내 드린다. 전하가 손을 닦는다. 근시가 수건을 받아 비에 올려놓는다. 예의사가 무릎 꿇고 전하에게 규를 잡기를 계청한다. 전하가 규를 잡는다.

예의사의 인도를 받아 전하가 동쪽 계단으로 올라가【근시가 따라 올라간다】. 제1실의 준소에 나아가 서쪽을 향하여 선다. 집준자가 멱을 들면 근시 1인이 술을 따르고 다른 1인이 작爵에 술을 받는다. 예의사의 인도를 받아 전하가 들어가 신위 앞에 나아가 북쪽을 향하여 선다【예의사는 지게문 밖에 멈춘다. 아래도 이와 같다】. 집례가 "궤跪"라고 말하면, 예의사가 무릎 꿇고 전하에게 무릎 꿇고 규를 꽂기를 계청한다. 전하가 무릎 꿇고 규를 꽂는다. 왕세자 및 자리에 있는 자들이 모두 무릎 꿇는다【찬자가 역시 창한다】. 근시 1인이 향합을 받들고 다른 1인이 향로를 받들어 무릎 꿇고 드린다. 예의사가 무릎 꿇고 전하에게 세 번 향을 올리기를 계청한다. 전하가 세 번 향을 올린다. 근시가 신위 앞에 향로와 향합을 올린다. 근시가 작을 받들어 무릎 꿇고 전하에게 드린다. 예의사가 무릎 꿇고 전하에게 작을 잡고 작을 바치기를 계청한다. 전하가 작을 잡고 작을 바치는데, 작을 근시에게 주어 신위 앞에 올리게 한다【전하에게 향을 드리고 작을 드리는 것은 동쪽에서 서쪽을 향하여 하고, 신위 앞에 화로를 올리고 작을 올리는 것은 서쪽에서 동쪽을 향하여 한다】. 예의사가 무릎 꿇고 전하에게 규를 잡고 부복하였다가 일어나 조금 물러나서 북쪽을 향하여 무릎 꿇기를 계청한다. 전하가 규를 잡고 부복하였다가 일어나 조금 물러나서 북쪽을 향하여 무릎 꿇는다. 대축이 신위 오른쪽에 나아가 동쪽을 향하여 무릎 꿇고 축문을 읽는다. 마치면 예의사가 무릎 꿇고 전하에게 부복하였다가 일어나 몸을 펴기를 계청한다. 전하가 부복하였다가 일어나 몸을 편다. 왕세자 및 자리에 있는 자들이 모두 부복하였다가 일어나 몸을 편다【찬자가 역시 창한다】. 예의사의 인도를 받아 전하가 차례로 각 실의 준소에 나아가 각 실 신위 앞에 술을 따르고 향을 올리고 작을 바치고 축문을 읽는 예를 행하기를 위의 의식과 같이 한다. 마치면 예의사의 인도를 받아 전하가 내려와 자리로 돌아간다.

집례가 "예의사도전하입소차禮儀使導殿下入小次"라고 말하면 예의사가 무릎 꿇고 전하에게 소차小次에 들어가기를 계청한다. 예의사의 인도를 받아 전하가 소차 앞에 이른다. 예의사가 무릎 꿇고 전하에게 규를 내려놓기를 계청한다. 전하가 규를 내려놓는다. 근시가 무릎 꿇고 규를 받는다. 전하가 소차에 들어간다.

집례가 "행아헌례"라고 말하면, 상례의 인도를 받아 왕세자가 관세위에 나아가 북쪽을 향하여 선다. 상례가 무릎 꿇고 왕세자에게 규를 꽂기를 찬청한다. 왕세자가 규를 꽂고 손을 씻는다. 상례가 무릎 꿇고 왕세자에게 규를 잡기를 찬청한다. 왕세자가 규를 잡는다. 상례의 인도를 받아 왕세자가 동쪽 계단으로 올라가【궁관(宮官)이 따라 올라간다】 제1실의 준소에 나아가 서쪽을 향하여 선다. 집준자가 멱을 들면 궁관 1인이 술을 따르고 다른 1인이 작에 술을 받는다. 상례의 인도를 받아 왕세자가 신위 앞에 나아가 북쪽을 향하여 선다【상례는 지게문 밖에서 멈춘다】. 상례가 무릎 꿇고 왕세자에게 무릎 꿇고 규를 꽂기를 찬청한다. 왕세자가 무릎 꿇고 규를 꽂는다. 궁관이 작을 무릎 꿇고 왕세자에게 드린다. 상례가 무릎 꿇고 왕세자에게 작을 잡아 작을 바치기를 찬청한다. 왕세자가 작을 잡아 작을 바치는데, 작을 궁관에게 주어 신위 앞에 올리게 한다. 상례가 무릎 꿇고 왕세자에게 규를 잡고 부복하였다가 일어나 몸을 펴기를 찬청한다. 왕세자가 규를 잡고 부복하였다가 일어나 몸을 편다. 상례의 인도를 받아 왕세자가 차례로 각 실의 준소에 나아가 각 실의 신위 앞에 술을 따르고 작을 바치는 예를 행하기를 모두 위의 의식과 같이 한다. 마치면 상례의 인도를 받아 왕세자가 내려와 자리로 돌아간다.

집례가 "행종헌례"라고 말하면 알자의 인도를 받아 종헌관이 관세위에 나아와 홀을 꽂고 홀을 잡는다. 준소에 나아가 신위 앞에 예를 행하기를 모두 아헌례 때의 의식과 같이 한다【작을 드리고 작을 올리는 것을 집사자가 한다】. 마치면 알자의 인도를 받아 종헌관이 내려가 자리로 돌아간다. 대축이 제1실 준소에 나아가 작에 상준上尊의 복주覆奏를 따른다. 집례가 "예의사도전하예음복위"라고 말하면, 예의사가 무릎 꿇고 전하에게 음복위에 나아가기를 계청한다. 전하가 소차에서 나온다. 예의사가 무릎 꿇고 전하에게 규를 잡기를 계청한다. 근시가 무릎 꿇고 규를 전하에게 드린다. 전하가 규를 잡는다. 예의사의 인도를 받아 전하가 음복위에 나아가 서쪽을 향하여 선다. 대축이 작을 근시에게 준다. 근시가 작을 받아 북쪽을 향하여 무릎 꿇고 전하에게 드린다. 예의사가 무릎 꿇고 전하에게 무릎 꿇고 규를 꽂기를 계청한다. 전하가 무릎 꿇고 규를 꽂는다. 왕세자 및 자리에 있는 자들이 모두 무릎 꿇는다【찬자가 역시 창한다】. 예의사가 무릎 꿇고 전하에게 작을 받기를 계청한다. 전하가 작을 받아 복주를 마신다. 마시면 근시가 빈 잔을 받아 대축에게 준다. 대축이 받아 준소에 되돌려 놓는다. 예의사가 전하에게 규를 잡고 부복하였다가 일어나 몸을 펴기를 계청한다. 전하가 규를 잡고 부복하였다가 일어나 몸을 편다. 왕세자 및 자리에 있는 자들이 모두 부복하였다가 일어나 몸을 편다【찬자가 역시 창한다】. 예의사의 인도를 받아 전하가 내려가 자리로 돌아간다. 집례가 "사배"라고 말하면, 예의사가 전하에게 몸을 굽힌 다음 삽재하고 일어나 몸을 펴기를 계청한다. 전하가 몸을 굽힌 다음 사배하고 일어나 몸을 편다. 왕세자 및 자리에 있는 자들이 모두 사배한다【찬자가 역시 창한다】. 조금 있다가 집례가 "사배"라고 말하면, 예의사가 무릎 꿇고 전하에게 몸을 굽힌 다음 사배하고 일어나 몸을 펴기를 계청한다. 전하가 몸을 굽힌 다음 사배하고 일어나 몸을 편다. 왕세자 및 자리에 있는 자들이 모두 사배한다【찬자가 역시 창한다】. 예의사가 무릎 꿇고 예가 끝났음을 아뢴다【찬자가 역시 창한다】. 예의사의 인도를 받아 전하가 동문 밖으로 도로 나간다. 예의사가 부복하였다가 무릎 꿇고 규를 내려놓기를 계청한다. 근시가 무릎 꿇고 규를 받는다. 예의사의 인도를 받아 전하가 재전으로 돌아간다. 상례의 인도를 받아 왕세자가 재실로 돌아간다. 알자의 인도를 받아 종헌관이, 찬인의 인도를 받아 제향에 배종한 관원들이 나간다. 찬인의 인도를 받아 감찰, 대축 이하 여러 집사가 모두 배위로 돌아간다. 자리가 정돈되면, 집례가 "사배"라고 하고 감찰 이하가 모두 사배한다. 찬인이 차례로 인도하여 나간다. 집례가 찬자, 알자, 찬인을 인솔하여 배위에 나아가 사배하고 나간다. 대축이 축판을 가져다 구덩이에 묻는다. 전사관과 전사가 각각 소속 인원을 거느리고 예찬을 거두고, 지게문을 닫고 내려가 물러간다.

거가 환궁 【위에 보인다】

제향 잡의

祭享雜儀

祭享雜儀

제물 배래祭物陪來

절일제節日製 및 고유제의 제물은 제향 기일 2일 전에 전사관이 수행하여 본전에 바친다. 전사가 흑단령 차림으로 전사청에 나아가 전사관과 함께 제물단자祭物單子를 대조하며 수량을 헤아려 받아들이고, 제물을 조리할 때도 함께 감독하여 살핀다.

연향延香

제향을 지내기 1일 전에 헌관이 향을 받아 나온다【여러 집사들도 함께 오는지 미리 사람을 보내 살핀다】 전사가 흑단령 차림으로 안향청安香廳[117] 대문 밖에서 서쪽을 향하여 서서 기다린다. 향배리香陪吏[118]가 지나가기 전에 몸을 굽히고 공손히 헌관과 여러 집사를 맞이한다. 행차가 지나가면 전사가 돌아선다. 지나간 뒤 안향청으로 들어온다.

전축塡祝

신시申時에 전사가 안향청에 나아가 모두 손을 씻는다. 수복이 서안書案

117 나라의 제사에 쓰는 향을 안치하는 곳을 말한다.

118 제향 때에 헌관이 지고 나갈 적에 향궤(香樻)를 받들고 앞서서 가는 사람이다. 향배(香陪)라고도 한다.

2좌坐를 청廳 안에 진설하고 자주색 명주 보자기[紫紬袱]를 덮어 놓는다. 헌관·전사·대축이 일어나 모두 좌석 밖에 선다. 수복이 향장香藏을 열고 향궤를 받들어 서안 위에 놓는다. 헌관·전사·대축이 모두 자리에 나아가【헌관과 대축은 서로 마주하여, 대축은 북쪽을 향하여 모두 앉는다】 무릎 꿇는다. 수복이 향궤香樻를 열어 제1실의 축문을 꺼내어 전사에게 준다. 전사가 대축에게 전하고 대축이 받아서 서안 위에 놓는다. 이조吏曹의 차제기差祭記[119]를 가져다 헌관의 직함과 성명을 축문 안에 써 넣는다. 쓰고 나면 도로 전사에게 전하고, 전사가 이것을 수복에게 전하며 수복이 헌관에게 게시한다. 차례로 제2실·제3실·제4실의 축문에 써넣는 것을 모두 위의 의식처럼 한다. 끝나면 축문을 도로 궤 안에 넣는다. 헌관·전사·대축이 모두 일어나 좌석 밖에 선다. 수복이 도로 향궤를 받들어 향장에 넣고 봉한 다음 물러난다.

제찬 성시祭饌省視

축문에 헌관을 기록한 다음 알자의 인도를 받아 감찰이 전사청에 나아간다. 알자의 인도를 받아 헌관도 전사청에 나아간다. 헌관과 감찰이 서로 읍揖하고 자리에 나아간다【헌관은 동쪽을 향하고, 감찰은 남쪽을 향한다】. 전사관이 나아가 헌관에게 절하고 물러나 감찰 아래에 앉는다. 각 항목의 제물을 모두 점검하고, 또 홰[炬]·숯[炭] 등의 물품을 감독하여 받아들인다. 알자의 인도를 받아 헌관과 감찰이 각각 자기 자리로 돌아간다.

119 국가의 제사에 제관(祭官)으로 차출한 기록을 말한다.

전향傳香

제향 당일에 바깥 자리를 정돈한 다음 알자의 인도를 받아 헌관이 올라간다. 향배리가 향축궤를 받들고 앞에서 헌관을 인도한다. 헌관이 그를 따라가 향문香門에 이른다. 수복이 전사에게 향문 밖에 나오기를 청한다. 알자의 인도를 받아 헌관이 향을 전할 자리 앞에 이르러【이 자리를 먼저 마련해 둔다】 선다. 전사가 나아와 그 앞에 선다. 향배리가 향축궤를 헌관에게 드린다. 헌관이 궤를 열어 봉한 향축을 가지고 자리 위에 무릎 꿇고 전사에게 준다. 전사가 무릎 꿇고 받아 두 손으로 받든다. 수복이 앞에서 인도하여【헌관은 향을 전한 다음 알자가 앞에서 인도하여 바깥 자리에 선다. 향축이 지나갈 때 바깥 자리에 있던 여러 집사가 모두 몸을 굽혀 공손히 맞이하고 지나간 다음 몸을 편다】 전사가 향문으로 들어가 전 안에 올라가 향축의 봉한 것을 풀고 각 실의 향합에 향을 나누어 놓고, 각실의 축안 판위에 축문을 나누어 놓는다. 끝나면 전에서 나와 바깥 자리로 간다.

망예望瘞[120]

제향이 끝나 여러 집사가 나간 뒤에 대축과 전사가 모두 전 안에 들어간다. 대축이 죽비竹篚(대광주리)를 받들고 전사가 축문을 받들어【封紙도 같이 받

120 지기(地祇)와 인귀(人鬼)에 대한 제사가 끝나고 제사에 사용한 축판과 폐백 그리고 제찬 등을 예감(瘞坎)에 묻는 것을 바라보는 일이다.

든다] 죽비 안에 넣는다. 대축이 받들고 나와 예감瘞坎[121]에 나아가 묻는다. 봉표하여 "신이 삼가 봉합니다[臣謹封]."라고 쓰고 물러난다.

진상進上

제향을 지내고 예찬을 철거한 뒤 헌관·감찰·전사·전사관이 모두 정전의 서쪽 협실夾室에 들어가 앉는다. 남은 유과油果를 감봉監封[122]하여 진상하고 물러난다.

중계과中桂果[123] 1좌, 홍산자紅散子[124] 1좌, 백산자 1좌를 진상한다.

음복飮福[125]

수복이 남은 것들을 각각 하나의 소반에 배열하여 헌관 및 여러 집사에게 나누어 보낸다[예전에는 제관들이 정전의 협실에 모두 모여서 음복을 하였는데, 중간에 이 규

---

121 인귀(人鬼) 또는 지기(地祇)에 대한 제사가 끝나고 사용한 축판이나 폐백 등을 묻는 구덩이를 말한다.

122 내용을 감사(監査)하여 봉하고 도장을 찍는 것이다.

123 유밀과의 하나로, 밀가루를 꿀과 기름으로 반죽하여 네모지게 잘라 기름에 지져 만든다.

124 홍색 산자를 말한다. 산자는 찹쌀가루를 반죽하여 납작하게 만들어 말린 것을 기름에 튀기고 꿀을 바른 후 그 앞뒤에 튀긴 밥풀이나 깨를 붙여 만든 유밀과의 하나로, 제물(祭物)에도 쓴다.

125 제사에 사용한 술, 즉 복주를 나눠 마시는 의절을 말한다.

례가 없어지고 다만 각 방(房)에 나누어 보내게 되었다고 한다】. 또 남은 유과를 봉하여 여러 향관에게 보냄으로써 치번致膰[126]의 예절을 본받는다.

부附 **유과를 나누는 방식**[分果式]

4실에서 물린 유과 도합 중계과 16좌, 홍산자·백산자 20좌, 전다식·백다식煎白茶食 20좌인데, 진상하는 3좌를 제외하고 양 전사殿司에 각각 중계과 2좌씩【도합 4좌이다】, 홍산자·백산자 2좌 반씩【도합 5좌이다】, 전다식·백다식 2좌 반씩【도합 5좌이다】을 나누어 보낸다.

남은 유과가 39좌【중계과 11좌, 홍산자·백산자 14좌, 전다식·백다식 14좌이다】인데, 향관들에게 1좌씩 싸서 보내고 각사各司에 3좌씩 싸서 보낸다【모두 중계과이다】.

그 나머지는 수복 6인과 고지기·군사軍士들에게 나누어 준다.

【5실에 봉안하게 된 뒤로 수량을 더 늘려 양 전사에 각각 중계과 2좌 반, 홍산자·백산자 각각 1좌 반, 전다식·백다식 각각 1좌 반, 육색실과六色實果 각각 7, 도합 종지[鍾子]·제주祭酒 각각 1복자[鐥][127] 씩을 나누어 보낸다.[128]】

126 번(膰)은 옛날 제사 때 제물로 사용하는 구운 고기로, 나라의 종묘 제사 등 큰제사를 마친 뒤 제사 고기를 각 대부에게 나누어 주는 예법이다.

127 복자는 양푼 또는 대야 모양을 한 그릇으로서, 우리나라에서만 쓰는 한자어이다. 크기에 따라 다르지만 대개 5~9잔(盞) 정도가 들어갈 만한 크기이다.

128 이 내용은 두주(頭註)인데, 5실에 영정이 봉안된 뒤의 일을 기술하였으므로 영조의 영정을 제5실에 봉안한 1778년(정조 2) 이후에 추가된 내용으로 보인다.

잡의

雜儀

雜儀

이안·환안

고제告祭를 마친 뒤에 시각이 이르면, 주시관奏時官[129]이 시각을 아뢴다. 양 전사가 여러 수복을 거느리고 정전의 각 실에 나아가 주렴朱簾을 걷고 합문을 연 다음 실 안에 들어가 각 실 앞에 삼중석三重席[130]을 깐다. 전사가 수복, 담배군擔陪軍[131]인 충찬위忠贊衛를 이끌고 이안청移安廳에 나아간다. 수복이 각 실의 흑장궤黑長樻를 받들고 나와 충찬위에게 전하면 충찬위가 흑장궤를 지고 정전 합문 밖에 나아가 수복에게 전한다. 수복이 받아 각 실의 삼중석 위에 나누어 안치하는데, 수복 2인이 제1실에 나아가 무릎을 꿇고 각각 내려놓을 노끈을 잡고, 전사 2원이 무릎을 꿇고 공손히 영정을 말며 얇은 백지를 얼굴 부분 위에 덮는다. 다 말고 나면 궤 안에 봉안하고 면보를 위에 덮는다. 뚜껑을 덮고 봉쇄한다【차례로 제2실, 제3실, 제4실에 이안하기를 모두 이 의절과 같이 한다】. 차비差備 충찬위가 각각 선扇과 개蓋를 잡고 좌우에 나누어 서서 선도先導한다. 수복이 차례로 각 실의 어궤御樻를 받들어 충찬위에게 전한다. 충찬위가 어궤를 받들고 차례로 출발한다. 전사가 몸을 굽혀 공손히 맞이하고 인하여 배종한다. 수복 6인이 좌우로 나뉘어 차례로 서서 시위한다. 이안청에 이르러 용상 위에 봉안한다. 전사가 나와 문을 닫고 봉표封表한 다음 합문 밖에 시립侍立하여 떠나지 않는다. 환안할 때 위의 의절과 같이 환안한 다음 이어서 환안제를 지낸다.

129 시간을 아뢰는 일을 맡아보던 임시직 벼슬아치이다.
130 극진한 대접을 하기 위해 세 겹으로 겹쳐 깔아 놓은 자리를 말한다.
131 각종 행사 때 연(輦)이나 여(輿) 등을 메는 사람을 말한다.

삭망분향朔望焚香

당일에 날이 밝으려 할 때 입직한 전사가 흑단령 차림으로, 입번入番한 수복을 거느리고 정전의 합문閤門 밖에 나아가 주렴을 걷고 합문을 연 다음 각 실에 향로와 향합을 나누어 진설하고 초를 밝힌다【전정의 횃불도 밝힌다】. 수복의 인도를 받아 전사가 전에서 내려가 배위拜位에 나아가 서쪽을 향하여 서서 사배四拜하고 손을 씻는다. 수복의 인도를 받아 전사가 제1실에 들어가 향안香案 앞에 나아가 무릎을 꿇고 세 번 향을 올린 다음 엎드렸다가 일어나 몸을 편다. 차례로 제2실, 제3실, 제4실에 나아가 모두 위의 의절과 같이 한 다음, 전에서 내려가 자리로 돌아가 사배한다. 전사가 다시 전 안으로 올라가 화로의 불을 끄고 촛불을 끈다. 나와 문을 닫고 봉표한 다음 주렴을 내리고 물러 나간다.

춘계·추계 봉심 수개春季秋季奉審修改

봄에는 2월, 가을에는 8월에 예조의 당상관과 낭청 각 1원이 본전에 나아가 규례대로 숙배肅拜한 다음, 전 안에 들어가 봉심한다. 마치면 물러나 전문殿門 밖에 앉아 전 안의 주렴과 자리[席], 제기, 집물에 탈이 있는지를 점검하고 수계본修啓本을 입계入啓하고 날을 잡아 수개한다.

수개하는 날에 고제를 지낸다. 예조의 당상관과 낭청 각 1원, 호조 낭청 1원, 선공감 관원 1원이 본전에 나아가 규례대로 숙배한 다음 해당하는 수개할 곳을 수개한다. 일을 끝내고 물러간다.

전사의 봉심[殿司奉審]

5일마다 이른 아침에 전사가 흑단령 차림으로, 입번한 수복을 이끌고 정전의 합문 밖에 나아가 주렴을 걷고 합문을 연 다음 각 실에 불을 밝힌다. 전사가 각 실에 들어가 휘장을 걷고 봉심한다. 정결하게 청소한 다음 휘장을 내리고 물러나 합문 밖으로 나와 밝혔던 불의 연기가 꺼지기를 기다린 다음 문을 닫고 봉표한다. 주렴을 내리고 물러간다.

숙배肅拜

본전의 관원이 새로 제수 받고 처음 입직하는 날에 흑단령 차림을 하고 향문 밖에 나아가 숙배하고 사배한다. 마치면 수복의 인도를 받아 전 안에 들어가 봉심하기를 여느 의식과 같이 한다.

다른 관사의 관원이 공사公事 때문에 전문殿門 안으로 들어간 자도 모두 위의 의식과 같이 숙배한다.

수향受香

매년 1월 14일, 3월 그믐날, 6월 그믐날, 9월 그믐날에 입직한 전사가 흑단령 차림으로, 수복 1인을 이끌고 들어가 향실에 나아가 향을 받아와서 전 안에 보관해두고 삭망 때의 분향에 사용한다.

갑술년(1694, 숙종 20)부터 매월 삭망 때 출직出直한 전사가 향을 받아 오는 것으로 정식을 삼았다.

의물·제기

儀物祭器

儀物祭器

제1실

전 안의 상탁床卓에 깔 포진鋪陳·의장儀仗

온돌溫堗에 깔, 별문석別紋席 5장張을 붙인 지의地衣[132] 1부浮 【선(縇)은 청목靑木(청색 무명)이다】

용상龍床 1좌坐

상 위에 깔 황화단석黃花單席[133] 1건件 【선은 자적토주(紫的土紬)이다】

자적방주욕紫的方紬褥(자주색 방주로 만든 요) 1건 【예전에는 자릉(紫綾)으로 만들었으나 지금은 방주로 만든다. 안감은 목홍정주(木紅鼎紬, 목홍색 정주)이다】

욕褥(요) 위에 깔 채화단석彩花單席[134] 1건 【선은 자적토주이다】

오봉산병풍五峯山屛風[135] 1좌 【4첩[136]이다】

봉안할 때 쓸 홍융사줄紅絨絲乼 2거리[巨衣][137] 【길이는 20자이다】

권축捲軸용 홍융사줄 2거리 【길이는 20자이다】

---

132 넓은 면적에 깔기 위하여 여러 장의 자리를 붙여 만든 것으로, 방과 대청뿐 아니라 툇마루나 마당 등의 외부 공간에 깔기도 하였다.

133 단석(單席)은 홑겹으로 만든 작은 자리이고, 황화석(黃花席)은 노란 꽃무늬를 넣어 짠 돗자리를 말한다. 그러므로 황화단석은 노란 꽃문양이 있는 홑겹의 작은 자리이다.

134 꽃문양이 들어간 홑겹의 작은 자리이다.

135 5개의 봉우리와 소나무, 해와 달을 그린 병풍이다. 해와 달은 음양을, 5개의 봉우리는 오행을 상징하여 군주가 올바른 마음으로 천하를 다스리면 우주의 질서가 바로 잡힌다는 뜻이 내포되어 있다. 이 병풍은 옥좌의 뒤, 어진의 뒤, 기타 어느 장소나 임금이 잠시라도 좌정하는 장소에 펼쳐 놓는다.

136 여러 가지 뜻이 있으나, 여기서는 '쪽'·'폭'의 뜻으로 쓰였다. 병풍·족자 따위의 틀의 수를 세는 데 쓰는 것이다.

137 巨衣는 '거리'의 차자 표기로 새끼나 줄, 끈 따위의 길이를 헤아리는 데 쓰는 것이다. 巨里·巨里·巨衣라고도 적는다. 1거리의 길이는 10발이 되고, 1발을 3자 6치로 치면 1거리는 36자가 된다.

백표주白表紬로 만든 식건拭巾[138] 1건 【길이는 3자 5치이다】

홍초 면장紅綃面帳[139] 1건 【홍융사줄을 갖춘다】

내주렴內朱簾 1부浮 【청향사줄(靑鄕絲乼) 2거리를 갖춘다】

청개靑蓋 1 【주칠기(朱漆機)를 갖춘다】

봉선鳳扇 1 【주칠기를 갖춘다】

홍개紅蓋 1 【주칠기를 갖춘다】

작선雀扇 1 【주칠기를 갖춘다】

주칠 제상朱漆祭床 4좌

좌면 육유둔座面陸油芚[140] 1번番

홍초 상건紅綃床巾 1건

주칠 초상燭床 2좌

주칠 축상祝床 1좌

주칠 향상香床 1좌

큰 놋쇠 촛대[鍮大燭臺] 1쌍

놋쇠 축판[鍮祝板] 1

용향로龍香爐 1 【뚜껑을 갖춘다】

놋쇠 향합[鍮香盒] 1 【뚜껑을 갖춘다】

치미추雉尾箒[141] 1자루[柄]

138 씻거나 닦거나 하는 데 쓰는 수건이다.

139 면장(面帳)은 앞에 드리우는 휘장을 말하므로, 홍초면장은 홍색 비단으로 만든 전면에 드리우는 휘장이다.

140 제상(祭床) 위에 까는 육유둔인데, 육유둔은 기름을 먹인 두꺼운 종이 6장을 붙인 기름종이이다. 세는 단위는 장수(張數)를 의미하는 '부(浮)' 또는 '번(番)'으로 표기하였다.

141 꿩의 꽁지깃으로 만든 비를 말한다.

합문閤門 밖에 배설하는 것

자물쇠[鎖鑰] 1부部 【붙박이이다. 예전에는 봉표한 녹비[鹿皮] 1조(條)가 있었으나, 중수할 때 삭감되었다】

외주렴外朱簾 1부浮 【청선사줄 2거리를 갖춘다】

답장踏掌[142]에 깔 별문석 1편片

준소[143]에 둘 주칠상 1좌

좌면 육유둔座面陸油芚 1장 【경오년(1750)에 이정(釐正)할 때 '두꺼운[厚]'이라는 글자를 삭제하였다】

준소樽所에 쓸 작은 촛대[燭臺] 1쌍

준멱樽冪[144] 2

작비勺篚[145] 1 【덮개를 갖춘다】

흑칠상黑漆床 2좌 【중배설(中排設)에 쓰는 것이다】

제기祭器

은제기·유제기[銀鍮祭器秩]

142 오르내리거나 앉거나 할 때에 사용하는 평상처럼 된 물건이다.

143 尊所라고 쓰기도 한다. 준(尊, 술동이)을 놓은 곳이다("尊所, 置尊之所也", 《예기》 〈곡례(曲禮)〉). 길례와 흉례의 의식에서 강신[晨祼]이나 헌작(獻爵)에 필요한 각종 술을 담은 준을 놓아두는 곳이다.

144 술동이를 덮는, 베로 만든 보자기이다. 《의례》 〈대사의(大射儀)〉에 "멱은 석이나 치를 사용하는데, 양 끝을 조릿대에 묶는다[冪用錫若絺 綴諸箭]" 한 것에 대해 정현은 "멱은 준을 덮는 보이다. 석은 가는 베이고, 치는 가는 칡베이다. 전은 가는 조릿대이다. 멱을 만드는 법은 주름지게 접어서 덮고, 양 끝을 조릿대에 묶어 횡으로 펼친다[冪覆尊巾也 錫 細布也 絺 細葛也 箭 筱也 爲冪 蓋卷辟 綴於筱 橫之也]" 하였다.

145 구기[勺]를 넣어두는, 대나무로 만든 네모진 광주리이다. 의식에 필요한 술잔, 숟가락, 구기, 수건 등의 기물은 물론 폐백을 담아 올릴 때 사용하며 덮개가 있다.

은시접銀匙貼[146] 1 【뚜껑을 갖춘다】

은잔銀盞 3 【뚜껑을 갖춘다】

은젓가락[銀筯] 1면面

중계 우리中桂于里[147] 4좌 【받침대를 갖춘다】

산자 우리散子于里[148] 5좌 【받침대를 갖춘다】

다식 우리茶食于里[149] 5좌 【받침대를 갖춘다】

실과 종지[實果鍾子] 6좌 【받침대를 갖춘다】

놋쇠 시탁[鍮匙卓] 9 【병(餠, 떡) 6기(器), 제수(祭需) 3기의 받침대이다】

용작龍勺 2 【준소(樽所)에 배설하는 것이다】

놋새옹[鍮沙用][150] 3 【뚜껑을 갖춘다】

놋동이[鍮東海] 4

놋뚜껑[鍮蓋兒] 3 【제수 올릴 때 사용하는 것이다】

놋대야[鍮大也] 1

놋소래기[鍮所羅][151] 1 【손 씻을 때 사용하는 것이다】

---

146 시접(匙貼)은 제사 지낼 때 숟가락과 젓가락을 담아 놓는 그릇으로, 모양이 대접과 비슷하나 꼭지가 달린 뚜껑이 있다. 匙楪이라고도 쓴다.

147 여기서 중계(中桂)는 중계과(中桂果)를 말하는데, 밀가루를 꿀과 기름으로 반죽하여 네모지게 잘라 기름에 지져 만든 유밀과의 일종이다. 우리(于里)는 내용물을 보호하기 위하여 주위를 감싸는 틀이다. 특히 조과나 유밀과를 괴어서 무너지지 않도록 그릇의 주위를 감싸서 보호하는 데 사용된다.

148 괴어 놓은 산자를 무너지지 않도록 그릇의 주위를 감싸 보호하는 틀이다. 크기는 대·중·소이며, 재료는 나무에서 쇠까지 다양하다.

149 괴어 놓은 다식을 무너지지 않도록 그릇의 주위를 감싸 보호하는 틀이다.

150 놋쇠로 만든 작은 솥이다.

151 놋쇠로 만든 소래기이다. 소래기는 접시 모양으로 생긴 넓은 질그릇이다.

구기[鍮者][152] 1

부자釜子(가마솥) 1

대정大鼎 1 【뚜껑을 갖춘다】

화정火鼎[153] 1 【여수질(餘數秩)[154]로 기재되었던 것을 옮겨 왔다】

목제기[木祭器秩]

흑칠 대반黑漆大盤 9닙

흑칠 소반黑漆小盤 3닙 【제수 올릴 때 쓰는 것이다】

모판[隅板][155] 4닙

도마[案板] 3닙

목시탁木匙卓 1 【찻종지[茶鍾][156]의 받침대이다】

종이 덮개[紙蓋兒] 3 【제수 올릴 때 덮개로 사용한다】

사기 제기[沙祭器秩]

사기 술동이[沙樽] 2 【준소에 진설한다】

사기 주발[沙磁碗] 3 【반찬 올릴 때 사용하는 것이다】

떡 진설용 사기 대접[沙大貼] 6

차 담는 사기 병[沙茶瓶] 1

사기 찻종지[沙茶鍾] 1

152 술, 죽, 기름 따위를 풀 때 사용하는 국자와 비슷한 기구를 말한다.

153 물이나 국을 끓이는 데 쓰는 솥이다.

154 본서 〈의물·제기〉 조에 있는 "남은 제기 수량[祭器餘數秩]"을 가리킨다.

155 널조각으로 운두가 낮고 네모지게 만든 그릇을 말한다.

156 차를 따라 마시는 종지이다. 사기(沙器)·놋·은 따위로 만드는데, 꼭지가 달린 뚜껑이 있고, 잔대(盞臺)의 굽이 높다.

이안할 때 쓰는 궤보자기[移安時所用樻袱秩]

흑장궤黑長樻 1부部 【상·하 두석(豆錫)자물쇠 2부와 상·중·하를 묶을 홍향사줄 3거리를 갖춘다】

궤 안에 쓰는 것

자적주욕紫的紬褥(자주색 명주로 만든 요) 1건 【안감은 홍주(紅紬, 홍색 명주)이다】

남대단藍大段(남색 대단)[157] 4폭 홑보자기[單袱] 1 【고본(考本)에는 3폭이지 4폭이 아니다】

다홍대단多紅大段 4폭 홑보자기 1건 【오색대자(五色帶子)[158] 1조를 덧붙인다】

문양 있는 홍노주주紅潞州紬 5폭 홑보자기 1건

다홍방사주多紅方絲紬 5폭 홑보자기 1건

백주白紬(백색 명주) 7폭 면보자기[面袱] 1건

방사주方絲紬로 만든, 부용향芙蓉香[159] 담을 붉은색의 긴 주머니 1건

방사주로 만든, 의향衣香[160] 담을 붉은색의 넓은 주머니 2건

궤 바깥에 쓰는 것

홍주 3폭 겹보자기 1건 【옛 등록에는 "안싸개는 겹금이다[內裹袷衾]"라고 기재되어 있다】

홍세목紅細木(가는 홍색 무명) 5폭 겹보자기 1건 【옛 등록에는 "4폭"이라고 하였으나 지금 고본에는 5폭이라고 하였다】

157 쪽빛의 대단이다. 대단은 중국에서 들어온 비단의 한 가지이다. 大緞이라고도 쓴다.

158 오색실을 꼰 실로 너비가 좁고 길이는 길며 두껍게 짠 것. 또는 그 직물로 짠 허리띠를 말한다.

159 굵기는 손가락만 하고 길이는 대여섯 치쯤 되는 향으로, 혼례식(婚禮式) 등 예식에 피운다.

160 좀을 막기 위하여 옷장이나 옷 갈피에 넣어 두는 향이다.

제2실

전 안의 상탁에 깔 포진·의장

온돌에 깔, 별문석 5장을 붙인 지의 1부 【선은 청목이다】

용상 1좌

상 위에 깔 황화단석 1건 【선은 자적토주이다】

자적방주욕 1건 【예전에는 자릉으로 만들었으나 지금은 방주로 바꾸었다. 목홍정주이다】

요 위에 깔 홑 채화석彩花席 1건 【선은 자적토주이다】

오봉산병풍 1좌 4첩

봉안할 때 쓸 홍융사줄 2거리 【길이는 20자이다】

권축용 홍융사줄 2거리 【길이는 20자이다】

백표주로 만든 식건拭巾[161] 1건 【길이는 3자 5치이다】

홍초 면장 1건 【홍융사줄을 갖춘다】

내주렴 1부 【청향사줄 2거리 갖춘다】

청개 1 【주칠기를 갖춘다】

봉선 1 【주칠기를 갖춘다】

홍개 1 【주칠기를 갖춘다】

작선 1 【주칠기를 갖춘다】

주칠 제상 4좌

좌면 육유둔 1번

홍초 상건 1건

161 씻거나 닦거나 하는 데 쓰는 수건이다.

주칠 초상 2좌

주칠 축상 1좌

주칠 향상 1좌

큰 놋쇠 촛대 1쌍

놋쇠 축판 1

용향로 1 【뚜껑을 갖춘다】

놋쇠 향합 1 【뚜껑을 갖춘다】

치미추 1자루[柄]

합문 밖에 배설하는 것

자물쇠 1부 【붙박이이다. 예전에는 봉표한 녹비 1조가 있었으나, 중수할 때 삭감되었다】

외주렴 1부 【청선사줄 2거리를 갖춘다】

답장에 깔 별문석 1편

준소에 둘 주칠상 1좌

제상에 깔 두꺼운 유지 1장 【경오년(1750)에 이정할 때 '두꺼운[厚]'이라는 글자를 삭제하였다】

준소에 쓸 작은 촛대 1쌍

준멱 2

작비 1 【뚜껑을 갖춘다】

흑칠상 2좌 【중배설에 쓰는 것이다】

제기

은제기·유제기

은시접 1 【뚜껑을 갖춘다. 예전에는 무게가 20냥이었다】

은잔 3【뚜껑을 갖춘다. 옛 등록에는 4좌였는데, 그중 1좌를 이번에 통용질(通用秩)[162]로 이록(移錄)하여 음복잔으로 사용한다】

은젓가락 1면【예전에는 무게가 2냥 5전이었다】

중계 우리 4좌【받침대를 갖춘다】

산자 우리 5좌【받침대를 갖춘다】

다식 우리 5좌【받침대를 갖춘다】

실과 종지 6좌【받침대를 갖춘다】

놋쇠 시탁 9【병(餠, 떡) 6기(器), 제수 3기의 받침대이다】

용작 2【준소에 배설하는 것이다. 옛 등록에는 3좌였는데, 그중 1좌를 이번에 여수질(餘數秩)로 이록하였다】

놋새옹[鍮沙用] 3【뚜껑을 갖춘다】

놋동이[鍮東海] 4

놋뚜껑[鍮蓋兒] 3【제수 올릴 때 사용하는 것이다】

놋대야[鍮大也] 1【손 씻을 때 사용하는 것이다】

놋소래기[鍮所羅] 1【손 씻을 때 사용하는 것이다】

구기[鍮者] 1

가마솥[釜子] 1

대정大鼎 1【뚜껑을 갖춘다】

화정火鼎 1

목제기

흑칠 대반 9닙

162 본서 〈의물·제기〉 조에 실린 "통용하는 각종 물종[通用各樣物種秩]"을 가리킨다.

흑칠 소반 3닙 【제수 올릴 때 쓰는 것이다】

모판[隅板] 4닙

도마[案板] 3닙

목시탁木匙卓 1 【찻종지[茶鍾]의 받침대이다】

종이 덮개[紙蓋兒] 3 【제수를 덮는 데 사용하는 것이다】

사기제기

사기 술동이[沙樽] 2 【준소에 진설한다】

사기 주발[沙磁碗] 3 【제수 올릴 때 사용하는 것이다】

떡 진설용 사기 대접[沙大貼] 6

사기 찻종지[沙茶鍾] 1

차 담는 사기 병[沙茶甁] 1

이안할 때 쓰는 궤보자기

흑장궤 1부 【상·하 두석(豆錫) 자물쇠 2부와 상·중·하를 묶을 홍향사줄 3거리를 갖춘다】

궤 안에 쓰는 것

자적주욕 1건

남대단藍大段 4폭 홑보자기 1건

다홍대단多紅大段 4폭 홑보자기 1건 【오색대자 1조를를 덧붙인다】

다홍개기주多紅改只紬[163] 5폭 홑보자기 1건

다홍화방주多紅花方紬 5폭 홑보자기 1건

163 개기주(改只紬)는 깨끼주 또는 깨끼로 된 비단을 말한다. 깨끼는 시접 없이 가는 솔기의 선만 나타나도록 곱솔로 박는 바느질 또는 그런 바느질로 만든 겹옷을 가리키며, 주로 투명하고 발이 고운 비단으로 만든다. 개기주는 '改機紬'로 쓰기도 한다.

백주 7폭 면보자기 1건

방사주로 만든, 부용향 담는 붉은색의 긴 주머니 2건

방사주로 만든, 의향 담는 붉은색의 넓은 주머니 2건

궤 바깥에 쓰는 것

홍주 5폭 겹보자기 1건

홍세목 5폭 겹보자기 1건

구舊 영정을 봉안할 때 배설하는 것

흑장궤 1부 【상·하 두석 자물쇠 2부와 상·중·하를 묶을 홍향사줄 3거리를 갖춘다】

궤 안에 쓰는 것

자적주욕 1건 【안감은 木紅이다】

홍주 3폭 솜보자기[襦袱] 1건 【옛 등록에는 "유금(襦衾)"으로 기재되었다】

홍주 5폭 홑보자기 1건

백주 7폭 면보자기 1건

방사주로 만든, 부용향 담을 붉은색의 긴 주머니 2건

방사주로 만든, 의향 담을 붉은색의 넓은 주머니 2건

궤 바깥에 쓰는 것

홍주 3폭 겹보자기 1건 【옛 등록에는 "내과(內裹, 속싸개)"로 기재되었다】

홍세목 5폭 겹보자기 1건

용상에 배설하는 것

【모두 별도로 두었다가 포쇄(曝晒)할 때 쓴다. 을묘년(1735)에 광명전에서 옮겨 왔다】

용상 1좌

상 위에 깔 황화단석 1건 【선은 자적토주이다】

자적능욕 1건

욕褥(요) 위에 깔 채화단석 1건 【선은 자적토주이다】

봉안하는 데 쓸 홍융사줄 2거리 【길이는 20자이다】

권축하는 데 쓸 홍융사줄 2거리 【길이는 20자이다】

전면·후면의 홍초장紅綃帳[164] 2건 【홍융사줄을 갖춘다】

좌·우 협장挾帳 2건 【홍융사줄을 갖춘다】

채화석 2장을 붙인 단석 1부 【선은 자적토주이다】

용문석 1부 【선은 자적토주이다】

제3실

전 안의 상탁에 깔 포진·의장

온돌에 깔, 별문석 5장을 붙인 지의 1부 【선은 청목이다】

용상 1좌

상 위에 깔 황화단석 1건 【선은 자적토주이다】

자적방주욕 1건 【안감은 목홍정주[165]이다. 예전에는 자릉으로 만들었으나 지금은 방주로 바꾸었다】

요 위에 깔 채화단석 1건 【선은 자적토주이다】

오봉산병풍 【1좌 4첩이다】

봉안할 때 쓸 홍융사줄 2거리 【길이는 20자이다】

164 홍초로 만든 휘장이나 장막이다. 홍초는 홍색 초(綃)인데, 초는 생사(生絲)로 짠 얇은 비난의 총칭으로, 조선시대 문무백관들의 조복(朝服)이나 제복(祭服), 개(蓋) 명정(銘旌) 등을 만드는 데 사용하였다.

165 다목을 끓여 우려낸 붉은 물감인 목홍으로 염색한 정주(鼎紬)이다.

권축용 홍융사줄 2거리 【길이는 20자이다】

백표주로 만든 식건 1건 【길이는 3자 5치이다】

홍초 면장 1건 【홍융사줄을 갖춘다】

내주렴 1부 【청향사줄 2거리 갖춘다】

청개 1 【주칠기를 갖춘다】

봉선 1 【주칠기를 갖춘다】

홍개 1 【주칠기를 갖춘다】

작선 1 【주칠기를 갖춘다】

주칠 제상 4좌

좌면 육유둔 1번

홍초 상건 1번

주칠 촛상 2좌[166]

주칠 향상 1좌

큰 놋쇠 촛대 1쌍

놋쇠 축판 1

용향로 1 【뚜껑을 갖춘다】

놋쇠 향합 1 【뚜껑을 갖춘다】

치미추 1자루

합문 밖에 배설하는 것

자물쇠 1부 【봉표한 큰 녹비로 만든 영자(纓子, 끈)를 갖춘다】

---

166 원문에는 없으나 주칠 초상과 주칠 향상 사이에 "주칠축상(朱漆祝床) 1좌"가 결락된 듯하다. 세 상은 제1·2·4실에 한 세트로 배설되었는데, 여기에만 누락되었다.

외주렴 1부 【청선사줄 2거리를 갖춘다】

답장에 깔 별문석 1편

준소에 둘 주칠상 1좌

좌면 육유지 1장

준소에 둘 작은 촛대 1쌍

준멱 2

작비 1 【뚜껑을 갖춘다】

흑칠상 2좌 【중배설에 쓰는 것이다】

제기

은제기·유제기

은시접 1 【뚜껑을 갖춘다. 예전에는 무게가 20냥이었다】

은잔 3 【받침을 갖춘다. 옛 등록에는 4좌였는데, 그중 1좌를 이번에 여수질로 이록하였다】

은젓가락 1면 【예전에는 무게가 2냥 5전이었다】

중계 우리 4 【받침대를 갖춘다】

산자 우리 5좌 【받침대를 갖춘다】

다식 우리 5좌 【받침대를 갖춘다】

실과 종지 6좌 【받침대를 갖춘다】

놋쇠 시탁 9 【병 6기, 제수 3기의 받침대이다】

용작 2 【준소에 배설하는 것이다. 옛 등록에는 3좌였는데, 그중 1좌를 이번에 여수질로 이록하였다】

놋새옹 3 【뚜껑을 갖춘다】

놋동이 4

놋뚜껑 3 【제수를 올릴 때 사용하는 것이다】

놋대야 1 【손을 씻을 때 사용하는 것이다】

놋소래기 1 【손을 씻을 때 사용하는 것이다】

구기1

가마솥 1

대정 1 【뚜껑을 갖춘다】

화정 1

목제기

흑칠 대반 9닙

흑칠 소반 3닙 【제수를 올릴 때 쓰는 것이다】

모판 4닙

도마 3닙

목시탁 1 【찻종지의 받침대이다】

종이 덮개 3 【제수를 덮는 데 사용하는 것이다】

사기제기

사기 술동이 2 【준소에 진설하는 것이다】

사기 주발 3 【제수 올릴 때 사용하는 것이다】

떡 진설용 사기 대접 6

사기 찻종지 1

차 담는 사기 병 1

이안할 때 쓰는 궤보자기

흑장궤 1부 【상·하 두석 자물쇠 2부와 상·중·하를 묶을 홍향사줄 3거리를 갖춘다】

궤 안에 쓰는 것

자적욕 1건件 【안감은 목홍이다】

남대단 3폭 홑보자기[單袱] 1건

다홍대단 3폭 홑보자기 1건 【오색대자 1조를 덧붙인다】

문양 있는 홍로주주 5폭 홑보자기 1건

문양 없는 홍로주주 4폭 홑보자기 1건

백주 7폭 면보자기 1건

방사주로 만든, 부용향을 담는 붉은색의 긴 주머니 2건

방사주로 만든, 의향을 담는 붉은색의 넓은 주머니 2건

궤 바깥에 쓰는 것

홍주 5폭 겹보자기 1건 【옛 등록에는 "속싸개는 유금이다[內裹糯衾]"라고 기록하였다】

홍세목 4폭 겹보자기 1건

제4실

전 안의 상탁에 깔 포진·의장

온돌에 깔, 별문석 5장을 붙인 지의 1부浮 【선은 청목이다】

용상 1좌

상 위에 깔 황화단석 1건件 【선은 자적토주이다】

자적방주욕 1건 【안감은 목홍정주이다】

요 위에 깔 채화단석 1건 【선은 자적토주이다】

오봉산병풍 1좌 4첩

봉안할 때 쓸 홍융사줄 2거리

권축용 홍융사줄 2거리

백표주로 만든 식건 1건 【길이는 3자 5치이다】

홍초 면장 1건 【홍융사줄을 갖춘다】

내주렴 1부 【청향사줄 2거리를 갖춘다】

청개 1 【주칠기를 갖춘다】

봉선 1 【주칠기를 갖춘다】

홍개 1 【주칠기를 갖춘다】

작선 1 【주칠기를 갖춘다】

주칠 제상 4좌

좌면욱유둔 1번

홍초 상건 1좌

주칠 초상 2좌

주칠 축상 1좌

주칠 향상 1좌

큰 놋쇠 촛대 1쌍

놋쇠 축판 1

용향로 1 【뚜껑을 갖춘다. 내하(內下)[167]하였다】

놋쇠 향합 1 【뚜껑을 갖춘다】

치미추 1자루

167 임금이 내려주었다는 말이다.

합문 밖에 배설하는 것

자물쇠 1부部

외주렴 1부浮 【청선사줄 2거리를 갖춘다】

답장에 깔 별문석 1편

준소에 둘 주칠상 1좌

제상에 깔 두꺼운 유지 1장

준소에 둘 작은 촛대 1쌍

준멱 2

작비 1 【뚜껑을 갖춘다】

흑칠상 2좌 【중배설에 쓰는 것이다】

제기

은제기·유제기

은시접 1 【뚜껑을 갖춘다. 내하하였다. 숟가락에 "庚子七月山陵祭器(경자칠월산릉제기)"[168]라고 새겼다. 무게는 30냥이다】

은잔 3 【받침을 갖춘다. 내하하였다. 은잔에 "庚子山陵(경자산릉)"이라고 새겼다. 합한 무게가 17냥 9전이다】

은젓가락 1면 【무게가 2냥 7전이다】

중계 우리 4좌 【받침대를 갖춘다】

산자 우리 5좌 【받침대를 갖춘다】

다식 우리 5좌 【받침대를 갖춘다】

168 숙종이 경자년(1720) 6월 8일에 사망하였으므로, 7월에 산릉(山陵)에서 쓸 제기로 제작되었던 것을 제4실에 숙종의 영정을 봉안할 때 영희전에 하사한 것으로 보인다.

실과 종지 6좌 【받침대를 갖춘다】

놋쇠 시탁 9 【병(餠, 떡) 6기, 제수 3기의 받침대이다】

용작 2

놋새옹 3 【뚜껑을 갖춘다】

놋동이 4

놋뚜껑 3 【제수 올릴 때 사용하는 것이다】

놋대야 1 【손 씻을 때 사용하는 것이다】

놋소래기 1 【손 씻을 때 사용하는 것이다】

구기 1

가마솥 1

대정 1 【뚜껑을 갖춘다】

화정 1

목제기

흑칠 대반 9닙

흑칠 소반 3닙 【제수 올릴 때 쓰는 것이다】

모판 3닙

목시탁 1 【찻종지의 받침대이다】

종이 덮개 3 【제수를 덮는 데 사용하는 것이다】

사기제기

사기 술동이 2 【준소에 진설하는 것이다】

사기 주발 3 【제수 올릴 때 사용하는 것이다】

떡 진설용 사기 대접 6

사기 찻종지 1

차 담는 사기 병 1

이안할 때 쓰는 궤보자기

흑장궤 1부部【상·하 두석 자물쇠 2부와 상·중·하를 묶을 홍향사줄 3거리를 갖춘다】

궤 안에 쓰는 것

자적정주욕 1건件【안감은 목홍정주이다】

남운문대단藍雲紋大段 3폭 겹보자기 1건【안감은 남방주(藍方紬)이다】

다홍운문대단多紅雲紋大段 3폭 겹보자기 1건【안감은 홍방주(紅方紬)이다. 은비녀가 달려 있는 침향색(沈香色) 띠 1조를 붙인다】

풀솜[169]을 담고 의향衣香을 담는, 방사주로 만든 붉은색의 넓은 주머니 3건

궤 바깥에 쓰는 것

홍주 3폭 겹보자기[甲袱] 1건

홍목紅木 4폭 겹보자기 1건

총계[都以上]

별문석 5장 붙인 지의 4부浮【온돌에 배설하는 것이다】

용상 5좌

황화단석 5건件

자적방주욕 5건

채화단석 5건

오봉산병풍 4좌

169 빛깔이 하얗고 광택이 나며 가볍고 따뜻한, 품질이 좋은 솜이다.

홍융사줄 28거리 【그중 봉안줄이 10거리, 권축줄(捲軸乼)이 10거리, 홍초장줄(紅綃帳乼)이 8거리이다】

백표주 식건 4건

주렴 8부浮 【그중 내주렴이 4부, 외주렴이 4부이다】

청향사줄 8거리 【내주렴줄이다】

청면사줄 8거리 【외주렴줄이다】

청개 4

봉선 4

홍개 4

작선 4

주칠기朱漆機 8

주칠 제상 16좌

좌면 육유둔 4번

홍초 상건 4건

주칠 초상 8좌

주칠 향상 4좌

저주칠 축판상 4좌

큰 놋쇠 촛대 4쌍

놋쇠 축판 4

놋쇠 향로 4 【뚜껑을 갖춘다. 그중 용향로가 3이다】

놋쇠 향합 4 【뚜껑을 갖춘다】

치미추 6자루 【그중 작은 것 2자루】

합문의 자물쇠 5부部 【그중 4부는 붙박이이다】

답장에 깔 별문석 5편

준소에 둘 주칠상 4좌

좌면유지 4장

준소에 둘 작은 촛대 4척隻

준멱 8

작비 4 【뚜껑을 갖춘다】

중배설에 쓸 흑칠상 8좌

은시접 4좌 【뚜껑을 갖춘다】

은잔 12좌

은젓가락 4면面

중계 우리 16좌

산자 우리 20좌

다식 우리 20좌

실과 종지 24좌

놋쇠 시탁 36좌

용작 8

놋새옹 12 【뚜껑을 갖춘다】

놋동이 16

놋뚜껑 12

놋대야 4

놋소라 4

구기 4

가마솥 4

대정 4【뚜껑을 갖춘다】

화정 4

흑칠 대반 36

흑칠 소반 12

모판 16

도마 12

목시탁 4

사기 술동이 8

사기 주발 12

떡 진설용 사기대접 28

사기 종지 4

차 담는 사기 병 4

흑장궤 5부【이하는 이안(移安)할 때 쓰는 것이다】

두석 자물쇠 10부

홍향사줄 15거리

자적주욕 5건

남대단藍大段 3폭 홑보자기 3건

남대단 3폭 겹보자기[170] 1건

다홍대단 3폭 홑보자기 3건

다홍대단 3폭 겹보자기 1건

문양 있는 홍로주주 5폭 홑보자기 2건

170 원문은 "參幅甲袱"인데, 문맥으로 보아 '參' 앞에 '藍大段' 3자가 누락된 것으로 보인다.

문양 없는 홍로주주 4폭 홑보자기 1건

다홍개기주 5폭 홑보자기 1건

다홍방사주 4폭 홑보자기 1건

다홍화방주 4폭 홑보자기[171] 1건

홍주 3폭 솜보자기[172] 1건

홍주 3폭 겹보자기 4건

홍주 5폭 홑보자기 1건

홍주 7폭 홑보자기 1건

백주 7폭 면보자기 4건

홍세목 4폭 겹보자기 3건

홍세목 5폭 겹보자기 2건

부용향 담는 긴 붉은 주머니[長絳囊] 8건

의향 담는 넓은 붉은 주머니[廣絳囊] 11건

채화석 2장을 붙인 단석單席 1부浮 【포쇄할 때 사용하는 것이다. 무진년(1748)에 새로 마련하였다】

용문석 1부 【포쇄할 때 사용하는 것이다. 무진년에 새로 마련하였다】

이안청에 있는 물품

오봉산병풍 6좌 【그중 3좌는 예전 것이고, 3좌는 무진년에 새로 만들었다】

난간欄干에 주칠한 평상平床 4좌

---

171 원문은 "肆幅單"인데, 문맥으로 보아 '單' 다음에 '袱'이 누락된 것으로 보아 보충하여 번역하였다.

172 원문은 "參幅襦"인데, 문맥으로 보아 '襦' 다음에 '袱'이 누락된 것으로 보아 보충하여 번역하였다.

상 위에 깔 황화단석 4건 【선은 자적토주이다】

자적방주욕 4건 【안감은 목홍정주이다】

요 위에 깔 채화단석 4건 【선은 자적토주이다】

홍초장 3건 【무진년(1748)에 모사도감(模寫都監)에서 전교에 의거하여 옮겨 왔다】

홍초 개복건 4좌

흑장통黑長筒 6부 【1부 당 자물쇠, 둥근고리[圓環], 홍면사줄 2거리를 갖춘다. 그중 2부는 예전 것이고 4부는 무진년에 새로 만들었다】

흑장통 바깥을 쌀 홍정주紅鼎紬 3폭 겹보자기 4건

흑칠 대궤자黑漆大樻子(흑칠한 큰 궤짝) 1부 【상·하 자물쇠를 갖춘다. 새로 만든 흑장통 4부에 담는다】

대청大廳에 깔, 별문석 23장 붙인 지의 1부 【선은 청목이다】

합문의 자물쇠 3부 【그중 2부는 붙박이다】

주렴 3부 【각각 청면사줄 2거리를 갖춘다】

답장에 깔 별문석 3편片 【이상은 모두 새로 만들었다】

흑칠 궤자 2부 【예전에 흑장통 2부를 담았다】

주칠 장상 3좌 【예전에 있었다】

윤대판輪臺板 2부 【바깥을 쌀, 2장 붙인 유둔 1건】

향대청에 있는 물품

주칠 향장 1 【붙박이 자물쇠를 갖춘다】

주칠 축문상 2

축문을 쓰기 위한 연갑硯匣[173] 1 【연석(硯石)을 갖춘다】

자적주 4폭 홑보자기 2건

백문석 9장 붙인 지의 1부

축문을 쓰는 데 필요한 물품을 보관할 뒤주[斗之] 1 【자물쇠 하나를 갖춘다】

향우산 1병柄

이안·환안제에 쓸 제기

받침대[臺]를 갖춘 소계 우리 24좌 【그중 8좌는 새로 만들었다】

받침대를 갖춘 산자 우리 31좌 【그중 10좌는 새로 만들었다】

받침대를 갖춘 다식 우리 39좌 【그중 10좌는 새로 만들었다. 제4실의 이안제·환안제에 사용하는 것의 원수(元數)를 합하면 소계우리 32좌, 산자우리 40좌, 다식우리 40좌가 되어야 하는데, 현재 부족한 수가 소계우리 8좌, 산자우리 9좌, 다식우리 1좌 도합 18좌이다. 수량이 부족하긴 하나 대제(大祭)를 지낼 때 쓰는 우리(于里)를 옮겨다 쓴다】

【이상 94좌는 계미년(1763) 10월 26일에 영상 홍봉한과 예조 판서 구윤명이 입시했을 때 전교로 인하여 취련(吹鍊)174하기 위해 공조에서 가져갔다】[175]

사기 주발[沙磁碗] 24좌 【그중 6좌는 새로 만들었다】

병餠(떡) 진설용 사기 대접[沙大貼] 48 【그중 12닙은 새로 마련하였다】

173 벼루, 먹, 붓, 연적 따위를 넣어 두는 납작한 상자를 말한다.

174 광석을 용광로에 넣고 녹여서 함유한 금속을 분리·추출하여 정제하는 일을 말한다.

175 이 주석은 필체가 다른 것으로 보아, 본지(本志)가 편찬된 이후에 누군가 1763년(영조 39)의 일을 보충한 것으로 보인다. 주석 내용은 《승정원일기》 1186책, 영조 39년 10월 26일 기사에서 확인할 수 있다.

남은 제기 수량[祭器餘數秩]

은잔 1 【제3실의 남은 제기 수량에서 옮겨 왔다】

놋동이 2

놋새옹 1 【뚜껑을 갖춘다】

놋뚜껑 7

놋쇠 시탁 10

놋쇠 촛대 1척隻

놋쇠 소합 1 【뚜껑을 갖춘다】

유용작鍮龍勺 2 【제2실과 제3실의 남은 제기 수량에서 옮겨 왔다】

가마솥 1 【두부 만드는 데 사용하는 것으로 태상시에 보냈다】[176]

모판[隅板] 1

화정火鼎 1 【제1실의 제기질(祭器秩)에서 옮겨 기재하였다】

통용하는 각종 물종

전 안의 마루[枺樓] 통틀어 5칸[間]에 깔, 별문석 49장 반을 붙인 지의 1부 【선은 청목이다】

주칠 전촉상朱漆剪燭床 1좌 주칠 소궤 1 【경오년(1750)에 삭망 때 향을 담는 용도로 만들었다】

놋쇠 전촉기[鍮剪燭器] 1

놋쇠 전촉도[鍮剪燭刀] 1 【이상은 전(殿) 안에 있는 것이다】

전 좌·우 협실夾室의 마루에 깔, 별문석 9장을 붙인 지의 2부 【선은 청목이다】

176 이 주석은 필체가 다른 것으로 보아 본지가 편찬된 이후에 추가된 내용으로 보인다.

기둥[楹] 내·외 전면에 깔, 별문석 26장을 붙인 지의 2부【선은 청목이다】

좌·우에 깔, 별문석 12장을 붙인 지의 2부【선은 청목이다】

합문에 봉표할 때 쓸, 연석硯石 갖춘 주칠 연갑 1【재실에 둔다】

배석拜席 7닙

주칠 바지랑[朱漆捧持郎] 1

주칠 공상朱漆拱床 1【이상은 합문 밖에 있는 것이다】

전사청에 깔 백문석 15장을 붙인 지의 2부【선은 청목이다】

제물을 봉상할 4장을 붙인 지의 1부

제물을 봉상할 육유둔陸油芚 1번

제물을 덮을 육유둔 1번

앙차仰遮[177]할 육유둔 5번

제물을 봉상할 때 쓰는 이층대장貳層大欌 1【붙박이자물쇠를 갖춘다】

받침 갖춘 은잔 1【친향 때 음복에 쓰는 것이다. 제2실의 남은 제기 중에서 옮겨 왔다】

동관자 1

동주전자[銅亇飛介][178] 1

놋술복자[鍮酒鐥] 1

큰 놋쇠 화로[鍮大火爐] 1【옛 등록에는 '大(대)'자가 없다】

큰 석쇠[大鑾金] 1【옛 등록에는 설쇠가 없었는데, 경오년(1750)에 규례를 정할 때 첨가되었다】

유승鍮升[179] 1

177 볕을 가리거나 비를 막기 위하여 위에 덮어 치는 물건을 말한다.
178 '마날개[亇飛介]'는 주전자의 옛 말이다. '亇飛箇'라고도 쓴다.
179 놋쇠로 만든 되를 말한다.

설자鐥者[180] 3

철대통鐵大筒 1

빙판氷板 2 【뚜껑을 갖춘다】

사기잔 1 【섭행할 때 음복에 사용하는 것이다】

사기병 1 【무진년(1748, 영조 24)에 새로 마련하였다】

사기 푼주[沙盆子][181] 1 【무진년에 새로 마련하였다】

이층장상二層長床 2

일층장상一層長床 2

대통大桶 3부 【그중 1부는 경오년에 규례를 정할 때 삭감하였다】

담통擔桶 3부 【그중 1부는 경오년에 규례를 정할 때 삭감하였다】

소통小桶 3부 【경오년에 규례를 정할 때 모두 삭감하였다】

고조高槽[182] 1 【두부 만들 때 쓰는 것이다. 을해년(1755) 11월 23일에 예조 판서 이정보가 포모(泡母)를 혁파하고 태상시에서 만들어 오도록 성상께 아뢴 것으로 인하여 결정한 후에 두부 제조에 쓰는 것들을 태상시로 옮겨 보냈다】[183]

마교 1 【두부 만들 때 쓰는 것이다】

상·하판上下板 2 【두부 만들 때 쓰는 것이다】

편판片板 1 【두부 만들 때 쓰는 것이다】

마석磨石 1 【두부 만들 때 쓰는 것이다】

---

180 석자. 철사로 그물처럼 엮어 만든 기구의 한 가지인데, 기름에 띄워서 지진 음식을 건져 낼 때 쓴다. '鐥煮'라고도 쓴다.

181 아가리는 넓고 밑은 좁은 너부죽한 사기그릇이다.

182 술주자. 술을 거르거나 짜내는 틀이다. 여기서는 이를 두부 만들 때 사용하였다.

183 이 주석은 필체가 다른 것으로 보아, 본지(本志)가 편찬된 이후에 보충한 것으로 보인다. 주석 내용은 《승정원일기》 1125책, 영조 31년 11월 23일 기사에서 확인할 수 있다.

버들고리 8부

버들상자 5부【이상은 전사청에 있는 것이다】

제기고 중 은기를 담아 둘 소장小欌 1【자물쇠·받침대를 갖춘다】

소궤小櫃 1【자물쇠·받침대를 갖춘다】

은기를 쌀 홍목 겹보자기[紅木甲袱] 1건【궤 안에 있다】

침조간砧造間에 쓸 앙차육유둔仰遮陸油芚 1건

4장 붙인 확유둔確油芚 1번番

제관의 목욕탕자沐浴湯子[184] 1

목파자木杷子[185] 1

목두(나무로 만든 말) 1

목승(나무로 만든 되) 1

나무저울[木稱子] 1【온돌목(溫堗木)을 봉상할 때 쓰는 것이다】

화재를 막는 데 쓰는 물품[禁火所用秩]

두멍[豆毛][186] 5좌【받침대를 갖춘다】

소시랑小侍郎 2

걸강쇠[乬江金] 2

도끼[斧子] 2

대속줄大束乼 2거리【그중 1거리는 경오년에 규례를 정할 때 삭감하였다】

184 목욕할 물을 데우는 데 쓰는 가마이다.

185 파자(杷子)는 대, 갈대, 수수깡, 싸리 따위로 발처럼 엮거나 결어서 만든 물건으로, 울타리를 만드는 데 쓰인다.

186 물을 많이 담아 놓고 쓰는 큰 가마나 독이다.

모소내포毛所乃布 10단端

진장목眞長木 10개

대통 3

담통 3

소통 3 【이상의 통(桶)들은 경오년에 규례를 정할 때 모두 삭감하였다. 한꺼번에 받은 것[都下] 중에서 2부를 가져다 썼다】

버들고리 3부 【경오년에 규례를 정할 때 모두 삭감하였다】

층교層橋[층층다리] 1

각 문의 자물쇠[各門鎖鑰秩]

정전 좌변左邊 서문의 붙박이 자물쇠 1부

협문의 붙박이 자물쇠 1부

정전 우변右邊 향문香門의 붙박이 자물쇠 1부

협문의 붙박이 자물쇠 1부

신문神門의 용모양 자물쇠 1부

좌우 협문의 용모양 자물쇠[龍鎖鑰] 2부

어재실 정문의 용모양 자물쇠 1부

협문의 용모양 자물쇠 1부

어재실 2문의 붙박이 자물쇠 2부

동궁東宮 재실 2문의 붙박이 자물쇠 2부

외대문外大門 정문의 용모양 자물쇠 1부

동·서 협문의 용모양 자물쇠 2부

제기고 문의 내·외 자물쇠 2부

침조간砧造間의 자물쇠 1부

환하還下할 잡물 유치고雜物留置庫의 자물쇠 1부

망예위 개판蓋板의 자물쇠 1부

책궤冊櫃의 자물쇠 1부

서책[書冊秩]

정축년(1637, 인조 15)《영정개수장등록책影幀改修粧謄錄冊》 1권

경술년(1670, 현종 11)《영정개수장등록책》 1권

임신년(1692, 숙종 18)《영정개수장등록책》 1권

계사년(1713, 숙종 39)《영정개수장등록책》 1권

임오년 《제기의장등록책祭器儀仗謄錄冊》 1권

을묘년(1735, 영조 11)《영정모사시등록책影幀模寫時謄錄冊》 1권

《무진년별등록戊辰年別謄錄》 2권 【예조에서 옮겨왔다】

《무진년모사중수시의궤책戊辰年模寫重修時儀軌冊》 각 1권

《각해사진배등록책各該司進排謄錄冊》 1권

《오례의》 13권 【본《오례》 1권, 《속오례의》 12권인데, 예조에서 옮겨왔다】

《무진이정제기잡물치부책戊辰釐正祭器雜物置簿冊》 1권

숙묘조 임술년(1682, 숙종 8) 12월 3일, 대신과 비변사 당상을 인견할 때 예조 판서 남용익南龍翼이 아뢴 내용에 "남별전은 세 실室인데, 제1실에는 장차 태조대왕의 어용御容을 봉안할 것이고 제2실에는 세조대왕의 어용을 봉안하였으며 제3실에는 원종대왕의 어용을 봉안하였습니다. 방금 남별전 참봉이 보고한 것을 보니, '정전 세 실에 각각 합문이 있어 똑같이 마찬

가지로 정문인데, 중건한 후로 제2실의 합문을 정문이라고 여겨 거기에만 주렴을 설치하고 제1실과 제3실의 합문은 협문이라고 여겨 주렴을 설치하지 않았습니다. 해당 조曹로 하여금 변통하게 하소서.'라고 하였습니다. 제1실은 아직 공실空室이니 어용을 봉안하기를 기다린 다음에 주렴을 설치해야 할 것이나 제3실은 현재 어용을 봉안한 상태이니 제2실과 차이를 두어서는 안 됩니다. 마땅히 똑같이 주렴을 설치해야 합니다만, 고리를 걸거나 주렴을 설치하는 일은 우선 사유를 고하는 의식을 행하지 않아서는 안 되고 또한 의식을 자주 행하여 번잡하게 해드려서는 안 되니 내년 춘계 봉심을 기다려 사유를 고하고 주렴을 설치하는 것이 어떻겠습니까?" 하니, 주상이 "그리 하라." 하였다.

기묘년(1699, 숙종 25) 윤7월 13일에 전교하기를, "영희전에 영정을 이안할 때 흑장궤에 넣어 신여神輿에 안치하는데, 이는 평상시의 의식이다. 만일 경계해야 할 갑작스런 일이 생기면 어느 겨를에 의장과 시위를 마련하겠는가. 예전에 병란이 있었을 때 선왕先王의 어용이 차마 말로 할 수 없는 변고를 입기까지 하였으니, 생각하면 지금도 나도 모르게 눈물이 난다. 내 생각에, 별도로 흑장통 하나를 만들어두고, 평상시에는 진전에 봉안하였다가 나중에 별전別殿에 갑작스런 변란이 생기면 삼조三朝의 어용을 모두 통 안에 봉안하여 편의에 따라 모시고 간다면 참으로 만반의 대비가 될 것이니 어찌 말하기 어려운 일이 생길 염려가 있겠는가. 해당 조로 하여금 내게 물어 처리하게 하라." 하였다.

예조가 아뢰기를, "명을 내리셨습니다. 성상이 하교하신 내용이 참으로 합당합니다. 경기전·준원전·장녕전 역시 차이를 두어서는 안 되니 마찬가지로 거행하는 것이 마땅합니다. 영희전의 통은 해당 조로 하여금 만들게 하고 다른 각 전의 통은 각각 해당 도道에 분부하여 마찬가지로 만드는 것이 어떻겠습니까?" 하니, 전교하기를 "윤허한다."라고 하였다.

16일에 예조가 아뢰기를, "영희전에 영정을 봉안한 뒤 견양見樣[187]을 내서 해당 원院에 분부하여 흑장통을 만들게 할 것인데, 하교하신 내용 중에 '하나의 장통長筒을 만들어 삼조의 어용을 봉안하라.' 하셨습니다. 그렇다면 통 하나만 만들어 세 실의 어용을 함께 봉안하는 것입니까, 아니면 세 실마다 각각 하나의 통을 만드는 것입니까? 감히 여쭙니다." 하니, 전교하기를, "통 하나만 만들어 삼조의 어용을 같이 봉안하라." 하였다.

187 어떤 물건에 겨누어 정한 치수와 양식을 말한다.

어제
御製

御製

금상今上의 어제御製

선대의 창업과 중흥 시기 생각하니	憶先創業中興辰
소자 지금 추모하는 마음 새롭구나	小子于今追慕新
장차 무엇으로 전대의 공적에 보답할까	其將何以答前烈
힘써 조정 당습 신하 척결하리라	勉滌朝廷黨習臣

〈신유년(1741, 영조17) 중춘仲春 작헌하는 날에 느껴서 짓다〉

감흥이 일어 원량에게 써서 보이다[188]	興感書示元良
계묘년 봄에서 어언 22년이 흘렀으니	癸卯于今二十二春
지난해에 어찌 이런 시절 올 줄 알았으리	頃年豈意有玆辰
이 훈유를 밤낮으로 마음에 새기고	佩服訓詩銘夙夜
부지런히 옛 세신世臣을 기억하라	孜孜眷眷舊時臣

〈나의 훈유하는 뜻을 원량에게 묻고 마음이 서글퍼져
마치 그 시절에 있는 듯 하여 갑자년(1744, 영조 20) 증춘에 짓다〉

재실에 붙이다	題齋室

188 이 시는 계묘년(1723, 경종 3)에 영조가 세제(世第)로서 경종을 모시고 영희전에 전알했던 때를 회고하며 1744년(영조 20)에 지어 동궁(東宮)에게 보인 시이다(《승정원일기》 969책, 영조 20년 2월 5일).

정묘년 2월 추웠던 절일에　丁卯仲春冷節日

면복 입고 친향 행했던 감회 새롭구나　冕衣親享此懷新

전 안에서 주선함에 마치 곁에 모신 듯　殿裡周旋怳若侍

예전에 봉안했던 때를 추억하네　追惟向歲奉安辰

〈금년 2월 27일이 바로 한식寒食이었다.
처음 친향親享을 행하고 감흥이 일어 시를 짓다〉

행운을 말하다　述幸

거듭된 예 순조로이 완성하니 나라의 경사 새롭고[189]　重禮順成邦慶新

길한 날 좋은 시절 맞으니 더욱 행운이로다　幸深日吉又良辰

이러한 때 소자 마음 기쁘니　此時小子中心喜

훗날 면복 차림으로 어버이 모시리　他歲冕衣侍榻親

〈무진년(1748, 영조 24) 중춘에 쓰다〉

전사와 재관에게 칙유하는 어제

아, 국가가 중요하게 여기는 것이 사전祀典이다. 내가 비록 기력이 쇠하여 원량元良에게 명하여 대신 다스리게 하였으나, 내 마음은 오로지 전정殿庭

189 《승정원일기》 1027책, 영조 24년 3월 3일 기사에 따르면, '거듭된 예'는 계축년(1733)과 갑자년(1744)에 영정을 그린 일을 가리키는 것으로 보인다.

에 가 있기 때문에 사전을 반드시 직접 거행하고자 하니, 아 전사와 재관들은 어찌 감히 흠숭하지 않겠는가. 우선 홍살문 안으로 들어갈 때 반드시 공경의 마음을 가져야 하는데, 더구나 보축寶軸이 찬란하고 엄숙하기가 마치 단정히 임어하신 듯하니 어찌 흠숭하지 않을 수 있겠는가. 무릇 사전에 대해서는 반드시 정성스럽게 하고 반드시 공경스럽게 거행하여 나로 하여금 제사지내지 않은 것과 같다는 탄식[190]을 하게 하지 말라. 그밖에 봉행해야 할 것들을 조목조목 아래에 나열한다.

1. 예를 거행할 때는 공소公所에 가서 반드시 재숙齋宿하니, 더구나 전에 거행하는 예는 더 말할 게 있겠는가. 전사로서 입직入直하는 사람은 반드시 먼저 1일 동안 청재淸齋한 뒤에 비로소 입직한다. 그런데 만일 불시에 입직을 교대하는 일이 생기면 반드시 직소直所에서 청재한 다음에 전 안에 들어간다. 혹시 불시에 봉심할 일이 생기면 이 규례에 얽매이지 않는다.
1. 제기를 닦는 일은 반드시 거행할 기일 전에 한다. 전사가 세척을 감독하되, 제기를 보관할 때는 전사와 전사관이 함께 보관하는 것을 감독하여 아랫것들에게 내맡겨 불경하게 되지 말게 한다.
1. 제물을 진설하고 철거할 때는 전사와 전사관이 직접 가서 감독하여 뒤섞이지 않게 한다. 제물을 살필 때는 반드시 조심스럽고 정성스럽게 하여 습관적으로 해서는 안 된다. 모든 의절儀節을 한결같이 준수하여 어기지 말아야 한다. 제사 지낸 뒤 남은 제물은 절대 함부로 다

190 공자가 "내가 직접 제사에 참여하지 않으면 마치 제사를 지내지 않은 것과 같다[吾不與祭 如不祭]"라고 한 말에서 인용한 것이다(《논어》 〈팔일(八佾)〉).

루지 말아서 남은 공경의 마음을 보존한다.

1. 봉심할 때 만일 탈이 잡히면 반드시 사유를 고해야 하니 조심해서 봉심해야 한다. 이러한 내용을 잘 알아서 사소한 일로 인하여 중대한 제사를 거행하지 않게 해야 한다.
1. 수복들은 지키는 것이 중대하니, 전에서 하는 일 외에 다른 곳에 쓰지 말아야 한다.

이상의 여러 조항을 받들어 준행해야 마땅하니, 만약 혹여 어길 경우에는 나라에 정해진 법이 있다.

어유

御諭

御諭

금상今上(영조)이 갑자년(1744, 영조 20) 7월 8일에 전교하였다. "국가가 중요하게 여기는 것이 사전이다. 태묘에는 대향大享과 삭망제를 지내며 희생과 제물을 모두 헌관이 간품看品하는데, 진전에 지내는 제향과 능제陵祭는 한결같이 전사관에게 일임하니 일의 체모가 가볍다. 앞으로는 전사관이 기일에 앞서 제향을 지낼 곳에 나아가 간품하여 잘 진설하였더라도 헌관이 향香을 받아 나아간 뒤에 역시 한 번 간품하게 함으로써 사전을 중시하라는 뜻을 즉시 예조로 하여금 승전承傳을 받들어 시행하게 하라."

병인년(1746, 영조 22) 5월 1일에 전교하였다. "한 번 하교하려 하였는데 지금에야 계기가 생겼다. 거룩한 진전이 얼마나 중요한 곳인데 예전에 내가 잠저에 있을 때 들으니, 봉심하는 것 외에 보통 사람이 봉심하는 경우가 많다고 하였다. 얼마 전에 대신大臣이 진달한 것을 들으니 과연 전에 들은 것과 같았다. 이는 비록 신하로서 추모하는 마음에서 비롯된 것이라 하나 일이 분수를 넘은 것이다. 아, 침묘寢廟(종묘)와 원릉園陵을 일반 사람이 어찌 사사로이 봉심한단 말인가. 지척에 용안이 있으니 더욱 공경하고 근신해야 마땅하다. 앞으로는 예관이나 전랑殿郎이 봉심하는 것 외에 관직의 유무를 막론하고 사사로이 봉심하는 것을 일절 엄금하라. 만약 다시 전과 같다면 해당 전랑을 엄하게 다스릴 것이다. 이것으로 엄히 신칙하는 것이 마땅하겠다. 함흥과 강화도에도 일체 신칙하라."

정묘년(1747, 영조 23) 2월 26일에 한식 대제를 친향할 때, 주상이 준소樽所에 나아가 묻기를, "이것은 빈 준樽(술동이)인가?" 하니, 대답하기를 "규례에 따라 빈 준을 진설하였습니다." 하였다. 주상이 말하기를, "앞으로는 빈 준에 현주玄酒[191]를 채우라."라고 하교하였다.

같은 해 6월 11일에 전교하였다. "《주역》에 '왕이 사당에 이르렀다.'[192] 하였으니, 왕이 중히 여기는 것은 침묘(종묘)보다 우선하는 것이 없고 또한 제향보다 앞서는 것이 없다. 막중한 제향에는 보궤簠簋[193]가 우선이 된다. 지금 수문군守門軍의 일로 인하여 태묘의 수문군에 대해 전에 묘랑廟郎을 지냈던 입시한 한림翰林에게 하문下問하여 마침내 고군雇軍의 폐해를 알게 되었다. 그런데 그중에 가장 한심했던 것은 막중한 제향에 쓰는 물건을 신중히 하지 않은 것이다. 아, 관복을 갖추고 직접 제기를 살피는 일이 얼마나 중요한 일인데 그 일을 고군에게 일임하였단 말인가. 감히 이와 같아서는 안 된다. 태묘가 이와 같다면 사직社稷과 진전의 폐해는 이로 미루어 알 수 있다. 대체로 이 폐단에 대해서 잘 알게 되었으니, 수직守直을 신중히 하지 않는 것도 고군이요, 공경하지 않고 삼가지 않는 것도 고군이며, 혹 몰래 훔쳐 가는 것도 고군이다. 막중한 묘廟·사社·전 안에서 마땅히 이러한 습속을 없애야 한다. 이후에는 태묘, 사직, 진전에서의 고군의 폐단을 영구히 혁파하고, 향군鄕軍 중에서 건장하고 근실한 자를 택하여 보내라. 만약 혹 택하여 보내기를 신중히 하지 않는다면 본서本署의 관원과 해당 위장衛將을 무거운 형률로 다스릴 것이다. 이러한 내용을 본서와 해당 조(병조)에

191 제사에 사용하는 깨끗한 물을 말한다. 명수(明水), 세수(涚水)라고도 한다. 명수는 달밤에 거울로 달을 비춰 맺힌 이슬을 모은 것이고, 세수는 재에 걸러 깨끗하게 한 물을 가리킨다. 현주, 명주, 세수 세 가지는 물을 얻는 방법에 따라 명칭을 달리한 것일 뿐 실제로는 같은 물이다. 오래전 술이 없었을 때는 물을 사용하여 예를 거행하였는데, 후대의 제사에 여전히 물을 사용하는 것은 옛날의 도를 중시하는 것이다.

192 원문은 "王假有廟"인데, 《주역》 〈췌괘(萃卦)〉에 나오는 말이다. 이때의 '假'자는 '이르다'의 뜻인 '格'으로 훈고(訓詁)한다. 그래서 음도 '격'으로 읽는다.

193 보(簠)와 궤(簋)이다. 모두 제기로, 보에는 도량(稻粱)을 담고, 궤에는 서직(黍稷)을 담는데, 여기서는 제기를 통칭하여 말한 것이다.

분부하라."

같은 해 같은 달 14일에 전교하였다. "무릇 폐백과 축문의 망료望燎, 망예望瘞는 정결함에 차이가 있다. 우리 조정이 이미 수백 년 동안 행해져 온 일이어서 가볍게 논의하기는 어려우나, 축문과 폐백을 매장하여 햇수가 오래된 곳은 마땅한 장소를 정하여 불결함을 막지 않아서는 안 된다.[194] 태묘, 사직, 영희전, 각 능·전, 각 묘廟·묘墓, 대성전·대성묘의 담장 밖 정결한 곳에 장소를 정하여 그 지형에 따라 넓이를 정하고 작은 담을 두르되, 길이는 1자 남짓으로 하여 매장처임을 표시하라. 이러한 내용을 의조儀曹(예조)에 분부하라."

같은 해 11월 9일에 전교하였다. "서직黍稷이 불결하면 무슨 수로 공경을 바치겠는가. 지금 윤대輪對한 종신宗臣이 진달한 내용을 들으니, 막중한 제물祭物을 훔치는 일과 막중한 번육膰肉을 사적으로 파는 일이 있다고 한다. 듣고 난 뒤로 이루 말할 수 없이 두렵다. 아, 부덕한 내가 왕위에 올라 조심한 것이 향사享祀인데, 불결하고 불경한 것이 이와 같은 것은 모두 현재 임금이 향사를 올리는 정성이 부족하여 아랫사람을 제대로 신칙하지 못한 결과이니 어찌 다만 향사를 지내지 않은 것과 같은 마음일 뿐이겠는가.[195] 비록 그러하나 한편으로는 전조銓曹가 본서와 해당 시寺의 관원을

---

194 영조는 늘 제향에 쓰인 폐백과 축문을 묻은 장소가 불결하게 될 것에 대해 우려하였던 것으로 보인다. 《승정원일기》 1149책, 영조 33년 10월 6일 기사에서도 "내가 일찍이 능행(陵幸)을 하였을 때에 옛날에 묻어 놓았던 축문(祝文)을 보니 물과 흙으로 범벅이 되어 있고 종이가 오래되어 썩었으며, 간혹 개구리들이 생겼으므로 마음이 몹시 송구스러웠다."라고 하고, 매장하는 '망예'를 불에 태우는 '망료'로 모두 바꾸도록 지시하였다.

195 원문은 "徒不祭之心"인데, 《승정원일기》 같은 날 기사에 의거하여 '徒' 앞에 '奚' 자를 보충하여 번역하였다(《승정원일기》 1023책, 영조 23년 11월 9일).

제대로 가려서 차임하지 못한 결과이고, 한편으로는 본서의 해당 낭관郎官이 직무를 거행하는 과정에서 드러나는 대로 제대로 보고하지 않고 정성을 다하지 않아 잘못된 규례를 그대로 답습한 결과이다. 앞으로는 엄히 신칙하여 희생을 잡을 때와 제물을 익힐 때 본서의 낭관과 전사관이 일일이 간검하고 즉시 초기草記를 올려 추조秋曹(형조)로 하여금 형추刑推하여 원배遠配하게 하라. 번육을 사적으로 파는 부류 역시 이 형률에 의거하여 시행하라. 혹 어리석어 제대로 살피지 못했거나 안면顔面에 구애되어 사달이 난 것을 보고하지 않은 낭관은 본서와 해당 시의 제조가 검찰하여 보고하고 먼저 파직한 다음 나중에 잡아다 제서유위율制書有違律[196]로 시행하는 것을 정식으로 삼아 시행하라.

지난번에 세정洗井의 수직군을 모두 원군元軍으로 하라고 하교하였는데, 지금 들으니 위군衛軍을 여전히 고군으로 하였다고 하니 놀랍다. 말할 수 없는 폐단이 전적으로 여기에서 생기니 앞으로는 일체 원군으로 정하여 보내라. 다시 전과 같은 행태를 밟는 자는 본서가 초기를 올려 해당 조사曹司와 위장衛將을 잡아다 처리하는 것으로 정식을 삼아 시행하라. 또 들으니 섭행할 때 시끄러움이 매우 심하다고 한다. 공경을 바치는 막중한 자리가 어찌 친행, 섭행의 차이가 있겠는가. 일이 놀라운 것이 이보다 심한 것이 없다. 앞으로는 단문丹門 안에서는 비록 섭행할 때라 하더라도 한결

196 황제 또는 왕의 명을 어기거나 잘못 시행하거나 지체한 경우에 적용하는 형률(刑律)을 가리킨다. 이 형률은 원래 《대명률》 〈이율(吏律)〉 제서유위(制書有違)〉에 실려 있던 것인데, 조선이 건국되고 《대명률》이 받아들여지면서 조선시대 내내 통용되었다.

같이 근수법跟隨法[197]을 따르고 시끄럽게 하는 자는 상사上司[198]와 삼사三司를 막론하고 이름을 지적하여 병조에 보고하여 무거운 쪽으로 곤棍을 치게 하라. 검속하지 못한 관원은, 대신을 제외하고 헌관 이하는 초기草記를 올려 추고推考를 청하고, 당하관 이하 역시 삼사를 막론하고 초기를 올려 잡아다 처리하라. 보고하여 알리지 않은 부장部將은 적발되는 대로 병조로 하여금 곤棍을 치고 태거汰去하도록 일체 분부하라."

같은 해 같은 달 14일에 전교하였다. "여러 해전에 궐내의 입직 관원 및 종묘·사직의 헌관과 집사는 궐문 안이나 묘문廟門 안에서 감히 편복便服을 입지 못하도록 이미 신칙하였다. 그런데 세월이 점차 오래 지나면서 해이해지는 폐단이 없지 않으니 특별히 더 엄히 신칙하라. 종묘, 사직, 진전 세 곳의 부장은 바로 수문장守門將이니, 묘문의 개폐開閉 때에 의당 관복을 착용할 것이며 또한 수문장의 예대로 간검看檢하여야 한다. 그러나 지금 들으니, 혹 편복을 착용하기도 하고 혹 군복을 입기도 하며, 또한 일일이 간검하여 개폐하는 일이 없다고 하니 한심하다. 이후에는 엄히 신칙한 뒤에 다시 이와 같이 하는 자는 본서 및 해당 조가 초기草記를 올려 병조로 하여금 곤장을 치고 태거汰去하게 하라. 무릇 제향을 지낼 때에도 잡인을 검찰하기를 일체 궐문의 규례대로 하고, 문의 개폐도 어두워질 무렵에 닫고 동이 틀 때에 열어 한결같이 궐문의 규례를 따를 것이며, 받은 명령이 없는 자가 이르렀을 때 감히 임의로 개폐하지 않도록 일체 신칙하라."

무진년(1748, 영조 24) 5월 5일에 전교하였다. "지금 재상의 차자箚子로 인하

197 관원을 따라다니는 관아의 하례에 관한 지침과 법규를 말한다.

198 조선 시대에, 하급 관아에서 상급 관아를 지칭하는 말이다. 주로 상급 관사로서 총괄하던 다섯 아문을 꼽았는데, 대체로 의정부, 돈녕부, 의빈부, 충훈부 4관사에 종친부가 포함되거나, 종친부 대신 서반(西班)의 상급 관사인 중추부(中樞府)가 포함되었다.

여 지난번에 진전에 작헌례酌獻禮를 행하기 위한 산재散齋[199]·치재致齋[200]를 한결같이 문묘[201]에 작헌례를 행할 때의 규례에 의거하여 거행하라고 하교한 것을 다시 보았다. 그런데 지금 들으니, 문묘는 중사中祀에 실려 있기[202] 때문에 산재·치재를 5일 동안 한다고 한다. 진전에 작헌례를 행할 때에도 5일로 거행했다고 한다. 이와 같이 지금 이정釐正한 뒤에 작헌례를 행할 때의 치재와 산재를 시제時祭보다 오히려 더 중하게 해서는 안 되기 때문에 청재淸齋[203] 1일만 하라고 이미 재상의 차자에 대한 비답으로 하유하였다. 이로 인하여 생각해보니, 문묘의 이른바 중사라고 하는 것은 삼헌하는 석채釋菜[204]이니, 석채를 행할 때는 임금이 참석하는 친행親行이든 대리로 시키는 섭행이든 막론하고 한결같이 오례의를 따라서 산재·치재 5일을 한다. 그런데 작헌례에 대해서는 예문禮文에 실려 있는 것이 없어 작년부터 의기

199 제사하기 전 외출은 하지만 말타기, 음악, 조문(弔問) 등을 하지 않음으로써 몸가짐을 경건하게 갖는 의절을 말한다. 《세종실록》〈오례〉에는 대사(大祀), 중사(中祀), 소사(小祀)에 따라 재계 기간이 7일(산재 4일, 치재 3일), 5일(산재 3일, 치재 2일), 3일(산재 2일, 치재 1일)의 차이가 있다.

200 제사를 올리는 대상에 대하여 거처하던 곳, 말씀하던 모습, 즐기던 것, 지향하던 것, 좋아하던 음식 등 생전의 모습을 상기하면서 마음을 경건하게 갖는 의절이다. 《세종실록》〈오례〉에는 치재 때 왕을 포함하여 제관(祭官)과 근시(近侍)가 제향(祭享)에 관계되는 일만 처리하도록 규정하고 있다.

201 문선왕(文宣王)인 공자에게 제사하는 사당을 말한다.

202 원문은 "文廟或中祀"인데, 《승정원일기》 같은 날 기사에 의거하여 '或'을 '載'로 교감하였다. (《승정원일기》 1029책, 영조 24년 5월 5일) 문묘에 지내는 제사는 경모궁·남단·성단·선농단·선잠단·우사단·관왕묘와 함께 중사(中祀)로 분류되어 법전에 실려 있다는 말이다[《은대조례》 〈예고(禮攷)〉 제향(祭享)].

203 제사를 지내기 전에 몸을 깨끗이 재계(齋戒)하고 부정한 일을 멀리함을 뜻한다.

204 공자에게 갖추는 의식이다. 석채는 음력 2월과 8월의 상정일(上丁日, 그 달의 첫째 정일)에 올리는 대규모의 제사로, 석존·석존대제·석채라고도 한다. '석채'는 본디 학생들이 입학하여 마름 따위를 제수로 사용하여 제사를 지냈기 때문에 붙은 이름으로, '사채(舍菜)'와도 같은 말이다. 여기서 '釋'과 '舍'는 '놓다', '올리다'의 뜻이다. 삼헌은 석채의 가장 중심적인 절차로, 술잔을 세 번 올리는 것(초헌·아헌·종헌)을 말한다.

義起[205]하여 써 온 것이, 대제와 차이가 있는데도 대제를 지낼 때의 규례를 써서 산재·치재 5일을 하는 것이니, 이것 역시 과도한 예이다. 내 생각에는 작헌례 때에도 한결같이 문묘에 고유제를 지낼 때의 규례를 따라서 단지 청재 1일만 하는 것이 예에 있어서 당연하다. 일이 예전禮典에 관련되므로 예조로 하여금 대신에게 의견을 물은 뒤 내게 물어 처리하게 하라."

기사년(1749, 영조 25) 5월 7일에 전교하였다. "이번에 칙유한 것을 묘廟·사社·전殿의 재실齋室에 매달아 게시하고, 지방에서도 그곳에서 전의 재실에 매달아 게시하게 하라. 각 능에는 매달아 게시하지 말고 이 내용을 목판木板에 새겨 예조로 하여금 인쇄하여 보내 재실에 붙이게 하고, 목판은 본조에 보관하여 두었다가 만약 혹시 다시 인쇄해야 할 일이 있으면 해당 조에 보고하고 인쇄하여 보내라고 분부하라."

경오년(1750, 영조 26) 1월 25일에 전교하였다. "지금 예관이 봉심하고 진달한 말[206]을 들으니, 비록 때맞춰 내게 물어 처리할 내용은 아니었으나, 대체로 여러 해 전에 거듭 영정을 모사하였으니 마침내 구본舊本을 보관해두기를 원하는 뜻이었다. 그 후 대신에게 하순下詢하였으나 신본新本을 갑자기 펼쳐 봉안하는 일은 감히 하지 못하여 중지하였다. 지금 봉심한 말을 들

205 《예기》 〈예운(禮運)〉에 "예라는 것은 의(義)의 실질이니, 의에 맞추어서 맞으면 예는 비록 선왕 때에 없는 것일지라도 의로써 새로 만들 수 있있다[禮也者 義之實也 協諸義而協 則禮雖先王未之有 可以義起]"라고 한 데서 온 말로, 예문에 없더라도 이치를 참작하여 새로운 예를 만드는 것이다.

206 예조 참판 홍봉한이 세조의 영정을 모신 영희전 제2실을 봉심하고 와서, 제2실의 영정의 곤룡포 단령을 칠한 부분이 약간 떨어져 나갔다고 보고하였다(《승정원일기》 1052책, 영조 26년 1월 25일).

으니 현재는 비록 곤룡포에 탈이 생긴 것이긴 했다만, 계속해서 펼쳐 봉안하고 또 봉심한다면 앞으로 지극히 중대한 일이 생기는 것이 감히 하지 못했던 그때에 비하여 경중이 어떠하겠는가. 본전本殿의 작헌례가 멀지 않으니 이 때를 틈타서 구본을 보관해두고 신본을 펼쳐 봉안하는 것이 정리情理와 예의상 마땅할 것이니, 예관으로 하여금 시원임대신에게 의견을 물은 뒤 내게 물어 처리하게 하라."

같은 날 전교하였다. "지금 예관이 대신에게 의견을 물었는데 바친 의견들이 모두 같았으니, 그 날 이른 아침에 먼저 구 영정에 고유제를 행하고 새 영정을 펼쳐 봉안한 뒤 고안제의 규례에 의거하여 작헌례를 행하되 모두 내가 친행할 것이다. 그날 새벽에 먼저 망전례[207]를 행하고 봉심한 다음 제향을 행할 것이니 길일吉日을 다음 달 10일 안으로 가려 뽑고, 구 영정을 보관한 뒤 봉심할 차수次數를 다시 대신에게 의견을 물은 뒤 일정하게 정하라."

같은 해 2월 11일에 전교하였다. "구舊 영정에 대한 봉심은 매번 작헌례를 행할 때 하고, 봉심할 때 게시하여 받드는 것은 중대하니 다만 펼쳐서 봉심하는 것으로 정식을 삼으라."

같은 날 영희전에 거둥하여 봉심할 때 주상이 말하였다. "전 안의 각 실室에 고리를 설치할 것이니, 두 기둥 사이에 홍색 줄을 옮겨 매라. 이러한 내용으로 분부하여 거행하라. 한식寒食 날에 고유제를 겸하는 것이 마땅하겠다."

신미년(1751, 영조 27) 1월 9일 본전에 전알展謁할 때 주상이 말하기를, "영

207 위패나 영정을 다른 신전(神殿)으로 옮겨 모실 때, 임금이 신전이 있는 쪽을 바라보고 절하는 예식이다.

정을 봉안할 때 단지 앞면만 묶기 때문에 흔들릴 염려가 없지 않다. 대내大內의 진전에서는 뒷면에도 묶어 흔들리는 일이 없었다. 이번에도 이것을 본받아서 뒷면에도 묶는 것이 좋겠다." 하니, 예조 판서 신만申晩이 아뢰기를, "그렇다면 성상의 하교에 따라 뒤에 배설한 병풍 좌우 모서리 아래쪽에 각각 하나씩 작은 고리를 설치하여 영정을 묶겠습니다만, 우선 며칠 뒤 이안·환안할 때를 기다려 거행하는 것이 어떻겠습니까?" 하였는데, 주상이 "그리 하라." 하였다.

같은 날 본전에 전알한 뒤 망예위望瘞位[208]를 봉심했을 때, 주상이 말하기를 "망예위는 으레 봉표하는 규례가 있는데 봉표한 흔적이 해묵은 것으로 보이니, 일이 매우 놀랍다. 이번 정월에 대축大祝이 해당 부府로 하여금 처치處治하게 하라." 하고【환궁한 다음 날에 승정원이 처치거조(處治擧條)를 입계하자, 주상이 "이번에는 그만두고 앞으로 신칙하라." 하였다】 이어서 제기고에 나아가 봉심할 때 주상이 말하기를, "이 고庫는 방금 신축하였으므로 이와 같이 봉표할 수 있었지만 세월이 조금 오래되면 해이해지게 될 것이다. 망예위를 소홀히 대하는 것과 다르게 된다고 어찌 장담하겠는가. 본전 관원과 수복들에게 특별히 신칙하라." 하였다. 예조 판서 신만이 아뢰기를, "성상의 이번 하교를 전관殿官의 직소直所에 게판揭板하여 영구히 준행할 자료로 삼는 것이 어떻겠습니까?" 하니, 주상이 "그리 하라." 하였다.

208 제사를 마치고 헌관과 집례가 축문(祝文)과 폐백(幣帛)을 파묻는 것을 지켜보던 자리이다.

변통
變通

變通

숙묘조 계해년(1683) 1월 3일, 대신과 비변사 당상을 인견할 때 예조 판서 남용익南龍翼이 아뢴 내용에, "남별전에 삭망때 분향할 때 전부터 원래 홰나 초[燭]를 진배하는 규례가 없어 매번 해가 떠야 예를 행하니 일의 체모가 온당치 못합니다. 분향할 때 쓸 홰나 초를 해당 조曹로 하여금 진배하게 하는 것이 어떻겠습니까?" 하니, 주상이 말하기를, "해당 조로 하여금 진배하게 하라." 하였다.

정축년(1677, 숙종 23) 6월 12일에 본전의 참봉이 예조에 보고하기를, "본전의 남협문南挾門이 전의 섬돌과 6, 7간 밖에 떨어져 있지 않고 지세가 우묵하고 낮아 비가 약간 내리기라도 하면 번번이 웅덩이를 이루어 매번 봉심해야 할 때 대부분 더럽고 불결해질 염려가 있고, 향관이 서는 곳도 이러한 염려가 있습니다. 비록 두루 전석磚石(벽돌)을 깔 수는 없더라도 적절하게 경계를 두어 벽돌을 깐다면 이러한 염려들이 없게 될 것입니다. 수직하는 군사軍士는 전에 점련한 계사로 인하여 4명을 보충해주었다고는 하나 각처各處에 수직이 8곳에 이르니 반드시 몇 명을 더 지급해주어야 모양새를 이룰 수 있습니다. 절도가 빈번한 요즘 같은 때 장외牆外를 지키는 순라巡邏와 좌경坐更 역시 정하여 보내 예비하게 하여야 합니다."라고 한 일에 대해 "기근이 든 이번 해에 만약 긴요한 공사가 아니라면 시행하기 어려울 듯합니다. 향관이나 전관殿官이 출입할 때 만약 의복이 젖어 더러워질 염려가 있는 것이라면 변통할 방도가 있을 듯합니다. 6, 7간에 전석을 경계를 두어 까는 공사는 불과 하루면 마칠 수 있고 소요되는 전석도 불과 수십 장이니, 호조로 하여금 적절하게 깔도록 하는 것이 마땅합니다. 군졸軍卒은 전에 5, 6명을 보충해달라는 뜻으로 복계覆啓하여 윤허를 받았습니다만, 병조에서 단지 3명만 지급하여 이렇게 수직할 군사가 부족해진 염려가 생겼으니 서너명을 다시 보충해서 지급하라는 뜻으로 병조에 분부하는 것이 어떻겠습니까? 좌경坐更은 사직과 영희전의 좌경을 방금 혁파하였으니 지금 정하여 지급하기 어렵습니다. 그런데 본전의 남쪽 담이 민가와 인접하여 허술한 폐단이 많으니 그 동洞 안의 좌경을 담장 밖의 역役으로 옮긴다면 일이 합당할 것 같고 또한 폐단도 없을 것입니다. 이러한 뜻으로 한성부에 분부하는 것이 어떻겠습니까?" 라고 아뢴 예조의 계목啓目에 의거하여 아뢴 대로 하라고 윤허하였다.

금상 을축년(1745, 영조 21) 8월에 본전의 수복守僕 김성택金盛澤 등이 능행 때 상언上言하기를, "신들 무리의 늠료廩料는 당초에 태묘太廟와 사직社稷의 예에 의거하여 단료單料[209]와 봄가을용 의복을 지을 포布로 각각 1필만을 지급받았는데 복역服役은 밤낮으로 고생하니 오히려 불화가 생길까 염려됩니다. 조가朝家에서 수복들이 받는 것은 적고 일은 많은 것을 깊이 불쌍히 여겨 태묘의 수복에게는 신유년(1741, 영조 17)에 특별히 늠료와 포를 늘여주어 매달 10말의 늠료와 1필의 포를 받게 하였고, 사직의 수복에게는 갑자년(1744, 영조 20) 겨울에 본서本署 제조提調가 규례를 들어 진달한 것으로 인하여 역시 늠료와 포를 늘여주었으나 유독 신들 무리만 아직까지도 똑같이 대해주시는 은택을 받지 못하였습니다. 게다가 선원전 전복은 별감의 규례에 의거하여 12말의 늠료와 1필씩의 삭포朔布를 받습니다. 영희전은 선원전과 똑같이 진전이니 그에 소속한 수복은 결단코 피차 경중

209 중인 등 하급 관리들에게 지급하는 정해진 급료로서의 요미(料米)이다.

의 차이가 없습니다. 신들의 늠료와 포를 부디 선원전의 예에 의거하여 마련해주셔서 신들이 생활을 영위하여 복역할 수 있게 해주소서." 하니, 계하하였다. 예조 판서 조관빈趙觀彬이 태묘의 수복들이 받는 예에 의거하여 더 마련해주는 것으로 복계覆啓하니, 윤허하였다.

정묘년(1747, 영조 23) 2월에 주강晝講을 위해 입시하였을 때 참찬관參贊官 홍상한洪象漢이 아뢴 내용에, "신이 춘조春曹(이조)에 근무하고 있을 때 영희전의 관원이 와서 본전의 폐단을 말하였는데 즉시 연석에 오르지 못하여 아직까지도 주상께 진달하지 못하였습니다. 친히 제향을 올리시는 이때에 변통하지 않을 수 없습니다. 본전의 제기를 닦는 군사를 처음에 병조에서 30명을 정하여 보냈습니다. 그런데 차차 삭감하여 지금은 제물을 져서 나르는 군사로 사용하고 있으니 일의 체모가 구차합니다. 수직하는 군사의 원수元數 20명이 지금은 8명이니 이 또한 소홀해질 염려가 많습니다. 서남쪽의 담장이 낮아서 몇 해 전에 제기를 도둑맞은 근심이 있었습니다. 수복의 복색 역시 태묘의 수복과 같지 않고 다릅니다. 그밖에 여러 가지 고쳐야 할 점들이 적지 않다고 하였습니다. 예조 당상으로 하여금 잘 헤아려 주상께 아뢰어 처리하게 하는 것이 어떻겠습니까?" 하니, 주상이 "그리 하라." 하였다.

본전의 영令 정석천丁錫天과 참봉 최보흥崔普興의 폐막보장弊瘼報狀에 의거한 예조【판서 조관빈】의 계목에, "이 보장을 보니 본전의 제기취색군祭器取色軍은 당초 30명씩 기일 전에 정하여 보냈습니다. 그런데 을미년(1739, 영조 15) 가을에 태묘의 제기취색군과 함께 임시로 삭감하였습니다. 그 후 태묘는 복구되었으나 본전은 아직도 복구되지 않았습니다. 수직군은 정원이

20명이기 때문에 분배하여 수직하기에도 오히려 부족할까 염려되는데, 차차 삭감하여 지금은 8명뿐이라 수직이 허술해서 제기를 도둑맞기에 이르렀습니다. 제기취색군과 수직군을 전에 정한 수대로 지급하여 주고, 담장이 낮은 곳은 특별히 더 쌓게 해 주소서. 수복 무리가 입는 홍의紅衣 역시 제향과 관계된 복색인데, 태묘의 수복은 전에 목홍木紅(홍색 무명)과 마포麻布를 제급題給하였다가 홍화紅花[210]와 저포苧布로 바꾸어 제급하였고, 선원전의 속례屬隷에게도 홍화와 저포를 제급하였는데, 본전의 수복에게는 아직도 목홍과 마포를 제급하고 있으니, 이 역시 불공평합니다. 태묘와 선원전의 속례의 규례에 의거하여 홍화와 저포로 마련하여 제급해달라고 하였습니다. 진전은 일의 체모가 매우 중대하고 또 경연經筵에서 이러한 내용을 주상께 여쭈었으니 변통하지 않을 수 없습니다. 아울러 해당 조로 하여금 이대로 거행하게 하는 것이 어떻겠습니까?" 하니, 아뢴 대로 하라고 윤허하였다.

무진년(1748, 영조 24) 3월 13일, 예조 판서 이주진李周鎭이 입시했을 때 아뢴 내용에, "영희전은 일의 체모가 전에 비해 더욱 중요해졌는데, 수복은 요포料布가 박하기 때문에 모두 빈한한 부류들입니다. 그들이 받는 늠료를 조금 후하게 한 뒤에야 마땅한 사람을 택하여 전을 수호하게 할 수 있습니다. 종묘의 수복에게는 봄, 가을 두 분기로 의복값[衣資]을 지급하는데, 본전의 수복에게는 단지 1년에 한 차례만 의복값이 있습니다. 만약 봄, 가을

210 수복이 입는 홍의(紅衣)의 색을 내기 위한 염료이다. 호조에서 지급한 목홍(木紅, 홍색 무명) 품질이 나빠 수복들이 자비(自費)로 염료를 마련하여 색을 냈는데, 홍화 마련이 어려워 원망이 많았다고 한다(《승정원일기》 976책, 영조 20년 8월 19일).

두 분기로 마련하여 더 지급한다면 마땅할 듯합니다." 하니, 주상이 말하기를, "봄, 가을로 의복값을 제급하라." 하였다.

같은 해 9월 21일에 예조 판서 이주진이 아뢴 내용에, "신이 영희전 관원의 말을 들으니, 본전에 제향을 지낼 때 제물을 미리 우선 대臺 위에 진설하였다가 제향을 올릴 시각이 되면 비로소 전 안의 제상祭床에 들인다고 합니다. 깜깜한 밤에 운반하는 것이니 일의 체모가 온당치 못할 뿐만 아니라 불결해질 근심이 없지 않습니다. 태묘의 진설초陳設燭(진설할 때 켜는 초)도 갑자년(1744, 영조 20)부터 정식定式을 만들어 각 실마다 1쌍씩 마련하여 진배한다고 하니, 태묘의 예에 의거하여 정식을 삼는 것이 마땅할 듯합니다." 하니, 주상이 말하기를, "진설초를 각 실마다 1쌍씩 진배하도록 분부하라." 하였다.

경오년(1750, 영조 26) 8월에 본전의 참봉 김용겸이 예조에 보고하기를, "본전에 변통해야 할 몇 가지 사안이 있어 감히 이렇게 조목별로 진달합니다. 전부터 제향을 올릴 때 준소樽所의 술동이[酒樽] 동쪽에 별도로 빈 동이 1좌를 진설했습니다. 그런데 정묘년(1747, 영조 23) 한식 때 친제를 지낼 때 주상께서 하문하신 뒤 빈 동이에 현주玄酒를 담아 넣으라고 전교하셨습니다. 《오례의》 서례序例의 〈제단묘진설도諸壇廟陳設圖〉를 찾아보니, 현주를 담은 동이는 으레 술동이의 서쪽에 진설하니, 대개 이는 현주를 존숭하여 서쪽을 윗자리로 삼은 뜻입니다. 그런데 지금은 빈 동이가 애초에 동쪽에 있었기 때문에 그대로 현주를 동쪽 구석에 두게 되어 예식과 서로 맞지 않게 되었으니 당연히 바로잡아야 할 일입니다. 하지만 본전에서 임의로 경솔하게 옮기기 어려운 점이 있으니, 본전의 수복방이 정전의 내장

內墻 안에 있기 때문에 수복 등 원역들이 무시로 출입할 때 매번 향문의 협문을 경유하여 엄숙하고 공경해야 할 곳이 번잡스러운 폐단이 있습니다. 신이 넌지시 들으니, 종묘는 수복방이 동장東墻이 교차하는 곳에 걸쳐 있는데 바깥쪽에 문을 내서 출입한다고 합니다. 본전의 수복방 동쪽 담장 모서리에 별도로 작은 문 하나를 내서 출입하게 한다면 일이 매우 타당할 것입니다. 무진년(1748, 영조 24)에 본전을 중수할 때 주상께서 동장이 신문神門과 너무 가까우니 앞으로는 말을 타고 지나지 못하게 하도록 전교하셨습니다. 그래서 동장 남쪽과 북쪽 구석에 나무로 된 하마패下馬牌를 만들어 걸었는데 목패木牌는 해가 오래되어 썩어 버려 거의 형체가 없어졌습니다. 계속해서 개비改備하는 것은 일이 구차하니 지금 만약 동장 밖 말을 내리는 곳에 하마비석下馬碑石을 설립하여 말에서 내리게 한다면 일의 체모가 엄정하고 또한 영구히 봉행할 수 있을 것입니다." 하였다. 이상 3건의 일을 일체 입계하여 주상의 뜻을 물어 변통하였다.

신미년(1751, 영조 27) 1월 9일 친림하여 전알할 때 예조 판서 신만申晩이 보장報狀의 내용을 가지고 진달하여 현주를 담은 동이[樽]를 서쪽 가로 옮기고 동장 밖에 하마비석을 세우며 수복방이 위치한 구석에 별도로 작은 문 하나를 만들라고 주상이 명하였는데, 문을 만드는 일은 호조 판서 김상로金尙魯의 반대로 인하여 시행되지 않았다고 한다.

경오년(1750, 영조 26) 8월 22일에 대신, 비변사 당상이 입시했을 때 호조 판서 김상성金尙星이 아뢴 내용에, "신이 일전에 영희전의 제기고祭器庫를 다시 지을 장소를 봉심하였는데, 지형이 협소하여 달리 적합한 땅이 없었습니다. 지금 만약 향대청香大廳 북변北邊의 여러 칸을 허문 뒤 남변南邊으로 옮겨 짓고 그 북변의 빈 땅에 제기고를 다시 짓는다면 일이 매우 편하고 합당할 것입니다. 전사청이 본래 좁으니 예전 제기고는 전사청의 헛간으로 사용하면 좋을 것입니다. 고유告由하는 일과 공사를 시작하는 일자를 해당 조로 하여금 거행하게 하는 것이 어떻겠습니까?" 하니, 주상이 "진달한 대로 하라." 하였다.

도변

盜變

盜變

현묘조 계축년(1673, 현종 14) 11월 18일에 예조가 아뢰기를, "방금 남별전 참봉 엄찬嚴纘의 보고를 받았는데, 본전의 제향에 쓰는 은기銀器 가운데 받침을 갖춘 은잔銀盞 8좌坐, 뚜껑을 갖춘 은시접銀匙貼 2좌, 은젓가락[銀筯] 2쌍 등의 물건을 작은 궤에 담아 큰 궤에 넣고 봉한 다음 잠가 깊은 곳에 두었는데, 바깥에 둔 놋그릇[鍮器]은 놔두고 깊이 감춰둔 은기를 훔쳐갔으니, 이는 외부인이 한 일이 아니라고 합니다. 그날 수직한 수복과 고지기 등을 담당 관사로 하여금 가두고 죄를 다스리게 하고, 잃어버린 은기는 해당 조로 하여금 신속하게 잘 만들어 진배하게 하며, 입직한 관원 역시 평소에 제대로 검칙하지 못한 책임을 면하기 어려우니 중한 쪽으로 추고하는 것이 어떻겠습니까?" 하였는데, 초기草記를 도로 내주었다.

승정원이 아뢰기를, "남별전의 제향에 쓰는 제기를 분실한 일에 대해 올린 예조의 초기로 인하여 전교하기를, '참봉이 예조에 보고하였을 때 분실한 날짜를 애초에 거론하지 않았는가? 예조가 초기를 올릴 때 분실한 날짜를 빠뜨린 것인가? 어찌하여 이렇게 애매한가? 그 내용을 물어서 아뢰라.'라고 명하셨습니다.[211] 남별전 참봉 엄찬이 예조에 보고한 첩정牒呈을 가져다 보니, 본전의 각종 제기를 동지冬至에 제향을 올린 뒤 참봉이 직접 간검하여 제기고에 넣었답니다. 이번 18일에 입번한 하인들이 와서 제기고 남변에 쌓은 담장이 뚫렸다고 하기에 참봉이 즉시 직접 살펴보니, 남변의 담장은 단지 겉면만 훼손되는데 그쳤고, 지붕서까래 서쪽의 개와蓋瓦 수 십장을 뜯어내고 벽의 흙을 뚫었으나 광판廣板에 막혀 몸을 움직여 들어오기 어렵자 또 북벽北壁을 뚫어 구멍을 만들었다고 합니다. 제기고에

211 원문은 "啓下矣"인데, 《승정원일기》 같은 날 기사에 의거하여 '啓'를 '命'으로 교감하였다(《승정원일기》 237책, 현종 14년 11월 18일).

보관한 은기를 일일이 점검해보니 그 가운데 받침을 갖춘 은잔 8좌, 뚜껑을 갖춘 은시접 2좌, 은젓가락 2쌍 등의 물건을 자물쇠를 부수고 전부 훔쳐갔다고[212] 합니다. 분실한 날짜는 원래 써 있지 않았으니, 이는 필시 어느 날 도둑맞았는지를 정확하게 알지 못하고 18일에 처음 발견하였기 때문입니다. 다만 이러한 사정을 자세하게 거론하지 않았으니 본전의 참봉과 해당 조의 불찰이 심합니다. 그리고 신들이 애매하게 초기를 봉입한 실수 역시 모면하기 어려우니 이루 말할 수 없이 황공합니다. 이 초기를 도로 내주어 다시 고쳐 입계하게 하고, 해당 참봉과 예조의 해당 당상과 낭청을 모두 추고推考하는 것이 어떻겠습니까?" 하였다.

주상이 전교하기를 "이 첩정을 보니 내용이 형편없고 산만하여 무슨 일인지 알지 못하겠다. 평상시에 전 안팎의 상황을 제대로 순심巡審하지 못하였다는 것을 이로 미루어 알 수 있으니 매우 놀랍다. 동지 제향 후에 입직한 참봉과 수복, 고지기, 고립군雇立軍인 계풍季風·삼룡三龍 등[213]을 모두 잡아다 심문하여 처리하고, 해당 당상과 낭청은 모두 우선 중한 쪽으로 추고하라." 하였다.

같은 달 19일에 예조가 아뢰기를, "도둑맞은 남별전의 기명器皿 가운데 받침 갖춘 은잔 8좌, 뚜껑 갖춘 은시접 2좌, 은젓가락 2쌍 등의 물건을 해당 조로 하여금 신속하게 잘 만들어 진배하게 하는 것이 어떻겠습니까? 보관해두는 곳이 참봉이 수직하는 방과 조금 멀어 전에도 이와 같은 일이 있었으니, 앞으로는 이러한 은기를 궤에 넣어 봉하고 잠근 뒤 수직하는 방

212 원문은 "後數偷窃"인데, 《승정원일기》 같은 날 기사에 의거하여 '後'를 '沒'로 교감하였다(《승정원일기》 237책, 현종 14년 11월 18일).

213 원문은 "李風三等"인데, 《승정원일기》 같은 날 기사에 의거하여 '李'를 '季'로 바로잡고, '三' 다음에 '龍'을 보충하여 번역하였다(《승정원일기》 237책, 현종 14년 11월 18일).

에 항상 보관함으로써 간사한 짓을 못하게 하는 것이 어떻겠습니까? 예전에 계묘년(1663, 현종 4)에 은기를 분실하였는데 그때 맡아 지키던 사람을 가두고 형추刑推하였습니다. 이번에 또 이렇게 도둑맞는 변고가 생겼으니 너무나 놀라우니, 한편으로 포도청으로 하여금 의심할 만한 사람을 찾아내 기필코 체포하게 하는 것이 어떻겠습니까?" 하니, 전교하기를 "윤허한다." 하였다.

관원

官員

【이졸(吏卒) 부(府)】

官員

영令 1원員 【종5품이다. 예전의 참봉을 금상 을사년(1725)에 영으로 바꾸고 음관(蔭官)으로 차출하였다. 신유년(1741)에 문관으로 차출하였다가 정축년(1757)에 도로 음관으로 차출하였다】

참봉參奉 1원 【종9품이다. 예전에는 2원이었는데, 1원을 나중에 영으로 올렸다】

부장部將 1원 【대문(大門)을 지키는 일을 담당한다】

수복守僕 6

서원書員 1【수복 중의 1인이 겸한다】

고지기[庫直] 1

취라치[吹螺赤][214] 1

방지기[房直] 1 【위의 두 직임은 지금은 합하여 청지기[廳直] 1이 되었다】

수직군사守直軍士 9 【위장소(衛將所)가 상번기병(上番騎兵)으로 보낸다. 예전에는 20명이었는데, 그 후 여러 차례 삭감하여 지금은 이 수만 남았다】

현묘조 신해년(1671, 현종 12) 7월 13일에 대신, 비변사 당상을 인견할 때 예조 판서 정지화鄭知和가 아뢴 내용에, "남별전 참봉이 대문을 지키는 부장部將을 대문 안에 입직하게 하도록 청하는 내용으로 보고하였으니, 이는 근래의 도둑맞는 근심에 대비하기 위한 것입니다. 지금부터 입직하게 하는 것이 어떻겠습니까?" 하니, 주상이 "그리 하라." 하였다.

214 군중에서 나각(螺角)을 부는 군사를 말한다.

전사 식례

殿司式例

殿司式例

전사가 지켜야 할 사례 절목[殿司通行事例節目]

1. 봉심奉審하는 일은 전을 위한 가장 엄숙하고 가장 중요한 일이다. 오로지 날마다 일찍 일어나 삼가서 봉행해야 하되, 바람이 불거나 눈이 오거나 안개가 끼거나 비가 내리는 아침에는 더욱 유의해서 살피도록 힘써야 한다. 전문殿門이 열렸다면 즉시 각 실의 신탑神榻 아래 나아가 상세하게 우러러 바라본 뒤 상탁을 두루 살피고 의장儀仗을 소제하여 반드시 정결하게 하여 먼지 하나 남아 있지 않게 한다. 다음에 전 밖의 여러 곳에 미치되 족자 안에 만일 혹 탈이 생긴 곳이 있으면 달려가 요원僚員에게 보고하고 여러 수복을 다 소집하여 함께 모여 반복하여 점검한다. 전의 안팎에 쥐구멍이나 쥐가 쏠아놓은 곳, 비가 새는 곳, 담장이 무너진 곳, 수목이 부러진 곳이 있으면 마땅히 즉시 장문狀聞해야 한다. 그러나 비가 새는 곳은 간혹 오늘은 샜다가도 다음 날은 새지 않을 때도 있으니 만일 대단한 게 아니라면 우선은 천천히 살펴야 한다. 각 실의 점화點火 역시 마땅히 점검하고, 단지 습기를 막을 뿐이고 지나치게 따뜻하게 할 필요가 없다고 신칙해야 한다. 점화가 끝난 뒤에는 즉시 개판蓋板을 덮게 한다. 저녁 무렵에는 반드시 수복으로 하여금 참새 등의 새들을 쫓아버려서 처마나 서까래에 깃들여 살아 단청을 더럽히는 근심이 생기지 않게 해야 한다. 타인은 감히 사적으로 봉심하지 말도록 이미 엄히 금지하는 전교를 이미 벽에 걸었으니, 이것에 대해서는 우선 논하지 않는다.

1. 정전에 새는 곳이 있으면 이안청, 어재실, 동궁재실을 같은 날에 함께 봉심한다. 평상시에는 10일에 1차례 봉심하나, 수복이 입직을 교대하

는 것도 이날이니 출번出番하는 수복과 입번入番하는 수복 4인이 함께 사원司員을 따라가 청 안을 깨끗이 청소하고 소유한 잡물을 일일이 점검하여 분실하는 폐단이 없게 한다.

1. 제향을 올릴 때 비록 헌관과 전사관이 있어 제사를 감독하지만 전사가 실제로 주인이니 겸차제관兼差祭官으로서 모든 일에 대해 특히 별도로 신칙해야 한다. 기일 1일 전에 제기고를 열어 제기를 일일이 간검하고 깨끗이 닦아 정리하며, 제물의 물종物種 중에 미진한 것이 있으면 퇴짜 놓아 즉시 다시 마련하게 한다. 음식을 익힐 때에도 자주 가서 들여다보고 전적으로 전사관에게 내맡겨서는 안 된다. 차지 수복次知守僕, 도숙수都熟手 이하 역군役軍·병모餠母·포모泡母 등에게 각별히 엄하게 신칙하여 조금도 정결하지 않거나 삼가지 않는 폐단이 없게 한다. 점조간砧造間에 별도로 수복 한 명을 두어 제물을 담아 바치는 것을 살펴보게 한 뒤, 남은 것은 하나하나 수습하여 밀봉해두고 절대 먼저 맛보지 말아 정성과 공경을 다하는 데 힘써야 한다.

1. 남은 제물의 진상進上은 전사가 으레 헌관·감찰·전사관과 함께 합좌合坐하여 성명을 열거하여 봉하여 진상한다. 사원의 집에 분과分果하는 단자單子[215]에 단지 고지기의 이름만 쓰는 것은 일처리가 외람되다. 대개 남은 제물은 중요하게 여기는 이유가 있으니, 기타 다른 음식에 비할 것이 아니다. 앞으로는 태묘太廟의 예에 의거하여 입번한 사원이 직접 밀봉하여 싸고 단자에 착명着名[216]하여 보내도록 한다.

215 원문은 "單字"인데, 본서의 다수 용례에 의거하여 '字'를 '子'로 교감하였다.

216 문서의 끝부분에 작성자나 결재 라인에 있는 관원들이 자신의 이름자[名]를 써넣는 것이다. 착함(着銜)과 같은 뜻으로 쓰이는 경우도 있다.

1. 영令 참봉의 번차番次는 능관陵官의 예에 의거하여 1달에 각각 15일로 분정分定하였는데, 혹 계속해서 15일을 직숙하는 것이 지루하다면 새 관료가 처음 입직하는 날에 편의에 따라 조정하여 10일이나 5일로 해도 안 될 것은 없다. 그러나 입직을 교대하는 날에는 반드시 대면하여 교대하여 비록 긴급한 사정이 있더라도 행여 허락 없이 지레 나가서는 안 된다. 전교傳敎를 들으러 갈 경우에는 급한 일이면 입직한 사원이 나아가고, 포폄褒貶의 경우에는 일이 급하지 않으니 출직出直[217]한 사원이 나아가는 것으로 정식을 삼는다.

1. 춘계·추계 수개修改 때 매번 시일을 끌다가 제기 및 다른 잡물雜物이 자연히 다 써서 없어지는 폐단이 있으니, 수개를 위해 봉심하는 날에 호조 낭관에게 원래의 관문關文을 베껴 내줄 것을 말하여 물력物力을 받아내 차지 수복으로 하여금 수개를 감독하게 한다. 공역工役을 마친 뒤 하나하나 점을 찍어가며 점검하여 봉상할 제기는 즉각 제기고에 들이고 다른 잡물은 각각 맡은 자들에게 준다. 무릇 제기 등의 물건을 입고入庫한 이후 분실하는 폐해가 생기면 고지기가 그 죄를 받고, 제향 및 수개할 때 입고되기 전에 분실하는 폐해가 생기면 정리정돈한 위장소衛將所의 사람들 및 차지 수복에게 맡겨 책임지고 비용을 내게 한다.

1. 화재를 막는데 쓰는 물품은 태묘의 사례를 참고하여 더욱 거듭 엄하게 하였는데, 본전에 남아 있는 것이 해가 오래되어 소홀해지게 될 폐해가 없지 않다. 다음에 수개할 차례 때 일일이 탈을 잡아 건건이 정

217 관원, 군사 등의 당번 근무자가 입직(入直)을 마치고 나가는 것, 또는 입직을 마치고 나간 상태를 말한다

리한다.

1. 나무를 식재하는 일은 본전에 있어서도 중요한 일이어서 매년 초봄에 사방의 산에서 으레 실어오는 규정이 있으니, 심을만한 소나무·전나무·꽃나무들을 흙을 붙여 옮겨 바치게 하고, 입직한 사원司員이 친히 감독하여 흙을 북돋아 심는 것은 반드시 견고하게 하고 줄을 맞추는 것은 반드시 단정하게 한다. 기일에 앞서 재촉하는 등의 일은 차지 수복에게 명심하여 거행하게 한다.

1. 본전은 일의 체모가 엄중하여 이미 태묘와 같은 반열이고 또 시어소時御所와 다름이 없으니 대문 안에 잡인雜人이 출입하는 것을 이치상 일체 금해야 하는데, 수문장·부장에게만 전적으로 맡겨서는 안 되고 제향을 올릴 때는 더욱 신칙해야 마땅하다. 헌관 이하의 대솔帶率은 근수법跟隨法에 따라 봉행해야 하는데, 매번 제향이 끝난 직후에 잡인이 전정殿庭에 난입하여 남은 제물을 챙겨가느라 시끄럽게 하고 서로 다투는 폐해가 생기니 일이 한심한 것이 이보다 심한 것이 없다. 제향을 올리기 전에 별도로 군인 중에 강건한 자로 여러 무리를 택하여 그들로 하여금 단문丹門에서 파수把守하게 하고, 수복·고지기·숙수熟手 외에 다른 잡인이 섞여 들어가는 것을 엄금한다. 만일 따르지 않는 자가 있으면 군인은 본전에서 태笞를 치고 각사各司의 하인은 형조로 이송하여 엄히 다스린다.

1. 본전이 문보文報를 올리는 일은 대체로 제향과 수개修改 등에 관한 일에 지나지 않지만 제조提調가 없기 때문에 예조에 보고하고 예조가 이를 진하여 입계할 수 밖에 없다. 일의 체모가 엄중하니 이와 같은 문보를 상세하고 신중하게 시행하지 않아서는 안 된다. 무릇 탈이 생

긴 곳이 있어 낱낱이 보고할 때는 반드시 먼저 요원僚員들과 상의하고 수복에게 물어 논의하여 정한 다음에 비로소 보고하되, 가벼운 일은 입직한 사원이 혼자 서명署名하고, 중대한 일은 사원 2원이 함께 서명한다.

1. 임금이 친림하여 지내는 제향과 크고 작은 제향에 사용하는 전 안의 제기와 다른 잡물은 각각 차지次知(담당자)를 둔다. 이들은 때에 임박하여 차출하기도 하고 돌아가며 차출하기도 하며 원래 정해져 있기도 하나, 차비기差備記 1통을 재실 벽과 수복방에 붙여놓고 만에 하나 혹 탈이 생기면 책임을 지게 될 것임을 알게 하여 항상 경계하게 한다.

1. 수복의 임무는 전을 관장하여 지키는 것이고 차출할 때 반드시 임금의 낙점을 받으니, 비록 하인下人이기는 하나 각사의 이속吏屬이나 사환使喚들과는 현격하게 다르다. 이전 규례에 의거하여 일을 일체 면제해주고 만일 중죄가 아니라면 갑자기 태거汰去하는 형전을 시행하지 않는다. 예전 규례에 벌직罰直[218]과 상·중·하 3등급의 벌을 주는 규례가 있었으니 우선 그 규례를 보존하되, 궐직闕直[219]하였거나 제물·제기를 다루는데 조심하지 않았거나 제향에 참가지 않은 죄를 지었을 경우에는 결코 용서하지 말고 경중에 따라 각별하게 논죄한다.

1. 고지기[庫直]는 단지 1인인데, 제기고의 제기를 간수하고 게다가 사령의 일을 겸하니, 두 사원은 그들이 번차로 왕래하는 것 이외에 출번出番한 사원이 번번이 불러다 일을 시켜서는 안 된다.

1. 청지기[廳直] 1인이 밤낮으로 장번長番하니 너무나 노고가 많고 고지

218 번(番)을 들 차례 외에, 벌로 들게 하는 번을 말한다.

219 일직(日直)이나 숙직(宿直) 따위의 차례에서 빠지는 것이다.

기 역시 그러하니 그들을 위로하는 방도가 없어서는 안 된다. 야직夜直할 때는 두 사람을 편의에 따라 교체하여 3일이나 5일간 하는 것으로 정식을 삼는다.

1. 전殿에 있는 서적 및 참고할만한 문서와 장부는 모두 궤 안에 넣고 수량을 대조하여 열거하여 기록한 것을 궤의 뚜껑에 붙인 뒤 봉하여 잠근 다음 재실齋室에 두고 청지기에게 그 출납을 관장하게 한다. 만일 분실하는 근심이 생기면 청지기 그 죄를 받는다. 재실에 있는 잡물雜物 역시 열거하여 기록하여 재실에 붙이고 청지기·고지기가 함께 관리한다.

1. 향군鄕軍이 입직을 교대할 때는 입번한 수복과 고지기가 함께 점검한다. 만일 적합하지 않은 자가 있으면 사원에게 고하여 즉시 물리쳐 보내고 바꿔서 선발해오게 한다. 경군京軍이 대신 입번하는 것은 일체 막는다. 정전正殿의 군인은 입번한 수복이 담당하고, 향청鄕廳 이외의 군사는 고지기가 담당한다.

1. 전殿 안의 수직군은 본래 20명이었는데 차차 삭감하여 9명에 이르렀다. 태묘의 고군이 일으킨 폐단으로 인하여 양쪽 모두 변통하여 다시 향군을 세웠다. 그런데 향군이 동서東西도 분간하지 못하는 데다가 재실의 시유채柴油債가 또 간 곳이 없게 되자, 지난 정묘년(1747, 영조 23)에 전사가 이러한 내용을 예조에 보고하였고 예조가 주상께 진달하여 윤허를 받아 군사의 수를 다시 20명으로 복구하도록 병조에 공문을 보냈는데 병조가 단지 고군 3명의 값만을 지급하였다. 1명은 방지기로 차출하여 중요한 사역事役에 응대하게 하고, 1명 값은 1명은 재실의 시채柴債에 충당하며, 1명 값은 수복에게 획급해주어 공사公私

경비에 대비하여 대략 모양새를 갖추게 한다. 그러므로 우선 이전 규례에 따라 변통한 곡절을 다 기재하였고, 주고받는 공문 안에는 이것을 낱낱이 거론하지는 않았다.

1. 방군坊軍은 오로지 청소만 담당하고, 소설군掃雪(눈 치우는 군사)은 정해진 수가 있다. 그밖에는 정해진 수가 없으니, 친림하는 제향 외에 잡초 제거나 삭망(초하루와 보름) 때의 분향과 제향 전후의 청소는 방군을 알맞게 참작하여 정하되, 어린아이들로 숫자를 채우지 말고 장정壯丁을 택하여 들이도록 신칙하여 거행한다. 정전 및 이안청의 두 재실의 청소는 입번한 수복이 검사하고, 향청香廳 이외의 청소는 고지기가 검사하며, 날마다 하는 청소는 향군이 하되 검사는 수복과 고지기가 아래와 같이 분담한다.

무릇 중앙과 지방의 크고 작은 관사官司는 사례事例가 없는 곳이 없어서 위로는 관원부터 아래로 이속吏屬에 이르기까지 일체 그것을 지켜 따를 수 있었다. 그런데 본전은 처음 세워진 후부터 지금까지 100여 년이 되었는데 분명하게 근거로 삼을 만한 문적文籍이 없으니, 아마도 깨끗하고 고요하게 재계하면서 아무런 직책이 없어서 그런 것인가. 그러나 관사는 한가하고 바쁜 구별이 없고 반드시 맡은 직무가 있으며, 맡은 직무가 있으면 사례가 있는 법이다. 그런데 이것이 유독 본전에만 빠져 있어 애초부터 기록해놓은 사례가 없으니 고찰하여 믿을만한 것이 없고, 일에 닥쳐 이끌어가려 해도 따를 것이 없었다. 그러므로 작년에 본전을 증수할 때 주상께서 의조儀曹(예조)로 하여금 사례를 정리해 놓으라고 하교하셨으나 지지부진하게 시일만 끌다가 종백宗伯이 갑자기 세상을 뜨게 되어 완성할 기약이 없게 되었으니 이루 말할 수 없이 한탄스러웠다. 내가 남몰래 생각하기를, '본전의 창립 일자나 봉안 차례 등의 일은 반드시 《실록實錄》을 자세하게 참고하고 전고典故를 폭넓게 채택하여야 서책을 완성할 수 있고 또 전사가 대신 수행할 수 없는 큰 작업이기는 하나, 본전의 일상적인 행사와 같은 것은 그래도 다른 사람에게 맡길 수 있고 직접 하지 않아도 되지 않겠는가.' 하였다. 이에 요원과 의논하고 수복들에게 물었으며, 태묘의 규례를 참고하여 절목節目 18조항을 정하고 병풍에 써서 항상 보는 곳에 두었으니, 이는 직임을 봉행할 때는 엄숙하고 근실하게 하고 아랫사람을 부릴 때는 최대한 관대하고 너그럽게 하도록 하는 것을 영구히 준행하게 하려는 목적이지, 감히 하루치의 책무를 다하여 은근히 나 자신이 우대를 받으려는 뜻이 아니다. 토론하고 윤색하는 수고로 말할 것 같으면 오히려 후대의 현명한 이에게 기대할 뿐이다.

기사년(1749) 중춘仲春(2월) 하순下旬에 참봉 홍재가 쓰다.

수복이 돌아가며 담당하는 직무[守僕輪回差備式]

1. 춘계·추계의 봉심수개奉審修改의 차지次知는 2인씩 돌아가며 정한다.
1. 전사청에서 제향을 준비할 때와 점조간砧造間에서 가루를 빻을 때 간검하는 차지는 1인씩 돌아가며 정한다.
1. 제기 및 향로 촛대를 정돈하는 차지는 1인씩 돌아가며 정한다【향로에 재를 담는 일 역시 1인씩 돌아가며 점검한다】.

1. 금화 차지禁火次知는 1인씩 돌아가며 정한다.

1. 제향 때 각 차비差備 중 전사청 차지가 되는 당번이 되면, 원래 정해진 차비는 다음 차례의 사람이 대신 담당한다.

1. 원래 정해진 차지와 돌아가며 맡는 차지는 각각 그대로 거행하고 크고 작은 잡역은 입번入番이 담당하여 거행하는데, 만일 고쳐서 바로잡은 뒤에 혹시라도 이의를 제기하는 폐해가 생기면 각별히 논죄한다.

잡규雜規

1. 매년 6월과 12월에 이조가 예조를 포폄褒貶할 때는 본전의 출직出直한 관원이 참석한다.

1. 수복에 결원이 생기면 전사가 예조에 보고하고, 예조가 형조에 공문을 전하여 근본이 분명하고 문장을 아는 사람을 삼망三望을 갖추어 입계入啓하여 낙점落點을 받는다. 그 사람이 혹 적합하지 않으면 본전이 물리쳐 보내 다시 정하게 한다.

1. 수복은 2인씩 6일을 입번하고서 교체한다. 매일 날이 밝으면 입번한 수복이 전 안이 무사한 지를 입직한 전사에게 나아가 고한다. 교체할 때와 퇴식退食[220]할 때를 제외하고 밤낮으로 직숙直宿한다.

1. 입직한 부장部將이 군사 2명을 관장하여 외대문外大門을 지켜 잡인의 출입을 엄금하되, 돌아가며 교체하여 밤낮으로 수직한다.

220 관청에서 나와 집에서 밥을 먹는 것이다.

1. 군사 9명이 각처에 분직分直하는데, 정전에 2명, 향대청에 1명, 전사청에 1명, 어재실과 동궁재실에 각각 1명, 전사의 직소直所에 1명, 외대문에 2명이다.

1. 삭망제 및 크고 작은 제향 때 해당 부部에서 청소를 하기 위해 방군坊軍을 35명씩 정하여 보내는데, 제향 때는 제향을 올리기 3일 전에 보내고 삭망제 때는 1일 전에 정하여 보낸다. 5일마다 제초 작업을 위해 방군을 5명씩 정하여 보낸다.

1. 외대문 안에는 상喪을 당한 사람, 여인, 승려, 말과 가축을 들어오게 해서는 안 된다.

1. 크고 작은 제향 때 해당 부에서 병모餠母, 면모麵母, 포모泡母를 각각 약간 명씩 보내어 제향에 쓸 떡과 면과 두부를 만들게 한다.

전사의 집물

殿司什物

殿司什物

제관祭冠 1개[頂][221]

제복 1건件 【백색 베보자기(白布袱)로 싼다】

자주색 녹비 열쇠주머니[紫的鹿皮鑰匙囊] 1부部 【그 안에 흑장궤 열쇠 6개를 넣는다】

말가죽 열쇠주머니[馬皮鑰匙囊] 1부 【정전, 이안청, 어재실 등과 제기고의 열쇠 도합 9개를 넣는다】

선생안先生案[222] 새 것과 지난 것 2건 【흑칠궤자(흑칠한 궤짝) 안에 넣는다】

등록책謄錄冊을 넣어둘 대궤大樻 1좌坐

대청大廳의 지의地衣 1부, 등매登每[223] 1건

방석方席 2닙立

열쇠궤[鑰匙樻] 1 【경오년(1750)에 만들었다】

안식按息[224] 1건

평상平床 1 【2편이다. 경오년(1750)에 만들었다】

놋쇠다기[鍮茶器] 1

놋쟁반[鍮錚盤] 1

놋쇠 연로[鍮烟爐] 1 【해가 오래되어 망가졌기 때문에 계해년(1743) 10월에 조철연로(鳥鐵烟爐)로 바꿔서 마련하였다】

놋쇠 등경[鍮燈檠] 1

놋쇠 타호[鍮唾壺] 1

놋쇠 요항[鍮要缸] 1

---

221 '정(頂)'은 관(冠)·전건(戰巾)·투구처럼 머리에 쓰는 물건을 세는 데 쓰는 말이다.

222 조선시대에 각 관아에서 전임(前任) 관원의 이름, 직명(職名), 생년월일 등을 적은 책이다.

223 헝겊으로 가장자리 선을 두르고 뒤에 부들자리를 대서 꾸민 돗자리이다.

224 벽에 세워 놓고 앉을 때 몸을 기대는 방석이다.

식례병풍式例屛風 1 【해가 오래되어 찢어졌기 때문에 을유년(1765) 12월에 그림병풍[畵屛]으로 개비하였다】[225]

서안書案 2 【하나는 경오년(1750)에 만들었다】

경오년(1750, 영조 26) 여름에 내가 본전의 전랑殿郎이 되어 상고할만한 전고典故를 물으니 단지 의조에서 온 등록 2책이 있었는데 엉성하고 번잡하여 지志를 기록하는 체재와 모양을 이루지 못하였다. 내심 그것을 병통으로 여겨 마침내 나의 주제넘음과 경솔함을 헤아리지 않고 그 등록에서 긴요한 내용을 뽑아내고 겸하여 《오례의》와 《속오례의續五禮儀》 등의 서적에서 채택하였으며, 또 전복殿僕 무리에게 여러 사례들을 물어서 분류 찬집하며 2책으로 정리하였다. 이것을 《영희전지》라고 명칭하여 이후 본전의 관원이 되는 자로 하여금 고찰하여 준거로 삼도록 하노라.

금상今上 27년 신미년(1751, 영조 27) 3월 일 참봉 안동김씨 김용겸金用謙이 삼가 쓰다.

서사書寫 본전 청지기[廳直] 송대원宋大源

225 을유년은 1705년(숙종 31)과 1765년(영조 41)일 가능성이 높은데, 이 주석의 필체가 다른 것으로 보아 본지(本志)의 편찬 이후에 추가된 내용일 것이라 생각하여 을유년을 1765년으로 보았다.

국역

남전속지

南殿續志

남전속지 목록

南殿續志 目錄

南殿續志 目錄

제향

증건

영정의 위차 【표지】

중수

각양 수보 【염장·포진, 양상도회, 개와, 장계, 하마비, 주맥금착】

제향 총목

친향

작헌례

제향 찬품 【주상에게 여쭈어 정한 일이다】

제향 진배 【주상에게 여쭈어 정한 일이다】

축문

제향 의주 【나중에 보완하였다】

제향 잡의 【준축·전향·망예·진상】

잡의 【이안·환안·춘추봉심·수향】

의물·제기

어제

어유

변통

범례
凡例

凡例

* 저본에는 없다. 일반적인 용례에 근거하여 보충한 항목이다.

1. 총목의 차례는 삼가 전지前誌[1]를 준수하였으며 간혹 시대에 따라 가감이 있는 것은 범례의 형태를 본떠 조목조목 다음과 같이 열거하였다. 창건 전말 중에 제향躋享과 증건 부분은 원지와 속지가 다르다.[2]

1. 건물 배치는 그림으로 그려 찬품진설도와 함께 편 머리에 실었다.

1. 전호殿號는 이미 정해진 명칭이 있으므로,[3] 따로 다시 쓸 필요가 없어 항목을 만들지 않았다.

1. 영정 개모改模, 영정 수보修補 등의 절차는 근년의 등록에는 없기 때문에 감히 항목을 만들지 않았다.

1. 중건을 중수라 한 것은 공역의 대·소를 가지고 그 명목을 구별한 것이다. 각종 수보 사항은 기록할 만한 것이 많기 때문에 분류하여 구분하고 큰 항목 안에 세부 항목이 있는 것 또한 전지前誌에 있는 잡의의 예를 준수하였다.

1. 제향 때 양위兩位에 더 마련하여 바친 것과 각 물종의 증가된 수량은 전지를 미루어 알 수 있기 때문에 주상에게 여쭈어 정한 일은 찬품품정 조목 아래 실었다.

1. 잡의의 세부 항목 중에 기록할 필요가 없는 것은 뺐다.
관원의 전사의 식례, 전사의 집물[4]은 간혹 늘이거나 줄이던 내력이 있어 일이 그다지 중요하지 않아 전지에 따라 간략하게 주석을 붙였다.

---

1 《영희전지》를 말하는 것으로 추측된다. 남전의 공식명칭이 영희전이라 하였고, 《영희전지》 내용이 실제 범례에서 언급하는 것과 거의 일치한다.

2 《영희전지》에는 맨 처음 〈창건〉항목이 나오는데 《남전속지》에서는 〈창건〉 대신에 〈제향〉 항목이 생겼고, 〈중건〉 대신에 〈증건(增建)〉 항목이 생겼다는 말이다.

3 《영희전지》에는 〈전호(殿號)〉 항목이 있어 전호의 고찰과 영희전으로 명칭을 정하는 과정을 기록하였다.

4 일상 집기, 기물, 잡동사니 등을 말한다.

전각 배치도

殿宇間架圖

殿宇間架圖

정전正殿 32칸

이안청移安廳 10칸

무오년(1858, 철종 9)에 증건할 때 정전은 4칸을 증축하였고 이안청은 2칸을 증축하였다. 이 숫자 이외에는 원지原誌에 실린 것과 같다.[5]

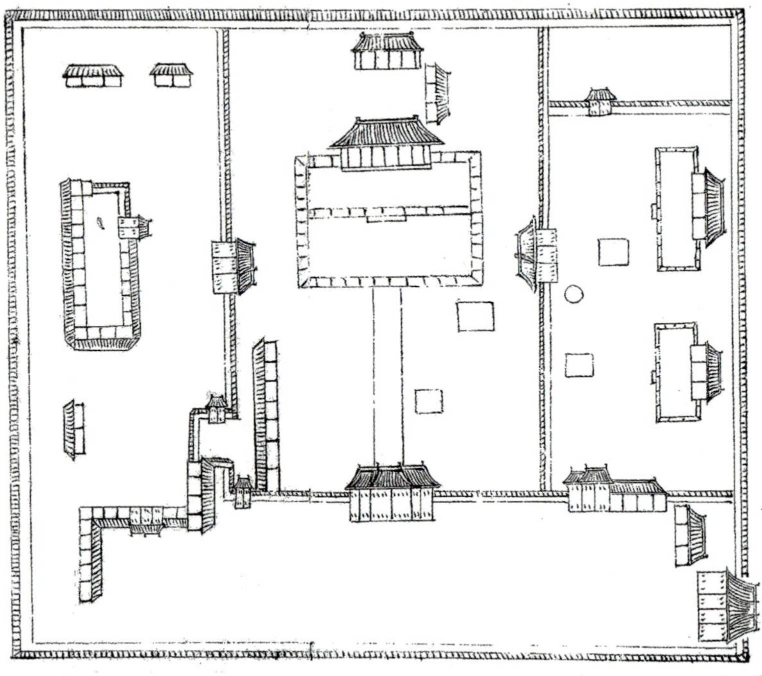

5 영조대의 《영희전지》에는 정전이 28칸, 이안청이 8칸으로 되어 있어 증축한 사실을 알 수 있다. 이밖에 어재실 4칸, 동궁재실 4칸, 향대청 6칸, 제기고 3칸, 전사청 22칸, 침조소(砧造所) 2칸, 제집사재방(諸執事齋房) 8칸, 전사재실(殿司齋室) 및 주고(廚庫) 7칸, 부장직소(部將直所) 3칸 등으로 규모가 같다는 말이다.

찬품진설도

饌品陳設圖

饌品陳設圖

여름과 가을 두 계절에는 곶감, 대추, 황률黃栗[6]의 경우 생과일 2종이나 3종으로 대신할 수 있다. 그릇은 놋 접시를 쓴다.

6 말려서 껍질과 속껍질을 벗긴 밤. 황밤이라고도 한다.

제향

躋享

躋享

정조 병신년(1776, 정조 즉위년) 4월 12일에 승지가 입시하고 예조 판서 정상순鄭尙淳이 함께 입시하였을 때, 전교하기를 "예조 판서가 아뢴 것을 들으니, 영희전에 봉안하는 영정을 언제쯤 봉안해야 할지 품의한 것인데, 숙종의 영정을 봉안한 예를 이번에도 준용해야겠지만 여기에는 다른 점이 있다. 예관을 보내어 시원임 대신에게 물어서 의논한 뒤 품처하라."하니, 예조가 아뢰기를, "(시원임 대신에게) 물어서 의논하라고 명을 내리셨습니다. 이에 대해 영의정 김양택金陽澤, 좌의정 김상철金尙喆, 우의정 정존겸鄭存謙이 '어진을 옮겨 봉안하는 것은 본디 나라의 성대한 일이니 반드시 고취鼓吹를 규례대로 갖추고 길일吉日을 택하여 정결하게 제사하며[7] 예를 따라 아름답게 꾸미는 의전儀典을 마련해야 합니다. 그러나 돌아보건대 지금 임금이 승하하신 때여서[8] 가볍게 의논해서는 안 될 듯합니다. 천천히 상제喪制가 끝나기를 기다린 뒤에 이안하는 예를 거행하는 것이 사의事宜에 합당할 듯합니다. 삼가 바라건대 상께서 재결하소서.'라고 하였습니다.

판부사判府事[9] 이은李溵은 '(영정을) 진전에 옮겨 봉안하는 일은 태묘에 지내는 길례나 부례祔禮와 거의 차이가 없으니, 우선 상제가 끝나기를 기다렸다가 부묘祔廟하는 예에 따라 거행하는 것이 합당할 듯합니다. 삼가 바라건대 주상께서 재결하소서.'라고 하였습니다." 하니, 알았다고 전교하였다.

---

7 《시경》〈천보(天保)〉에 "길일을 잡아 정결히 주식(酒食)을 장만해 이를 효성으로 제향한다[吉蠲爲饎 是用孝享]." 하였다.

8 원문은 "遏密"이다. 《서경》〈순전(舜典)〉에 "요 임금이 붕어하거늘 백성들은 부모의 상을 당한 듯이 삼년복을 입었고, 온 천하가 팔음을 중지하여 조용하게 하였다."라고 한 데서 온 말로, 알밀(遏密)은 본디 제왕이 죽었을 때 음악을 중지하여 조용하게 하는 것을 말한다. 여기서는 1776년(영조 52) 3월 5일에 승하한 영조의 국상을 두고 이른 말이다.

9 《승정원일기》 1380책, 정조 즉위년(1776) 4월 16일 기사에는 "行判中樞府事"로 되어 있다.

무술년(1778, 정조 2) 3월 19일에 부묘도감 낭청이 도제조의 뜻으로 아뢰기를, "영희전의 제기 가운데 새로 준비해야 할 것을 지금 막 별단으로 써서 들였습니다마는, 부묘한 뒤에 효명전孝明殿[10]의 제기 중에 종묘에 사용하기는 합당하지 않지만 영희전에서 사용하기에 적합한 것이 많이 있어서 이것을 옮겨다 쓰면 편리할 듯합니다. 그러나 아래에서 감히 마음대로 할 수가 없으니, 어떻게 해야겠습니까? 감히 여쭙니다."하니, 그대로 하라고 전교하였다.

윤 6월 7일에 전교하기를, "영희전 제5실에 봉안奉安하는 절차에 대해 물을 것이 있으니, 내일[11] 대신, 예조 당상, 병조 판서는 입시하라." 하였다.

또 전교하기를, "내일 대신,[12] 예조 당상이 입시할 때 (영희전) 제2실과 제4실에 영정을 봉안했던 절목을 살펴서 들이라." 하였다.

윤 6월 8일에 영의정 김상철, 좌의정 서명선徐命善, 우의정 정홍순鄭弘淳, 예조 판서 이경호李景祜, 참판 서호수徐浩修, 참의 이병모李秉模, 병조 판서 이휘지李徽之가 입시하였을 때, 주상이 이르기를, "오늘 경들을 부른 것은 영희전에 영정을 봉안하는 일에 대해 의논하려는 것이다. 헤아려서 잘 처리해야 할 일이 많아 을묘년(1736, 영조 11)과 무진년(1748, 영조 24) 두 해의 등

10 영조의 혼전(魂殿)으로 경희궁 안에 있었다.

11 저본에는 없으나 《승정원일기》 1423책, 정조 2년 윤6월 7일 기사에 근거하여 보충하였다.

12 저본에는 없으나 《승정원일기》 1423책, 정조 2년 윤6월 7일 기사에 근거하여 보충하였다.

록[13]을 가져다 살펴보니 도감을 설치하여 거행하였으니 이번에도 도감을 설치해야 하겠는가? 그리고 당일에 고유제를 제1실과 함께 겸해서 지내는 것은 난처한 점이 있으니 해당 신위神位에 단독으로 행한 전례가 이미 있고, 또 선원전의 제사는 자내自內에서 지내고 고동가제告動駕祭는 응당 밖에서 지내야 하니, 이 일은 구애되는 점이 많다. 어떻게 하면 편리하겠는가?" 하였다.

이경호가 아뢰기를, "영정을 (영희전으로) 옮겨 봉안할 때 마땅히 고동가제를 지내야 할 것인데 현재 봉안할 처소에 불편한 일이 있으니 어떻게 해야겠습니까?" 하니, 주상이 말하기를, "양지당養志堂으로 하고, 작헌례酌獻禮를 하는 것으로 마련하라." 하였다. 또 주상이 말하기를, "숙묘조肅廟朝 때 제기祭器를 새로 만들어서 썼으므로 이번에 해당 실室의 제기도 새로 만들라. 그러나 해당 실에 이미 새로 만들어 놓은 제기가 있다면 고동가제 때 가져다 써도 무방하겠다." 하니, 모두 아뢰기를, "성상의 하교가 진실로 합당합니다."하였다.

주상이 말하기를, "봉안할 때 도감을 설치해야 하니 예조에서 거행하되, 종래의 도감에서 그대로 거행하면 별도로 상전賞典을 시행해야 하는 문제가 없을 것이다." 하였다. 이경호가 아뢰기를, "무진년(1748, 영조 24)에 옮겨 봉안할 때 《속오례의》의 오향의五享儀에 근거하여 행하고 또 술잔을 세 번

13 1736년 영희전에서 제2실에 있던 세조의 영정을 경덕궁의 광명전으로 이봉(移奉)하여 모사(摹寫)하였다가 다시 되돌려 놓을 때까지의 의식을 정리한 《영희전제이실영정이봉광명전모사시의주(永禧殿第二室影幀移奉光明殿模寫時儀註)》와 1748년 진전을 중수한 과정을 기록한 의궤인 《진전중수도감의궤》를 말한다. 선원전에는 숙종 영정이 봉안되어 있었으며 영희전에는 태조, 세조, 원종의 영정이 봉안되어 있었다. 선원전의 숙종 영정이 훼손되어, 이를 모사한 후에 3실로 되어 있던 영희전을 5실로 중수하여 제4실에 모사한 영정을 봉안하고자 하여 중수를 결정하게 된 것이다.

올리는 것으로 하였습니다. 이번에도 역시 이대로 마련합니까? 또 옮겨 봉안할 때 도감 당상이 으레 배종해야 하는데, 지난달 선원전에 옮겨 봉안할 때 춘도감 당상이 배종하여 봉안한 예가 있었으니, 이번에도 역시 이대로 합니까?" 하니, 주상이 그대로 하라고 하였다.

윤6월 11일에 예조가 아뢰기를, "신 이경호가 호조 판서 구윤옥具允鈺과 영희전에 나아가 봉심하였더니, 전 안의 상탁과 포진은 별로 수리할 곳이 없으나 창호에 바른 종이가 오래되었고 퇴(툇마루)의 지의地衣가 색이 바랜 곳이 많으며, 합문 주렴의 선縇 및 낙영絡纓의 동도리줄도 파손되어 즉시 수리해야 합니다. 수리는 이번 윤6월 21일에 하는데, 본전의 선고사유제를 겸하여 행할 것이니 축문 중에 말을 만들어 추가해 넣고, 같은 날 묘시卯時에 공사를 시작하겠습니다. 들어가는 잡물은 각 해당 관사에서 마련하여 진배하도록 하고, 또한 선공감에서 별도로 감역관을 정해서 즉시 수리하라고 분부하는 것이 어떻겠습니까?" 하니, 주상이 그대로 하라고 하였다.

7월 2일에 영희전에 배설하고, 9일에 양지당에 배설하였다. 11일 진시辰時에 영정을 옮겨 봉안하였다.

영조 무진년(1748)에 숙종 영정을 봉안할 때 2칸을 증축하여[14] 1칸이 비어있기 때문에 지금 도감을 설치하는 일은 없고 영정을 봉안하는 절차만 남았다.

---

14 영희전에는 태조, 세조, 원종 세 분의 영정이 봉안되어 있었고 숙종 영정은 선원전에 봉안되어 있었다. 1748년(영조 24) 선원전의 숙종 영정이 훼손되자, 이를 모사한 후에 영희전에 봉안하기 위해 3실로 되어 있던 영희전을 5실로 중축한 사실을 말한다.

증건

增建

增建

지금의 임금[15] 무오년(1858, 철종 9) 6월 25일에 지중추부사 윤정현尹定鉉이 상소하기를, "신이 가만히 생각건대, 열성조의 어진이 이미 모두 궐내에 봉안되어 있는데 영전影殿이 궐 밖에 또 있는 것은 원묘原廟[16]의 제도처럼 진실로 백관과 만백성이 우러러 바라보며 사모하는 마음을 붙일 곳을 두려는 뜻입니다. 그래서 숙종과 영종의 어진은 남전에 추배追配하고, 정조의 어진은 화령전華寧殿[17]을 세워 경건히 봉안하였으니, 크게 보답하는[18] 절차와 세심하게 살핀다는 의미가 이렇게 한 뒤에야 비로소 여한이 없게 되었습니다.

삼가 생각건대, 우리 순조 대왕은 성군의 자질로 성군의 뒤를 계승한 분으로 현명한 임금과 뜻이 합치되어 대대로 태평성대가 이어졌습니다.[19] 바다처럼 대단히 깊은 효심은 종신토록 추모하면서도 부족하게 여겼고, 하

15 원문은 "當宁"로 현 임금, 곧 철종을 말한다. 저(宁)는 문병(門屛)의 사이로 금상(今上)과 같은 말이다. 《예기》 〈곡례(曲禮)〉에 "천자는 당저(當宁)하여 선다[天子當宁而立]"라고 하였다.

16 본디 있는 정묘(正廟) 이외에 더 지은 종묘를 말한 것으로, 한나라 혜제 때 숙손통의 건의로 처음 세웠다.

17 정조의 어진을 봉안한 곳이다. 정조의 어진은 처음에는 현륭원의 재실에 봉안하였는데, 1801년(순조 1) 1월 화성행궁의 왼쪽에 전각을 세워 옮겨 봉안하고 칭호를 화령전으로 정하였다(《국조보감》 순조 1).

18 원문은 "崇報"로 여기서는 문묘에 종사시키는 것을 의미하는 듯하다.

19 원문은 "重光累洽"이다. 현명한 임금이 여러 대에 걸쳐 일어나 그 공덕이 서로 이어져 대대로 태평함을 칭송하는 말로 "重熙累洽"이라는 표현이 있다. 《문선》에 수록된 班固의 東都賦에 "영평의 즈음에 이르러 거듭 빛나고 누차 합한다[至永平之際 重熙而累洽]"라고 보이는데, 張銑이 "희는 광명함이요, 흡은 합치하다의 뜻이다. 후한의 광무제가 이미 성명한데 명제明帝가 계승하였기 때문에 중희루흡이라고 말한 것이다[熙光明也 洽 合也 言光武既明而明帝繼之 故曰重熙累洽也]"라고 주하였다. 본문에서는 '重熙'를 '重光'으로 바꿔 쓴 듯하다.

늘을 섬기는 지극한 정성[20]은 조심하는 마음이 혼자 있는 곳에서도 변함이 없었으며, 측은히 여기는 마음으로 살리기를 좋아하여 만물을 조금이라도 손상되는 일을 차마 하지 못하였고 겸손하고 검소한 자세로 절용節用하여 천승千乘의 부유함[21]도 몰랐으니, 재위 34년[22] 동안 그 성스러운 덕은 선왕을 이었고 풍성한 공은 영원히 후세에 전하여질 것입니다. 태조가 남기신 모훈謨訓을 준수하고 정조가 지키신 의리를 발휘하여 음양과 선악을 조기에 변별하는 정사를 시행해서 부정을 바로잡았고, 우로雨露 같은 은혜와 서릿발 같은 위엄을 병행하면서 죄를 벌하여 형벌을 쓰되 가급적 형벌을 쓰는 일이 없게 되는 것을 목표로 삼았습니다.[23] 서양 예수교[洋教]를 물리침에 있어서는 근간을 통렬히 단절하여 사설邪說이 일어나지 못하였으며, 토적土賊을 평정함에 있어서는 협박을 받아 따른 사람은 다스리지 않아 크게 교화되고 크게 새로워졌습니다. 천덕天德과 왕도王道를 위에서 몸소 행하니, 백성들이 본받아 저절로 중도中道에 맞게 되었으며, 이른 아

---

20 원문의 "對越"은 상제를 우러러 마주하는 지극한 정성을 뜻한다. 《시경》 〈청묘(淸廟)〉에 "하늘에 계신 분을 대하고 사당에 계신 신주를 분주히 받든다[對越在天 駿奔走在廟]"라고 했다.

21 천승은 병거(兵車) 1,000대를 갖출 힘이 있는 나라라는 뜻으로, 큰 제후국을 지칭한다. 천승의 재력을 가진 제후국의 군주로서 누릴 수 있는 부유함을 말한다.

22 저본에는 24년으로 되어 있는데, 순조는 1800년부터 1834년까지 34년간 재위하여 34년으로 교감하였다.

23 원문은 "刑期無刑"인데, 《서경》 〈대우모(大禹謨)〉에 나오는 말로, 형벌의 목적은 형벌을 쓰지 않아도 되게 하는 데에 있다는 뜻이다.

침부터 밤늦게까지 천명을 다지기를 깊고 주밀하게 하여[24] 우리의 크나큰 기업基業을 공고하게 만들어 오늘날의 아름다움에 이르렀습니다.

우리 성상께서는 큰 기업을 계승하시고 효성이 끝이 없어, 옥책玉册과 금보金寶를 여러 번 추상追上하여 올렸고 선조의 공덕을 밝혀 묘호를 더 높였으니, 고귀한 호칭을 드러내어 기리는 도리가 지극하고도 극진하다 하겠습니다. 그런데 진용眞容을 봉안한 것이 구중궁궐의 깊숙하고도 근엄한 곳에 있을 뿐 별전이 없어 신민들이 우러러 사모할 곳이 없으니, 이 어찌 미처 거행하지 못한 결전缺典이 아니겠습니까? 어리석은 신의 얕은 견해로는, 굳이 새로 터를 정하여 터를 닦고 집을 지을 필요 없이 지난날 겸허하였던 성의聖意를 체득하여, 단지 영희전에 한 칸을 더 증축하여 오실五室의 다음에 나란히 배향한다면, 신도神道에 진실로 맞고 인정과 예문도 모두 극진해져서, 가히 전국의 모든 백성들이, 친현낙리親賢樂利하신 선왕을 이 세상에 없는데도 잊지 못하는 마음[25]에 위로가 될 수 있을 듯합니다. 이는 유독 신만의 개인적인 말이 아니라 바로 온 나라 백성들이 소원하는 것으로, 이에 대한 이의異義가 없습니다.

삼가 바라건대 밝으신 성상께서는 조정의 신하들에게 하문하시어 속히

24 《시경》 〈호천유성명(昊天有成命)〉에 나오는 말로, "호천이 이룬 명이 있으시거늘 두 임금이 받으셨느니라. 성왕이 감히 편안치 못하여 이른 아침부터 밤늦게까지 명을 다지기를 깊고 주밀하게 하시었다. 아! 이어 밝혀서 그 마음을 오로지하셨으니 마침내 편안케 하셨느니라[昊天有成命 二后受之 成王不敢康 夙夜基命宥密 於緝熙單厥心 肆其靖之]"라고 하였다. 성왕이 문왕과 무왕의 뒤를 이어서 천명을 밝혔듯이, 순조가 영조와 정조의 뒤를 이어 나라의 기틀을 다졌음을 비유한 것이다.

25 《대학장구》 전 3장에 "시에 '아아, 전왕을 잊을 수가 없구나!' 하였다. 군자는 그 어짊을 어질게 여기고 가까운 이를 친애하였으며, 소인은 그 즐거워하는 것을 즐거워하고 이로운 것을 이롭게 여겼다. 그러므로 세상을 떠났는데도 잊지 못한 것이다[詩云 於戲前王不忘 君子賢其賢而親其親 小人樂其樂而利其利 此以沒世不忘也]"라고 한 데서 나온 말이다.

성대한 의식을 거행하여 성효聖孝를 빛나게 하시며 백성들의 뜻에 부응해 주소서." 하니, 답하기를, "상소를 보고 잘 알았다. 영전은 바로 원묘의 제도로, 그 뜻은 있었으나 미처 거행하지 못했다. 이제 경의 소장을 보니, 나의 슬픈 마음이 더욱 절실하다. 청한 것은 삼가 따르도록 하겠다." 하였다.

같은 날 전교하기를, "중신重臣의 상소에 이제야 막 비답을 내렸는데, 중대한 일이니 도감을 설치하여 거행하되 도감의 명칭은 '남전증건도감南殿增建都監'으로 하라. 이·병조의 관원을 패초牌招하여 인사 행정을 열고 도감 당상과 낭청을 차출하라." 하였다.

같은 날 전교하기를, "증건도감 도제조는 영의정[26]이 하라." 하였다.

28일에 남전증건도감 낭청이 도제조의 뜻으로 아뢰기를, "남전을 증건할 기지基址와 이안할 곳을 봉심하기 위해 신 등이 오늘 영희전으로 가보겠습니다. 감히 아룁니다." 하니, 알았다고 전교하였다.

같은 날 또 아뢰기를, "신 등이 영희전에 가서 증건할 기지와 이안할 곳을 봉심하였더니 정전 남쪽 편은 지형이 협소하고 암반巖盤이 엉겨있어 가부를 의논하기 곤란하고, 북쪽 편 기지가 조금 넓어 증건할 자리는 북쪽으로 정하였습니다. 이안청은 보수할 곳이 많고 간가間架도 3칸뿐이니 앞으로 만약 제6실의 영정을 이안할 때가 되면 실로 좁아질 우려가 있으니 1칸을 북쪽에 더 짓고, 이안할 처소는 무진년(1748, 영조 24)의 예例[27]에 따라 재실에 봉안하는 것이 어떻겠습니까? " 하니, 윤허한다고 전교하였다.

26 이때 당시 영의정은 김병학이었다.

27 무진년은 1748년(영조 24)으로, 당시 선원전에는 숙종의 영정이 봉인되이 있었으며 영희전 남별전, 남전에는 태조, 세조, 원종의 영정이 봉안되어 있었는데, 숙종 영정이 훼손되어, 이를 모사한 후에 세 실로 되어 있던 영희전을 다섯 실로 증수하여 제4실에 모사한 숙종 영정을 봉안하고자 하여 증수한 것이다.

7월 15일에 주상이 다음과 같이 전교하였다. "순조대왕의 어진인 경인년(1830, 순조 30) 대본大本을 남전에 봉안하라."

7월 17일에 증건도감 낭청이 도제조의 뜻으로 아뢰기를, "순조대왕의 어진인 경인년 대본을 남전에 봉안하라고 명을 내리셨으니, 신 등이 오늘 경모궁 망묘루望廟樓에 나아가 봉심하겠습니다. 감히 아룁니다." 하니, 알았다고 전교하였다.

7월 3일에 역사를 시작하였다.

8월 22일 묘시卯時에 각실에 있는 영정을 이안하고, 오시午時에 정전의 터를 닦기 시작하였다. 26일 진시에 정초定礎하였다. 28일 묘시에 기둥을 세우고, 신시申時에 상량上樑하였다.

9월 26일 진시辰時에 순조대왕 어진을 경모궁 망묘루에서 재전齋殿에 임시로 봉안하였다. 27일 진시에 순조대왕 어진을 영희전 신문神門 밖에 옮겨 모시고 악차에 임시로 봉안하였다가 같은 날 오시에 각 실에 환안하였다. 같은 날 같은 시각 여섯 실에 봉안[入奉]하였다.[28]

증건도감 당상과 낭청의 좌목은 다음과 같다.

도제조는 영의정 김좌근金左根이고, 제조는 행 호조 판서 김병국金炳國, 예조 판서 홍열모洪說謨, 공조 판서 김영근金泳根이고, 도청은 부사과副司果 이응인李應寅, 서신보徐臣輔이고, 낭청은 호조 정랑 김상희金相喜, 예조 좌랑 최경조崔擎祖, 공조 정랑 박이소朴履韶, 부사과副司果 김석현金奭鉉·김기석金箕錫·박헌양朴獻陽이고, 감조관은 부사용 유치중兪致中·조희백趙熙百·임길모任吉模·김민균金民均·조환趙垣·송기현宋基鉉이고, 별공작은 선공감 가

28 김계진은 이 내용을 구분 없이 앞의 내용에 이어서 기재하였으나, 일반적인 의궤 형식에 근거하면 '시일(時日)' 부분에 해당한다.

감역 박제홍朴齊鴻이고 전사 영令은 서상학徐相學, 참봉 홍순성洪淳性이다.

증건 상량문增建上樑文

삼가 아룁니다. 선왕께서 마치 우리 신하들을 바라보고 계신 듯한 성대하고 아름다운 영정 모습입니다. 훌륭한 자손[神孫]이 성조聖祖를 성대하게 계승하여 심오하고 장엄한 진전을 증축하였습니다. 건물은 비록 옛것이나 새롭게 되었으며, 매우 길고 또한 큽니다.[29] 가만히 헤아려보건대, 남별전의 아름다운 제도는 실로 다섯 성인[30]의 어진을 모신 것입니다. 덕스러운 모습[德容][31]의 태조는 처음 천명天命의 부신符信에 부응하여 왕업을 창건하고 전통을 드리워서 계승할 수 있게 하였고, 빼어난 풍채[英采][32]의 세조는 선위 받은 공적을 드날려 총명함과 지혜로움으로 군림하기에 충분하였습니다.

장릉長陵(인조)에 이르러 장릉章陵(원종)을 높이 모시어 선조가 돌아가신 뒤에 보답하는 효성이 지극하였습니다. 아, 영고英考(영조)께서는 숙고肅考(숙종)를 철저히 계승하여 왕위를 주고받는 신령한 법통이 빛이 났습니다.

29 중국 노나라 희공이 주공의 사당을 복구함을 칭송한 시에, "소나무로 만든 서까래가 크기도 하니 노침이 매우 크도다. 새 사당이 혁혁하니 해사가 지은 바로다. 매우 길고 또 크니 만민의 기대를 순히 하도다[松桷有舃 路寢孔碩 新廟奕奕 奚斯所作 孔曼且碩 萬民是若]"라고 한 데서 나온 말이다[《시경》 노송(魯頌) 비궁(閟宮)].

30 태조, 세조, 원종, 숙종, 영조를 말한다.

31 태조의 어진을 비유한 것으로, 태조를 지칭한다.

32 세조의 어진을 비유한 것으로, 세조를 지칭한다.

칠분七分의 어진[33]에서 흡사한 의용을 볼 수 있고, 만세토록 우러러 사모하는 장소에 계십니다. 이에 제례 의식[34]이 없어도 자못 청묘淸廟[35]에서 문왕을 뵌 듯하고, 본래 선대왕의 어진이 전해지고 있으니 어찌 향당鄕黨편에서 부자를 묘사한 정도일 뿐이겠습니까.[36]

공손히 생각건대, 순조대왕께서는 천지와 그 덕이 부합하여 사람들의 임금이 되어서는 인덕을 베푸는 데에 머물렀습니다.[37] 선열先烈을 받들고 왕업을 이으시어 조종께서 인도하고 보우하신 정도正道를 본받았으며, 서양 예수교를 물리치고 성무聖武를 펴서 나라를 편안히 안정시키는 공효를 이루셨습니다. 큰 위엄은 연묵淵黙의 다스림[38]에 근원하였으니 한나라

---

33 그림으로 모사한 임금 모습을 일컫는다. 칠분(七分)은 정이의 문인인 장역이 정이에 대한 제문을 지으면서 "선생의 말씀으로 문자에 드러난 것은 칠분의 마음이 있고, 단청으로 그려진 것은 칠분의 용모가 있다[先生有言見於文字者 有七分之心 繪於丹靑者 有七分之儀]"(《이정전서》 부록 제문)라고 한 데서 나온 말로, 글이나 그림으로 최대한 나타낼 수 있는 것이 칠분에 불과하다는 말인데, 이후 초상화를 뜻하는 말로 쓰였다.

34 원문은 "朱絃之倡歎"이다. 주현은 종묘의 제례에 연주하는 슬의 현으로, 주현의 창탄은 종묘 제례를 행하는 것을 말한다. 《예기》 〈악기(樂記)〉에 "청묘의 슬은 붉은 현에 너른 구멍을 밑바닥에 뚫었으며, 한 사람이 연주하면 세 사람이 화답하여 감탄하는데, 이는 선왕이 남긴 소리가 있는 것이다[[淸廟之瑟 朱絃而疏越 壹倡而三嘆 有遺音者矣]"라고 한 데서 나온 말이다.

35 주나라 문왕의 사당이다(《시경》 노송(魯頌)).

36 원문은 "素繪之傳神"이다. 소회는 단청을 하지 않은 그림 즉 백묘법(白描法)의 화법을 말하고, 전신은 인물화를 말한다. 《논어》 향당에는 공자의 모습을 묘사한 내용이 실려 있고 자공이 실제 공자를 그렸다고 하는데 그 진위는 불분명하므로, 본래 있는 선대왕의 어진이 공자를 묘사한 글이나 영정에 비할 바가 아니라는 말이다.

37 《시경》 문왕(文王)에 "심원하도다, 우리 문왕이시여. 아, 실로 계속해서 공경하는 덕을 밝히셨나니, 임금이 되어서는 인덕을 베푸는 데에 머무르셨다[穆穆文王 於緝熙敬止 爲人君止於仁]"라고 덕을 칭송한 말이 나온다.

38 고요한 중에 훌륭한 정사를 이룬 것을 말한다. 《장자》 〈재유(在宥)〉에 "시동처럼 가만히 있다가 용처럼 나타나며, 못처럼 고요히 있다가 우레처럼 큰 소리를 낸다[尸居而龍見 淵默而雷聲]"라고 한 데서 나온 말이다.

태종의 수문守文[39]의 치세를 이루었고, 오랜 다스림은 광원廣遠하고 장구한 복록을 맞이하였으니 은나라 조갑祖甲이 나라를 다스린 세월과 같습니다.[40] 승하하신 지극한 애통함이 길이 사무치고[41] 갱장羹墻을 돌아보며 그리워하는 마음[42]이 항상 간절하였습니다. 의악議樂은 이미 세상에 융성히 행해졌고,[43] 이장彝章(상례)을 바치고 누차 휘호를 더 올렸습니다. 이에 조종祖宗의 공덕에 실어 드러내어 홍호鴻號[44]가 더욱 천명되었으나, 풍수風樹가 안정되지 않아[45] 어버이 뜻을 봉양할 기약이 없음을 슬퍼하였습니다.

39 선왕의 법도를 지킨다는 뜻이다.

40 은나라 조갑의 재위 연도가 순조의 재위 연도와 거의 같음을 말한 것이다. 조갑이 재위한 연도가 33년이고, 순조는 재위 34년 11월에 승하하였다. 《서경》 무일(無逸)에, 주나라 주공이 성왕에게 중종·고종·조갑과 주나라 문왕이 백성들의 원망하는 말을 듣고도 노여워하지 않고 잘 선도하여 나라를 다스리고 역년을 오래하였던 사실을 들어 충고하였다는 내용이 나온다.

41 원문의 "弓劍之至慟"은 임금의 승하에 지극히 애통해하는 것을 말한다. 황제(黃帝) 헌원씨(軒轅氏)가 승하할 때 사람들이 뒤따르려 했으나 황제의 궁검과 함께 땅에 떨어지고, 남은 백성들은 그 궁검을 끌어안고 하늘을 우러러보며 애통해하였다는 고사에서 나온 말이다(《사기》 권28 봉선서). 여기서는 순조의 승하를 말한다.

42 선왕을 추모하는 간절한 마음을 말한다. 《후한서》 권63 이고(李固) 열전에 "옛날 요 임금이 돌아가신 뒤에 순 임금은 3년 동안 우러러 그리워하였으니, 앉으면 담장에서 요 임금을 보았고, 밥을 먹으면 국에서 요 임금을 보았다[昔堯殂之後 舜仰慕三年 坐則見堯於墻 食則睹堯於羹]"라고 한 데서 나온 말이다.

43 의악은 제례악을 정비한 것을 말한다. 순조 때에 효명세자의 청을 따라 제례악을 정비하여 그 당시에 이미 널리 행해졌고 후대에까지 이어졌다. 〈순조대왕만〉에 "역년은 은나라 조갑이요 의악은 한나라 서경이었다[歷年殷祖甲 議樂漢西京]"라고 하였다(《대산집(臺山集)》 권3).

44 대명(大名)이다. 한유(韓愈)의 〈쟁신론〉에 "우리 임금을 요순과 같이 만들어 무궁한 후세에 홍호를 빛낸다[致吾君於堯舜 熙鴻號於無窮也]"라고 한 데서 나온 말이다.

45 선왕(先王)에 대한 사모함과 비통함이 멈추지 않는다는 뜻이다.

돌아가신 분은[46] 따라가 붙잡지 못하니 어느 곳에서 그 모습을 뵐 수 있겠습니까. 현책顯册[47]에 이제야 올려 드러내 밝혀 기리고, 수정睟幀(영정)을 모셔 경건히 봉안하기로 의논하였습니다. 대검玳檢과 요전瑶鐫[48]으로 예와 공경을 넉넉히 하고, 주형珠衡과 옥두玉斗[49]로 살아계실 때 모시고 생전에 섬기는 것처럼 하였습니다.[50] 대성大聖의 전형典型[51]은 길이 남았으니 정성 아님이 없고, 망묘루에 잘 모셨으니[52] 열조의 공렬을 잘 이어받은 것입니다.

진전에 영정을 뒤미처 배향함은 바로 우리 선군先君(헌종)께서도 이를 행하셨으니, 이는 평생토록 잊지 않으시려는 뜻입니다. 다만 동·영棟楶이 조금 좁아서 가연架筵을 새로 보태었으니, 태실太室(종묘) 증건의 규례를 따르되 나라의 예[邦禮]를 참고하였고, 평소 검소함을 숭상하신 뜻을 본받

---

46 저본에는 "雲梧"로 되어 있으나, 일반적인 용례에 근거하여 '梧雲'으로 교감하였다. 오운이란 말은 창오(蒼梧)의 구름이란 뜻이다. 순 임금이 창오의 들에서 붕어하여 그곳에 장사 지냈던 데서 온 말로, 전하여 왕의 능침을 이른다.

47 왕실의 예식을 거행할 때, 그 주된 내용을 기록한 책을 가리킨다.

48 책문을 짓고 새기는 것을 말한다. 대검은 옥검(玉檢)으로 금니옥검(金泥玉檢)의 준말이다. 원래 천자가 하늘에 고하던 글로, 옥책문같이 귀하고 중요한 글을 뜻한다(《한서》 권6 무제기 주(註)). 요전은 뛰어난 서문(序文)을 새겨넣은 것을 말한다. 한유의 시 〈송영사(送靈師)〉에 "손으로 남조의 서문을 잡으니, 글자가 청옥을 아로새긴 것보다 귀중하여라[手持南曹敍 字重青瑤鐫]"라고 하였다.

49 제례를 올릴 때 배설하는 귀한 제기 등을 지칭하는 듯하다. 주형은 사람의 미간의 뼈를 연주(連珠)와 같이 표시한 것으로, 옛 사람이 제왕이나 성현의 형상으로 삼았다. 옥두는 옥으로 만든 주기(酒器)이다.

50 《중용장구》 제19장에 "선조가 올랐던 그 자리에 올라 선조가 행했던 예를 행하고 선조의 음악을 연주하며, 선조가 높인 바를 공경하고 가까이한 바를 아끼며, 죽은 이의 초상 치르기를 산 사람 섬기듯이 하고, 이미 돌아간 이 제사 모시기를 생존한 이 섬기듯 하는 것이 지극한 효도이다[踐其位 行其禮 奏其樂 敬其所尊 愛其所親 事死如事生 事亡如事存 孝之至也]"라고 한 데서 나온 말이다.

51 문묘에 나아가 알성례(謁聖禮)를 행한 것을 말한다.

52 망묘루에 전배례를 행한 것을 말한다.

되 백성들을 번거롭게 하지 않았습니다. 위로하고 멈추고 이치에 맞게 하고 뜻을 펴서 들보 기둥을 높이 세우니 길하였고[53] 재고 맞추고 자르고 쪼개서[54] 침묘寢廟를 완성하니 매우 편안하였습니다.[55] 공적이 쌓여 드러나[56] 완공을 고하고, 길일[吉辰]을 가리어 공경히 배향합니다.

한나라의 원묘原廟 전례를 본떠 매달 의관을 꺼내 바람을 쐬고,[57] 송 황제의 효엄전孝嚴殿의 고사를 따라 변두籩豆를 갖추어 철마다 제사를 올리니,[58] 확연히 들리고 어렴풋이 보이는 듯합니다. 여섯 성왕이 하늘에서 임하심에 멀리서 보면 엄하시나 가까이에서 보면 온화하시니 온 천하가 봄처럼 풀립니다.

53 원문의 "棟隆之吉"은 《주역》 〈대과괘(大過卦)〉 구사(九四) 효사(爻辭)에 "구사는 들보기둥이 높으니 길하다[九四 棟隆 吉]"라고 한 데서 나온 말이다. 그 〈상전(象傳)〉에 "들보기둥이 높으면 길한 것은 아래로 휘어지지 않기 때문이다[棟隆之吉 不橈乎下也]"라고 하였다.

54 《시경》 노송 비궁에 "조래산의 소나무와 신보산의 잣나무를, 자르고 쪼개고 재고 맞추어서, 커다란 재목 만드니 웅장한 궁궐이 완성되네[徂來之松 新甫之柏 是斷是度 是尋是尺 松桷有舃 路寢孔碩]"라고 한 데서 나온 말이다.

55 《시경》 은무(殷武)에 "소나무로 만든 서까래가 길기도 하며 여러 기둥이 크기도 하니 침묘가 이루어져 무척 편안하도다[松桷有梴 旅楹有閑 寢成孔安]"라고 한 데서 나온 말이다.

56 《서경》 요전(堯典)에 "공공이 바야흐로 공적을 모아 나타냅니다[共工方鳩僝功]"라고 한 데서 나온 말이다.

57 한나라 때 한 달에 한 번씩 고조의 능침에 보관된 한 고조의 의관을 꺼내어 법가에 싣고 바람을 쐬며 원묘(原廟)에 나아간 것을 말한다. 원묘는 정묘(正廟)의 뒤에 다시 세우는 별묘(別廟)로서, 한나라 혜제 때 숙손통의 건의로 세워졌다(《한서》 권43 숙손통).

58 중국 송나라 영종이 1064년에 경령궁에 효엄전을 세워 선왕인 인종의 어용을 봉안하고 제사한 일을 말한다(《송사》 권109 〈예지(禮志)〉).

기꺼이 집을 짓고 완성하니[59] 덕이 있으면 그에 맞는 공이 있음을 알 수 있습니다.

아, 삼기三紀(36년) 동안의 아름다운 치세는 그림으로 그려낼 수 없으나, 참으로 한 폭 위의 신채神采는 금옥 같은 모습입니다. 예절이 참으로 남달라 어른을 공경하고 어버이를 사랑하는[尊尊親親] 의리를 다하셨으니, 그 위안威顔(용안)이 지척에 계신 듯이 지극히 엄숙하며 지극히 온화한 의용이 드러났습니다. 긴 들보를 들어 올리는 것을 돕고 공손히 송축頌祝하는 글을 읊습니다.

들보 저 동쪽으로 떡을 던지세	抛樑東
일만 가호에 닭이 울고 상서로운 해 붉도다	萬戶鷄鳴瑞日紅
하늘에 용이 날아 악부에 전하니	天上龍飛傳樂府
휘황한 대업이 무궁하게 드리워지네[60]	煌煌大業垂無窮

들보 저 서쪽으로 떡을 던지세	抛樑西
서쪽 하늘 정기가 시종 엄숙하도다	金天正氣肅端倪
광릉[61]의 송백 서로 어우러져 푸르거니	光陵松栢交蒼翠

59 원문의 "肯堂", "肯構"는 《서경》 대고(大誥)의 "아버지가 집을 지으려 하여 이미 설계까지 끝냈다 하더라도, 그 자손이 집터도 닦으려 하지 않는다면 어떻게 집이 완성되기를 기대할 수 있겠는가[若考作室 旣底法 厥子乃不肯堂 矧肯構]"라고 한 데서 나온 말로, 가업(家業)을 이어받아 발전시키는 것을 비유할 때 쓰인다. 여기서는 선조의 유업을 이어받아 남전을 증건한 일을 가리킨다.

60 "용이 난다[龍飛]"는 것은 임금의 즉위를 말한다. 《주역》 〈건괘(乾卦)〉에 "나는 용이 하늘에 있으니, 큰 사람을 만나는 것이 이롭다[飛龍在天 利見大人]"라고 한 데서 나온 말이다. '악부'는 조선 왕조의 창업을 노래한 《용비어천가》를 말한다.

61 세조의 능이다.

신가가 운향[62] 가는 길 혼미하지 않네 神駕雲鄕路不迷

들보 저 남쪽으로 떡을 던지세 抛樑南
말을 치는 나뭇가지 생기 머금었도다 擊馬樹枝生意含
행동을 살펴 길흉을 상고하여[63] 후손을 번성시키니 視履考祥昌厥後
백성을 사랑하는 지극한 덕이 하늘과 함께하였네 仁民至德與天叅

들보 저 북쪽으로 떡을 던지세 抛樑北
뭇별들이 북극성 에워싸고 높이 비추네 衆星環拱辰居極
유도를 숭상하고 지켜 해와 별처럼 밝으니 崇儒衛道日星明
훈계가 정녕하여 보배로운 글 남기셨네 訓戒丁寧留寶墨
들보 저 위로 떡을 던지세 抛樑上
무편무당하여[64] 왕도가 넓어졌도다 無黨無偏王道蕩
일세의 백성들 인도하여 수역에 오르시니[65] 驅一世民壽域躋
고요한 마음과 경건한 자세로[66] 하늘의 선물 받으셨네 潛心對越承天貺

62 백운향(白雲鄕)을 말한다. 백운향은 신선이 사는 선계로, 《장자》 천지(天地)의 "저 흰 구름을 타고 제향에 이른다[乘彼白雲 至於帝鄕]"라는 구절에서 유래하였다.

63 《주역》 〈이괘(履卦)〉 상구(上九)에 "행동을 살펴보아 길흉을 상고하되, 주선한 것이 완벽하면 크게 길하리라[視履考祥 其旋元吉]"라고 한 데서 나온 말이다.

64 편벽됨이 없고 편당함이 없다는 말이다. 《서경》 홍범(洪範)에 "편벽됨이 없고 편당함이 없으면 왕의 도가 넓어질 것이요, 편당함이 없고 편벽됨이 없으면 왕의 도가 평평해질 것이다[無偏無黨 王道蕩蕩 無黨無偏 王道平平]"라고 한 데서 나온 말이다.

65 장수한 것을 말한다. 영조가 83세에 승하하였으므로 이를 말한 것이다.

66 주자의 〈경재잠〉에 "그 의관을 바르게 하고 그 시선을 존엄하게 하며 마음을 고요히 가라앉혀 거처하고 상제를 대하는 듯 경건한 자세를 가져라[正其衣冠 尊其瞻視 潛心以居 對越上帝]"라고 한 데서 나온 말이다.

들보 저 아래로 떡을 던지세 抛樑下
성상은 경술[67]에 나시어 종묘사직 편안히 하셨도다 聖生庚戌綏宗社
온 신민들 뜰에 가득 모여 눈물 떨구니 盈庭垂涕萬臣民
모두 당년에 직접 뵌 자들이라네 盡是當年親見者

바라건대, 상량 후에 모든 복이 가만히 들어오고 온 신령들이 보살펴 지켜주시어 풍우가 걷히고 새와 쥐가 사라지고 옥전玉殿이 남산처럼 무너지지 않으며,[68] 하늘과 해의 표상, 용과 봉의 자질[69]이 보축寶軸에 실려 북두北斗와 더불어 높이 걸리게 해주소서. 대제학 김병학이 짓다.

---

67 순조는 1800년 경술년에 태어났다.

68 옥전은 여기서 남전(南殿)을 가리킨다. 《시경》 소아(小雅) 천보(天保)에 "차오르는 달처럼, 떠오르는 해처럼, 변함없는 저 남산처럼, 이지러지지도 않고 무너지지도 않으리[如月之恒 如日之升 如南山之壽 不騫不崩]"라고 한 데서 나온 말이다.

69 모두 군왕을 지칭하는 말이다. 하늘과 해의 표상은 사해(四海)에 군림할 상이라는 뜻이고, 용과 봉의 자질은 용과 봉처럼 준수한 자질이라는 뜻이다.

영정의 위차

影幀位次

【표지(表誌)】

影幀位次

정전 제1실

태조대왕 어용

제2실

세조대왕 어용

제3실

원종대왕 어용

제4실

숙종대왕 어용

제5실

지행순덕영모의열왕至行純德英謨毅烈王 어용 【숭정 기원후 117년 영조 즉위 20년 갑자(1744) 양월(陽月, 9월)에 도사(圖寫)[70]하니 춘추 51세이다】

제6실

연덕현도경인순희왕淵德顯道景仁純禧王 춘추 41세 어용 【즉위 30년 경인(1830) 늦봄(3월)에 도사(圖寫)하였다】

70 도사(圖寫)는 국왕 생존시에 그린 것이다, 비슷한 용어로 추사(追寫)는 왕이 돌아가신 후에 그리는 경우이며, 모사(模寫)는 기존의 어진을 본떠 그리는 것을 말한다.

중수
重修

重修

영조 임진년(1772, 영조 48) 6월 15일에 본전의 영 홍배한洪配漢과 참봉 정동민鄭東閔이 다음과 같이 보장報狀[71]을 올렸다.

"본전 전 안에 제3실청 온돌의 서로 이어진 부분이 지난 6, 7년 사이에 높낮이가 조금씩 차이가 나게 되면서 중방中防[72] 북쪽 편이 이로 인해 기울어졌습니다. 이 때문에 병오년(1726, 영조 2)과 정미년(1727, 영조 3) 두 해 및 작년과 금년까지 이 일로 계속 보첩報牒하였더니 일의 체모가 중대하여 앞으로 수리하게 될 때에 다시 살펴서 처리해야 한다는 제사題辭를 받았습니다. 지금은 세월이 점차 흘러 부지불식간에 이전보다 사태가 더욱 심해지고 더구나 각 실청室廳 사이의 중방은 더 낮게 함몰되려는 기미가 있었습니다. 비록 크게 잘못되지는 않겠지만 지의地衣 위에 뚜렷한 흔적이 보이기에 꼼꼼하게 봉심하였습니다. 그랬더니 제3, 제4실 양실 사이의 주목柱木이 낮게 함몰되었고 주목 아래 연결된 귀틀판 머리가 저절로 손상되어 있으니, 처음부터 높낮이에 차이가 생겨 기울어지는 문제는 모두 여기에서 말미암았습니다. 연접한 중방은 자연스레 서로 잡아당기는 형세여서 점차로 이러한 지경이 되었으니 비록 시급해 보이지는 않지만 일의 체모가 매우 중대하여 말없이 가만히 있을 수 없었습니다. 지난달에 또 본조에 논하여 보고하였더니, 본조 당상이 연석筵席에서 아뢰고자 하였는데 뜻밖에 그가 체직되었습니다. 이에 다시 첩보하오니 이러한 내용을 잘 헤아려 연석에서 아뢰어 줄 일입니다."

같은 날 약방이 입진入診하기 위해 입시하였을 때 도승지 이담李潭이 예

71 하급 관부에서 상급 관부로 올리는 문서로, 첩정 또는 보첩이라고도 한다.

72 중인방(中引枋)과 같다. 벽의 중간 높이나 넓이 방향으로 가로질러 놓아 벽채를 공고히 하는 부재이다.

조 판서 이창수李昌壽가 상께 여쭐 일이 있어 와서 대령하고 있다고 진달하니 주상이 즉시 입시하라고 명령하고 아뢰고 싶은 일이 무엇인지 물었다. 이창수가 아뢰기를 "영희전 제3실 전의 기둥에 탈이 생겨 본전의 전관殿官이 첩보를 가져와 입시하였습니다." 하니, 주상이 이르기를, "(첩보는) 경이 읽는 것이 좋겠다." 하여, 읽기를 끝내자 주상이 이르기를, "경은 좌상과 함께 즉시 가서 봉심한 후에 와서 아뢰도록 하라." 하였다.

같은 날 좌의정 신만申晩, 예조 판서 이창수가 봉심한 후에 입시하였을 때 주상이 다음과 같이 전교하였다.

"지금 대신과 예조 당상이 봉심한 후에 아뢰는 말을 들으니 즉시 수리하지 않는다면 내가 어찌 감히 편히 지낼 수 있겠는가. 이 일은 무엇보다 중요하니 대신을 보내 내일 수향受香하고, 모레 아침에는 임시로 봉안한 뒤에 그대로 간검看檢하고, 18일에 공사를 시작하고 공사를 끝낸 뒤에 봉안하고 그대로 봉안제를 지내라고 분부하라."

6월 16일에 주상이 다음과 같이 전교하였다.

"우리나라의 모든 일은 당장 편한 것만 좇아 미봉책만 일삼다가 지금의 이런 폐단이 생겼다. 비국備局에서 올린 회계回啓를 다시 보니 앞으로 처리해야 할 곳이 많은데 막중한 곳에 대해 어찌 이 예를 쓰겠는가. 어젯밤에야 무진년에 증축한[73] 곳에 문제가 있다는 것을 깨달았다. 보장報狀 4통에서 이미 연기가 있었다고 했는데 막중한 전 내에 연기가 있었다니 연기를 따라오는 것이 무엇이겠는가. 이제 들으니 내 마음이 송연해진다. 이런 상태로 6년이 흘러 금년에야 이렇게 하게 되었으니 나라의 체모에 있어 결코

73 1748년(영조 24)에 숙종의 어진을 봉안하기 위해 영희전을 증축한 사실을 말한다.

그대로 지나칠 수는 없다. 첩장에 제사만 하고 아뢰지 않은 해당該堂은 모두 서용敍用에서 배제하는 벌[不敍之典]에 처하라."

같은 날 주상이 다음과 같이 전교하였다.

"이번 일은 일의 체모가 조금 중대하니 청을 설립하고 중수영건청이라 명하며, 당상과 낭청 각 1원員이 숙직하라."

18일에 주상이 다음과 같이 전교하였다.

"예방 승지는 봉심한 뒤에 일을 시작한 상황을 살펴보고 도감 당상과 함께 입시하라." 입시했을 때 우의정 이은李溵이 아뢰기를, "전주殿柱가 움푹 빠진 곳에 대해 신 등이 별간역別看役이나 목수 등과 반복해 논의하였는데 전주의 재질이 견고하고 좋아서 지금 개비한다고 해도 결코 이렇게 좋은 나무는 구할 수 없다고 합니다. 청 아래로 들어간 예전 기둥 하단 부분이 따뜻하고 축축해지면서 서로 부딪쳐 조금씩 손상되면서 이렇게 움푹 빠지게 된 것이지 기지基址를 공이로 다진 것이 견고하지 않아서 그렇게 된 것이 아니라고 하였습니다. 수개하는 방법에 있어 지금 두 가지 의논이 있습니다. 그 하나는 예전 기둥 하단을 깎아 내고 손상된 부분에 석재를 연접해서 석재가 청 아래로 들어가게 만들어 기둥 나무가 청 위로 나오게 하는 것이니 이렇게 하면 전혀 썩어 손상될 우려가 없습니다. 다른 하나를 말하자면 굳이 석재를 쓸 필요 없이 견실한 나무로 다시 연접하는 것이니 이렇게 한다면 오래 유지할 수 있습니다. 신들은 감히 마음대로 처리할 수가 없어, 이렇게 우러러 여쭙니다." 하니, 주상이 말하기를, "새로운 돌로 연접해서 예전 기둥을 주춧돌 위에 안정시키는 방법이 제일 타당하니 이렇게 정하는 게 좋겠다. 다만 이 실의 기둥과 주춧돌만 이렇게 하는 것은 둘쑥날쑥 지저분해져 사체상 온당치 못하니 전 안의 기둥들을 모두 똑같이 이렇게 바꾸는 것이 마땅하다." 하였다.

이은이 아뢰기를, "전 안의 기둥들은 모두 합하여 4개인데 기둥을 전부 이렇게 고칩니까?" 하니, 주상이 말하기를, "그렇다." 하였다. 주상이 또 전교하기를, "사사로이 보관한 돌을 가져다 쓰는 것은 온당치 못하니 새로 돌을 떠내다가 쓰는 게 좋겠다." 하였다.

22일에 주상이 다음과 같이 전교하였다.

"아, 막중한 일을 두고 어찌 감히 나의 노쇠함을 한탄하겠는가만, 이번에 영건청에서 나의 노쇠함이 분명해졌으니 어찌 노쇠할 정도일 뿐이겠는가. 건물의 돌이나 나무만 가서 보더라도 예전 기억이 그 얼마나 분명한가. 이 때문에 몸은 비록 여기에 있지만 마음은 영건청에 있다. 봉안일은 내가 28일로 정했다. 그날 먼저 중수하는 곳에 가서 봉심하고 봉안한 뒤에 정중庭中 소차小次에 머무르다가 그대로 작헌례를 올릴 것이니 세손과 백관들은 규례대로 어가를 수종하라."

24일에 비망기에 "몸은 여기에 있지만 마음은 영건청에 있다. 이러한 때 불현듯 지나간 해를 추억하는 나의 회포가 만 배나 더하니 그 이유는 명년(1773, 영조 49)이 내 나이 20세에 나라에 보기 드문 경사스러운 일이 있었던 때를 만났던 바로 그 해이기 때문이다.[74] 감회가 일어 여기까지 미쳐 명하니 어느덧 이곳에 이르러 지금 다시 만나게 되니, 이 어찌 효孝라고 하겠는가. 또한 어찌 효라고 하겠느냐? 지나간 해를 추억하다 감회가 일어나는 내 마음을 어떻게 억제할 수 있겠는가, 마음을 어떻게 억제할 수 있겠는

74 영조가 20세였던 계사년(1713, 숙종 39)에 부왕인 숙종이 즉위 40주년을 맞이하여 '현의광륜 예성영렬(顯義光倫睿聖英烈)'이라는 존호를 받는 경사스러운 일이 있었다(《숙종실록》 권3, 숙종 39년 3월 9일). 지금 60년이 지나서 그 해와 같은 계사년을 맞이하게 되어 감회가 깊다는 말이다.

가. 20세에 보았던 일을 80세에 다시 마주하려 하니 (죽지 않고 이리 오래 살아있는 것이) 어떻게 자식된 도리라고 하겠는가. 또한 어떻게 자식된 도리라고 하겠느냐? 내가 이러한 뜻으로 내국內局(내의원)에 하유下諭하기를 (탕약 올리는 일은) 그만두어라, 그만두어라. 그래야 내 마음이 편하고 편하리라." 하였다.

25일에 주상이 다음과 같이 전교하였다.

"내 몸은 비록 여기에 있지만 마음은 벌써 영건청에 향해 있다. 대체로 3일간 재계하면서 하루는 재실에서 재숙齋宿하는 것이 예이다. 더구나 어제 이후로 나의 회포가 만 배나 더하니 모레 먼저 망전례를 하고 임시로 옮겨 모실 청을 봉심한 뒤에 중수할 곳을 자세히 살펴보고 그대로 재실에서 재숙하고, 글피에 내가 직접 봉안하고 돌아올 것이니, 예방禮房은 그리 알라."

28일에 주상이다음과 같이 전교하였다.

"이제 예가 이루어졌으니 전 예조 판서와 좌상 그 나머지 예조 당상들을 모두 용서하라."

6월 17일 인시寅時에 영정을 재전에 이안하였다. 18일 진시에 공사를 시작하였고, 20일 기둥 밑에 돌을 배설하였으며, 6월 28일 인시에 영정을 환안하였다.

중수청 당상과 낭청의 좌목은 다음과 같다.

도제조는 우의정 이은이고, 당상은 예조 판서 이창수, 호조 판서 이사관李思觀, 공조 판서 서명응徐命膺이고, 낭청은 호조 정랑 김사목金思穆, 예조 정랑 고익경高益擎, 공조 좌랑 한문홍韓文洪이고, 감조관은 영희전 참봉 정동민鄭東閔이고, 부석소浮石所 감조관은 익위사 시직 김헌행金憲行, 사포서 직장 정문계鄭文啓이고, 별공작은 선공감 봉사 신영申暎이고, 전사殿司 영令은 홍배한洪配漢이다.

각양 수보

各樣修補

各樣修補

염장簾帳·포진鋪陳

영조 신사년(1761, 영조 37) 3월 16일에 주상이 다음과 같이 전교하였다.

"지난번에 효장묘孝章廟의 주렴선珠簾縇이 색이 바래고 파손된 것을 보았다. 이 때문에 하교하려 했으나 못하였다. 의소묘懿昭廟[75]와 같은 방식으로 길일을 택하여 보수하라. 낙영絡纓과 주렴선은 모두 생초生綃로 만들었기 때문에 찢어지기 쉽고, 색도 빛나지 않는다. 이제부터 낙영 녹유선綠紬縇은 청면포로 만들고, 앞으로는 묘·전·궁과 능·원을 보수할 때도 이에 따라 거행하라."

계사년(1773, 영조 49) 9월 17일에 주상이 다음과 같이 전교하였다.

"남전은 앞으로는 내실에 욕석과 사장紗帳이라도 탈頉이 있는 곳은 임시로 봉안하지[權安] 말고 지난날의 규례대로 보수하라. 내실의 경우가 이러하니 전내殿內는 더욱 논할 것이 없다. 내실에 만일 도배를 보수해야 할 곳과 용상 아래 지배地排[76]에 보수해야 할 곳이 생기면 할 수 없이 영정은 임시로 모셔야 한다. 그런데 용상 아래 자리라도 선縇 같은 경우는 그 선만 보수하도록 해조와 전관은 잘 알라. 지금 듣자니 지배에 넙대갈못[廣頭釘][77]을 박는다고 하는데 앞으로는 보수할 때 그렇게 설치하지 말 것 역시 분부하라. "

75 저본은 "懿廟"로 되어 있는데, 《승정원일기》 1191책, 영조 37년 3월 16일 기사에 근거하여 바로잡았다. 의소묘는 사도세자와 혜빈 홍씨의 장남 의소의 묘이다. 경기 양주 안현 남쪽 기슭으로, 현재 서삼릉(西三陵)에 소재한다.

76 땅에 까는 자리를 이른다.

77 머리를 크고 넓게 만들어 장식 겸용으로 사용하는 못이다.

정조 계축년(1793, 정조 17) 8월 13일에 호조 판서 심이지沈頤之가 입시 하였을 때, 영희전의 달발[薍簾][78]은 훼손되는 대로 보수하도록 탑전榻前에서 결정하였다.

순조 무진년(1808, 순조 8)에 대신과 비국당상이 입시하였을 때 호조 판서 서영보가 아뢰기를, "영희전의 포진과 염장은 전부터 보수하는 규식이 없어서 한두 장張이라도 손상된 것이 있으면 반드시 전부 고쳤습니다. 선조 계축년(1793, 정조 17)에 호조 판서 심이지가 아뢴 것으로 인하여 달발은 훼손되는 대로 보수하게 하여 지금까지도 준행하고 있습니다. 신의 생각으로는 달발의 경우가 이미 이러하니 기둥 밖의 포진도 전부 고치지는 말고 탈이 생기는 대로 그곳만 즉시 보수하게 하는 것이 좋을 듯합니다. 그러므로 감히 이렇게 아룁니다." 하니, 주상이 이르기를, "전殿 내외의 포진은 모두 태묘太廟의 예대로 보수하는 것이 좋겠는가? 대신의 생각은 어떠한가?" 하니, 이시수는 아뢰기를, "전내는 전처럼 준행하고 전외殿外는 기둥의 안팎을 막론하고 훼손되는 대로 보수하는 것이 마땅할 듯합니다." 하고, 우의정 김재찬은 아뢰기를, "신의 생각도 좌상이 아뢴 것과 다르지 않습니다. 기둥의 안팎은 같은 방식으로 보수하는 것이 좋을 듯합니다." 하여, 주상이 이르기를, "대신이 아뢴 말이 이러하니, 전내의 포진은 전처럼 거행하고 전외는 이대로 하라."하였다.

78 달뿌리풀로 엮어 만든 발이다. 달은 벼과의 여러해살이풀로, 갈대와 비슷한데 높이는 1.5~3m이고 마디에 잔털이 많으며, 땅 위에 덩굴져 번성하기도 한다. 9월에 띠와 같은 꽃이 핀다. 연못이나 강변 등지에 자라는데 한국의 경북·함경·제주, 일본에 분포한다.

양상도회樑上塗灰[79]

영조 을사년(1765, 영조 41) 5월 11일에 주상이 다음과 같이 전교하였다.

"양상도회 하는 방식이 지금은 예전과 다르니 예전에는 기와 아래에 회칠을 하였다. 이 때문에 궐내를 보면 지금 몇십 년이 되었는데 색은 바랬어도 아직 견실하다. 지금은 한 곳을 보수하는데도 전체에 회칠을 더하는데 물에 이겨서 회칠을 하여 보기에 정갈하지 않을 뿐만 아니라 아침에 바른 것이 저녁이면 떨어져 나간다. 이 때문에 전에 이미 하교하였다. 아무리 색이 바래도 견실하다면 무엇이 해롭겠는가. 한 번 새롭게 하더라도 산산이 흩어진 수회水灰가 눈에 보여 한심스럽다. 앞으로는 떨어져 나간 곳만 보수하라. 비록 잠시 색상의 차이가 있기는 하지만 한 달 정도 지나면 색이 같아진다. 막중한 태실의 장석帳席도 색이 차이 나는 것을 꺼리지 않고 편편이 보수 하였으니, 이것은 전해 내려오는 검소한 덕이다. 앞으로는 떨어진 곳만 보수하게 하라. 대체로 이런 일은 공연히 일을 만든다는 혐의가 없지 않으니 고유제를 거행하는 것이 어찌 번거로운 일이 아니겠는가. 서울과 지방에 신칙하여 검소한 덕을 체행하는 뜻을 보이라."

정조 을사(1785, 정조 9) 7월 20일에 호조 판서 조준趙竣이 아뢰기를, "양상도회할 때 매번 회를 물에 이겨서 하기 때문에 회가 단단하게 응고되지 않

79 지붕마루에 회를 바른다는 것으로 여기서 "양(樑)"은 지붕마루나 용마루를 가리킨다. 궁궐이나 관아 등 건물의 격이 높은 전각에 암키와를 쌓은 지붕마루의 상면과 옆면에 회를 발라 마감하는데 지붕마루에 회를 발라 하얗게 함으로써 검은 기와지붕의 마루선이 강조되고 건물이 더욱 장엄하고 화려해 보이는 효과가 있기 때문이다(경기문화재단, 《화성성역의궤 건축용어집》, 2007, 155쪽).

아 절로 대부분 떨어져 손상되는 폐단이 있습니다. 유백피楡白皮[80]를 물에 담가 즙을 내서[81] 회와 섞어 골고루 버무리면 돌처럼 단단하게 응고됩니다. 우리나라의 성첩에도 이 방법을 쓰곤 한다고 합니다. 신이 이것을 가져와서 시험해 보았더니 듣던대로 단단하였습니다. 지금 이 영희전 들보 위의 회칠을 수개할 때도 이 방법대로 유백피즙을 회와 섞어 쓰면 좋을 듯하여 감히 이렇게 진달합니다." 하니, 주상이 그대로 하라고 하였다.

개와改瓦

정조 을사년(1785, 정조 9) 5월 28에 예조의 초기에 비답하여 다음과 같이 전교하였다. "알았다. 사다리를 설치하여 기와를 바꾸는 것은 이미 진전에서 행한 전례가 있으니 본전 등록에 전례가 있고 없고는 굳이 말할 것이 없다. 제3실에서 만약 옮겨 봉안하는 일이 있다면 각 실에서도 옮겨 봉안해야 하니, 이 한 가지 일은 사체가 중대하므로 결코 갑자기 옮겨 봉안하는 것을 의논해서는 안 된다. 수개 날짜는 날이 개기를 기다려 택일하고

80 느릅나무 속껍질이다. 느릅나무껍질의 즙을 첨가한 것은 방수성과 단열성을 높여 수회를 사용한 양상도회용 미장재의 단점을 줄이기 위한 것이다. 느릅나무껍질에는 35%의 기름산, 20~30%의 목질소, 약간의 섬유소, 펙틴질, 탄닌질이 주로 포함된 코르크층이 있어, 뛰어난 방수성과 보온성을 띠고 있다고 한다(이권영, 〈조선후기 관영건축공사의 灰 미장재와 공법에 관한 연구: 營建儀軌의 油灰, 水灰, 樑上塗灰를 중심으로〉, 《건축역사연구》18-4, 2009, 68쪽; 과학백과사전종합출판사, 《조선기술발전사》 4(리조전기 편) 1996, 89~91쪽).

81 이덕(1509~1573)이 1554년에 저술한 《구황촬요》에 "느릅나무껍질은 고목인지 유목인지를 따질 것 없이 많이 벗겨 모아서 찧은 다음 질그릇이나 나무 구유에 담고 여기에 물을 부어 두었다가 즙이 우러나게 되면 쓴다"라는 내용이 보인다. 즉 느릅나무껍질을 찧어서 물에 담가 놓았을 때 생기는 즙을 사용한다는 말이다.

처마 밖에 사다리를 설치하여 기와를 바꾸라고 분부하라. 비록 옮겨 봉안하지는 않더라도 어찌 감히 직접 봉심하는 데 나아가지 않겠는가. 수개하는 날 전배하고 역사가 끝나기를 기다렸다가 환궁할 것이니 그리 알라. 수개하는 데는[82] 사유事由를 고하는 절차가 있어야 하니, 당일 이른 새벽에 관원을 보내 먼저 설행하도록 하라."

담장과 계석[墻堦]

순조 경오년(1810, 순조 10) 7월 30일에 빈대賓對에 입시하였을 때 예조 판서 박윤수朴崙壽가 아뢰기를, "매번 해빙기나 장마 때에 묘나 전, 궁내의 담장 혹은 월대月臺의 계석에 탈이 생겨 위안제를 행하는 경우 날을 따로 잡지 않고 설행하였습니다. 그런데 위안제를 지내고 난 뒤 3, 4일이 지나면 또 탈이 나고는 하여 연속해서 위안제를 거행하게 되니 이것은 번독스럽게 하는 데 가까우며 매우 온당치 못하니 어쩔 수 없이 이에 대해 한번 여쭈어 정해야 할 일입니다. 앞으로 종묘, 영희전, 경모궁의 담장이나 계석에 탈이 생기면 본서本署와 본궁本宮의 제조가 직접 나아가서 탈이 난 곳을 봉심한 후에 위안제 시행 여부에 대해 상세히 보고하게 하되 본조에서 거행하도록 하겠습니다. 영희전의 담장이나 계석에 탈이 생기면 본조의 당상이 나아가서 봉심한 후에 품지稟旨하여 거행하게 하는 것이 편의에 부합할 듯합니다. 일의 체모가 중대하니 대신大臣에게 하문하여 처리하는 것이

82 저본에는 없는데, 《일성록》 정조 9년 5월 28일 기사에 근거하여 "修改" 2자를 보충하여 번역하였다.

어떻겠습니까?" 하였다. 주상이 말하기를, "대신의 생각은 어떠한가?" 하니, 좌의정 김재찬이 아뢰기를, "묘나 궁은 제조가 봉심하고, 영희전은 예조 당상이 탈이 난 곳이 어느 정도인지 봉심하고 위안제 시행 여부에 대해 탈이 보이는 대로 자세히 살펴본 후에 예조에 보고하여 거행하는 것이 그야말로 신중히 하는 도리에 합당할 것입니다." 하고, 우의정 김사목이 아뢰기를, "예조 판서가 아뢴것이 진실로 일을 신중히 하는 도리에 합당하니 이대로 거행하는 것이 마땅할 듯합니다." 하니, 주상이 그대로 하라고 하였다.

하마비下馬碑

영조 신미년(1751, 영조 27) 3월에 전교에 따라 하마비[83]를 영희전 동쪽 담장 밖에 세웠다.

계유년(1753, 영조 29) 8월 일에 주상이 다음과 같이 전교하였다.

"태묘에서 지금 예전 하마비를 찾았다. 진전의 홍살문은 궐문의 홍마목紅馬木[84]과 똑같으니 홍살문 밖에서 말에서 내리도록 승전을 받들라."

10월 일에 하마비를 세웠다.

83 궁궐이나 종묘 등에 들어갈 때는 누구나 일정 거리 앞에서 말에서 내려 경의를 표해야 하는데, 이처럼 말에서 내리라는 표시로 세운 비석이다.

84 궁궐의 정문 밖 좌우에 세워둔 붉은 말뚝으로, 궁궐 안으로 들어가는 사람은 지위 고하를 막론하고 이 표목(標木)이 있는 곳에서 가마나 말에서 내려 경의를 표해야 하며, 궁궐에서 나갈 때는 이 표목을 벗어난 뒤에야 가마나 말을 탈 수 있었다(《인조실록》 권31, 인조 13년 10월 2일; 《일성록》 정조 11년 9월 7일).

주맥금착主脈禁鑿[85]

주산主山에서 뻗어 내려온 산줄기[來脈][86]를 뚫어 끊고 손상시키는 것을 금지하니. 어기는 자는 금단禁斷하고 치죄할 것.

85 저본에는 없는데, 남전속지 목록에 근거하여 보충하였다.

86 풍수설에서 사용하는 말로, 주산에서 뻗어 내려온 산줄기를 지칭한다. 내룡(來龍), 산내룡(山內龍)이라고도 한다.

친향

親享

親
享

영조 을유년(1765, 영조 41) 1월 30일에 다음과 같이 전교하였다.

"늙은이의 온 마음은 오직 추모하는 데 있다. 또한 본전의 친제는 지난 해 한식에 지냈으니 아, 거룩한 진전에서 영령을 모시는 듯했다. 영희전의 한식제를 직접 행하여 작은 정성이나마 드리려 하는데, 왕세손이 아직 제향 올리는 것을 보지 못하였다. 그러므로 이번에 함께 따라가 예를 행하고 싶다는 말을 들었으니 이는 양지良知의 정성이니 마땅히 따라 주어야 할 것이다. 더구나 날씨까지 화창하다. 대제大祭와는 차이가 있지만 또한 제의를 알게 해야 하니 아헌례를 예문대로 거행하라."

정조 신축년(1781, 정조 5) 11월 28일에 다음과 같이 전교하였다.

"묘와 궁의 오향제五享祭[87]에 올해는 모두 직접 강신제降神祭를 올리지 못하여 정리情理와 예의가 부족하여 서운했기 때문에 사직의 춘향 대제와 추향 대제, 남전의 시향時享도 친행하지 않았다. 납향일에 태묘에 나아가 전배하고 희생을 살피고 제기를 살핀 다음 이어 사직에 나아가 희생을 살핀 후 영희전에 나아가 납향제를 친행할 것이니, 해당 방房은 그리 알라."

영조 갑술년(1754, 영조 30) 단오에 친행하였다.

경진년(1760, 영조 36) 2월 20일 한식에 친행하였다.

을유년(1765, 영조 41) 윤 2월 16일 한식에 친행하였다.

왕세손이 아헌례를 하였다.

87 춘하추동과 납일에 지내는 제사이다. 춘향(春享), 하향(夏享), 추향(秋享), 동향(冬享)은 각 계절의 중월(仲月) 상순(上旬) 안에 택일하여 지내며, 납향은 납일에 지낸다.

정조 신축년(1781, 정조 5) 12월 2일 납향을 친행하였다.

임인년(1782, 정조 6) 11월 11일 동지에 친행하였다.

계묘년(1783, 정조 7) 11월 29일 동지에 친행하였다.

병진년(1796, 정조 20) 11월 22일 동지에 친행하였다.

신해년(1791, 정조 15) 11월 27일 동지에 친행하였다.

작헌례

酌獻禮

酌獻禮

순조 임신년(1812, 순조 12) 8월에 다음과 같이 전교하였다.

"이해 이달은 바로 우리 성조聖祖께서 나라를 세우고 왕위에 오르신 지 여덟 번째 되는 회갑回甲이다. 대신을 보내어 영희전에서 섭행攝行하게 하라."

을해년(1815, 순조 15) 6월 10일에 약방이 입진入診하기 위해 입시하였을 때 영의정 김재찬金載瓚이 아뢰기를, "을해년은 바로 우리 태조 대왕이 태어나신 보갑寶甲입니다. 삼가 《국조보감》을 살펴보니 이해 10월 11일에 영흥 흑석리 사저私邸에서 탄생하셨고,[88] 즉위 3년(1394)에 한양에 도읍을 정하였습니다.[89] 그 이듬해인 을해년(1395, 태조 4)는 성수聖壽가 회갑이 되었는데, 종묘와 신궁이 완성되었으므로 선왕先王과 선후先后를 새로 지은 종묘에 제향하고 여러 신하에게 새로 지은 궁실에서 잔치를 베푸셨습니다. 이제 여덟 번을 돌아 예전의 을해년이 다시 돌아왔으니, 성상께서 선조를 추모하는 감개와 신민이 선왕을 잊지 못하는[90] 마음으로 볼 때 더욱 그만둘 수 없는 바가 있습니다. 지난 영묘조 을해년(1755, 영조 31)에는 특별히 예문禮文에는 없지만 예의 뜻을 미루어[91] 영희전에서 작헌례를 친히 행하셨습니

88 이해는 1335년 을해년을 말한다. 《태조실록》 권1, 총서 8번째 기사에 "지원(至元) 원년, 고려 충숙왕 4년(1335) 을해 10월 11일 기미에 태조를 화령부【곧 영흥부이다】 사제(私第)에서 낳았다"라는 내용이 보인다.

89 1394년(태조 3) 10월 25일에 도읍을 한양으로 천도하였다(《태조실록》 권6, 태조 3년 10월 25일 신묘).

90 원문은 "於戲"이다. 《시경》 〈주송(周頌)〉 열문(烈文)의 "아, 전 임금을 잊지 못하리로다[於戲前王不忘]"라고 한 데서 온 말이다.

91 선왕의 예문에 없는 경우에도 의리에 합당하면 예를 새로이 만드는 것으로, 《예기》 예운에 "예라는 것은 의의 실제이니, 의에 합하여 맞으면 그 예가 비록 선왕이 예를 만든 때에 있지 않았더라도 의로써 일으킬 수 있는 것이다[禮也者 義之實也 協諸義而協 則禮雖先王未之有 可以義起]"라 하였다.

다. 올해 10월 11일에도 삼가 영묘조에 이미 거행했던 전례에 따라 영희전에서 작헌례를 거행하여 진실로 내용과 형식이 부합하고 뭇사람의 정성을 위로할 수 있겠기에 감히 아룁니다. 친히 행할지 섭행할지에 대해서는 예조로 하여금 그때 가서 상의 뜻을 여쭈도록 하는 것이 어떻겠습니까?" 하니, 주상이 그대로 하라고 명하였다.

영조 임신년(1752, 영조 28) 7월 26일에 친행하였다.
계유년(1753, 영조 29) 2월 2일에 친행하였다.
을해년(1755, 영조 31) 2월 10일에 친행하였다.
기묘년(1759, 영조 35) 6월 10일에 친행하였다.
임오년(1762, 영조 38) 2월 9일에 친행하였다.
갑신년(1764, 영조 40) 2월 20일에 친행하였다.
경인년(1770, 영조 46) 8월 9일에 친행하였다.
임진년(1772, 영조 48) 6월 28일에 중수重修 공사가 끝나고 영정을 환안한 후 친행하였다.
계사년(1773, 영조 49) 9월 17일에 친행하였다.
병신년(1776, 영조 52) 2월 10일에 왕세손이 섭행하였다.

정조 무술년(1778, 정조 2) 7월 11일 제 5실의 영정을 배양한 후 친행하였다.
기해년(1779, 정조 3) 2월 21일 친행하였다.
경자년(1780, 정조 4) 5월 25일 친행하였다.
계묘년(1783, 정조 7) 7월 17일 개수改修 공사가 끝난 후 친행하였다.
을사년(1785, 정조 9) 2월 4일 친행하였다.

무신년(1788, 정조 12) 2월 2일 친행하였다.

신해년(1791, 정조 15) 2월 13일 친행하였다.

갑인년(1794, 정조 18) 2월 3일 친행하였다.

정사년(1797, 정조 21) 2월 11일 친행하였다.

경신년(1800, 정조 24) 2월 13일 친행하였다.

순조 계해년(1803, 순조 3) 윤 2월 2일에 친행하였다.

정묘년(1807, 순조 7) 8월 3일에 친행하였다.

경오년(1810, 순조 10) 2월 10일에 친행하였다.

임신년(1812, 순조 12) 7월 10일에 섭행하였다.

계유년(1813, 순조 13) 4월 12일에 친행하였다.

을해년(1815, 순조 15) 10월 11일에 섭행하였다.

병자년(1816, 순조 16) 4월 4일에 친행하였다.

기묘년(1819, 순조 19) 4월 29일에 친행하였다.

을유년(1825, 순조 25) 3월 7일에 친행하였다.

무자년(1828, 순조 28) 2월 9일에 친행하였다.

신묘년(1831, 순조 31) 2월 26일 친행하였다.

갑오년(1834, 순조 34) 8월 28일 친행하였다.

헌종 무술년(1838, 헌종 4) 4월 3일 친행하였다.

신축년(1841, 헌종 7) 2월 10일 친행하였다.

지금 임금 신해년(1851, 철종 2) 9월 11일 친행하였다.

갑인년(1854, 철종 5) 2월 13일 친행하였다.

정사년(1857, 철종 8) 2월 21일 친행하였다.

무오년(1858, 철종 9) 9월 27일 증건 공사를 마치고 제6실의 영정을 배향할 때 직접 나아가 전문殿門 내에서 지영祗迎하고 그대로 전배展拜하였다. 대신에게 작헌례를 섭행하라고 명였다.

제향 찬품

祭享饌品

【주상에게 여쭈어 정한 일이다】

祭享饌品

영조 계미년(1763, 영조 39) 7월 21일에 영의정 홍봉한이 아뢰기를, "사전祀典에 관계된 일은 감히 함부로 이러쿵저러쿵 논의할 수 있는 것이 아니지만 과거 선조先朝의 명신名臣이 진달한 경우가 있으니 신 또한 어찌 성상께 진달하지 못하겠습니까? 정유년(1717, 숙종 43)간 고故 판서 민진후가 입시하였을 때 아뢴 내용을 모두 기록하지는 못하지만 대략은 이렇습니다. 각종 유과油果에는 모두 일정한 높이가 있는데 영소전[92]과 경녕전[93]의 조과造果가 영희전보다 오히려 높으니 일의 체모가 온당치 못하다고 운운하였습니다. 그래서 선조께서 조과의 높이는 한결같이 식례式例를 따를 것을 더욱 더 신칙하라고 하교하였습니다. 삼가 그 당시의 사례로 미루어 보면 영희전의 조과는 유과를 담는 우리亐里의 높이를 벗어나지 않았음을 알 수 있는데 근래에는 우리 밖으로 높이 괴어 올린 고배高排가 심지어 6, 7촌에 이르니 정유년에 품정한 것이 전혀 아닙니다. 저의 구구한 소견은 삼가 바라건대 성상께서 이런 점에 더욱 깊이 유념하시는 것입니다." 하니, 주상이 이르기를, "이 일은 내가 일찍이 개탄스럽게 여겼던 일이다. 이제 아뢰는 것을 들으니[94] 이것이 바로 요·순을 본받고자 한 것이니, 그렇다면 마땅히 조종祖宗을 본받아야만 한다. 더구나 지난해에 하교하였으니 말해 무엇하겠는가. 근자에 특히 심해져서 만약 이러기를 그치지 않는다면 우리亐里의 높이를 더하려고 할 것이니 정유년 하교에 따라 거행하라. 우리의 위로는 한 조각이라도 넘지 못하게 하고 우리의 척수는 한결같이 예전禮典대로 할

---

92 숙종의 정비 인경왕후의 혼전(魂殿)으로, 지금의 경희궁인 경덕궁에 있었다.

93 숙종의 계비인 인현왕후 민씨의 혼전이다.

94 저본에는 없는데, 《승정원일기》 1220책, 영조 39년 7월 21일 기사에 근거하여 보충하였다.

것을 분부하라." 하였다.

7월 23일에 숭현문崇賢門 전좌殿座에 입시할 때에 주상이 이르기를, "제향에 사용하는 갱탕羹湯을 담는 것은 어떠한가?" 하니, 영의정 홍봉한이 아뢰기를 "그릇 위에 높이 담기도 합니다." 하였다. 주상이 이르기를, "국수만 예를 들더라도 장수醬水의 높이가 (국수보다) 도리어 낮으니 일이 매우 온당치 못하다. 앞으로 각종 탕은 그릇 위에 높이 담지 말도록 제한하라." 하였다.

정조 을사년(1785, 정조 9) 3월 8일에 공시당상貢市堂上[95] 서유린이 아뢰기를, "마침 시비의 소지가 있어서 이렇게 감히 진달합니다. 제향에 쓰이는 황률은 전률全栗이건 탄률綻栗이건 따질 것 없이 빛깔과 품질이 완전하고 좋은 것을 쓰는 것이 본래 전례前例입니다. 그런데 지난번에 일제조一提調가 신칙을 잘못하는 바람에 순전히 전율만을 사용하게 하였으므로, 공인들이 진배할 때 매양 계속 잇대기가 어려워 걱정하고 있습니다. 가령 전률을 제향에 반드시 함께 사용한다면 공인들이 진배하기 어려운 점은 전혀 걱정할 것이 못 됩니다. 다만 제가 생각건대, 밤의 성질은 마르면 반드시 터지게 마련인데, 순전히 전률만을 쓰기 때문에 밤의 겉면이 마르지 않도록 해야 하는 폐단이 있고 속은 제대로 살필 수 없다는 탄식이 있습니다. 앞으로는 전례대로 전률과 탄률을 더 세심하게 골라서 같은 격식으로 진배하게 하는 것이 사의에 합당할 듯합니다. 청컨대 이러한 내용으로 태상

95 공계(貢契)와 시전(市廛)의 감독 사무를 맡아보는 당상관이다. 1752년(영조 28)에 처음 비변사 소속으로 설치되었고 공시의 폐단을 바로잡는 데 주력하였다.

太常[96]에 분부하소서." 하니, 주상이 그대로 하라고 하였다.

같은 해 5월 22일에 우승지 조흥진趙興鎭이 아뢰기를, "각 제향에 사용하는 다식의 모양이 매번 들쑥날쑥 일정하지 못한 문제가 있습니다. 그래서 어제 하교를 받들어 본시本寺에 물으니 원래 견본이 되는 다식판이 없어 제향할 때마다 숙수熟手 개인의 것을 가져다 쓴다고 하였습니다. 그래서 모양이 똑같지 않을 뿐만 아니라 공경스럽지 못하다는 탄식 또한 없지 않으니, 앞으로는 본시에 분부하여 여러 개를 조판造板한 뒤 전사관典祀官이 나갈 때에 가지고 가서 감조監造하여 정식에 따라 정결하게 하도록 하는 것이 좋을 듯합니다. 그래서 감히 진달합니다." 하니, 주상이 하교하기를, "이와같이 정식을 삼되, 다식의 모양이 앞으로 일정하지 못한 일이 있으면 해당 전사관과 헌관에 대해 초기草記하여 논죄하도록 예조에서 전관殿官, 궁관宮官, 능관陵官, 원관園官, 묘관墓官에게 통지하게 하라." 하였다.

96 진나라 때 봉상(奉常)을 설치하였는데, 한나라 경제 6년(151)에 태상으로 개명하였다. 종묘의 의식과 박사를 선발하는 임무를 아울러 관장하였다. 조선시대에는 이러한 임무를 관장하는 부서를 봉상시(奉常寺)라고 하였다.

제향 진배

祭享進排

【주상에게 여쭈어 정한 일이다】

祭享進排

영조 계미년(1763, 영조 39) 7월 21일에 영의정 홍봉한이 아뢰기를, "각 처에서 제향할 때 과격지果隔紙로 진배한 것은 바로 후백지厚白紙입니다. 그 품질이 늘 쓰는 장지壯紙와 그다지 차이가 없습니다. 당초 초주지草注紙를 견본으로 하였기 때문에 진배할 때마다 탈이 생기게 되니 앞으로는 초주지에서 저주지楮注紙로 바꾸어 진배하도록 정식으로 삼는 것이 어떻겠습니까?" 하니, 주상이 그대로 하라고 하였다.

정조 을사년(1785, 정조 9) 3월 26일에 봉심 제조 정호인鄭好仁이 아뢰기를, "향소享所의 되[升]와 말[斗]의 대소 크기가 일정치 않은 문제가 있기 때문에 막중한 제물을 봉진 하면서 또한 그 양이 고르지 않은 폐단이 있습니다. 해조에 분부하여 일체 모두 거두어들여서 호조의 되와 말 크기로 교정하도록 하는 것이 어떻겠습니까?" 하니, 주상이 그대로 하라고 하였다.

축문
祝文

祝
文

제5실

유維 연호年號 몇 년 세차歲次 모갑某甲 모월 모삭某月某朔 모일 모갑某日某甲에 효증손孝曾孫인 사왕嗣王 신 휘諱는 삼가 신臣 모관某官 모某를 보내, 황고조皇高祖 고 영종 지행순덕 영모의열 장의홍륜 광인돈희 체천 건극 성공신화 대성광운 개태기영 요명순철 건건곤녕 배명수통 경력홍휴 익문선무 희경현효 대왕英宗至行純德英謨毅烈章義弘倫光仁敦禧體天建極聖功神化大成廣運開泰基永堯明舜哲乾健坤寧配命垂統景曆洪休翼文宣武熙敬顯孝大王께 감히 밝게 고합니다. 삼가 아뢰오니, 세월은 쉬 흘러 이렇게 좋은 때를 만나니 그리운 마음 더욱 깊어져 구차하게나마 정결히 예를 갖추어 삼가 맑은 술과 여러 제수로 경건히 밝은 제사를 올리니 흠향하소서.

제6실

유 연호 몇 년 세차 모갑 모월 모삭 모일 모갑에 효자孝子인 사왕 신 휘는 삼가 신 모관 모를 보내, 황고皇考 순조純祖 연덕현도 경인순희 체성응명 흠광석경 계천배극 융원돈휴 의행소륜 희화준렬 대중지정 홍훈철모 문안무정 영경성효 대왕淵德顯道景仁純禧體聖凝命欽光錫慶繼天配極隆元敦休懿行昭倫熙化峻烈大中至正洪勳哲謨文安武靖英敬成孝大王께 감히 밝게 고합니다. 삼가 아뢰오니, 세월은 쉬 흘러 이렇게 좋은 때를 만나니 더욱 그리운 마음 깊어져 구차하게나마 정결히 예를 갖추어 삼가 맑은 술과 여러 제수로 경건히 밝은 제사를 올리니 흠향하소서.

제향 의주

祭享儀註

【추후에 보충하였다】

祭享儀註

영조 무진년(1748, 영조 24) 8월 10일에 명릉明陵[97]에서 친제할 때 주상이 이르기를, "젓가락이 있는데 젓가락을 바르게 놓는[正筯] 절차가 없으니 앞으로는 대축이 시접 안에 젓가락을 바르게 놓되 서쪽으로 자루를 둘 것을 거행하도록 분부하라." 하였다.

갑술년(1754, 영조 30) 단오에 영희전의 친제를 행할 때 《오례의》에 따라 두 단지[兩樽]에 모두 향례香醴를 담으라고 하교하였다.

무인년(1758, 영조 34) 단오제를 행할 때 도승지 이이장李彝章이 승전을 받들고 어제실 앞의 우물로 와서 수정修井[98]한 뒤에 봉과封裹하고 자시子時가 되면 물을 길어서 제물에 쓸 것을 정식으로 삼아 거행하였다.

정조 무술년(1778, 정조 2) 10월 일에 다음과 같이 하교하였다.

"종묘와 사직에 제향할 때에 기일에 앞서 재계齋戒하고 서약誓約하니, 이것은 여러 사람에게 쉽게 행할 수 있는 방도를 제시하는 것이다. 대개 이렇게 하지 않으면 도리어 법령을 어기게 될 것이다. 서문誓文의 내용 중 '술을 마시지 않는다[不飮酒]'라는 문구를 예문에 따라 '술을 함부로 마시지

---

97 숙종과 계비 인현왕후 민씨, 제2계비 인원왕후 김씨의 능이다. 1701년(숙종 27) 인현왕후가 죽은 뒤에 이곳에 묘지를 정하고 명릉이라 하였고, 1720년 숙종이 죽자 이곳에 나란히 묻었다.

98 수치(修治)하는 우물이라는 말이다. 《주역》 〈정괘(井卦)〉 육사(六四) 상(象)의 "우물에 벽돌을 쌓으면 허물이 없게 되는 것은 우물을 수치하기 때문이다[井甃无咎 修井也]"라는 말에서 유래한 것이다.

않는다[不縱酒]'라고 바로잡도록 하라."[99]

99 이와 관련해 《일성록》 정조 2년 무술 10월 1일 기사에 다음과 같은 내용이 보인다. "'술을 마시지 않는다[不飮酒]'는 한 조항을 가지고 말하자면, 전대(前代)의 기록을 조사해 보고 국조의 전례(典禮)를 상고해 보건데, 모두 '술을 함부로 마시지 않는다[不縱酒]'고 되어 있다. 대개 마시되 함부로 마시지 않는다는 것은 노력하면 가능한 일이지만 곧바로 마시지 않는다고 하면 술을 좋아하는 사람이 어기지 않을 수 있겠는가. 그래서 이보다 앞서 몸소 제향할 때에는 술은 반드시 함부로 마시지 않는다는 것으로 신하들에게 계고(誡誥)했던 것인데, 지금 서약하는 자리에 임하여 비로소 서문의 내용을 들어 보니, 내가 하교한 것과 다른 점이 있었다. 그래도 확신이 가지 않아 예문을 가져다 고증해 보았더니, 과연 내가 알고 있던 것과 같았다. 처음이나 중간에 잘못되었는데 이것이 잘못 전해져서 잘못 쓰여졌나 보다. 정원에서는 서령문(誓令文) 가운데 '술을 마시지 않는다'는 문구를 예문에 따름과 동시에 나의 수교(受敎)대로 바로잡고, 이어 제사(諸司)에 반시(頒示)하도록 하라."

제향 잡의

祭享雜儀

祭享雜儀

준축準祝[100]

정조 임자년(1792, 정조 16) 10월 15일에 입시하였을 때 우부승지 홍의영洪義榮이 아뢰기를, "지금 말이 나온 김에 감히 진달하오니, 막중한 축문에 대해 향축을 전할 때에만 헌관과 향관이 한 번 대조하는 것은 경건함이 부족합니다. 앞으로는 축문을 쓸 때 헌관이 대축 및 종묘의 유사와 함께 대조하고, 만일 제대로 살피지 못한 잘못이 있으면 축문을 대조한 신하들을 모두 논감論勘 하소서. 묘·전·궁·능·원·묘소에 일체 정식으로 삼아 시행하고, 이어 이러한 뜻을 향대청香大廳에 써서 게시하여 영구히 준행 하도록 하는 것이 어떻겠습니까?" 하니, 주상이 그대로 하라고 하였다.

전향傳香[101]

영조 갑술년(1754, 영조 30) 6월 14일에 주상이 향을 친히 전하는 때 영희전에 향이 들어오자 주상이 말하기를, "(향을 직접 전할 때에는) 향봉香封에 친압親押 해야 할 듯하다."[102] 하니, 승지 이득종李得宗이 아뢰기를, "종전에는

100 정서한 축문을 초본과 대조하여 검토하는 절차를 말한다. 축문의 대조가 끝나면 서명하였다.

101 제향에 쓸 향과 축문을 전하는 것으로, 임금이 직접 헌관에게 전할 때도 있고 신하가 임금 대신 전할 때도 있었다.

102 임금이 향을 봉한 윗부분에 임금의 서명을 하는데 이때 서명하는 방식은 친압(親押)과 대압(代押) 두 가지가 있다. 친압은 임금이 향실(香室)이나 정전 등에 나아가서 직접 향과 축문에 서명하는 것으로, 성종 때부터 시작되었다. 대압은 신하가 임금을 대신하여 향과 축문에 서명하는 것으로, 임금이 어압(御押)을 써서 향실에 내려주면 이를 보고 써넣었다.

대압代押 하였습니다." 하니, 주상이 말하기를, "친히 전하는데 어찌 대압을 하며, 친압이 없는 것도 괴이한데 '신臣'자가 없으니 더욱 괴이하다. 태묘에도 역시 신자가 없는가?" 하니, 승지 이득종이 아뢰기를 "없습니다." 하니, 주상이 말하기를 "봉두封頭를 가지고 오면 친압하겠다." 하였다.

망예望瘞[103]

영조 무인년(1758, 영조 34) 1월 7일에 다음과 같이 전교하였다.

"묘廟·사社·전殿의 망료望燎[104]는 춘추 봉심 때 할 것을 《국조상례보편國朝喪禮補編》에 싣도록 하라."

같은 해 2월 1일에 다음과 같이 전교하였다.

"모든 작헌례에 망료는 대축과 묘사廟司, 전사殿司, 능사陵司가 할 것을 정식으로 삼아 《국조상례보편》에 싣도록 하라."

기묘년(1759, 영조 30) 10월 15일에 다음과 같이 전교하였다.

"망료와 망예는 앞으로 헌관이 거행하라."

---

103 사직(社稷), 산천(山川) 등 지기(地祇)에 대한 제사나, 종묘나 선농, 선잠 등 인귀(人鬼)에 대한 제사가 끝나면 대축이 제사에 사용한 축문과 폐백 등을 광주리에 담아서 예감에 묻는 것을 헌관이 지켜보는 의식이다.

104 종묘나 사직 등의 제향에서 헌관이 폐백과 축문을 태우는 것을 지켜보는 의식이다. 1757년(영조 33) 이후로 왕명에 의해 축문과 폐백을 예감에 묻는 것이 불결하고 공경스럽지 못하다는 이유로 축문과 폐백을 쓰는 곳에는 모두 망료하도록 제도로 정하여 《국조상례보편》에 싣도록 하였다. 《남전속지》에는 영조 34년 1월에 전교하였다고 기록하였으나, 이 내용이 《영조실록》에는 1757년(영조 33) 10월 10일에 윤음을 내린 것으로 기록되어 있다.

진상進上

영조 갑술년(1754, 영조 30) 윤4월 일에 예조판서 홍상한洪象漢이 입시하였을 때 다음과 같이 전교하였다.

"영희전에 지미과知味果를 매번 목기에 담아서 대내로 들이니 내 마음에 항상 공경스럽지 못하다고 느껴졌다. 이제 들으니 태묘에서는 목함에 담아 대내로 들인다고 하니 앞으로 지미과를 대내로 들이는 그릇의 수대로 유기를 만들어 대내로 들일 때 여기에 담아 들일 것을 정식으로 삼도록 하라."

잡의

雜儀

雜儀

이안移安·환안還安

정조 을사(1785, 정조 9) 10월 4일에 호조 판서 조준趙琝이 아뢰기를, "영희전의 비가 새는 곳을 수개할 때 이안과 환안을 설행해야 하는지의 여부를 근래에 하문하셨으나, 사체가 지극히 중하여 감히 결론을 지어 대답하지 못하였습니다. 전내와 영외楹外는 경중의 구별이 없지 않으므로, 설행해야만 하는데 설행하지 않는 것과 설행해서는 안 되는데 설행하는 것은 모두 매우 온당치 못한 일입니다. 한 번 정식을 만들어야 할 것 같으니, 대신大臣에게 하문하여 처리하는 것이 어떻겠습니까?" 하여, 주상이 이르기를, "거조擧條를 내고 예관을 보내어 시원임 대신과 지방에 있는 예를 아는 신하에게 문의하게 하라." 하였다.

10월 8일에 예조가 (시원임 대신에게) 문의하고 복계覆啓한 뒤에 주상이 다음과 같이 전교하였다. "처마 끝을 수개修改할 때는 자연히 사다리를 설치하고 수개할 수 있지만, 영내와 영외는 모두 지붕 위로 올라가야 수리할 수 있다. 이번에 수의收議하라고 명했던 것은 신중히 하는 뜻에서 나온 것이었는데, 대신과 유신의 헌의를 보면 대체로 별로 어긋나는 말이 없었다. 이전의 규례대로 지붕 위로 올라가서 수개할 것이니, 이안하는 절차를 마련하라."

순조 무진(1808, 순조 8) 8월 6일에 빈청賓廳의 차대次對에 입시하였을 때 예조 판서 김이도金履度가 아뢰기를, "이번에 영희전의 수개에 대해 구구하나마 어리석은 소견이 있어 감히 이렇게 진달합니다. 이안청이 세 칸이어서 5실을 옮겨 봉안하기에는 지형이 구차합니다. 그래서 제2실부터 제3실·제4실까지는 주벽主壁[105]에 남쪽을 향하게 하여 정간正間에 봉안하고, 제1실은 서쪽 벽 아래에 동쪽을 향하도록 봉안하며, 제5실은 동쪽 벽 아래에 서쪽을 향하도록 봉안하려고 하는데, 최존위最尊位를 정간에 옮겨 봉안하지 못하는 것은 결례인듯하여 송구하고 잘못된 듯합니다. 이는 당초에 토의하여 정한 제도가 아니라 한때 서두르면서 생긴 잘못에 불과한 듯한데 지금까지 예전 그대로 답습하고 있습니다. 더없이 소중한 위차位次를 아무리 임시로 잠시 봉안한다고 해도 응당 충분히 잘 살펴야 합니다. 대신에게 하문하여 온당한 방법을 의논해 정하고 영희전의 등록에 실어서 앞으로 준행할 수 있게 하는 것이 사리에 맞을 듯합니다." 하니 주상이 이르기를, "선원전의 예대로 소목昭穆으로 위차하여[106] 제1실은 한가운데 봉안하고,[107] 제2실은 동벽에 서쪽을 향하도록 봉안하고, 제3실은 서벽에 동쪽을 향하도록 봉안하며, 제4실과 제5실은 차례대로 동벽과 서벽에 봉안하는 것이[108] 좋을 듯하다." 하였다.

105 사원(祠院)에 배향한 여러 선현(先賢)의 위패 가운데 가장 으뜸가는 분의 위패를 이곳에 모신다.

106 저본에는 "爲次"로 되었는데 《일성록》 순조 8년 8월 6일 기사에 근거하여 '位次'로 교감하였다.

107 이 부분이 《일성록》 순조 8년 8월 6일 기사에는 "제1실은 정간에 남쪽을 향하도록 봉안하고"라고 되어 있다.

108 원문은 "第二室東邊 第三室西邊 第四第五室東西殿奉安 似好矣"인데 《일성록》 순조 8년 8월 6일 기사 내용을 참조하여 보충 번역하였다.

춘계 봉심·추계 봉심

정조 을사년(1785, 정조 9) 10월 7일에 친압親押[109]하는 자리에 입시한 예조 판서 김이소金履素가 아뢰기를, "영희전의 영정을 봉안한 실내는 후면의 병풍과 벽이 서로 붙어 있어서 봉심할 길이 없습니다. 그래서 지난번에 조금 앞으로 옮겨 봉안하여 모두 두루 살필 수 있게 해야 한다는 내용으로 삼가 계품한 적이 있었습니다. 이제 이안과 환안을 행할 때가 되어 이로써 거행하는 것이 사리에 합당할 것 같으나, 감히 멋대로 할 수가 없으므로 다시 이렇게 아뢥니다" 하니, 주상이 그대로 하라고 하였다.

무신년(1788, 정조 12) 8월 16일에 주상이 경희궁에 거둥하는 데, 이때 입시한 호조 판서 서유린徐有隣이 아뢰기를, "영희전의 개수를 매번 종묘와 경모궁을 개수하는 날에 같이 거행하기 때문에 본조에서는 낭청만 참석하게 하는데,[110] 사체로 헤아려볼 때 끝내 구차하고 어려운 점이 있습니다. 앞으로는 예조로 하여금 별도로 택일하여 수개하게 하고 본조의 당상이 나아가 거행하는 것으로 정식을 삼는 것이 어떻겠습니까?" 하니, 하교하기를, "앞으로는 판서가 나아가 봉심하고, 개수할 때도 판서가 나아가라."하였다.

109 임금이 향실에 나아가 몸소 축문의 글자를 손가락으로 짚어 가며 잘못된 곳이 없나 살핀 뒤에 수결(手決)을 하거나 도장을 찍는 것을 말한다.

110 저본에는 "有郎廳進參"으로 되었는데 《일성록》 정조 12년 8월 16일 기사에 근거하여 "令郎廳進參"으로 '有'를 '令'으로 교감하였다.

수향受香

영조 갑술년(1754, 영조 30)에 매달 초하루와 보름에 입직하는 곳에서 나와 전관殿官이 수향한다는 내용으로 정식定式을 삼았다.

정조 무신년(1788, 정조 12) 5월 13일에 예방 승지 서정수徐鼎修가 아뢰기를, "영희전 영令 김정순金正淳이 오늘 정사에서 제수되었습니다. 그래서 오늘 숙배하고 내일 수향하는 것이 매우 편리할 듯한데 국기國忌를 위해 재계하는 관계로 아직 사은謝恩하지 못했으니 내일 수향을 어떻게 해야겠습니까? 감히 여쭙니다."하니, 전교하기를, "먼저 수향한 뒤에 사은하라." 하였다.

의물·제기

儀物·祭器

儀物·祭器

제5실

전 안의 상탁에 깔 포진·의장

온돌에 깔, 별문석 5장을 붙인 지의地衣[111] 1부浮 【선(縇)은 청목이다】

용상 1좌

상 위의 황화단석黃花單席[112] 1건 【선은 자적토주[113]이다】

자적방주方紬[114]욕 1건

요 위의 채화단석彩花單席 1건 【선은 자적토주이다】

오봉산병풍 1좌 【4첩】

봉안용 홍융사줄紅絨絲䋨[115] 2거리[艮衣][116] 【길이 20자이다】

권축捲軸용 홍융사줄 2거리 【길이 20자이다】

백표주白表紬[117] 식건拭巾 【길이 3자 5치이다】

홍초紅綃[118] 면장面帳[119] 【홍융사줄을 갖춘다】

내주렴內朱簾 1부浮 【청향사줄(靑鄕絲䋨) 2거리를 갖춘다】

111 넓은 면적에 깔기 위하여 여러 장의 자리를 붙여 만든 것으로, 방과 대청뿐 아니라 툇마루나 마당 등의 외부 공간에 깔기도 하였다.

112 노란 꽃무늬의 외겹 돗자리이다.

113 바탕이 두껍고 누르스름한 명주를 말한다.

114 네모난 모양으로 짠 명주를 말한다.

115 두껍고 고운 붉은 모직실로 만든 줄이다.

116 새끼나 끈 따위를 사리어 뭉친 것을 말한다.

117 중국 및 조선 땅에서 나는데, 무늬 없는 비단[綾]과 비슷하나 두껍고 질기고 광택이 없다. 《해동역사》 권26 물산지(物産志)에서 《화한삼재도회》를 인용해 설명했다.

118 홍색 생사 비단을 말한다. 특히 초(綃)는 생사(生絲)로 짠 얇은 비단의 총칭으로 조선 시대 문무백관들의 조복·제복의 옷감으로 사용되었다.

119 앞에 늘어뜨리는 휘장이다.

청개靑蓋[120] 1 【주칠기(朱漆機)를 갖춘다】

봉선鳳扇[121] 1 【주칠기를 갖춘다】

홍개紅蓋[122] 1 【주칠기를 갖춘다】

작선雀扇[123] 1 【주칠기를 갖춘다】

주칠 제상祭床 4좌

좌면座面 육유둔陸油芚[124] 1번番

홍초 상건紅綃床巾 1건

주칠 촉상燭床[125] 2좌

주칠 축상祝床[126] 1좌

큰 놋쇠 촉대[大燭臺] 1쌍

놋쇠 축판祝板 1

용향로龍香爐 1 【뚜껑을 갖춘다】

놋쇠 향합 1 【뚜껑을 갖춘다】

치미추雉尾箒[127] 1자루

---

120 나무통에 대나무의 살을 만들고 청초(靑綃)로 덮은 다음 그 아래에 수레 휘장 셋을 만들고 용을 그려서 만든 일산이다.

121 긴 자루 끝에 부채 모양을 만들고 봉황을 수놓거나 그려 넣은 의장이다.

122 청개와 제도가 같으나 색깔이 붉은색이다.

123 붉은 바탕에 공작을 양면에 각각 두 마리씩 그려서 붉은 색깔의 자루에 꿴 의장이다.

124 유둔은 넓은 종이 또는 무명을 이어 붙여 기름을 먹인 것으로, 비를 막는 데 쓰인다. 유둔 앞에 이어 붙인 종이 숫자를 써서 '사유둔', '육유둔' 등으로 표기한다. 따라서 저본에는 '陸油芚'으로 되어 있으나, 일반적인 용례로 볼 때 '六油芚'의 오기로 추측된다.

125 촛대를 올려놓는 상이다.

126 축문을 올려놓는 상이다.

127 먼지떨이용 꿩꼬리 빗자루이다.

합문 밖에 배설할 것

자물쇠 1부部

외주렴外朱簾 1부浮 【청향사줄 2거리를 갖춘다】

답장踏掌[128] 별문석別紋席 1좌

준소樽所(술 항아리를 놓아두는 곳)의 주칠상 1좌

좌면 유지油紙 1장

준소의 작은 촉대燭臺 1쌍

작비勺篚 1 【뚜껑을 갖춘다】

흑칠상 2좌 【중배설(中排設)에 사용하는 물품이다】

제기

은시첩 1 【뚜껑을 갖춘다】

은잔 3 【뚜껑과 받침대를 갖춘다】

은찻종지 1 【뚜껑과 받침대를 갖춘다】

은젓가락 1면

중박계 우리中朴桂于里 4좌 【받침대를 갖춘다】

산자 우리散子于里 5좌 【받침대를 갖춘다】

다식 우리茶食于里 5좌 【받침대를 갖춘다】

실과 종자實果種子 6좌 【받침대를 갖춘다】

놋첩시貼匙 6좌

놋대첩시 3좌

128 오르내리거나 앉거나 할 때에 쓰는 평상처럼 생긴 물건을 말한다.

놋주발 1좌 【뚜껑을 갖춘다】

놋탕기 2좌 【뚜껑을 갖춘다】

용준龍樽[129] 2좌 【준소에 배설한다】

용작龍勺 2

놋대야 1좌

놋소래기[鍮所羅] 1좌

놋동이 3좌

놋새옹[鍮沙用] 3좌

놋쇠 번철[鍮煮] 1개

부자釜子(가마솥) 1좌

솥 1좌

화정[130] 1좌

지개아紙蓋兒(종이 덮개) 3건

이안할 때 쓰는 궤보자기 물품

흑장궤 1부 【상·하의 두석 자물쇠 2부와 상·중·하를 묶어 매기 위한 홍향사줄 3거리를 갖춘다】

궤 안에 사용하는 물품

홍정주紅鼎紬 요 2건件

홍정주로 만든 5폭 겹보 3건 【내공화문영초(內貢花紋英綃)에 남색실로 꼬아 만든 끈[藍帶子]을 붙이고, 거기에 도금한 비녀를 단다】

풀솜[雪綿子]

129 용무늬를 그린 의례용 술 항아리이다.

130 국이나 밥을 하는 큰 솥.

부용향을 넣는 방사주方絲紬로 만든 긴 비단주머니 1건

의향衣香을 넣는 방사주로 만든 넓은 비단주머니 1건

궤 겉면을 싸는데 사용하는 물품

홍주로 만든 3폭 겹보자기 1건

홍세목으로 만든 4폭 겹보자기 1건

홍초로 만든 6폭 홑보자기 1건

제6실

전 안의 상탁에 깔 포진·의장

온돌용 별문 5장을 붙인 지의 1부 【선은 청목이다】

용상 1좌

상 위의 황화단석 1건 【선은 자적토주이다】

자적방주욕 1건 【내공목홍정주(內貢木紅鼎紬)이다】

요 위의 채화단석 1건 【선은 자적토주이다】

오봉산병풍 1좌 【4첩】

봉안용 홍융사줄 2거리

권축용 홍융사줄 2거리

백표주로 만든 식건 1건 【길이 3자 5치이다】

홍초 면장 【홍융사줄을 갖춘다】

내주렴 1부浮 【청향사줄 2거리를 갖춘다】

청개 1 【주칠기를 갖춘다】

봉선 1【주칠기를 갖춘다】

홍개 1【주칠기를 갖춘다】

작선 1【주칠기를 갖춘다】

주칠 제상 4좌

좌면 육유둔 1번番

홍초 상건 1건

주칠 촉상 2좌

주칠 축상 1좌

큰 놋쇠 촉대 1쌍

놋쇠 축판 1

용향로 1【뚜껑을 갖춘다】

향합 1【뚜껑을 갖춘다】

치미추 1자루

합문 밖에 배설할 것

자물쇠 1부部【붙박이】

외주렴 1부浮【청향사줄 2거리를 갖춘다】

답장 별문석 1편

준소의 붉은 옻칠한 상 1좌

좌면 유지 1장

준소의 소촉대 1쌍

자비𠂊篚 1【뚜껑을 갖춘다】

흑칠상 2좌【중배설에 사용하는 물품이다】

제기

은시첩 1【뚜껑을 갖추어 내하(內下)[131]한다】

은잔 3【뚜껑과 받침대를 갖추어 내하한다】

은찻종지[銀茶鍾] 1【뚜껑과 받침대를 갖추어 내하한다】

은젓가락[銀筯] 1면【내하한다】

중박계 우리 4좌【받침대를 갖춘다】

산자 우리 5좌【받침대를 갖춘다】

다식 우리 5좌【받침대를 갖춘다】

실과 종자 6좌【받침대를 갖춘다】

놋첩시 6좌

놋대첩시 3좌

놋주발 1좌【뚜껑을 갖춘다】

놋탕기 2좌【뚜껑을 갖춘다】

용준[132] 2좌【준소에 배설】

용작 2

놋대야 1좌

놋소래기 1좌

놋동이 3좌

놋새옹 3좌

유자鍮煮(놋쇠 번철) 1

부자釜子(가마솥) 1좌

131 대내(大內)에서 마련하여 내리는 물품을 말한다.

132 용무늬를 그린 의례용 술 항아리이다.

솥 1좌

화정 1좌

지개아紙蓋兒 3건

이안할 때 쓰는 궤보자기 물품

흑장궤 1부 【상·하의 두석 자물쇠 2부와 상·중·하를 묶어 매기 위한 청향사줄 3거리를 갖춘다. 궤의 안에 홍향사줄을 갖추어 열쇠에 붉은 비단주머니 2건을 매단다】

궤 안에 사용하는 물품

자적상직욕紫的常織褥 1건件 【내공남운문대단】

홍운문대단으로 만든 3폭 겹보자기 1건 【내공남운문대단】

흑운문대단으로 만든 3폭 겹보자기 1건 【두 가지 색실로 꼬아 만든 끈을 붙이고, 거기에 은비녀를 단다】

풀솜[雪綿子]

작은 향낭 25건

궤 겉면을 싸는데 사용하는 물품

홍토주紅吐紬로 만든 궤의櫃衣 1건 【내공남로주주(內貢藍潞州紬)에 둥근 상아 단추(團紐) 6과(顆)를 단다】

홍주로 만든 5폭 겹보자기 1건

홍세목으로 만든 5폭 겹보자기 1건

홍초로 만든 6폭 홑보자기 1건

어제
御製

御製

영조 경진년(1760, 영조 36) 한식에 친히 제사 지내고[133] 쓴다.

"본전에 친히 제사를 지내는 것은 정묘년(1747, 영조 23)[134]부터 금년까지 두 번 2월에 거행하였는데[135] 지난 14년 세월이 어제 일처럼 선하다.

아, 정축년(1757, 영조 33) 늦봄에 절일제節日祭[136]를 다시 행하게 될 줄 어찌 생각이나 했으랴. 게다가 보탑寶榻을 바라보며 무진년(1748, 영조 24)의 일[137]을 추억하자니 회포가 더욱 더하다.

그때 (영정을) 받들어 모시고 와서 이 전중殿中에 함께 봉안하고 돌아와 자성慈聖[138]에게 아뢰었는데 오늘은 누구에게 아뢰겠는가. 몸은 비록 돌아왔지만 마음은 전중에 있으니 그저 홀로 서글퍼할 뿐이다."[139]

정조 신축년(1781, 정조 5) 12월 3일에 납향대제를 친히 행하신 뒤에 영묘의 어제시御製詩를 써서 내려주며 이르기를, "이것은 선대왕께서 무진년

133 영희전에서 친제를 올린 내용이 보인다("上詣永禧殿親祭", 《영조실록》 권95, 영조 36년 2월 19일).

134 영희전에서 친제를 올린 내용이 보인다("上親祀永禧殿 歷臨忠勳府", 《영조실록》 권65, 영조 23년 2월 27일).

135 본서의 '친향(親享)'조에 영조가 갑술년(1754) 단오와 경진년(1760) 2월 20일에 영희전에 직접 제사 지냈다고 하였다. 즉 1754년부터 1760년까지 3번 친제를 지냈는데 2번을 2월에 지냈다는 말이다.

136 한 계절의 명절, 곧 인일(人日), 삼월 삼짇날, 오월 단오, 칠월 칠석, 구월 중양절 등을 가리키며, 임금의 탄신일과 만수절(萬壽節) 등을 포함하기도 한다.

137 영조가 1748년에 3실이었던 영희전을 5실로 증건하고 숙종의 영정을 봉안했던 일을 말한다(《영조실록》 권67, 영조 24년 2월 25일).

138 인원 왕후 김씨를 가리킨다. 자성은 임금의 어머니를 말하는데 자전(慈殿)이라고도 한다. 본래 영조의 생모는 숙빈 최씨지만 왕통으로는 인원왕후가 어머니가 되기 때문이다. 숙종의 둘째 계비로, 경종 원년에 국문으로 전교를 내려 당시 연잉군이었던 영조를 세제(世弟)로 책봉하도록 한 사람이다.

139 영조가 직접 쓴 내용이 양각한 현판에 남아 있다.

(1748, 영조 24)에 이 전에 행차했을 때의 어제이다【시는 前誌에 실려있다】."하였다.

주상이 삼가 영묘의 운韻에 차운해 지은 소서小序에 이르기를, "옛날 나의 영고寧考께서 을유년(1765, 영조 41) 한식날에 남전에서 제향을 올릴 적에 소자小子가 모시고 참사參祀하여 아헌을 했었다. 그런데 그로부터 17년 뒤인 지금에 와서 몸소 납향臘享을 올리기 위해 전날 저녁에 재전齋殿에 머물러 있노라니 감격스러워 추모하는 정성 견딜 수가 없어, 삼가 벽에 있는 어제시의 운에 따라 화답하여 지었는데, 이때는 내가 즉위한 지 5년째 되는 신축년이다."
하였고, 그 시는 다음과 같다.

10년 전의 일 기억이 새로운데	十年前事怳如新
남전에 정성 올리니 날이 또 이날일세.	南殿伸誠又此辰
소자 감히 선왕의 뜻과 일을 잘 계승한다 말하리오	小子敢言能繼述
선왕께서는 팔십 노령에도 몸소 제향 올렸거늘.	先王八耋享猶親

이어서 수가隨駕한 신하들로 하여금 화운和韻하여 시를 지어 올리게 하였다.

어유

御諭

御諭

영조 신미년(1751, 영조 27) 6월 7일에 주상이 친히 전향하는 데 신하들이 입시한 자리에서 주상이 이르기를, "영희전에 영정을 봉안한 곳 탑상 판자가 혹여 비가 샐 염려가 있어 영정이 오염되기 쉬우니 비가 내릴 때에는 입직 전랑이 자주자주 봉심할 것을 분부하라". 하고 또 전교하기를, "영희전에 탈이 있으면 예조에 보고하는가?" 하니, 판돈녕 신만이 아뢰기를, "으레 예조에 보고합니다." 하니, 주상이 이르기를, "앞으로는 전내에 비가 새는 곳이 있으면 전랑은 즉시 정원에 와서 보고하고 미품微稟[140]해도 좋다." 하였다.

을해년(1755, 영조 31) 2월 10일에 (영희전에 나아가) 작헌례를 행한 뒤에 돌아올 때 대문 밖에 가마를 멈추고 전관과 수복을 불러 어가 앞에 세워두고 이렇게 전교하였다. "내가 이제 회갑이 지났으니 앞으로 본전에 전알展謁하는[141]하는 것은 쉬운 일이 아니라 하겠다. 앞으로는 전내殿內의 모든 일을 각별히 신칙하라. 수복의 경우, 강물은 흘러가도 돌은 굴러가지 않는다는 말처럼[142] 항상 그 자리에 그대로 있으니 더욱 특별히 마음을 쓰도록 하라."

정조 신축년(1781, 정조 5) 12월 3일에 본전 납향 대제를 직접 행한 뒤에 다

---

140 임금에게 격식을 갖추지 않고 구두로 상주하는 것이다.

141 궁궐·종묘·문묘·능침 등을 참배하는 일이다.

142 세월이 흐르거나 상황이 바뀌어도 전혀 변화하지 않는 것을 뜻하는 말이다. 두보의 시 가운데 〈팔진도(八陣圖)〉에 "강물은 흘러가도 돌은 아니 굴렀는데[江流石不轉]"라는 구절이 나온다. 제갈공명의 명성은 팔진도 때문에 널리 알려졌고, 강물은 흘러가도 그 팔진도를 만들 때 사용하였던 돌은 굴러가지 않고 아직 남아 있다는 뜻이다.

음과 같이 전교하였다.

"본전지本殿誌를 가져다 살펴보니 경오년(1750, 영조 26) 이후로 내용을 계속해서 쓰지 못한 탓으로 그 뒤의 의문儀文이 이로 인해 폐기되었으니, 어찌 흠이 되는 일이 아니겠는가. 일찍이 듣건대, 예조 참의에게 수집한 본本이 있다고 하고 또 지금 이러한 내용을 모아 편집하고 있으니, 이러한 때에 같이 수정하고 윤문하는 것이 매우 편리하고 좋겠다. 본전지를 예조 참의 유의양柳義養에게 속히 찬차撰次하여 올리게 하라."

계묘년(1783, 정조 7) 7월 17일에 본전을 수개할 때 주상이 친림하여 공사를 감독하고 다음과 같이 하교하였다.

"옛날 선조先朝 때에는 묘와 전을 수개하게 되면, 매번 우리 선대왕先大王께서[143] 의복을 정제하고 이안청 앞에 임어臨御하였다가 환안이 끝나고 나서야 비로소 소차小次[144]에 들어가는 것을 보았다. 이것은 내가 일찍이 흠앙했던 일이니, 지금 어찌 감히 스스로 안일하게 지내며 계승할 방법을 생각하지 않겠는가."

정조 정미년(1787, 정조 11) 5월 29일에 다음과 같이 전교하였다.

"신실神室에 비가 새는 일은 어느 해이고 없었던 적이 없었다. 이는 대개 수직 관원이 조심하지 않아서 그렇게 된 것이다. 신실 위의 낙엽들을 즉시

143 저본에는 없는데, 《일성록》 정조 7년 7월 17일 기사에 근거하여 "則每覩我先大王"을 보충하여 번역하였다.

144 '막차(幕次)'라고도 하며, 거둥이나 행사 도중 잠시 쉴 수 있도록 임시로 설치하는 장막이다.

[145] 청소했다면 어찌 이런 일이 있었겠는가. 내가 이를 통해 생각해보니, 남전에 수직하는 관례官隷가 조심하지 않는 것 역시 이와 유사하다. 묘나 궁의 관례와 비교해도 근태勤怠가 판이하니 이번에 수개한 후에 다시 또 조심하지 않는다면 예조에서 각별히 살피고 단속하라. 전감殿監을 설치하는 것은 대체로[146] 문소전 전감의 예例를 따르라. 그런데 모든 수개한 곳에 대해 별다르게 부지런히 힘쓰고 있다는 말을 듣지 못했으니 매우 놀라운 일이다. 이 또한 반드시 신칙하도록 하라."

임자년(1792, 정조 16) 2월 일에 (예조가) 본전 춘계 봉심을 하고 탈이 있는 곳을 개수하기를 계청한 데 대한[147] 판하判下 내에 다음과 같이 전교하였다.

"남전을 봉심한 후에 보수할 때 매번 전감과 수복들이 임의로 탈을 잡으니, 그 외람됨이 이보다 심할 수 없다. 앞으로는 호조 판서가 각별히 잘 살펴 혹시라도 예전처럼 내버려 두지 말라. 대저 전감과 수복은 한번 발각되는 대로 엄히 다스린 뒤에야 소중한 것을 소중하게 여기고, 또한 옛날 공인貢人[148]을 염려하여 돌보신 성의聖意를 우러러 본받을 것이다. 우선 이러한 뜻으로[149] 경들이 잘 알고, 이어서 또 그들을 엄히 신칙하라."

145 저본에는 "這這"로 되어 있는데, 《승정원일기》 1626책, 정조 11년 5월 28일 기사에 근거하여 '這卽'으로 교감하였다.

146 저본에는 "旣"로 되어 있는데, 《승정원일기》 1626책, 정조 11년 5월 28일 기사에 근거하여 '槪'로 교감하였다.

147 저본에는 없는데, 《승정원일기》 1699책, 정조 16년 2월 9일 기사에 근거하여 보충하여 번역하였다.

148 저본에는 "貢市人"으로 되어 있는데, 《승정원일기》 1699책, 정조 16년 2월 9일 기사에 근거하여 교감하였다.

149 저본에는 없는데, 《승정원일기》 1699책, 정조 16년 2월 9일 기사에 근거하여 보충하여 번역하였다.

변통

變通

變通

영조 병술년(1766, 영조 42) 8월 18일에 약방이 입진하기 위해 입시하였을 때 영의정 홍봉한이 아뢰기를, "능·원에 친히 제사하실 때와 전·궁의 제향 때에 떡·국수·두부·탕을 준비하는데 번번이 여인들에게 대령待令하게 하므로, 경조京兆[150] 각부에서 이를 빙자하여 함부로 민폐를 끼치고 있으니, 진실로 소란스러워지는 폐단이 많습니다. 더군다나 지극히 존엄한 곳에 내력이 분명하지 못하고 정결하지 못한 여인을 여러 숙수熟手 가운데 서로 섞이게 하는 것은 또한 지극히 온당하지 못한 일입니다. 태상시[151]의 숙수는 만들지 못하는 음식이 없는데, 어찌 유독 떡·국수·두부·탕만 만들지 못하겠습니까? 청컨대 태상시에서 별도로 변통하여 숙수에게 거행하게 하여, 한편으로는 사체를 존중하게 하고 한편으로는 민폐를 없애게 하소서. 향례享禮에 관계된 일이므로 감히 아룁니다." 하니, 주상이 말하기를, "그대로 하라. 들으니 몹시 놀랍다. 한갓 무례할 정도가 아니니 민폐를 이루 다 말할 수 있겠는가? 앞으로는 엄히 금하고 어기는 자는 태상의 관원과 부관部官을 중죄로 처벌하라." 하였다.

정조 신축년(1781, 정조 5) 12월 3일에 납향 대제臘享大祭[152]를 친히 행하신 후에 다음과 같이 전교하였다.

"본전의 사체는 막중한 것인데, 본전의 관원이 두 사람뿐이기 때문에 5일에 봉심하고 초하루와 보름에 분향하는 것을 만일 두 관원이 일이 있

150 한성부의 별칭이다.

151 대상시라고도 하는데, 제사와 시호의 추증에 관한 일을 맡아보는 관청이다.

152 납일(처음에는 동지 뒤 셋째 술일(戌日)로 정했는데, 조선조 태조 이후에는 동지 뒤 셋째 미일(未日)로 정함)에 종묘와 사직에서 한 해의 일을 고하는 대제. 대제는 나라의 제사의 규모를 셋으로 나눈 것 중 하나이다.

을 경우에는 예의에 맞게 거행하리라고 보장하기가 어려우니, 무엇이 이보다 더 무례하겠는가. 가관假官(임시로 임용하는 관원)을 차출하는 일로 말하더라도, 충의위忠義衛를 임시로 차출하는 것은 또 공경스럽지 못한 일이 된다. 앞으로 봉심과 분향 등의 절차에 대해서는 충분히 유념하여 격식을 위반하지 말라. 그리고 가관은 성균관 관원으로 차정差定하되, 육조의 가랑假郎[153]과 상서원尙瑞院의 가관을 차출할 때에도 오히려 품계 하거나 구전口傳으로 계하받는 거조擧措가 있으니, 본전의 가관을 차출할 때에도 예조에서 초기草記한 다음 이조에서 구전으로 계하 받게 하는 것으로 정식을 삼아 시행하라."

같은 날에 주상이 다음과 같이 전교하였다.

"이 일에 대해서는 일찍이 들은 적이 있었고 조정의 의론도 이미 정해졌는데[154] 지금까지도 예전대로 행하고 있는 것은 실로 겨를이 없었기 때문이다. 본전의 사체는 한결같이 진전眞殿과 같다. 그렇다면 어진을 출납할 때 축軸을 펴고 궤櫃를 열며, 드는 것을 돕고 받은 것을 전달하는 일은 결코 입직한 전사 한 사람이 홀로 주선할 수 있는 일이 아니다. 이 때문에 수복들이 매번 힘을 합쳐 거행하는 일이 많았다. 제물을 진설할 때 충의가 진지進止하는 것에 대해서는 연전에 이미 선조의 특교特教로 인하여 지금까지 준용하고 있다. 하물며 이처럼 매우 중하고 공경스러운 일은 더 말할 것이 있겠는가. 문소전 전감文昭殿殿監이 또 참조할 만한 가까운 예이니, 지금부터는 수복 1과窠를 우선 감하고 전감 1인을 차출하여 복색을 갖추고

153 임시로 임명된 낭관. 정원 이외에 임시로 채용하는 낭청의 속관이다.

154 저본에는 "未已"로 되어있데, 《일성록》 정조 5년 12월 2일 기사에 근거하여 '有定'으로 교감하였다.

공직供職하게 하라. 이와 같이 정식을 삼되, 본전의 수복으로 하여금 반드시 내부에서 문벌이 있고 일에 능숙한 사람으로 차정하게 하는 것이 좋겠다. 그리고 옮겨 봉안하거나 환안할 때 봉두鳳頭의 절차를 한결같이 별감의 규례에 의거하여 행하고 있는데, 이는 종묘나 사직의 수복과는 크게 차이가 있는 것이다. 그렇다면 어찌 선원전 별감璿源殿別監을 수복으로 겸칭하는 전례를 쓰지 않을 수 있겠는가. 앞으로 본전의 수복은 정원에서 취재取才한 뒤 삼망三望을 갖추어 입계하여 낙점落點을 받되, 본전지와 《국조오례의》를 잘 강한 뒤에 의망擬望하고 근파根派와 자손에 대해서는 주註를 달아 입계하는 것으로 정식을 삼아 시행하라. 그리고 본원의 《정원고사政院故事》에 기재하게 하라."

같은 날에 우승지 서유방徐有防이 아뢰기를, "영희전 전감의 사체는 자별해서 단부單付[155]할 수 없습니다. 이제 막 삼망[156]을 갖추어 들였습니다만, 하비下批한 뒤에는 요과料窠[157]를 처리할 방도가 있어야 하니, 병조에 분부하여 체아遞兒 중에서 빈자리가 생기는 대로 녹봉을 주게 하는 것이 어떻겠습니까?" 하니, 그대로 따랐다.

정조 임자년(1792, 정조 16) 11월 9일에 전감殿監의 후임은 내각에 명하여 의망을 갖추어 입계하고, 전감과 수복은 앞으로 내각에서 의망을 갖추어

155 단망(單望)으로 관직에 임명함. 한 관직의 후보자를 추천하는 데는 삼망(三望) 곧 세 사람의 후보자를 천거하는 것이 상례이지만, 이를 갖추지 못하면 단망으로 천거하기도 하였다.

156 이조나 병조에서 관원을 선정할 때 세 사람의 후보자를 임금에게 추천하던 일, 또는 그러한 세 명의 후보자를 이른다. 첫 번째에 이름을 쓰는 것을 수망(首望), 두 번째에 이름을 쓰는 것을 부망(副望), 세 번째에 이름을 쓰는 것을 말망(末望)이라고 한다.

157 급료를 받는 하급의 벼슬자리이다.

입계하라고 하교하였다.

금상今上 9년 무오년(1858, 철종 9) 9월 기해일(27일)에 남전 제6실이 완성되어 비로소 순조대왕의 어진을 배향하고, 봉심하는 일로 주상이 이곳에 친행하셨다. 신축일(29일)에 내가[158]이 영희전 참봉에 제수 되어[159]본전에 가서 봉심[160]을 마치고 재려齋廬[161]에 물러와 쉬려는데 그곳에 《영희전지》 2책이 있었다. 그 내용은 창건 기원, 축호祝號[162]찬품 및 준이尊彝,[163] 대이敦匜[164] 내정鼐鼎(큰 솥과 작은 솥)의 수량이며, 평상, 주렴, 병풍, 장막 같은 것에서부터 아래로 재려齋廬, 집기, 복례僕隷,[165] 늠포廩布 등의 자질구레한 것과 재정裁定한 대소 조례條例 등을 자세하고 완전하게 갖추어 싣지 않은 내용이 없어 이러한 것들이 영원히 사라지지 않게 하였다. 이는 실로 계진

158 김계진(金啓鎭, 1823~1881)이다. 본관은 안동이며, 병자호란 때 강화도에서 순절한 김상용(1561~1637)의 후손으로 아버지는 대사헌을 역임한 김정균(1782~1847)이다. 1864년(고종 1)부터 장악원 주부, 영희전 참봉, 남원 현감을 거쳐 거창 부사를 지냈으며, 이조참판에 추증되었다. 1879년(고종 16)에 세워진 김계진의 '영세불망비'가 경남 거창군 웅양면 노현리에 남아 있다.

159 김계진이 영희전 참봉에 제수 된 사실이 보인다("金啓鎭爲 永禧殿參奉", 《승정원일기》 2607책, 철종 9년 9월 29일)

160 왕명을 받들어 능침이나 묘우(廟宇) 등의 상태를 살펴보는 일을 말한다.

161 재계하는 집이다.

162 축문에 쓰는 호칭 또는 명호(名號)를 이른다. 제사의 축문에서는 제사를 지내는 사람, 제향을 받는 대상 또는 제물 등에 대하여 일반적인 경우와는 다르게 특별한 이름 또는 호칭을 사용하는 것이 예법의 규정인데, 이것을 축호라 한다.

163 예기(禮器)로 육준(六尊)과 육이(六彝)를 말한다. 사준(犧尊)·상준(象尊)·착준(著尊)·호준(壺尊)·태준(太尊)·산준(山尊) 및 계이(雞彝)·조이(鳥彝)·황이(黃彝)·호이(虎彝)·유이(蜼彝)·가이(斝彝)가 그것이다.

164 서직(黍稷)을 담는 그릇과 술을 담는 그릇.

165 중앙 관청의 사령(使令)이나 구종(驅從)·근수(跟隨)·지방의 관노 및 사령과 양반이 거느리는 종 또는 노복(奴僕)을 말한다.

의 족조族祖 고故 판서 효효공嘐嘐公[166]이 영묘조 낭관 시절에 지은 발문을 살펴보고 알게 되었다.[167]

또 정묘正廟의 성교聖教를 삼가 살펴보니 이렇게 말씀하신 것이 있었다. "본전지本殿誌를 보니 경오년(1750, 영조 26) 이후로 계속해서 짓지 못한 탓으로 그 뒤의 의문儀文이 이로 인해 폐기되었으니, 어찌 흠이 되는 일이 아니겠는가. 본전지를 예조 참의 유의양柳義養으로 하여금 속히 찬차撰次하여 올리게 하라."[168]

이상을 통해 살펴본다면, 속편이 마땅히 있어야 하는데 지금까지 보지 못하였다. 아마도 찬차한 것을 주상이 진람進覽할 겨를이 없었거나, 아니면 진람하시고 본전에 주시지 않은 것인가. 전감이나 수복들이 옛날에 있던 사실[故實]을 제대로 말하지 못하고, 유의양 집안의 초본 역시 불에 탔다고 하니 이 얼마나 애석한 일인가. 경오년은 지금으로부터 백 십 년 전이니 흩어진 구절이든 애매한 문장[169]이든 따질 것이 없이 만일 임진년(1772,

166 효효재(嘐嘐齋) 김용겸(金用謙, 1702~1789)이다. 자는 제대(濟大)이고 김수항의 5남인 김창즙의 아들이며 김창집의 조카이다. 관향은 안동으로 경서와 예문(禮文)에 밝았으며, 1786년(정조 10)에 공조 판서에 제수되었다. 편찬서로 《영희전지》, 《화담집(花潭集)》, 《청음집(淸陰集)》등이 있다. 족조라고 한 것은 김용겸은 김극효(金克孝, 1542~1618)의 5남 중 4남인 청음 김상헌(1570~1652) 4대손이고, 김계진은 김극효의 장남인 김상용(1561~1637)의 6대손이기 때문에 이렇게 표현한 것이다.

167 김용겸은 1750년(영조 26) 5월 1일에 영희전 참봉에 제수되었다(《승정원일기》 1056책, 영조 26년 5월 1일). 그 후 1751년(영조 27) 김용겸이 《영희전지》를 완성하고 쓴 발문을 김계진이 보았다는 말이다.

168 《승정원일기》 1499책, 정조 5년 12월 2일.

169 원문은 "微文"이다. 사실을 적나라하게 기록하면 화가 미칠까 우려해 애매하게 뭉뚱그린 표현을 말한다.

영조 48)에 중수청을 설립하였고,[170] 무술년(1778, 정조 2)에 제5실에 봉안하였다면[171] 그야말로 분명하게 그 내용을 써놓았을 것이다. 더구나 이 사당[廟貌]은 광휘를 더하고 성대한 의식을 크게 거행하였으니 빠트린 것을 채집하여 모아서 편집하는 일은 더욱 마땅히 힘써야 할 바이다. 다만 보잘것없는 말학末學이 어찌 이 일을 감당할 수 있겠는가. 그러나 위로는 정조의 윤음[綸綍]에 의지하고 아래로는 족조의 남긴 글을 본받았으니 전혀 근거가 없는 것은 아니다. 게다가 본전의 의궤와 등록을 가져다가 《승정원일기》를 옆에 놓고 바로 잡아 번잡한 것을 삭제하고 긴요한 것을 추려 모아 의심나는 것은 빼고 믿을만한 것만 전술하였을 뿐이다. 그래서 영조 신미년(1751, 영조 27)에서부터 금상 무오년(1858, 철종 9)에 이르기까지 종류별로 모아서 책 한 편을 완성하여 《남전속지》라고 이름하였다.

아, 이전의 지誌에서 빠진 내용이 그야말로 오늘을 기다린 듯하다. 오늘 이후로 기록할 만한 것이 또한 얼마나 많겠는가. 후세의 군자는 나처럼 자세히 살필 수 없을 텐데 이어서 찬술하게 된다면 이 책이 또한 많은 것을 고증해 주었다고 해주기를 바랄뿐이다.

철종 기미년(1859, 철종 10) 늦가을에 참봉 김계진이 삼가 쓴다.

170 《영조실록》 권118, 영조 48년 6월 16일 기사에 중수영건청을 설립하도록 명하는 기사가 보인다. 또한 영희전을 중수한 과정 전반을 정리한 《진전중수도감의궤》가 남아 있다.

171 1778년(정조 2)에 영조 어진을 제5실에 봉안한 사실을 말한다.

도변
盜變

盜變

* 앞부분 목차에는 '변통'까지만 있고 '도변' 이후 내용은 목차에 없다. 고종대의 내용인 것으로 보아 이 부분은 후대에 추록한 것으로 보인다.

임진년(1892, 고종 29) 11월 6일 이른 아침에 상직 수복上直守僕이 제기고祭器庫의 앞뒤를 두루 정찰하니, 제기고 뒷면 대들보 위쪽에 있는 기왓장이 벗겨지고 구멍이 난 흔적이 있는 것을 발견하였습니다. 그래서 황망히 입직 관원에게 달려가 아뢰고[奔告] 제기고를 열고 들어가 살펴보니, 제6실의 은그릇이 모두 사라진 사실을 확인하고 매우 놀랍고 황송하여 도제조와 제조에게 보고하고 그 연유를 입계하였습니다.

계목啓目

영희전 관원이 도제조와 제조의 뜻으로 아뢰기를, "방금 수복의 보고를 보니, '이달 5일 밤에 제기고에 도둑이 든 변고가 있었는데, 뚜껑이 있는 은시접 6좌坐, 뚜껑과 받침대가 있는 은잔 18좌, 뚜껑과 받침대가 있는 은다종 6좌 및 받침대가 있는 음복잔飮福盞 2좌를 모두 잃어버렸습니다.'라고 하였습니다. 더없이 근엄해야 할 곳에서 어찌 이렇게 매우 놀랍고 황송한 일이 일어났단 말입니까. 자세히 조사하여 규명하는 일을 조금도 지체해서는 안 되니, 좌·우변 포도청으로 하여금 엄히 기찰하여 기필코 범인을 붙잡아 들이도록 하고, 당일 입직한 관원과 수문장을 모두 해부該府로 하여금 잡아다가 신문하여 엄히 처벌하도록 하고, 상직 수복과 고지기 군사도 모두 형조로 이송하여 원인을 조사하여 밝혀내도록 해야 합니다. 신들도 평소에 제대로 단속하지 못한 잘못이 있으므로 황공한 마음으로 대죄待罪합니다. 그리고 제기를 마련하여 갖춰 놓는 일은 호조로 하여금 속히 거행하도록 하는 것이 어떻겠습니까?" 하니, 전교하기를, "어찌 엄숙히 해야 할 곳에 이런 도적질을 당하는 변고가 있을 줄을 생각이나 하였겠는가. 듣고 나니 지극히 놀랍고 송구스러우며 또 통탄스럽다. 당일 입직한 낭관郎官과 수문장을 모두 해부該府로 하여금 나문하여 엄하게 처벌토록 하고, 수복과 군사들은 형조로 넘겨 철저히 조사하여 밝혀내도록 하라. 그리고 이번 일은 한 놈이 단독으로 한 일이 아닐 것이니, 좌·우변 포도대장에게 패牌를 내어 죄를 저지른 놈들을 기한 내에 조사하여 체포하라는 전교를 듣도록 하라. 제기는 자내自內에서 새로 만들도록 하겠다. 경들은 대죄하지 말라." 하였다.

임진년(1892, 고종 29) 12월 4일

은제기銀祭器 내하內下

제1실

은시첩銀匙貼 1 【뚜껑을 갖추어 무게 40냥이다】

은잔銀盞 3 【뚜껑과 받침대를 갖추어 무게 52냥 5전이다】

은찻종지[銀茶鍾] 1 【뚜껑과 받침대를 갖추어 무게 18냥이다】

은젓가락[銀筯] 1면面 【무게 3냥 5전이다】

제2실

은시첩 1 【뚜껑을 갖추어 무게 38냥이다】

은잔 3 【뚜껑과 받침대를 갖추어 무게 49냥 5전이다】

은찻종지 1 【뚜껑과 받침대를 갖추어 무게 18냥이다】

은젓가락 1면 【무게 3냥 5전이다】

제3실

은시첩 1 【뚜껑을 갖추어 무게 36냥 5전이다】

은잔 3 【뚜껑과 받침대를 갖추어 무게 48냥이다】

은찻종지 1 【뚜껑과 받침대를 갖추어 무게 18냥이다】

은젓가락 1면 【무게 3냥 5전이다】

제4실

은시첩 1 【뚜껑을 갖추어 무게 36냥 5전이다】

은잔 3 【뚜껑과 받침대를 갖추어 무게 48냥 4전이다】

은찻종지 1 【뚜껑과 받침대를 갖추어 무게 18냥이다】

은젓가락 1면 【무게 3냥 5전이다】

제5실

은시첩 1 【뚜껑을 갖추어 무게 36냥이다】

은잔 3 【뚜껑과 받침대를 갖추어 무게 48냥이다】

은찻종지 1 【뚜껑과 받침대를 갖추어 무게 17냥 9전이다】

은젓가락 1면 【무게 3냥 4전 6푼이다】

제6실

은시첩 1 【뚜껑을 갖추어 무게 39냥 5전이다】

은잔 3【뚜껑과 받침대를 갖추어 무게 47냥 8전이다】

은찻종지 1【뚜껑과 받침대를 갖추어 무게 18냥이다】

은젓가락 1면【무게 3냥 5전이다】

은음복잔銀飮福盞 2【뚜껑과 받침대를 갖추어 무게 31냥이다】

찾/아/보/기

자

차

타

하

原文

永禧殿志·南殿續志

서울史料叢書 21

原文 永禧殿志·南殿續志

영희전지(건)

永禧殿志(乾)

永禧殿志 乾

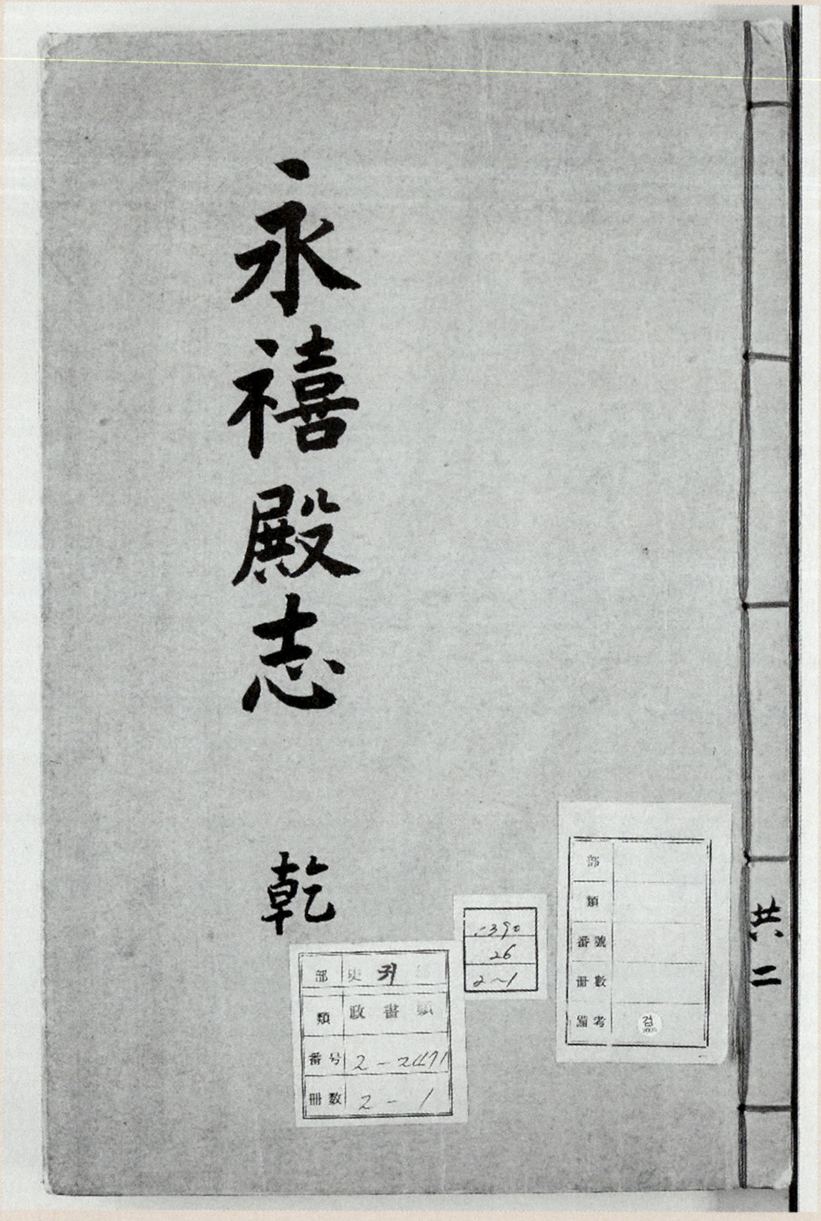
永禧殿志
乾
共二

永禧殿志目錄

創建
殿宇間架
殿號
重建
影幀位次
影幀改模
影幀修補
影幀表識
祭享摠目
親享
酌獻禮
祭享饌品
祭享進排
祝文
祭享儀註
祭享雜儀 祭物陪來 視傳香 延香 望瘞 塡祝 進上 祭饌省 飮福
雜儀 移還安 修改 朔望焚香 殿司奉審 肅拜 春秋奉審 受香
儀物祭器
御製
御諭
變通
盜變
官員
殿司式例
殿司什物

永禧殿志

創建

永禧殿在京城內南薰陶坊　正殿酉坐卯向
始　國初奉　太祖大王影幀者凡五所　穆清
殿在開城府　璿源殿在咸鏡道永興　慶基殿在
全羅道全州　永崇殿在平安道平壤　集慶殿在
慶尚道慶州　世祖大王影幀安于　奉先殿在
京畿楊州　懿敬王影幀安于　懿廟之北 德宗
大王諡曰懿敬 世祖命崔涇安貴生二人圖 德宗像及 成宗大王即位奉安于月山大君第
移奉于廟
宣廟壬辰倭亂見失者多而　永崇殿

奉先殿　兩祖影幀獲完移安他所 光海初奉來旋
以　國家多事留住於水原開城兩府至己未設科
於兩府以慰人士遣承旨禮官奉以至京并安于
南別殿 光海尊所生母金氏爲恭聖王后庚戌安于奉慈殿乙卯祔于 太廟奉慈即 南別殿也
開城平壤慶州楊州諸　殿遂廢其後改建　永崇
殿云 長寧殿志 奉先殿 於江華移摹　慶基殿　太祖影
幀以奉之建　集慶殿於江陵　仁廟乙亥災移
摹　璿源殿　御容 趙慶男雜記錄被災事府使閔應亨因此拿推又參判鄭
斗卿集有送鄭雷卿之永興寫　御容詩曰江陵田祿詎堪聞云云則火災後移摹明矣但此以後事
無可考處 丙子亂時　南別殿　太祖影幀見失

世祖影幀得於城外微有裂破　上泣曰此由予失
德也權安于時敏堂　永崇殿　影幀傷破無餘
故瘞于　宗廟北階上其後　仁廟丙子奉安
元宗大王影幀于　南別殿翌年丁丑又奉安　世
祖大王影幀　肅廟戊辰移摹　慶基殿　太
祖影幀奉安于　南別殿庚午改　殿號曰永禧殿
當宁乙卯以　世祖影幀雨漏渰傷改摹以安 舊本則卷
奉　肅宗大王影幀一本安于　昌德宮璿源殿
一本安于江華府　長寧殿 即 肅廟辛巳建 永崇殿舊基
當宁戊辰又摹二本一本安于　永禧殿一本安于

璿源殿

國初 列聖 列后皆有睟容於 文昭殿

內別立一殿號 璿源殿奉之而無奠獻之禮蓋

太祖 世祖世室不遷故遵漢朝世室之主立廟

郡國之制分建 穆清 奉先肖諸殿於外方而

其他未為世室之 聖真則稍別其禮奉安于

璿源殿屢經兵亂諸 聖真皆散失云

殿宇間架

正殿退并二十八間

移安廳退并八間 行閣三間

神門三間 香門一間夾門一間

月廊三間 守僕房三間

御齋室退并四間半 月廊三間 東邊大門一間夾

門一間(通外大門之門) 南邊正門一間夾門一間(通正殿之門)

東宮齋室退并四間半(當宁朝丙辰三月因卑濕傾圮改建)

香大廳退并六間

祭器庫退并三間

典祀廳前後退翼廊并二十二間半

砧造所二間

諸執事齋房八間

外 香門一間夾門一間

殿司齋室并廚庫七間

部將直所三間

外大門三間

祭器庫舊在典祀廳側矣 當宁朝庚午九月

移 香大廳于南邊新建祭器庫于其地監造戶

曹佐郎金致恭繕工監役金聖休(舊庫則坼其壁與典祀廳通用)

殿號

肅廟朝庚午十月二十九日禮曹 啓曰令十月二十

七日大臣備堂入侍時南別殿殿號考出以 啓事

臣宇鼎親承 聖教矣本 殿及本曹俱無久遠

文書之可考者考見輿地勝覽攷事撮要東閣雜記

等書而皆無見載處考出無路士夫間或有傳說者

而奉慈殿南別殿之號皆不知始於何時更令儒臣

旁搜諸書博考故事以為稟處之地何如 傳曰允

弘文館 啓曰因禮曹啓辭南別殿殿號令本館博

考稟處事 命下矣本館所藏書籍中我 朝故事

可以考見者不過輿地勝覽攷事撮要二書而既無見載處其他雜記等書亦無可據之事而士夫間或傳 德宗大王未祔廟前謂之奉慈殿雖未知何說爲是而至今閭巷皆稱奉慈殿云意者或由於此至於南別殿創號之事既無考信之處又無傳說之言則自本館傍搜博攷實無其路若考出 世祖大王眞殿奉安時日記則或不無著見之處更令政院考出啓聞何如 傳曰其時 太祖睟容奉安之所有六而皆有殿號景福宮之 璿源殿松都之穆清殿慶州之 集慶殿全州之 慶基殿平壤之

永崇殿永興之 璿源殿是也但京師奉安之所獨無殿號而泛稱 南別殿誠是 國家之欠事所謂奉慈殿乃世俗流傳之語本非正號而此外無他著見之處矣或以 南別殿在京中獨無殿號似出於此云而 璿源殿亦在闕中則非所可疑也殿號令禮官斯速議定可也 十一月初三日政院啓曰賓廳開坐時政府東西壁及館閣堂上禮曹堂上齊會議定 南別殿號事因禮曹啓辭既已 允下矣而館提學俱不來待並郎牌招何如 傳曰允 賓廳啓曰今日乃賓廳日次故臣等來會而南別殿號與

館閣堂上議定矣領議政權大運病不來參故往復以議之際自爾遲延今始奉獻而時 御殿號例有備三望之規故此亦備三望以入矣 禮曹判書以望單子傳于承旨承旨進于內官內官捧入于上前 上以首望 永禧殿落點承旨李宇鼎以殿號頒布京外事及告由祭擇日事 榻前定奪上曰既已定 殿號無扁額之事乎右議政金德遠曰慶基殿亦無扁額矣

重建

肅廟朝丙辰七月二十日禮曹判書睦來善請對 啓曰 南別殿改建事上年有更觀明年農事稟定之教矣今年農事似有豐登之望故頃與大臣相議則亦以爲不可已而但其基址卑濕 正殿外諸室亦未免傾圮故或言當移建於它處云臣與工曹堂上奉審後書 啓定奪何如 上曰爲先奉審可也二十五日禮曹 啓曰 傳教矣臣來善與工曹判書柳赫然戶曹判書吳始壽進詣本 殿奉審則正殿東邊第一柱內向少傾北邊中柱礎石陷下西邊

第一柱向北少傾第三柱礎石下陷　殿內西邊第三柱向東少傾　御齋室四面柱礎太半傾圮其餘廊廡亦皆歉仄所見未安不可不及時改建而觀其地勢則當初　正殿基址石築不高　殿閣材木多用舊件草刱造成故每當潦雨之節客水浸溢漸致傾陷非地勢卑濕而然也今若石築比前稍高且以新材改建則雖不必移建於他處可以永久奉安而殿閣　御齋室所入材木浩多京江私儲中難得其適用者磨鍊分付外方輸致之際動經累朔未凍之前勢難完役似當待明春始役而事係重大議大臣定奪何如　傳曰允事傳敎矣議于大臣則領議政許積等以為　正殿之傾圮實由於當初草創不能高築基址之致而本非地勢之卑濕而然則移建一款固不當更議而許多容入之材木旣得其適用者於京江柱與礎之傾陷亦無不能支過今冬之慮則趁今料理待明春始役事勢則然無容別議云　傳曰依議施行　丁丑正月初十日大臣備堂引見時禮曹判書李之翼所　啓　南別殿今當重建而臣於頃日差祭奉審則處所在於閭閻周匝之間喧囂煩聒殊不淨潔且其基址卑濕後崖逼仄每當潦水之節則易致傾頹之患且　殿宇則東向而奉安則南向向背相左亦為未安今若移建於莊義洞近處空濶淨潔之地則似為合當矣領議政許積曰　南別殿卽　宣祖大王經亂還都後永建之處臣之初不欲移建者意有所在而地形卑濕閭閻逼近喧聒不潔誠如李之翼之言移建淨潔之地似為合宜矣上曰奉安坐向旣有未安者間於閭閻又未淨潔先擇於仁慶宮舊基移建而其地若無可合之處則擇定他可合之處可也　二十三日大臣備堂　引見時領議政許積所　啓再昨臣等多率地師往見　南別殿移建可合之地則東平尉家舊基之後卽舊仁慶宮正殿基也地官輩皆稱吉地而臣等所見亦為合當以此地移建何如　上曰依為之　二十八日大臣備堂　引見時　上曰　南別殿移安事旣已議定矣更思之此　殿旣是　宣祖大王還都後所建且安　靈已久一朝移建有所未安因舊基改建而堅築地臺以防雨水傾圮之患可也　四月初一日辰時重建定礎　二十日辰時竪柱上樑六月畢役　七月十一日辰時還安　影幀

當宁朝戊辰正月二十七日移安　影幀于　御齋

室　同日申時　正殿二間添建開基　二月初三
日午時定礎　初四日午時竪柱申時上樑　二十
五日還安　影幀　肅宗大王影幀一體奉安
真殿重修都監堂郎座目都提調領議政金在魯提調
户曹判書金若魯靈城君朴文秀兵曹判書鄭羽良
都廳副司果宋昌明前輔德李益輔郎廳户曹正郎
李昌元户曹佐郎李明中禮曹正郎朴徵佐工曹佐
郎柳善養監造官副司勇朴鳴陽尹得庚徐命膺别
工作繕工假監役成晉錫

影幀位次
正殿第一室奉安
太祖康獻至仁啓運聖文神武正義光德大王影幀
第二室奉安
世祖惠莊承　天體道烈文英武至德隆功聖神明睿
欽肅仁孝大王影幀
舊　影幀一本櫃内奉安
第三室奉安
元宗恭良敬德仁憲靖穆章孝大王影幀
第四室奉安

肅宗顯義光倫睿聖英烈章文憲武敬明元孝大王影
幀

○影幀改摸
肅廟朝戊辰三月初四日朗原君偘上劄曰恭惟我
太祖大王睟容在平時奉安於景福宮之　璿源殿松
都之　穆清殿慶州之　集慶殿平壤之　永崇殿
全州之　慶基殿永興之　濬源殿矣屢經兵燹之
後今只有　慶基　濬源兩殿而至於　南别殿則
頃年重建時特造三室意蓋有在而迂延未遑虛右
至今臣民之缺歎為如何哉今若模寫一本一體奉
安則我　聖上有時瞻拜足為孝思無窮之助而
其在傳遠慮後之道亦不無所益臣既有所懷敢此

仰達禮曹 啓目粘連 啓下矣觀此劄辭則
太祖大王睟容摸寫一本奉安于 南別殿以副頃年
重建時特造三室之意云取考本曹謄錄則曾在丙
申年間始有此議本曹議大臣蒙 允而久未擧行
是白如乎辛丑年分本 殿叅奉李鴻逸陳疏請依
前定奪施行則本曹覆 啓內以為曾在 先朝
已為定奪設局經營之際適因時屈姑為停止則當
此經費枚蕩之日又設莫重之役揆以事勢恐非其
時依 先朝已定之議姑待年豊更為稟處事蒙
允矣其後丁巳年始為改造本 殿而更添一室以為

日後奉安 影幀之地今此創陳之意蓋出於此
而摸寫 御容事體至重 先朝未遑之事臣
曹有難擅定議大臣定奪何如 啓此事已有
先朝定奪非特今日朗原君一人之意而已則不必每
每議大臣事體重大本曹堂上親進問議于諸大臣
家後日登對時面稟擧行 初七日大臣備堂 引
見時禮曹判書南龍翼所 啓 太祖大王影幀
摸寫事有問議于諸大臣登對時定奪之 命矣臣
親往遍問則領府事金壽興判府事鄭知和以為
先朝旣有定奪之事矣自 上欲行則群下敢不奉

承云判府事李尚真則以為丙申以後三十年未行
之事〻體重大而自 上必欲行之則似無不可
云行判府事閔鼎重則以為曾在 孝廟朝以玉
堂入侍則其時始有此議而以摸寫之際傳神甚難
如或一分爽失則莫如不為之意旣已陳達郎令所
見與前無異云 上曰領相之意何如領議政南
九萬曰此擧曾在丙申年大臣收議已為定奪云而
見辛丑年李鴻逸上疏回啓則以以 南別殿改造
於年凶之時為重難停止矣今則 南別殿已改造
御容奉安處且有空間則惟當摸寫 御容而已不

可復以役重為言而摸寫之際傳神極難先儒所謂
一毛髮少或差殊則便是別人者誠是不易之論尋
常之人猶有此慮而況 御容乎郎令畫工手品
甚劣摸寫之時若有萬一不相彷彿處則事體誠甚
未安臣意以此為重難矣 上曰此是 先朝
定奪未行之事 南別殿只奉二 聖畫像
太祖畫像獨未奉安誠甚欠缺且旣已造室則功役不
至重大招集京外工畫人使之傳寫以為奉安之地
可也領議政南九萬曰 聖教如此當設都監擧行
濬源殿 慶基殿 御容中 先朝以 慶基殿

御容奉審傳寫事定奪云今則何以為之耶且都監官
及禮官畫師進去自其處傳寫　御容似涉輕率
若陪奉舊　影幀上來京中模寫之際諸臣累次
奉審或有疑事則逐節　上稟似無未盡之患而為
此奉來久遠　御容亦涉重難惟在自　上裁量
下教之如何　上曰　先朝定以　慶基殿
御容傳寫意必有在今亦依此為之而奉來京中後予
與諸臣可以詳細奉審似無未盡之患大臣承旨禮
官各一人進去全州奉陪以來而祇迎酌獻禮等節
目該曹稟旨舉行模寫所用廣綃亦為前期織造事

分付尚方可也　二十一日　太祖大王影幀模
寫次陪來事　慶基殿下去領府事金壽興禮曹判
書南龍翼右承旨李玄錫兵曹參知金萬吉都廳應
教李墪郎廳禮曹正郎魏定相奉教沈季良　四月
初一日　影幀舉動自全州離發初八日入京
上郊迎陪入奉安于　慶德宮資政殿行酌獻禮　十
一日卯時　影幀模寫始役 畫員尹商翊曹世傑
五月初一日　影幀模寫畫員尹商翊曹世傑
各執一本畢畫後自　上親臨資政殿奉審時領
議政南九萬　影幀都監都提調領府事金壽興

禮曹判書南龍翼戶曹判書柳尚運一時入侍於尹
商翊所模之本奉安事　下教初六日　影幀
奉安于　南別殿己巳正月十九日　太祖大
王影幀舊本奉還于　慶基殿　上祇送于興化
門外陪往領敦寧府事金壽恒禮曹參判宋奎濂
二十七日　影幀還安于　慶基殿
當宁朝乙卯八月初三日禮曹　啓曰去七月二十八
日　永禧殿酌獻禮時　上曰第二室　影
幀傷處年久後不無漸至漫漶之慮古有弓劍莫攀
之語弓劒尚然三百年奉安之　影幀一朝漫漶

而瞻仰無所則其在情理豈不缺然哉趁此不甚漫
漶之時移模一本新本則姑勿展奉前頭舊本若至
漫漶以新本換安則事甚得宜以此遣禮官問議于
時原任大臣奉朝賀及在外儒臣處可也事　命下
矣即為問議則左議政徐命均以為臣於今奉承
命奉審後已有所陳達今此　下教實出深長之慮無
容別議而移模之際或有未盡則亦似重大十分商
量恐為得宜右議政金興慶以為臣於當日　下詢
之時既已移模允當之意有所仰達今無容別議奉
朝賀李光佐以為　影幀移模事今此　下教實

出於　聖慮之深遠必待舊本漫漶方爲展奉新本亦甚合於事宜俱無容別議但念畫師之善寫眞者或死或老深恐傳摸之際有所未盡此則惟在十分飭勵草本後更容審察而商量矣奉朝賀閔鎭遠以爲臣於丙午春承　命奉審　永禧殿第二室影幀其後酌獻禮時亦爲陪從自上以　影幀漫漶事有所俯詢臣對以今者漫漶如此日後歲月浸久則恐至於無所瞻望依頃年　慶基殿　影幀別爲摸寫一本恐爲得宜云而諸臣皆以爲重難故姑寢之矣今此　下詢之意卽是臣前日之所達而

奉朝賀之意如此爲先書入之意敢啓　傳曰大臣獻議皆若此依議施行唯設都監待儒臣獻議擧行　二十七日移奉　世祖大王影幀于　慶德宮光明殿行　親臨酌獻禮仍爲　草本摸寫始役　二十九日　正本上綃摸寫始役　九月初一日着彩始役　初八日畢畫　初十日　親臨奉審　十一日粧䌙　十六日粧軸奉　安　十七日　影幀新舊本自光明殿還　安于　本殿奉安時　上隨詣行酌獻禮　影幀摸寫畫員朴東普張得萬梁箕星善畫人李培梁希孟　影幀摸寫都監堂

聖教所謂移摸一本姑勿展奉舊本漫漶瞻仰無所則以新本換安云者尤爲允合於事體情理無容別議判中樞府事沈壽賢以爲今此移摸一節　聖慮寔出深長而曾在　先朝慶基殿　影幀亦有移摸之擧考之典禮似無可疑以臣膚淺之見無容別議判中樞府事李台佐以爲　影幀移摸之不可已　聖教至爲允當而羣下之不能無異同之議者不但爲事體之至重或慮　幀軸漫漶傳神倍難耳然則當待摸本出後十分審察更容稟議恐不可以此遲疑於移摸之擧云在京大臣時原任大臣

郞座目都提調右議政金興慶提調禮曹判書金取魯戶曹判書李廷濟工曹判書趙正萬都廳掌樂正申思永應教趙迪命郞廳戶曹正郞徐宗璧禮曹正郞李世庭監造官前奉事金鎭東別工作繕工直長李崇臣

當宁朝戊辰正月十八日領議政金在魯左議政趙顯命吏曹禮曹堂上同爲　引見時　傳曰　永禧殿初奉　光廟御眞其後又奉　元廟御眞戊辰年摸寫　太祖大王御眞同爲奉安仍成一殿三室之制旣有　眞殿則　列聖影幀一體同奉

於禮當然而近三十年奉安　御容不忍遽然移
奉迄于今日　慈聖顧大體慮長遠其欲同奉癸
巳年圖寫闕殿及沁都奉安　影幀近因有傾隨
歲漸加不可不及時更摸既已摸寫則奉以新本同
安　真殿允合情理先稟　慈聖而蒙　允今
日　真殿展謁時親自告由既告之後不可過日
今日大臣禮堂入侍之命蓋此也　先朝御容摸
寫　三聖真殿重修事體俱重　御容摸寫都
監堂郎　真殿重修都監堂郎其令該曹即為書
啓凡諸等事自今月亦即舉行而都提調兼察二都

監其堂以摸寫重修都監都提調書入噫既奉
御真則其欲毫無欠傾乃人子之常情其欲同奉一殿
躬薦清酌亦子道之當然也雖然上體昔年恤費之
盛意務從節約　慈教依暨予意亦然　慈聖
以其於祭器有昔年所　御者則勿為新備以此用
之事下教　慈教若此予豈敢不少助經費以示
予只為　先不張大之意乎惠廳膳米一百石送于
度支以補其費都監諸臣亦體此意上副我　聖
考節用愛民之盛德　毋後凡畵像始自說命而漢
時亦有畵畫麟閣之事帝王罕矣而末歲歲漸盛我

朝舊闕雖有　御容奉安之殿而今則只有　永
禧殿奉安　三室　御容而　列朝多未有繼
畫　真幀之事猗歟　聖意可以仰体昔年戊
辰摸寫我　太祖影幀後越七年我　聖考曰
其盛事用其繪師畵畫　御容聖意有在予在予
嗣服九年命繪以畵者非初畵也亦非張大也在潛
邸時甲午歲有　恩賜畵本故昔日　恩賜不可泯
沒既有畵之後其於他日服色不可不更畵者也此
亦有本而然矣大抵近來畵像使一成習之中自
先朝逮于我而連有他日為子孫者莫知其事之本曰

無其曰無其事而誤以此亦繼述代代以畵其畵雖
易其弊則難何則士夫畵像雖日畵百人各家有之
非相關也其蔵之亦輕便雖代各有畵其何難便而
於國則不然有畵則必奉若此莫重　真殿室數
將如　太廟而後已若此文昭當可復設　陵祭
亦復內膳是豈謀國長遠之道若知其弊不若不畵
噫末歲文具成風欲張大之心日盛他日嗣王為知
無內欲張大外托繼述必畵乃已之弊為其臣者亦
為知無內欲中君心而外托尊体顏勸畵乃已之弊
今曰　真殿重建之事示我深意吁嗟他日為其

君爲其臣者烏敢忽諸此教爲噫今者此擧神道人
情當然者而曰此添建之擧以開日後張大之弊則
是上負我　聖考御製中謙抑之盛意也特示微
意命付儀軌嗚呼嗣王其敢忽哉其敢忽哉　二十
三日　傳曰一自定都監之後心在　真殿夙宵
奚弛摸寫雖間於畫寫事體之重無間而莫重畫夲
畫筆若有毫分差錯者則寔予不孝思之及此不覺
凛然追惟癸巳此堂入侍之事恍若昨日而今已三
十有六年豈意以予衰憊更瞻重摸之事乎一陪追
慕始畫後畢設彩之前豈敢偃此他闕動駕之頻數

軍兵之數動亦第二件事也初三日酌獻告由權奉
後設彩前當仍留昌德宮依前觀武才動駕時例解
嚴闕中入直軍兵宿衛一依此例擧行事分付侍衛
及守宮問安承旨令番展謁旣行告由　真殿其
事一也奉安　永禧殿前仍爲擧行事亦爲分付同
日　傳曰今者摸寫之擧由於初夲之有頃則京外
奉安一也長寧殿　御容他日必有更摸之擧
數〻重摸事體莫重及此時一體摸寫二夲而展奉
永禧殿一夲奉安闕内　真殿他日江都奉安
影幀有頃漸加至於不可不更摸之境則以此奉往展

奉舊夲安於櫝子奉安同殿之意錄于日記亦錄于
禮曹謄錄及都監儀軌以備他日之考爲　二十九
日　上曰宣政殿酌獻禮時　殿司以　永禧殿
官員差出守僕亦以　本殿守僕擧行事分付　二
月初三日辰時自　上親臨昌德宮　璿源殿所
奉　肅宗大王影幀移安於宣政殿展奉後
親行酌獻禮　同日未時　初本以竹清紙摸寫　初
四日　御寫表題　一夲上綃　初五日又　一
夲上綃　初六日　兩夲設彩始役　十三日　兩
夲畢畫仍爲後褙時原任大臣入瞻奉審　同日戌

時舊　影幀自内還安於　璿源殿後自　上
還慶德宮　十四日繪粧仍爲洒香水（二十日畢洒）　二
十四日朝前　上詣昌德宮粧軸貼　標題後
一本展奉行展謁禮陞殿後正二品以上瞻拜奉審訖
又　一本奉安於黑長櫃　二十五日　親行告
動　駕祭　同日寅時　一本　親陪奉安於
璿源殿　同日卯時　一本　親陪奉安於　永禧
殿　影幀摸寫主管畫師張景周同叅畫師秦
應會張得萬鄭弘來金喜誠隨從畫師咸道弘金德
夏朴泰煥儒畫前縣監趙榮祏士人尹德熙

影幀摸寫都監堂郎座目都提調領議政金在魯提調
行副司直趙觀彬左參贊權𥛚禮曹判書李周鎭都
廳輔德南有容司僕正吳彦儒郎廳禮曹正郎朴徵
佐戶曹佐郎趙榮進監造官前教官俞彦鉉別工作
繕工假監役趙榮晳

○影幀修補

崇禎十年　仁廟朝丁丑四月二十五日　奉先殿
影幀江都變亂時埋安破毁改粧　龍顔兩眉間及
顋下小有破痕而不得下筆仍存袞衣前面胷背兩
處裂破改補龍床下四面背裂破改補　影幀四
面回粧及後褙新修補　黑長樻一　鎻金二　開
金一　紅紬襦衾一　紫的褥一　紅紬甲袱一
紅紬單袱一　白紬單袱一　紅絲結樻所三　都
監堂上戶曹判書李景稷同知洪霙都廳司藝洪憲
郎廳長興主簿黃倎本　殿叅奉金有聲尹鴻擧書

貟韓善國李德益李起龍　閏四月二十四日　崇
世祖大王改粧影幀自侍講院大廳權安後奉詣
恩殿時叅判洪霧承旨　陪進
仁廟朝戊子五月二十九日禮曹　啓曰卽接　南別
殿叅奉報狀則今月二十七日　移還安祭時奉審
則第　二室　影幀下邊靴子近處及　御榻下
有蠹食處而或形如菉豆或如稻米者幾至十一處
大槩常時則極嚴之地不敢常常奉審至於焚香之
時例於簾外焚香而亦不尋常奉審未知有此患今
此　移安之時始知云見此牒報極爲驚悚本曹堂

郎進去詳細奉審後入　啓處置何如　傳曰允
六月初一日禮曹　啓曰臣等詣　南別殿郎入
室內則深邃幽暗不得已持燭奉審　影幀下邊靴
子近處及　御榻所畫及繪粧藍段蠹食處或如菉
豆或似稍大者凡十一處中一處則不至於穿且軸
木蠹處則有穴稍深所當急急修改而伏聞丁丑年
世祖大王影幀自江都移安京城之際袞龍袍及　御
榻多有汚傷處其時　啓稟定奪仍爲修補奉安云
今當依此例擧行而事係重大臣曹不敢擅便伏惟
上裁　傳曰允仍設都監擧行　八月十八日曉行告由祭辰

時移安　元宗大王影幀于　御齋室仍為修補
二十二日畢役乾正　二十四日　影幀還安後
行祭　畫員李德益韓善國
顯廟朝己酉十一月初十日禮曹　啓曰卽接　南別
殿叅奉牒呈則　世祖大王影幀自龍袍團領以
下至靴子其間微有襞積浮起之痕畫龍床以下亦
有些少欲傷之處泛然瞻望不知有痕而進前諦視
乃可解見卽今所見不至大段日後　移還安卷舒
之際年久細綃恐或漸成傷損敢此枚報云臣等詳
此所報之意所傷不至於已著而其慮在於漸成傷
損今雖不至大段係是　真殿重事依前例本曹
堂上進詣奉審後稟處何如　傳曰允　十二日禮
曹　啓曰臣等當日齊詣　南別殿行禮後卽入第
一室室內進前奉審　影幀則所傷微痕龍袍團領
白色衽下一處青色衽下一處玉帶下四處靴子下
畫龍床邊子浮起三處邊子兩邊亦有細痕而至嚴
至敬之地臣等亦不敢詳細仰視招入畫員及匠人
等一時諦審則大槩亂後修補時紙褙稍厚施彩亦
過以致年久細綃未免漸傷於卷舒之際在今修補
所不可已而正當冬節前頭寒嚴亦不可料事係重
大隨時進退臣曹不敢擅便議于大臣稟處何如
傳曰允　十六日禮曹　啓曰　命下矣議于大臣則
領府事李景奭以為　影幀微傷處修補事體重
大時節寒温不可不詳審而為之今雖似暖安知寒
氣之猝緊雖或不然仲冬之月至日且迫恐不如姑
待春和之為愈也左議政許積以為該曹若不敢自
斷　影幀修改當否則請問於臣等猶或可也若
曰修改所不可而已只以冬節寒嚴為慮云則姑待
春和亦未晚也惟在該曹叅量事勢而進退之不必
問于臣等判府事鄭致和以為　影幀修補事係
重大若於冬節為之則恐有未盡之患稍待日氣和
暖從容舉行似當云大臣之意如此　上裁何如
傳曰後日登對時更稟處之　十二月初三日大臣備
堂　引見時禮曹判書朴長遠所　啓　影幀修
補事議大臣入　啓則登對時稟處事　命下矣大
臣方入侍議何如　上曰不必待春和暖日氣稍
解不至凍沍則可以為之改奉審後議定修補可也
朴長遠曰自前本　殿奉審時無大臣同叅之規而
事體重大後日則臣等與大臣一同奉審乎　上
曰事體重大雖無前例大臣別為進去同叅奉審可

也　初七日禮曹郎廳以左議政意　啓曰臣今日
與禮曹判書朴長遠叅議李俊耈進詣　南別殿
世祖大王睟容詳細奉審則白色衿下一處青色衿下
四處龍袍上一處玉帶下一處左袂上一處袂下一
處右袂上一處龍袍裾以上十二處畫龍床上五處
床下左右各一處或有顯然可見之痕或有微細諦
視後可知之處至於畫龍床以下傷痕甚多有難一
一書錄而與畫負中曉事之人及善手褙貼匠等反
覆料度則皆以改褙為難似當依　擶前定奪待明
春日氣不至寒凍時仍舊修補而其間亦有不可以

文字形容之曲折後日登對時當為詳細陳達　傳
曰知道　庚戌閏二月二十六日曉行告由　癸卯
時移安　世祖大王影幀于　御齋室大廳辰時
為始修補是日畢役　同日修改都監　啓曰
影幀移安後與褙貼匠及畫負等更為詳細奉審則
御容面上兩眼間左邊左眉端右眼下右腮並四處微
有傷痕兩腮褙處舊膠內浮亦為一時修補而考見
丁丑改粧時謄錄本　殿留莊草冊則　龍顏兩
眉間及顴下小有破痕而不得下筆云今亦用膠仍
修而不敢補畫矣　傳曰知道　二十七日　影

幀還安後行　還安祭　修改都監堂上禮曹判書
朴長遠戶曹判書權大運郎廳戶曹正郎李儇李興
稷禮曹正郎吳㷜畫負李惟坦咸愣健前叅奉柳命
吉同叅
肅廟朝壬申八月二十七日禮曹　啓曰即接　永禧
殿叅奉牒呈則本　殿第二室　世祖大王影
幀庚戌年改補後今過二十餘年　移還安卷舒之
際年久紙褙細綃似有庫〻微細欲傷之處而至嚴
至敬之地不敢任意手摩細加審視矣兩叅奉遞番
之時齋詣奉審則龍袍團領前裔右邊一寸量及畫

龍床足横邊子半寸兩庫有浮起之處今雖不至大
段日後　移還安卷舒之際恐或漸致傷損敢此仰
報云勿論多小　影幀既有浮起之痕則似當即
為奉審而取考庚戌年　影幀修改時謄錄則
真殿奉審事體重大大臣同叅奉審事自　上有下
教令此奉審之舉事體與前無異依庚戌年例大臣
及臣曹堂上即為進詣奉審後稟處何如　傳曰允
九月初四日禮曹郎廳以右議政意　啓曰臣與
禮曹判書柳命賢叅判李沃叅議安如石進詣　永
禧殿　世祖大王睟容幀子奉審則龍袍團領右

袖摺疊處五分許有傷痕前裔右邊下端一寸許有
傷痕前裔左右下端摺疊處間〻有傷痕畫龍床及
所鋪綵段間〻有傷痕有難一〻書錄似當依庚戌
年例仍舊修補令該曹稟 旨舉行何如 傳曰允
十八日曉行告由 癸卯時移安 世祖大王
影幀于 御齋室仍爲修補是日畢役 還安後行
祭 同日修補都監 啓曰 影幀移安後與褙
貼匠及畫員等更爲詳細奉審則前日大臣禮官奉
審時執頉處龍袍團領右袖摺疊處五分許傷痕前
裔右邊下端一寸許傷痕前裔左右下端摺疊處傷

痕畫龍床及所鋪綵段間〻傷痕處外左邊靴子七
分傷處龍袍前裔左右間〻傷處龍袍青衿左右三
處各三分傷處並爲一時修補 龍顔上左右眉
有內浮處而考見謄錄 龍顔上則自前不敢下
筆故今亦依前用膠仍修不敢補畫矣 傳曰知道
修補都監堂上戶曹判書柳命天禮曹判書柳命
賢郎廳戶曹佐郎羅斗春禮曹佐郎朴壽寅畫員許
義順尹商翊咸泰碩
壬辰十二月二十五日禮曹 啓曰即接 永禧殿
叅奉所報則第二室 世祖大王影幀翼善冠

右邊微有襞積竪痕而黑色綻傷內面褙紙白色二
寸許透露上下左右亦有小〻浮起曾前 移還安
卷舒之際年久細綃漸致磨傷即今所見雖不大段
事係重大敢此枚報云所當即爲奉審而取考壬申
年 影幀修補時謄錄則 真殿奉審事體重
大〻臣同叅奉審事自 上有下教本曹三堂上
亦爲齊進奉審何如 傳曰允 二十七日領議政
李濡禮曹判書金鎭圭叅判李埜叅議趙道彬請對
入侍時李濡所 啓臣等進詣 永禧殿奉審第
二室 影幀翼善冠右邊微折之痕長可周尺二寸

餘後褙紙白色綻露其長上下兩端各二分許而微
折之痕自翼善冠下稍及於 御容額角此外綠
色袞衣右領花紋綵色剝傷之處如小豆大龍床下
所鋪綵段左邊綃與彩色傷剝者兩處如或小豆或
如菉豆 御容綃本傷渝彩色間〻漫漶後褙與
綃處〻相離矣既不敢按手只得仰瞻臆料故未能
詳審而蓋其綃與紙相離不合之致也取考謄錄則
丁丑亂後自江都奉移京中其時衮龍袍及 御榻
有傷處故修補而 御容傷處不敢下筆仍爲奉
安其後戊子庚戌壬申皆依前例只修補他處而奉

安前後 御容微傷處皆不敢筆矣其時則傷
處不至大段而即今則傷處輕重修補之擧不容但
已而稍卒年久自着手之後不知有何等難處之端
此甚可慮而第以事體言之奉審之後謂以不可著
手而仍置亦甚未安今日所帶匠人非善手故與之
相議不能詳知矣來到閤內後招問掖庭善褙匠人
則以為拆處親審之後可知云云即今則日氣如此
稍待春和當有設都監修補之節而此等曲折有難
以書 啓盡達故敢此而鎭圭曰大臣既以大吉仰
達矣歷考在前修補謄錄戊子年春審書 啓修補

己酉冬奉審庚戌春修補而其時禮官大臣次第奉
審後陳達筵中而擧行壬申則以有庚戌前例奉審
直為書 啓修補矣今此有頉處其數比前雖少而
事體稍重則傷處不過衣褶龍床及床下所鋪綵段
等處傷處雖多下手不難即今則自翼善冠拆痕至
及於 御容額上眉宇日氣陰曀燭光不能分明
而所見猶且如此晴明時則必有加矣今當修改而
工匠人相議 影幀鋪張而覆紙其上以水漬中
付拆痕處待其微潤復以竹籤徐為披膠於其中使
内外綃紙相合然後以黑彩填之為好而但用竹籤

之際拆痕恐或仍與 御容額上眉宇之連起此
為可慮以事體言之則既有頉奉審後似當修補而
修改之可慮又如此此所以不以文字書 啓而面
稟者也埜曰翼善冠拆處白色微露而非今日猝生
之痕矣諸匠人則以為善摸修補則當為純色云矣
鎭圭曰奉審時所帶去即尚方褙貼匠而手拙又未
經事來到閤門外掖庭下人有善手招問則以為後
褙紙與綃相離則修補不難後褙例用唐紙與我國
紙並三重此紙若相離則修補必難云而奉審之際
仰瞻 御容已不敢手摸故未能詳知其何如矣

上曰今既年久翼善冠拆痕非今猝然似已久矣道彬
曰叅奉二人新差故奉審有此所報而盖是自前已
有之痕矣 上曰今番始有所報而如此者已久
則奉審後仍置殊為未安使善手匠人善摸修補去
其白色則好矣濡曰今此修補之擧固為重難而奉
審後仍置未安故雖當善摸修補始役之後宜有更
審稟達之事更審後則可以詳知形勢之如何也令
該曹擇日稍待和暖後擧行宜矣鎭圭曰數數奉審
亦涉未安今日所帶去匠人手拙前頭修改臨時率
去掖庭善手匠人更為奉審後其何如而稟定始役

似合詳愼之道矣　上曰始役臨時依此爲之好
矣鎭圭曰當依前例設置都監已酉冬奉審庚戌春
擇日修補此亦當以明春和暖時擇日擧行矣
上曰依爲之　癸巳四月初八日曉行告由祭卯時
移安　世祖大王影幀于　御齋室仍爲修補是
日畢役　還安後行　祭　同日修補都監　啓曰
影幀移安後與褙貼匠及畫員等更爲詳細奉審則前
日大臣及臣等奉審時執頉處翼善冠右邊微折後
褙紙白色綻露之痕自翼善冠下緌及於　御容
額角之處及綠色襞衣花紋彩色龍床所鋪綵段左

邊綃與彩色傷痕等處外又有　幀子上邊橫木累
綃紙段起浮相離處爲膠貼修補　龍顔上左右
眉亦有內浮處而考見謄錄　龍顔上則自前不
敢下筆故今亦依前以膠仍修不敢補畫矣　傳曰
知道　修補都監堂上禮曹判書金宇杭戶曹判書
趙泰耉郞廳戶曹正郞李宜華禮曹佐郞金埈畫員
張得萬朴東普
當宁朝丁未正月初四日禮曹　啓曰郞接　永禧殿
叅奉所報則第　二室　世祖大王影幀翼善冠
右邊有襞積微折之痕而中間兩處顯爲綻傷內面

綃紙白色透露一處則周尺三分許一處則二分許
上下左右亦多有橫折白色微露之痕從前　移還
安卷舒之際年久細綃自不免磨傷之致而卽今所
見似加於前云所當卽爲奉審而取考癸巳　影
幀修補時謄錄則依壬申年　傳教　眞殿奉審
事體重大〻臣同叅奉審本曹三堂上亦爲齋進奉
審何如　傳曰允　初五日禮曹郞廳以領府事意
啓曰臣於今日承　命與禮曹叅判黃　叅議愼
進詣　永禧殿奉審第　二室　世祖大王
影幀則翼善冠右邊微折白色綻露處曾在癸巳年

設都監修補而久遠　影幀不敢大段下手只膠
貼改塗已而故十餘年之間又爲剝落白色透露者
兩處各二三分許而其間綃本折起上下左右亦多
橫折之痕今此　影幀已過二百年累經兵火故
橫折襞積等有頉處其來已久今難修改不過如癸
巳之膠貼改塗事役雖不大段事體至爲重大所當
依前例設都監擧行而卽今日氣寒凛姑難擧役令
該曹以三月擇吉擧行而修補都監堂上郞廳臨時
差出　啓下事分付何如　傳曰允　二月十四日
本　殿奉審時　上曰第　二室　影幀改褙

之役匠人雖云萬無一失之處而改褙之際若致一
毫差誤則豈不重難乎旣不改褙則設都監修改似
無所事矣領府事閔鎭遠曰年久綃本改褙誠難臣
意則宜令善手畫師先爲模出一本後改褙舊本如
不傷誤則還爲奉安而摸出則洗濯若或傷誤則仍
以摸本奉安似爲萬全矣判府事李觀命曰凡傳摸
之際易致失真尤難傳神即令畫師終不及古人矣
上曰或改褙必先摸出一本以爲萬全之道實無愼重
之意令若於浮高處只爲着膠施彩則前頭改褙之
時若無所妨耶鎭遠曰問於匠人則以爲若只每〻

着膠而或有改褙之擧則不如不着膠之爲愈矣都
承旨趙榮福曰匠人設令善爲改褙改褙之際若或
差誤豈不大段未安乎臣意則改褙誠爲重難矣右
副承旨權𥛚曰臣於癸巳年間爲本 殿郞累次奉
審 御容矣今過十五年之久別無加傷之事今
若改褙或致傷誤則豈非未安之甚者乎觀命曰雖
以承旨之言觀之十五年間旣無加傷之事則到今
改褙誠似重難矣 上曰若不改褙則設都監擧
行者何事問於畫師鎭遠曰畫師以爲匠人只當着
膠於浮高處而翼善冠及他餘采色漫漶處當畧加

潤云矣 上曰即令雖不修改前頭別無漸傷之
處否鎭遠曰更問於畫師則令番雖不修改前頭別
無漸傷之處云矣 上曰新入 殿司奉審之初
宜有驚動之心而即令改褙誠爲重大有難輕議亦
不宜續〻修改設都監一款令姑停止令 殿司頻
頻奉審龍袍浮高處奉審時切勿手摩只爲察視
殿司交遞之際亦次〻傳言使之知之可也

○影幀表識

肅廟朝乙亥四月初三日大臣備堂入侍時禮曹判書
朴泰尚所 啓 列聖御容奉安于 永禧殿而
軸面表識其在慮遠之道恐或未盡臣意則以爲宜
加表識以示來後下詢大臣何如 上曰禮官之
言何如領議政南九萬曰至尊至嚴之地不可加以
文字而凡事必當遠慮脫有事變或有奉移之擧則
必不無互換之慮禮官所達是矣左議政柳尚運曰
外面所見之處顯然書錄事甚未安矣九萬曰曾見
中原畫本則必表矣泰尚曰小臣之意傍邊以其

大王御容表之似無害矣尚運曰常時別無可認之事
而不幸有事變然後可以考驗依中原例折褙書錄
似好矣兵曹判書徐文重曰此無證據似難臆對而
禮判所達蓋為後患大臣之慮恐涉太深　廟主
既書外面則　御容之傍邊表識似無害矣九萬
曰雖書傍邊必擇吉日告祭然後可以為之矣折褙
書之事甚重大傍邊細書似無所害擇日告由等事
依為之可也　四月十五日禮曹郎廳以領右相意
啓曰　永禧殿大臣及禮官奉審後　御容表志更
稟事　命下矣今日臣等與禮曹判書臣朴泰尚祭
判李奉審後與之相議則嚴敬之地且寫表志之字
事體未安且不無寫時字畫差誤難改之慮別作小
籤預寫表志之字行過告由　祭後奉安　影幀
於卓子上付籤於　幀子左傍籤上加付所籤後
還安　影幀似為便當以此舉行之意分付該曹
何如　傳曰允事　命下矣第一室　二室　三
室表志付籤吉日令日官推擇則今四月二十四日
卯時為吉云先告事由　祭同日曉頭行　移安同
日同時　還安及還安　祭事畢後臨時設行而小
籤用無紋白緞加付紅籤用紅紗似當令戶曹堂上
郎廳各一員進去奉審舉行書寫官亦令吏曹預為
差出事分付何如　傳曰允

○祭享摠目

大祭　每年正朝寒食端午秋夕冬至臘行三獻六享
中　親享有　特教乃行
親臨酌獻禮　每三年一行
告由祭　有告由事則行單獻下同
還安祭　有　移還安事則　還安後行
慰安祭　內墻頹壞樹木風折聲震　殿內則行

○親享

肅廟朝丙辰十一月初一日左議政權大運禮曹判書李之翼請對入侍時禮曹判書李之翼所 啓頃者南別殿臘享大祭 親行事 啓下而 南別殿在於閭閻之間自 上親幸經宿則宿衛及巡邏等事勢將撤毁閭家然後可以為之且 殿内狹窄侍從百官亦難容接此甚難便矣左議政權大運曰事勢之難便果如李之翼所達在 聖上追遠之道欲一瞻望 影幀則書行酌獻禮似為便當曾在孝廟朝亦有已行之例矣 上曰然則待明春和暖定行酌獻禮可也

當宁朝丙寅五月初一日夕講入侍時 傳曰 真殿酌獻初無定限而逮于昔年間二年行之此由於至我 聖孝之致因予誠淺莫能繼述而噫述篇既諭洞洞此心惟在 廟 殿瞻望 御容若侍榻下追慕之心一陪于中然此 殿創建於近歲而異於 寢廟故凡於禮節多涉欠敬往日則從二品差祭之時非武臣則不為塡差事體寒心故曾已飭勵而噫酌獻一節不過伸禮惟懷耿耿欲躬一行六享中一祭神氣日漸向耗其將遲徊更待何時本 殿親享雖不載於五禮儀 園陵親享亦豈載於禮文義起則一也一番行之欲追廣昔日之 聖孝其令儀曹節為問于大臣以啓 初二日禮曹 啓曰命下矣問于大臣則領議政金在魯左議政宋寅明領中樞府事金興慶以為今此 下詢出於 聖上推廣孝思之至意不勝欽仰而第伏念 真殿六享之親行不載於五禮儀 聖教引 園陵親享而臣未知 園陵五名節與忌辰之祭果有 親行之例否若以拜 陵之祭為據則此亦恐非六享親行之的證也 聖上以義起一欲躬將則在下之

道宜不敢仰沮而事係創始儀文品節之間或不無
拘掣之端博詢於在外諸儒臣從容講定而處之爲
穩恐不可遽行於今此端午之享大臣之意如此
上裁何如 傳曰 廟 殿親享五享之外於 陵於
廟無載錄而其箚謂 陵則有親祭此所謂旁照者也
領相獻議由於未詳本意之致而今番此教一欲伸
情禮一欲重 祀典此後六享則特教中親祭一節
待下教舉行事定式施行而依 園陵親祭例不爲
誓戒只爲散齋三日致齋二日親祭時則亦依親祭
例備三獻而諸執事及凡干節措亦依 園陵親祭

議註舉行亦爲知委奉行 初六日大臣備堂入侍
時領議政金在魯所啓 永禧殿六享祭時該曹
每〻稟定如 宗廟五享之例則事體似涉如何
自下不稟而自 上有特教然後舉行乎 上
曰予意本如此矣六享中待下特教磨鍊舉行可也
丁卯二月二十七日寒食行 親享 同月二十
九日晝講入侍時 傳曰謂 陵親享用四時享儀
則今番 眞殿親享一遵俗節享儀此今番下教
中依 陵祭之儀也而飮福位旣載五禮儀其註一
獻則無飮福云者於 眞殿俗節倣 太廟大

道宜不敢仰沮而事係創始儀文品節之間或不無
拘掣之端博詢於在外諸儒臣從容講定而處之爲
穩恐不可遽行於今此端午之享大臣之意如此
上裁何如 傳曰 廟 殿親享五享之外於 陵於
廟無載錄而其箚謂 陵則有親祭此所謂旁照者也
領相獻議由於未詳本意之致而今番此教一欲伸
情禮一欲重 祀典此後六享則特教中親祭一節
待下教舉行事定式施行而依 園陵親祭例不爲
誓戒只爲散齋三日致齋二日親祭時則亦依親祭
例備三獻而諸執事及凡干節措亦依 園陵親祭

議註舉行亦爲知委奉行 初六日大臣備堂入侍
時領議政金在魯所啓 永禧殿六享祭時該曹
每〻稟定如 宗廟五享之例則事體似涉如何
自下不稟而自 上有特教然後舉行乎 上
曰予意本如此矣六享中待下特教磨鍊舉行可也
丁卯二月二十七日寒食行 親享 同月二十
九日晝講入侍時 傳曰謂 陵親享用四時享儀
則今番 眞殿親享一遵俗節享儀此今番下教
中依 陵祭之儀也而飮福位旣載五禮儀其註一
獻則無飮福云者於 眞殿俗節倣 太廟大

享之禮可知而儀註之際不察有例奠行當該其時
禮官從重推考添入本儀註以備後考而親享時事
體宜有差等而旣無進幣瓚爵官大祝受於都承旨
進之飮訖受於都承旨置諸樽所之意付標而攝行
時一遵五禮儀爲之而令開祭畢後獻官以下聚於
第一室東廊食祭餘云此則褻慢謬例今後則嚴
飭
戊辰端午行　親享
己巳端午行　親享

酌獻禮
崇禎十年　仁廟朝丁丑九月初二日行　酌獻禮
孝廟朝戊戌四月初十日行　酌獻禮
肅廟朝丁巳本　殿重建　還安後八月二十六日行
酌獻禮
庚午十月十八日行　酌獻禮
壬申九月二十四日行　酌獻禮
丙子八月三十日行　酌獻禮
癸未八月二十七日　傳曰　眞殿睟容久未得
瞻拜　酌獻禮以開月旬間涓吉擧行而今後三年

一省拜事言于該曹
同年九月初六日行　酌獻禮
丙戌三月十八日行　酌獻禮
景廟朝癸卯三月初九日行　酌獻禮　王世子陪從
當宁朝丁未二月十三日行　酌獻禮
庚戌二月初九日行　酌獻禮
癸丑二月初八日行　酌獻禮
乙卯八月二十七日　世祖大王影幀移安光明
殿時行告由　酌獻禮于　三室移安後行　酌獻
禮

同年九月十七日　世祖大王新影幀還奉本
殿時行告由　酌獻禮于光明殿　還安本　殿後行
酌獻禮于　三室
戊午二月初九日行　酌獻禮
辛酉二月十一日行　酌獻禮
甲子二月初四日行　酌獻禮
戊辰正月二十七日本殿重修時行告由　酌獻禮
三室影幀權安于御齋室
同年二月初三日　肅宗大王影幀自璿源殿移
奉于宣政殿時行告由　酌獻禮

同月二十五日　肅宗大王新影幀奉安于本
殿時行告由　酌獻禮同日　三室　影幀還安
肅廟影幀奉安後並行　酌獻禮
庚午正月二十七日行　酌獻禮後　世祖大王
新影幀展奉後行　奉安祭[具三獻　王世子陪從]

○祭享饌品
六節日　大祭　每
一位
中朴桂四笼　紅散子二器白散子三器　煎茶食
三器白茶食二器　各色實果六器　各色餅六器
[白朴切餅 豆團子唐糕餅 雪花油餅]　素湯二器[煎蒸白蒸]　糆一器
匙楪一　茶一器　香醞三盞　四燭二丁　尊
所五燭一丁
親享及　酌獻禮並上同[唯燭用晝燭 尊所用四燭]
告祭上同[唯朴桂用小 酒用一盞]

肅廟朝壬戌十二月初四日禮曹　啓曰今初四日晝
講入侍時知事李端夏所　啓各　陵忌辰祭油果
及果品加以綵花本非正禮徒為虛文雖係　祭享
亦宜減省之意臣已疏陳更考五禮儀則　祭物畵
式亦無用綵花之文其為非禮可知而各　陵及
南別殿　永昭殿所設綵花之價戶曹以玄木上下通
計一年則為二同四十五疋今宜先減故敢達矣左
議政閔鼎重曰意是前朝弊習因襲至今而於禮所
無所據革之論不但為省費而已實合事理而事係
祭享行之且久革罷之舉不宜輕易令禮官問議于諸

大臣稟處何如侍讀官李世白曰　祭享事重不可
以浮費之故有所減省而古禮　國禮俱無所據則
襲謬仍用極為未安矣　上曰祭用綵花既無禮
文之可據則雖非凶年固宜減罷而行之已久事係
祭享不可猝然變通令該曹問議于諸大臣後稟處
可也事　命下矣議于大臣則領議政金壽恒行判
中樞府事金壽興判中樞府事鄭知和行知中樞府
事李尚真議以為有舉莫廢禮有其文　陵　廟祀
享之物固難輕議變通而至於綵花之用於禮無據
既涉彌文則非如牲幣粢盛之品今雖減去恐無損

於奉先之道云大臣之意如此　上裁何如　傳
曰依議施行

○祭享進排 雜進排附

祭物 六名日大祭及　親臨酌獻禮同進排 奉常寺

上末每　位五十三斤四兩四戔式合二百十三
斤七兩六戔 四十六斗

清蜜每　位二斗六合式合八斗二升四合

真油每　位一斗七升三夕式合六斗八升一合
二夕

乾飯每　位八升五合式合三斗四升

芝草每　位四兩式合一斤

黑糖每　位六斤六兩式合二十五斤八兩

粘米每　位二斗一升式合八斗四升

起酒一鐥

胡桃每　位二升三合式合九升二合

栢子每　位二升六合五夕式合一斗六合

榧子每　位二升三合式合九升二合

黃栗每　位二升六合式合一斗四合

大棗每　位三升式合一斗二升

乾柹每　位一貼式合四貼

右六色實果或以時果代用而黃栗大棗乾柹
三種暑月則似易虫損故五月六月七月代用

漢果雲氷果兩面果　三果所入

真末每　位三斤六兩式合十三斤八兩

清蜜每　位一升五合六夕式合六升二合
四夕

真油每　位七合八夕式合三升一合二夕

俠栢子每　位三合式合一升二合

白米每　位七升式合二斗八升

菉豆末每　位一升八合式合七升二合

丁香每　位一升一合三夕式合四升五合二夕

竹笋每　位五合式合二升

胡椒每 位一戋式合四戋
小豆每 位二升三合三夕式合九升三合二夕
艮醬每 位七合式合二升八合
烏海藻每 位一両五戋式合六両
清酒每 位二甁式合八甁
太每 位五升式合二斗
草注紙每 位一卷式合四卷
艮水每 位三合三夕三里式合一升三合三夕
二里
藁古每 位一両式合四両

四燭每 位二丁式合八丁(每一丁重九両五戋) 親祭則
用畫燭(每一丁重一斤十四両)
樽所五燭一丁式合四丁 親祭則用四燭
別祭祭物
上末每 位四十斤五両七戋式合一百六十一
斤六両八戋
清蜜每 位一斗五升七合七夕式合六斗三升
八夕
真油每 位一斗三升三合二夕式合五斗三升
二合八夕

乾飯每 位六升六合式合二斗六升四合
黑糖每 位五升式合二十斤
栢子每 位一升七合五夕式合七升
胡桃每 位一升五合式合六升
榧子每 位一升五合式合六升
黃栗每 位一升七合式合六升八合
大棗每 位二升式合八升
乾柿每 位八串式合三貼二串
實果或以時果代用而黃栗大棗乾柿三種則
五月六月七月代用漢果雲氷果両面果 三

果所入
真末每 位二斤三戋式合八斤一両二戋
清蜜每 位九合一夕式合三升六合四夕
真油每 位四合七夕式合一升八合八夕
俠栢子二合式合八合
草注紙每 位一卷式合四卷
粘米每 位一斗八升式合七斗二升
白米每 位六升式合二斗四升
起酒每 位一鐥式合四鐥
太每 位五升式合二斗

菉豆末每 位一升八合式合七升二合
艮醬每 位七合式合二升八合
胡椒每 位一戔式合四戔
丁香每 位一升式合四升
小豆每 位二升式合八合
蔈古每 位一兩式合四兩
烏海藻每 位一兩五戔式合六兩
竹笋每 位五合式合二升
芝草每 位三兩二戔式合十二兩八戔
艮水每 位三合三夕三里式合一升三合三夕

二里
五燭每 位二丁式合八丁 (每一丁重四兩八錢)
罇所小蜜燭一丁式合四丁 (每一丁重二兩)
六名日 大祭各司進排物種
茶雀舌每 位一兩式合四兩
陳設燭每 位一丁式合四丁 (每一丁重一兩五戔)
大龍脂四十柄
桂燈法油七合五夕 已上義盈庫
香炭每 位三升式合一斗二升
雀舌炭每 位一斗五升式合六斗

洗淨炭每 位五斗式合二十斗
明火木每 位一百斤式合四百斤
沐浴木二十斤
煖水木六十斤
杻炬每 位五柄式合二十柄 已上工曹其人
香爐所用茄子灰每 位二升式合八升 司圃署
塡祝黃筆一柄
眞墨一丁 已上工曹 (曠享及親祭時則大節墨一丁尚衣院進排)
陶瓮二坐
陶東海十坐

陶所羅六坐
陶大甑四坐
陶湯鑵四坐 (已上五種舊則每祭進排庚午定例時改以一年都下)
銅貫子一
穿穴匠一名 隨毁隨補
鑄成匠一名
磨鏡匠一名 已上工曹
封標白紙一張
床足楮注紙四張
笏記擣鍊楮注紙半張 親祭則一張

進上單子楮注紙二張
封裹白紙十張
尊所座面油紙八張
進膳十二器盖覆油紙二十張
進上果裹油紙十張
盖覆油紙二張 已上四種舊則每祭進排庚午定例時改以一年都下
座面六油芚每位一番式合四番
祭物盖覆六油芚一番
柳箕一箇 已上一年都下
柳箕八部

柳笥五部 已上二種庚午定例時以隨毁隨補已上長興庫
祭物盖覆白苧四幅單袱四件
切餠所用白木四幅單袱四件
霜花乾正白木四幅襦袱四件
隅布二十尺
造泡白木帒二件
隅次白木二十尺
爵巾八件
爵洗巾八件
甑盖白布四幅單袱二件

甑帶布二件
香爐手巾四件
行子布二十尺
獻官諸執事沐浴白布手巾四件
盥洗白布手巾四件 已上十四種庚午定例時以春秋分半上下定式 已上濟用監
生麻十二兩
細馬尾篩八部
升篩四部 已上兩種一年都下
大桶二部

擔桶二部 已上兩種每祭改帶
銅貫子浣条所一艮衣 已上一年都下
造泡高槽一部 上下兀板具
磨擣一箇 磨石一部具
餠推一箇
油餠排板四箇
長弘道介五箇
火著一
大夾金一
大鍮金一部

祭井盖板一坐
木光明臺五部
木斗一坐
木升一箇 已上隨毁隨補
香雨傘一柄
書板一部
剪板一部 已上六種二年都下 已上繕工監
膠末一升 禮賓寺
銀器取色盌七合 司宰監
祭器修淨空石十立

祭井修淨網具空石五立 已上每祭進排
內外排設隨所八 用後還下
草芚十五番 庚午定例時一年都下事之式 已上軍資廣興倉
照乘二箇 一年都下 平市署
木瓢三箇
草省二箇 已上司䆃寺
燈盞鍾子八箇 內贍寺
土火爐七坐 已上一年都下 瓦署
常礪石一塊 五年都下 軍器寺
銀器取色匠一名 尙衣院

進止忠義五員 兵曹
祭器取色軍十名 衛將所
正殿補簷遮日
典祀廳帳
香大廳帳
沐浴帳 已上用還 典設司
親臨 大祭各司進排物種 與攝行大祭同者不疊錄
饌幕廳座面油紙十張 長興庫
塡 祝紫的四幅單袱二件 濟用監
御沐浴所用四油芚二番 長興庫

湯子一部 轝座校具
擔桶一部 擔木具
馬尾篩一部 已上繕工監
木瓢一箇 司䆃寺
白細学布手巾一件 已上四種用還 濟用監
一柄三兩燭一雙 義盈庫
御盥洗床所用曲水油紙一張 長興庫
紅細学布揮巾一件
床巾一件 已上濟用監
一柄三兩燭一雙 義盈庫

執禮一柄一兩五戔燭一雙 義盈庫
獻官諸執事沐浴白布手巾六件
盥洗白布手巾六件 已上用還濟用監
擔桶二部
木貫子二箇 洗具 已上繕工監
木斲一箇 已上前排用還 司䆃寺
別祭各司進排物種 與大祭同者不疊錄
大龍脂三十柄
桂燈淙油五夕 已上義盈庫
膠末五合 禮賓寺

移還安時進排物種
拭巾每 室一件 以白表紬一年一次進排
影幀移安時每 室紫的紬褥一件 已上濟用監
彩花單席每 室一件 用還
面叙紙每 室一張 已上長興庫
每月朔望焚香進排物種
每 室一柄二兩燭一雙式合四雙 義盈庫
香炭三升式合一斗二升
每三日進排物種
杻炬二柄式合八柄 已上工曹 其人

每 室溫堗爇火木三丹式合十二丹 已上工曹 其人
每朔進排物種
公事白紙十張
封標白紙八張
省記白紙十張 已上長興庫
齋室柴油債玄木一疋 户曹
篝杻木八束 其人
禁火物種
豆毛五坐 隨毁隨補 工曹
和水盆每坐四斗 司宰監

䕺方席每坐二立
穀草每坐一束 一年都下 已上司僕寺
眞長木十箇
木束乼一艮衣 已上繕工監
豆毛外褁網具空石十六立 庚午定例落 兩名
木斲四箇 已上五年都下 司䆃寺
乫江金二箇
小侍郎二箇
斧子二箇
木層橋一部 已上繕工監

毛所乃布三十尺 (濟用監)

掃雪物種

木加乃三箇

古尾乃一箇

尾箒四十柄

蘆器十二箇 (已上繕工監一年都下)

年例上下物種

氷傳摘奸時白紋方席一立 (長興庫)

毛狗皮方席一立 (已上三年都下戶曹)

守僕六人所着紅衣每人白苧布一疋式

紅花一斤式

五味子十兩式 (已上戶曹一年一次)

頭巾每人一件式 (內供具)

淨袖每人一件式 (已上濟用監春秋奉審修改)

享官諸執事房窓戶壁塗

殿司房窓戶壁塗 (已上隨毁修補)

殿司所用鋪陳執頉修補

此外奉審執頉物種隨毁隨補

員役料布規式

守僕六人每人每朔料大米十斗 (戶曹上下 舊則大米五斗小米一斗當宁朝丙寅年增爲此數)

布一疋 (兵曹上下 舊無丙寅年加出)

書員一人料大米五斗小米一斗

庫直一人料大米五斗小米一斗

大廳直一人料大米十斗小米二斗 (舊則吹螺赤房直三名中間合一名爲大廳直)

○祝文

第一室

維年號幾年歲次某甲某月某朔某日某甲

孝曾孫嗣王臣諱

謹遣臣某官某

敢昭告于

太祖康獻至仁啓運聖文神武正義光德大王伏以節序易流當茲令辰罙增感慕聊蕆明禋謹以淸酌庶羞式陳明薦尚

饗

第二室
維年號幾年云云
孝曾孫嗣王臣諱
謹遣臣某官某
敢昭告于
世祖惠莊承天體道烈文英武至德隆功聖神明睿欽
肅仁孝大王伏以已下上同
第三室
維年號幾年云云
孝曾孫嗣王臣諱

謹遣臣某官某
敢昭告于
元宗恭良敬德仁憲靖穆章孝大王伏以已下上同
第四室
維年號幾年云云
孝子嗣王臣諱
謹遣臣某官某
敢昭告于
皇考肅宗顯義光倫睿聖英烈章文憲武敬明元孝大
王伏以已下上同

親享別撰祭文以用而頭辭結辭上同
告祭別撰祝文以用而頭辭結辭上同
當宁朝庚戌十一月十八日左副承旨柳儼請對入侍
時所啓臣今因祭文事有懷敢此仰達曾於
永禧殿展謁時臣以大祝入參而三室同一祭文
極爲未安 世祖室 元宗室則告一 太
祖事或無妨而 太祖室祭文告 世祖
元宗事豈非未安之甚者乎每欲陳達而未果矣詢于
大臣及儒臣各爲祭文似爲得宜故敢達 上
曰 眞殿異於 閟宮而同爲祭文曰循未改

予心亦爲未安矣承旨所達爲是遣禮官問于大臣
及儒臣可也事命下矣問于大臣則右議政趙文
命以爲一祭文而用之三室以外面見之似爲
未安而但伏念 宗廟祭享時唯 宣廟室有
別樂章以其上 四祖及 太祖 太宗樂
章撰述 四祖及 太祖 太宗功德適用
於 太祖以下各室此似未備而若此者豈非爲
所重者在且肅嚴之地脩告等節宜簡而不宜瀆抑
有取於 皇朝通用廟樂之制耶況此 眞
殿祭文雖曰一文而其中各有指稱贊謁之語則其

視專以　四祖及　太祖　太宗樂章用之
於諸各　室不亦有異乎前輩之著眼於儀文之節
雖不如丶丨右使此事至為未安則前次必當有釐
正之論則曾不為此者無或有所見而然耶臣意之
仍前用之似合於重改作之道而學本魯莽未免臆
對惟在　上裁云判中樞府事李台佐領議政洪
致中以為　三室一祝固若未安而　太祖親享
時各室祝文亦是一本今若以贊述　功德之各異
謂不可用則只宜委曲措辭而已恐不宜創前日未
遑之規逐　室各祝如筵臣所達之為也大抵　國

戊戌閏六月初七日　正宗朝
傳曰　永禧殿第五　室奉安節次有下詢事明日
大臣禮曹堂上兵曹判書入侍
同月初八日
大臣禮堂兵曹判書入侍時　傳曰　永禧殿第
五　室影幀奉安日子以今月念前後推擇事
分付
同日
大臣禮堂兵判入侍時兼禮曹判書李景祜所
啓　影幀移奉　永禧殿時當有告動　駕祭而

即令奉　安處所事有不便何以為之乎
上曰以養志堂為之以酌獻禮磨鍊可也景祜曰戊
辰年移　奉時依續五禮儀五享儀具三獻為之
今亦依此磨鍊乎且移奉時都監堂上例為陪從
而前月　璿源殿移　奉時有　本都監堂上陪
奉之命矣依此為之乎
上曰依為之
同月初十日
禮曹　啓曰　永禧殿第五　室奉安吉日念前
後擇入事　命下矣吉日即令日官推擇則今閏

六月十七日十九日二十五日二十六日俱吉云
以何日定行乎敢　稟
傳曰以二十五日定行事知悉
同月十一日
禮曹　啓曰臣景祜與戶曹判書具允鈺進詣
永禧殿奉審則　殿內床卓鋪陳別無修改處而
窓戶塗紙年久楹內外退地衣多有色渝處閤門
朱簾縇及絡纓東都里毡亦為破傷當即修改修
改則今閏六月二十一日本　殿先告事由　祭
當為兼行　祝文中措辭添入始役吉時同日卯

時爲吉云以此時擧行而所用雜物令各該司磨
鍊進排亦令繕工監別定監役官趂卽修改事
分付何如
傳曰允
禮曹 啓曰今閏六月二十五日 永禧殿第五
室 影幀奉 安時自第一 室至第四 室
先告事由 祭吉日令日官推擇則同月二十一
日爲吉云以此日擧行何如
傳曰允
同月十三日

禮曹今閏六月二十五日 永禧殿第五室
影幀奉 安時養志堂動 駕吉時 永禧殿奉
安吉時令日官推擇則動 駕同日辰時奉
安同日巳時爲吉云以此時擧行何如
啓依所 啓施行爲良如敎

영희전지(끈)

永禧殿志(坤)

永禧殿志 坤

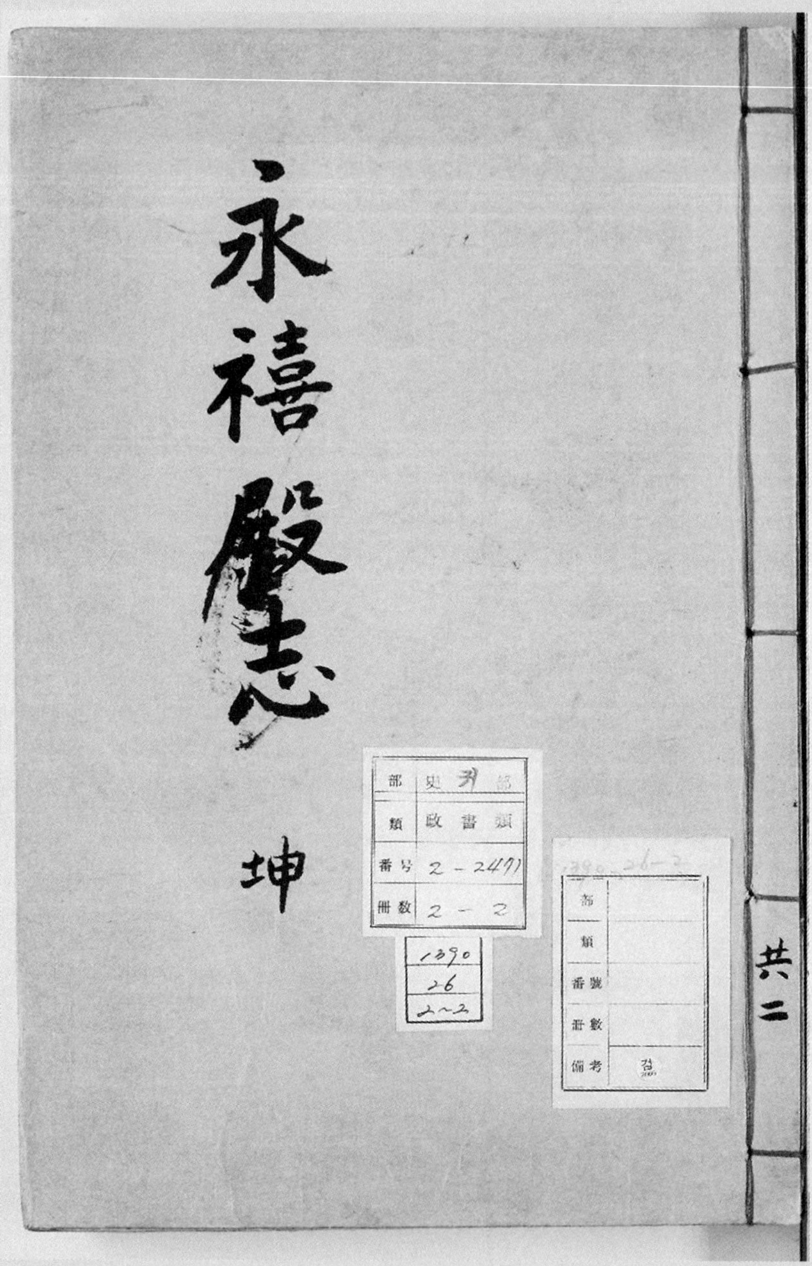
永禧殿志
坤
共二
部 史部
類 政書類
番号 2-2471
冊数 2-2
1390
26
2~2
部
類
番號
冊數
備考

祭享儀註

親享本 殿儀

時日（見摠目）

齋戒

前享四日禮曹 啓聞請齋戒 殿下散齋二日
於別殿致齋一日於齋殿凡散齋不吊喪問疾不聽
樂有司不 啓刑殺文書致齋惟 啓享事凡諸享
官及近侍之官應從升者並散齋二日宿於正寢致
齋一日於享所陪享官及諸衛之屬守衛殿門者各
於本司清齋一宿

齋官（獻官禮儀使執禮有預差）
亞獻官終獻官（議政） 典祀官（奉常寺正有故則次官） 執禮（文堂
下三品） 殿司（本 殿官員） 每 室大祝各一（知製教四品以上）
祝史各一齋郎各一（並文參上） 執罇各一（六品） 爵洗位
盥洗位（並六品） 亞終獻盥洗位（參外） 贊者二謁者二
贊引二（并引儀） 監察二 禮儀使（禮曹判書有故則參判） 進
圭官（都承旨） 酌酒官爵受酒官奉香合官奉香爐官
（并承旨）

陳設

前享二日 殿司帥其屬掃除 殿之內外典設司
設大次於 齋殿設小次於 殿之東階稍東西向
前一日掖庭署設 殿下版位於 殿之東階下
東北西向設飲福位於前楹外近東西向贊者設亞
獻官終獻官位於 殿下版位之後近南西向北上
設執事者位於獻官之後稍南每等異位俱重行西
向北上設執禮位於東階下近北西向贊者謁者贊
引在執禮之後稍南西向北上設監察位二於 殿
庭一於東南西向一於西南東向設陪享官位於
神門內文官一品以下於道東宗親及武官一品以下
於道西每等異位俱重行北向相對為首（宗親每品班頭別設）

位如常(small) 設門外位諸享官於西門外道南每等異位俱重行北向東上陪享官於 神門外東西每等異位俱重行北向(東則西上 西則東上) 殿司帥其屬掃除 殿之内外 享日未行事前典祀官 殿司各帥其屬入奠祝版各一於 神位之右(各有坫) 設香爐香合并燭於 神位前次設祭器如式(見序例) 設福酒爵一於第一室尊所設 御洗於東階下北向(盥洗在東爵洗在西有盤匜) 加勺篚在洗西南肆實以巾又設亞終獻洗於 御洗之東南設諸執事盥洗於亞終獻洗之東南俱北向設執尊篚冪者位於尊篚冪之後

車駕出宮(見五禮序例)

望 殿禮

其日典儀設 殿下版位於 殿東門外西向文官一品以下位於 神門外之東宗親及武官一品以下位於 神門外之西俱每等異位重行北向相對為首初 駕至齋殿引儀分引宗親文武百官就 神門外左通禮詣 齋殿前跪 啓請中嚴少頃又 啓外辦 殿下具冕服以出近侍跪進圭左通禮 啓請執圭左右通禮導 殿下至版位西向立左通禮 啓請四拜 殿下四拜在位者皆四拜(贊儀亦唱) 訖左右通禮導 殿下還齋殿引儀分引宗親文武百官就 齋殿南稟旨就次如儀

行禮

享日丑前五刻(丑前五刻即三更三點行事用丑時一刻) 殿司開 室整拂 神幄典祀官 殿司入實饌具畢贊引引監察陞自西階(亞終獻官陞降自東階餘皆自西階) 點視陳設還出 前三刻諸享官及陪享官各服其服(享官祭服陪享官四品以上朝服五品以下黑團領) 俱就門外位左通禮詣 齋殿前俯伏跪 啓請中嚴執禮帥贊者謁者贊引入就 殿庭拜位重行北向西上四拜訖就位前一刻贊引引監察及大祝以下諸執事入就 殿庭拜位重行北向西上立定執禮曰四拜贊者傳唱(凡執禮有辭贊者皆傳唱) 監察以下皆四拜訖贊引引監察就位引諸執事詣盥洗位盥帨訖各就位引儀分引陪享官入就位謁者引亞獻官終獻官入就位 執事者詣爵洗位洗爵拭爵訖置於篚奉詣尊前置於卓上 時至左通禮詣 齋殿前俯伏跪 啓外辦 殿下具冕服以出禮儀使導 殿下至東門外禮儀使俯伏跪 啓請執圭近侍跪進圭 殿下執圭(繖扇侍衛不應入者止於門外) 禮儀使導 殿下入詣版位西向立(每立定禮儀使退俯伏於左)

執禮曰禮儀使　啓請行事禮儀使跪　啓有司謹
具請行事執禮曰四拜禮儀使跪　啓請鞠躬四拜
興平身　殿下鞠躬四拜興平身在位者皆四拜
贊者亦唱先拜者不拜　典祀官　殿司進膳訖　近侍詣盥
洗位盥帨　執禮曰禮儀使導　殿下行初獻禮
禮儀使導　殿下詣盥洗位北向立禮儀使跪
啓請搢圭　殿下搢圭如搢不便近侍承捧下倣此　近侍跪取
匜與沃水又近侍跪取槃承水　殿下盥水近侍
跪取巾於篚以進　殿下帨手訖近侍受巾奠於
篚禮儀使跪　啓請執圭　殿下執圭禮儀使導

殿下陞自東階近侍從陞詣第一室尊所西向立執尊者
擧羃近侍一人酌酒一人以爵受酒禮儀使導
殿下入詣　神位前北向立禮儀使止於戶外下倣此執禮曰跪禮
儀使跪　啓請跪搢圭　殿下跪搢圭在位者皆
跪贊者亦唱近侍一人奉香合一人奉香爐跪進禮儀使
跪　啓請三上香　殿下三上香近侍奠爐合于
神位前近侍奉爵跪進禮儀使跪　啓請執爵獻爵
殿下執爵獻爵以爵授近侍奠于　神位前進香進爵在東西向
奠炉奠爵在西東向禮儀使跪　啓請執圭俯伏興少退北向
跪　殿下執圭俯伏興少退北向跪大祝進　神

位之右東向跪讀祝文訖禮儀使跪　啓請俯伏興
平身　殿下俯伏興平身在位者皆俯伏興平身
贊者亦唱禮儀使導　殿下詣第二室尊所西向立
執尊者擧羃近侍一人酌酒一人以爵受酒禮儀使
導　殿下詣　神位前北向立執禮曰跪禮儀使
跪　啓請跪搢圭　殿下跪搢圭在位者皆跪贊者
亦唱近侍一人奉香合一人奉香爐跪進禮儀使跪
啓請三上香　殿下三上香近侍奠爐合于　神
位前近侍奉爵跪進禮儀使跪　啓請執爵獻爵
殿下執爵獻爵以爵授近侍奠于　神位前禮儀使跪

啓請執圭俯伏興少退北向跪　殿下執圭俯伏
興少退北向跪大祝進　神位之右東向跪讀祝文
訖禮儀使跪　啓請俯伏興平身　殿下俯伏興
平身在位者皆俯伏興平身贊者亦唱禮儀使導　殿
下詣第三室尊所西向立執尊者擧羃近侍一人
酌酒一人以爵受酒禮儀使導　殿下詣　神位
前北向立執禮曰跪禮儀使跪　啓請跪搢圭
殿下跪搢圭在位者皆跪贊者亦唱近侍一人奉香合一人
奉香爐跪進禮儀使跪　啓請三上香　殿下三
上香近侍奠爐合于　神位前近侍奉爵跪進禮儀

使跪 啓請執爵獻爵 殿下執爵獻爵以爵授
近侍奠于 神位前禮儀使跪 啓請執圭俯伏興
少退北向跪 殿下執圭俯伏興少退北向跪大
祝進 神位之右東向跪讀祝文訖禮儀使跪 啓
請俯伏興平身 殿下俯伏興平身在位者皆俯
伏興平身贊者亦唱禮儀使導 殿下詣第 四室尊
所西向立執尊者擧冪近侍一人酌酒一人以爵受
酒禮儀使導 殿下詣 神位前北向立執禮曰
跪 啓請跪搢圭 殿下跪搢圭在位者皆跪贊者
亦唱近侍一人奉香合一人奉香爐跪進禮儀使跪

啓請三上香 殿下三上香近侍奠爐合于 神
位前近侍奉爵跪進禮儀使跪 啓請執爵獻爵
殿下執爵獻爵以爵授近侍奠于 神位前禮儀使跪
啓請執圭俯伏興少退北向跪 殿下執圭俯伏
興少退北向跪大祝進 神位之右東向跪讀祝文
訖禮儀使跪 啓請俯伏興平身 殿下俯伏興
平身在位者皆俯伏興平身贊者亦唱禮儀使導 殿
下降復位 執禮曰禮儀使導 殿下入小次禮
儀使跪 啓請入小次仍導 殿下至小次前禮
儀使跪 啓請釋圭 殿下釋圭近侍跪受圭禮

儀使導 殿下權就小次 執禮曰行亞獻禮謁
者引亞獻官詣盥洗位北向立贊搢笏亞獻官盥帨
訖贊執笏引亞獻官陞自東階詣第 一室尊所西
向立執尊者擧冪酌酒執事者以爵受酒謁者引亞
獻官詣 神位前北向立贊跪執事者以爵授亞獻
官亞獻官執爵獻爵以爵授執事者奠于 神位前
謁者贊俯伏興平身引亞獻官詣第 二室第 三
室第 四室酌酒獻爵行禮並如上儀訖謁者引亞
獻官降復位 執禮曰行終獻禮謁者引終獻官行
禮並如亞獻儀訖引降復位 大祝詣第 一室尊

所以爵酌上尊福酒執禮曰禮儀使導 殿下詣
飮福位禮儀使跪 啓請詣飮福位 殿下出次
禮儀使跪 啓請執圭近侍跪進圭 殿下執圭
禮儀使導 殿下詣飮福位西向立大祝以爵授
近侍近侍捧爵北向跪進禮儀使跪 啓請跪搢圭
殿下跪搢圭在位者皆跪贊者亦唱禮儀使跪 啓請受爵
殿下受爵飮訖近侍受爵 以授大祝大祝受復於尊
所禮儀使跪 啓請執圭俯伏興平身 殿下執
圭俯伏興平身在位者皆俯伏興平身贊者亦唱禮儀使
導 殿下降復位執禮曰四拜禮儀使跪 啓請

鞠躬四拜興平身在位者皆四拜(贊者亦唱)少頃執禮曰四拜禮儀使跪 啓請鞠躬四拜興平身 殿下鞠躬四拜興平身在位者皆四拜(贊者亦唱) 禮儀使跪 啓禮畢(贊者亦唱) 禮儀使導 殿下還出東門外禮儀使跪 啓請釋圭

殿下釋圭近侍跪受圭禮儀使導 殿下還齋殿謁者引亞獻官終獻官出贊引引陪享官出 贊引引監察及大祝以下諸執事俱復拜位立定執禮曰四拜監察以下皆四拜贊引以次引出執禮帥贊者謁者贊引就拜位四拜而出 大祝取祝版瘞於坎典祀官 殿司各帥其屬徹禮饌闔户以降乃退

酌獻本 殿儀

時日

齋官

典祀官(奉常寺正有故則次官) 執禮(文堂下三品) 殿司(本殿官員) 每 室大祝各一(知製教四品以上) 執尊各一(六品) 贊者二謁者二贊引二(並引儀) 監察二 贊禮(禮曹判書有故則次官) 進圭官(都承旨) 酌酒官爵受酒官奉香合官奉香爐官(並承旨)

陳設

前一日 殿司帥其屬掃除 殿之内外典設司設大次於 齋殿其日掖庭署設 殿下版位於

殿階下東北西向設 王世子位於版位之後典儀設宗親文武百官位於 神門内文東武西俱每等異位重行北向設諸執事位於 殿庭如常設執禮位於東階下(並隨地之宜) 又設諸執事外位於西門外異位重行北向設宗親文武百官外位於 神門外異位重行北向

車駕出宮及望 殿禮(見上)

行禮

其日未行事前典祀官 殿司各帥其屬設香爐香合并燭於 神位前入奠祝版於 神位之右次設祭器如式(見序例) 典祀官入實饌具畢 引儀引宗親文武百官(四品以上朝服五品以下常服)就外位諸執事就外位左通禮詣 齋殿前俯伏跪 啓請中嚴執禮帥贊者贊引入就 殿庭四拜訖就位贊引引監察及典祀官大祝諸執事入就 殿庭拜位重行北向西上立定執禮曰四拜贊者傳唱監察以下皆四拜訖贊引引監察就位引諸執事詣盥洗位盥帨訖各就位引儀引宗親文武百官分東西入就位 執事者詣爵

洗位洗爵拭爵訖置於篚捧詣尊所置於坫上 相
禮引 王世子具冕服入就位 左通禮詣 齊
殿前 啓請行酌獻禮 殿下具冕服盥帨以出
贊禮前導將至東門外贊禮俯伏跪 啓請執圭近
侍跪進圭 殿下執圭贊禮導 殿下入就版
位西向立(近侍從入侍衛不應入者止於門外) 執禮曰鞠躬四拜興
平身贊禮 啓請鞠躬四拜興平身 殿下鞠躬
四拜興平身 王世子及在位者皆四拜(贊者亦唱先拜
者不拜) 執禮曰贊禮導 殿下行酌獻禮贊禮導
殿下陞自東階(近侍從陞) 詣第一 室尊所西向立執尊者

擧冪近侍一人酌酒一人以爵受酒贊禮導 殿
下詣 神位前北向立執禮曰跪贊禮 啓請跪搢
圭 殿下跪搢圭(如搢不便近侍承捧) 王世子以下在
位者皆跪(贊者亦唱) 近侍一人捧香合一人捧香爐跪進
贊禮 啓請三上香 殿下三上香近侍奠爐于
神位前近侍捧爵跪進贊禮 啓請執爵獻爵 殿
下執爵獻爵以爵授近侍奠于 神位前(進香進爵在東西向
奠爐奠爵在西東向後倣此) 贊禮 啓請執圭俯伏興少退北向
跪大祝進 神位之右東向跪讀祝文訖贊禮 啓
請俯伏興平身 殿下俯伏興平身 王世子

以下在位者皆俯伏興平身(贊者亦唱) 贊禮導 殿下
出戶次詣第 二室第 三室第 四室酌獻行禮
並如上儀訖贊禮導 殿下出降復位 執禮曰
四拜贊禮 啓請鞠躬四拜興平身 殿下鞠躬
四拜興平身 王世子以下在位者皆四拜(贊者亦唱)
少頃執禮曰四拜贊禮 啓請鞠躬四拜興平身
殿下鞠躬四拜興平身 王世子以下在位者皆四
拜(贊者亦唱) 贊禮 啓禮畢(贊者亦唱) 導 殿下還至東門
外贊禮 啓請釋圭 殿下釋圭近侍跪受圭贊
禮導 殿下還 齊殿相禮引 王世子還

齊室引儀分引宗親文武百官出 諸執事就拜位
四拜而出大祝取祝版瘞於坎典祀官 殿司徹禮
饌闔戶以降乃退
俗節享本 殿攝事儀(先告事由及移還安同惟一獻無飮福)
時日(見總目)
齊戒(見上)
齊官
獻官(從二品職事則正二品) 典祀官(奉常寺官) 殿司(本殿官員)
大祝(文六品以上) 祝史(叅上或叅下官) 齊郎(同上) 贊者謁者
(並通禮院官) 監察(進止忠義衛四人自忠勳府定送 殿司進膳時傳進各室膳器)

陳設

前享一日 殿司帥其屬掃除 殿之內外贊者設獻官位於東階東南西向飮福位於前楹外近東西向諸執事位於獻官之後稍南贊者謁者位於東階之西俱西向北上監察位於執事東南西向設諸享官門外位於南門外每等異位重行北向東上 享日未行事前典祀官 殿司各帥其屬入奠祝板於神位之右 各有坫見序例 設香爐香合并燭於 神位前次設祭器如式 設飮福盞一於 一室尊所設洗於東階東南北向 盥洗在東爵洗在西有篚巾 加勺篚在洗西南肆實以巾設諸執事盥洗於獻官洗之東南北向設執尊篚冪者位於尊篚冪之後

行禮

享日丑前五刻 殿司開室整拂 神幄典祀官殿司入實饌具畢謁者引監察陞自西階 獻官陞降自東階餘皆自西階 點視陳設還出 前三刻諸享官各服其服就門外位贊者謁者入就 殿庭拜位北向西上四拜訖就位前一刻謁者引監察及大祝以下諸執事入就殿庭拜位北向西上立定贊者曰四拜監察以下皆四拜訖謁者引監察就位引諸執事詣盥洗位盥洗訖各就位謁者引獻官入就位 贊者曰四拜獻官四拜 典祀官 殿司進膳訖 贊者曰行初獻禮謁者引獻官詣盥洗位北向立贊搢笏獻官盥洗訖贊執笏引獻官陞自東階詣 一室尊所西向立執尊者擧冪酌酒執事者以盞受酒謁者引獻官詣神位前北向立謁者贊跪搢笏執事者一人捧香合一人捧香爐跪進謁者贊三上香執事者奠爐合于案執事者以盞授獻官獻官執盞獻盞授執事者奠于神位前贊執笏俯伏興少退北向跪大祝進 神位之右東向跪讀祝文訖謁者贊俯伏興平身謁者引獻官詣 二室尊所西向立執尊者擧冪酌酒執事者以盞受酒謁者引獻官詣 神位前北向立謁者贊跪搢笏執事者一人捧香合一人捧香爐跪進謁者贊三上香執事者奠爐合于案執事者以盞授獻官獻官執盞獻盞授執事者奠于 神位前贊執笏俯伏興少退北向跪大祝進 神位之右東向跪讀祝文訖謁者贊俯伏興平身謁者引獻官詣 三室尊所西向立執尊者擧冪酌酒執事者以盞受酒謁者引獻官詣 神位前北向立謁者贊跪搢笏執事者一人捧香合一人捧香爐跪進謁者贊三上香

執事者奠爐合于案執事者以盞授獻官獻官執盞
獻盞授執事者奠于　神位前贊執笏俯伏興少退
北向跪大祝進　神位之右東向跪讀祝文訖謁者
贊俯伏興平身謁者引獻官詣第　四室尊所西向
立執尊者擧冪酌酒執事者以盞受酒謁者引獻官
詣　神位前北向立謁者贊跪搢笏執事者一人奉
香合一人捧香爐跪進謁者贊三上香執事者奠爐
合于案執事者以盞授獻官獻官執盞獻盞授執事
者奠于　神位前贊執笏俯伏興少退北向跪大祝
進　神位之右東向跪讀祝文訖謁者贊俯伏興平

身仍降復位　贊者曰行亞獻禮謁者引獻官陞詣
第　一室尊所執尊者酌酒執事者以盞受酒謁者
引獻官詣　神位前北向立贊跪搢笏執事者以盞
授獻官獻官執盞獻盞以盞授執事者奠于　神位
前謁者贊俯伏興平身引獻官詣第　二室第　三
室第　四室酌酒行禮並如上儀訖謁者引獻官降
復位　贊者曰行終獻禮謁者引獻官行禮並如亞
獻儀訖引降復位　大祝詣第　一室尊所以盞酌
福酒贊者曰謁者引獻官詣飮福位謁者引獻官詣
飮福位西向立贊跪搢笏大祝進獻官之左北向以

盞授獻官受盞飮訖大祝受虛盞復於尊所謁者贊
執笏俯伏興平身引降復位贊者曰四拜獻官四拜
少頃贊者曰四拜獻官四拜謁者引獻官出　謁
者監察及大祝以下諸執事俱復拜位立定贊者曰
四拜監察以下皆四拜謁者引出贊者謁者就拜位
四拜而出　大祝取祝版瘞於坎典祀官　殿司各
帥其屬徹禮饌闔户以降乃退

親享本殿時　王世子亞獻儀

時日 見擬目

齊戒 見上

陳設

前享二日　殿司帥其屬掃除　殿之內外典設司
設　殿下大次於齊殿小次於　殿之東階稍東西
向設　王世子次於齊室便次於小次之東南西向
前一日掖庭署設　殿下版位於　殿之東階下東
北西向設飮福位於前楹外近東西向設　王世子
位於　殿下版位之後近南西向贊者設終獻官位
於　王世子之後執事者位於獻官之後稍南每等
異位重行西向北上執禮位於東階下近北西向贊
者謁者贊引在執禮之後稍南西向北上設監察位

二於 殿庭一於東南西向一於西南東向設陪享
官位於 神門内文官一品以下於道東宗親及武
官一品以下於道西每等異位俱重行北向相對爲
首 宗親每品班頭別設位如常 設門外位諸享官於西門外道南
每等異位重行北向東上陪享官於 神門外東西
每等異位俱重行北向 東則西上西則東上 享日未行事前
典祀官 殿司各帥其屬入奠祝版各一於各 室
神位之右 各有坫 設香爐香合幷燭於 神位前次設
祭器如式 見序例 設福酒爵一於 第一室尊所設
御洗於東階下北向設 王世子洗於 御洗之東
南北向終獻洗於 王世子洗之東南諸執事洗於
終獻洗之東南俱北向 盥洗在東爵洗在西御洗及王世子洗有篚匜 加勺
篚在洗西南肆實以巾設執尊篚冪者位於尊篚冪
之後

車駕出宮及望 殿禮 見上

行禮

享日丑前五刻 即三更三點行事用丑時一刻 殿司開室整拂神
幄典祀官 殿司入實饌具畢賛引引監察陞自西
階 王世子及終獻官陞降自東階餘皆自西階 點視陳設還出前三刻諸
享官及陪享官各服其服 享官祭服陪享官四品以上朝服五品以下黑團領
俱就門外位通禮詣齊殿前俯伏跪啓請中嚴相禮
詣齊室前跪賛請内嚴執禮帥賛者謁者賛引入就
殿庭拜位重行北向西上四拜訖就位前二刻賛引引
監察及大祝以下諸執事入就 殿庭拜位重行北
向西上立定執禮曰四拜賛者傳唱 凡執禮有辭賛者皆傳唱 監
察以下皆四拜訖賛引引監察就位引諸執事詣盥
洗位盥帨訖各就位引儀分引陪享官入就位前一
刻謁者引終獻官入就位相禮跪賛請出次 王世
子具冕服執圭以出相禮前引入就位執事者詣爵
洗位洗爵拭爵訖置於篚奉詣尊所置於卓上時至
左通禮俯伏跪啓外辦 殿下具冕服以出禮儀使
導 殿下至東門外禮儀使俯伏跪啓請執圭近侍
跪進圭 殿下執圭 繖扇侍衛不應入者止於門外 禮儀使導 殿
下入詣版位西向立 每立定禮儀使退俯伏於左 執禮曰禮儀使啓
請行事禮儀使跪 啓有司謹具請行事執禮曰四
拜禮儀使跪 啓請鞠躬四拜興平身 殿下鞠躬
四拜興平身 王世子及在位者皆四拜 賛者亦唱先拜者不
拜 王世子行禮時相禮賛請下倣此 典祀官殿司進膳訖近侍詣盥
洗位盥帨執禮曰禮儀使導 殿下行初獻禮禮儀
使導 殿下詣盥洗位北向立禮儀使跪 啓請搢

圭 殿下搢圭 如搢不使近侍承捧下倣此 近侍跪取匜興沃水
又近侍跪取槃承水 殿下盥手近侍跪取巾於篚
以進 殿下帨手訖近侍受巾奠於篚禮儀使跪
啓請執圭 殿下執圭禮儀使導 殿下陞自東階
近侍從陞 詣 第一室尊所西向立執尊者擧冪近侍一
人酌酒一人以爵受酒禮儀使導 殿下入詣 神
位前北向立 禮儀使止於戶外下倣此 執禮曰跪禮儀使跪 啓
請跪搢圭 殿下跪搢圭 王世子及在位者皆跪
贊者亦唱 近侍一人奉香合一人奉香爐跪進禮儀使 啓
請三上香 殿下三上香 近侍奠爐合于 神位前

近侍奉爵跪進禮儀使跪 啓請執爵獻爵 殿下
執爵獻爵以爵授近侍奠于 神位前 進香進爵在東西向奠爐
奠爵在西東向 禮儀使跪 啓請執圭俯伏興少退北向跪
殿下執圭俯伏興少退北向跪大祝進 神位之右東
向跪讀祝文訖禮儀使跪 啓請俯伏興平身 殿
下俯伏興平身 王世子及在位者皆俯伏興平身
贊者亦唱 禮儀使導 殿下次詣各 室尊所各 室神
位前酌酒上香獻爵讀祝行禮並如上儀訖禮儀使
導 殿下降復位執禮曰禮儀使導 殿下入小次
禮儀使跪 啓請入小次仍導 殿下至小次前禮

儀使跪 啓請釋圭 殿下釋圭近侍跪受圭 殿
下入小次執禮曰行亞獻禮相禮引 王世子詣盥
洗位北向立相禮跪贊請搢圭 王世子搢圭盥洗
訖相禮跪贊請執圭 王世子執圭相禮引 王世
子陞自東階 宮官從陞 詣第一室尊所西向立執尊者擧
冪宮官一人酌酒一人以爵受酒相禮引 王世子
詣 神位前北向立 相禮止於戶外 相禮跪贊請跪搢圭
王世子跪搢圭宮官以爵跪進相禮跪贊請執爵獻
爵 王世子執爵獻爵以爵授宮官奠于 神位前
相禮跪贊請執圭俯伏興平身 王世子執圭俯伏

興平身相禮引 王世子次詣各 室尊所各 室
神位前酌酒獻爵行禮並如上儀訖相禮引 王世
子降復位執禮曰行終獻禮謁者引終獻官詣盥洗
位搢笏執笏詣尊所 神位前行禮並如亞獻儀 進爵
奠爵執事者爲之 訖引降復位大祝詣 第一室尊所以爵
酌上尊福酒執禮曰禮儀使導 殿下詣飮福位禮
儀使跪 啓請詣飮福位 殿下出次禮儀使跪
啓請執圭近侍跪進圭 殿下執圭禮儀使導 殿
下詣飮福位西向立大祝以爵授近侍近侍捧爵北
向跪進禮儀使跪 啓請跪搢圭 殿下跪搢圭

王世子及在位者皆跪贊者亦唱禮儀使跪 啓請受爵
殿下受爵飮訖近侍受虛爵以授大祝大祝受復於尊
所禮儀使跪 啓請執圭俯伏興平身 殿下執圭
俯伏興平身 王世子及在位者皆俯伏興平身贊者
亦唱禮儀使導 殿下降復位執禮曰四拜禮儀使啓
請鞠躬四拜興平身 殿下鞠躬四拜興平身 王
世子及在位者皆四拜贊者亦唱少頃執禮曰四拜禮儀
使跪 啓請鞠躬四拜興平身 殿下鞠躬四拜興
平身 王世子及在位者皆四拜贊者亦唱禮儀使跪啓
禮畢贊者亦唱禮儀使導 殿下還出東門外禮儀使俯

伏跪 啓請釋圭 殿下釋圭近侍跪受圭禮儀使
導 殿下還齋殿相禮引 王世子還齋室謁者引
終獻官贊引引陪享官出贊引引監察大祝以下諸
執事俱復拜位立定執禮曰四拜監察以下皆四拜
贊引以次引出執禮師贊者謁者贊引就拜位四拜
而出大祝取版瘞於坎典祀官 殿司各帥其屬徹
禮饌闔戶以降乃退
車駕還宮見上

○祭享雜儀

祭物陪來

節日祭及告由祭祭物前期二日典祀官陪進于
本殿 殿司以黑團領詣典祀廳與典祀官眼同照祭
物單子討受捧上熟設時亦眼同監視

延香

祭前一日獻官受 香出來諸執事亦偕來預遣人候望 殿司
以黑團領於安 香廳大門外西向立俟 香陪吏
過前時鞠躬祗迎獻官諸執事行過時 殿司回立
過後入來

塡祝

申時 殿司詣安 香廳並盥手守僕設書案二坐於廳中盖紫紬袱獻官 殿司大祝皆起立于席外守僕開 香藏奉 香櫃置于書案上獻官 殿司大祝並就位 獻官大祝相對 大祝北向皆坐 跪守僕開 香櫃奉出第一室祝文奉授 殿司 殿司傳于大祝大祝受置于書案上取吏曹差祭記塡書獻官職姓名于祝文中寫畢還傳于 殿司 殿司傳于守僕守僕揭示于獻官次塡 第二室 三室 四室並如上儀訖還納祝文于櫃中獻官 殿司大祝皆起立于席外守僕還奉 香櫃于 香藏封之而退

祭饌省視

塡祝訖謁者引監察詣典祀廳又引獻官詣典祀廳獻官與監察相揖就坐 獻官東向 監察南向 典祀官進拜於獻官前退坐於監察之下各項祭物一並省視又監捧炬炭等物後謁者引獻官及監察各還其次

傳 香

祭日外位整齊後謁者引獻官上來 香陪吏奉 香祝櫃前導獻官隨之至 香門外守僕請 殿司進往 香門外謁者引獻官至傳 香席前 先設此席 立

殿司進立于其前 香陪吏以 香祝櫃進于獻官獻官開櫃取 香祝封跪于席上以授 殿司 殿司跪受雙手奉之守僕前導 獻官傳 香後謁者前導立于外位 香祝過時外位諸執事皆鞠躬祇迎過後平身 入自 香門陛 殿内觧其封分置 香于各室 香合分置祝文于 各室祝案板上訖出就外位

望瘞

諸執事罷出後大祝 殿司並入 殿内大祝奉竹篚 殿司奉祝文 紙幷封 置于竹篚中大祝奉出進瘞坎藏之封表書臣謹封而退

進上

行祭撤饌後獻官監察 殿司典祀官並入坐于正殿西夾室監封饌果 進上而退

進上中桂果一坐 紅散子一坐 白散子一坐

飮福

守僕以饌餘各排一盤分送于獻官及諸執事 舊則諸祭官齊會于 正殿夾室飮福矣 中間廢此規只分送各房云 又以饌果封送于諸享官以倣致膳之禮

附分果式

四室退果合中桂果十六坐 紅白散子二十坐

五室奉安後加磨錬兩殿司各分送中桂貳坐半紅白散子各壹坐半煎白茶食各壹坐半六色實果各七合鍾子祭酒各壹饍

煎白茶食二十坐内

進上三坐除

兩殿司各分送中桂果二坐(合四坐)

紅白散子二坐半(合五坐)

煎白茶食二坐半(合五坐)

諸享官封裹一坐

諸各司封裹三坐(並中桂果)

餘果三十九坐(中桂果十一坐紅白散子十四坐煎白茶食十四坐)内

其餘則守僕六人及庫直諸軍士分給

○雜儀

移還安

告祭畢後時至奏時官奏時則兩 殿司率諸守僕詣 正殿各室捲朱簾開閣後進詣 室内 各室前並鋪三重席 殿司率守僕擔陪忠贊衛詣移安廳守僕奉出 各室黒長櫃傳于忠贊衛擔奉詣 正殿閣門外傳于守僕守僕奉受分安于 各室前三重席上守僕二人詣 第一室内跪各執下垂之索 殿司二員跪祗捲 影幀以薄白紙覆于 面部上捲訖奉安于櫃内以面袱覆上合蓋封鎖(次奉二室)三室(並如上儀)四室差備忠贊衛各執繖蓋左右分立先導守僕以次奉 各室御櫃傳于忠贊衛忠贊衛奉 御櫃以次進發 殿司鞠躬祗迎因爲陪從守僕六人分左右序立侍衛至移安廳奉安于龍床上訖 殿司出閣門封表侍立於閣外不離

還安時還安如上儀後仍行還安祭

朔望焚香

其日質明入直 殿司服黒團領率入番守僕詣 正殿閣門外捲朱簾開閣分排香爐香合 各室燃燭(庭燎亦燃火) 訖守僕引 殿司降就拜位西向立四拜盥洗訖守僕引 殿司入詣 第一室香案前跪三上香俯伏興平身次詣 第二室 三室 四室並如上儀訖降復位四拜 殿司復陞 殿内監視去爐火滅燭出閣門封標降簾退出

春秋奉審修改

春則二月秋則八月禮曹堂上官郎廳各一員詣 本殿依例肅拜後詣 殿内奉審訖退坐 殿門外點視 殿中簾席及祭器什物之有頉者修 啓本入 啓擇日修改

修改日行告祭後禮曹堂上官郎廳各一員戸曹郎

廳一員繕工監官一員詣 本殿依例肅拜後修改
其所當修改之處事畢而退

殿司奉審

每五日早朝入直 殿司服黑團領率入番守僕詣
正殿閤門外捲朱簾開閤點火于 各室 殿司入詣
各室捲帳奉審整潔修掃訖垂帳退出閤外待點火炯
熄闔門封標降簾退出

肅拜

本殿官員新除初入直之日服黑團領詣 香門外肅
拜四拜訖守僕引入 殿內奉審如常儀

他司官員之以公事入 殿門內者並肅拜如上儀

受香

每年正月十四日三月晦日六月晦日九月晦日入
直 殿司以黑團領率守僕一人入詣 香室受
香以來藏置于 殿內用於朔望焚香
自甲戌每月朔望出直 殿司受 香以來事定式

○儀物祭器

第一室

殿內床卓鋪陳儀仗

温堗別紋伍張付地衣壹浮 縇青木
龍床壹坐
床上黄花單席壹件 縇紫的吐紬
紫的方紬褥壹件 舊紫綾今改方紬 内拱木紅鼎紬
褥上彩花單席壹件 縇紫的吐紬
五峯山屛風壹坐 四貼
奉安紅絨絲淺貳艮衣 長貳拾尺

捲軸紅絨絲汔貳艮衣長貳拾尺
白表紬拭巾壹件長叁尺伍寸
紅綃面帳壹件紅絨絲汔具
內朱簾壹浮青御絲汔貳艮衣具
青蓋壹朱漆機具
鳳扇壹朱漆機具
紅蓋壹朱漆機具
雀扇壹朱漆機具
朱漆祭床肆坐
座面陸油芚壹番

紅綃床巾壹件
朱漆燭床貳坐
朱漆祝床壹坐
朱漆香床壹坐
鍮大燭臺壹雙
鍮祝板壹
龍香爐壹蓋具
鍮香盒壹蓋具
雉尾箒壹柄

閤門外所排

鎖鑰壹部舊有封標鹿皮壹付朴只条重修時減削
外朱簾壹浮青綿絲汔貳艮衣具
踏掌別紋席壹尼
樽所朱漆床壹坐
座面厚油紙壹張庚午釐正時厚字除去
樽所小燭臺壹隻
樽冪貳
勺鑵壹蓋具
黑漆床貳坐中排設所用

祭器

銀鍮祭器秩

銀匙貼壹蓋具
銀盞叁臺具
銀筯壹面
中桂于里肆坐臺具
散子于里伍坐臺具
茶食于里伍坐臺具
實果鍾子陸坐臺具
鍮匙卓玖餠陸器進膳叁器臺
龍勺貳樽所〻排

鍮沙用叁 蓋具
鍮東海肆
鍮蓋兒叁 進膳所用
鍮大也壹
鍮所羅壹 盥洗所用
鍮者壹
釜子壹
大鼎壹 蓋具
火鼎壹 以餘數秩所載移來
木祭器秩

黑漆大盤玖立
黑漆小盤叁立 進膳所用
隅板肆立
案板叁立
木匙卓壹 茶鍾臺
紙蓋兒叁 進膳蓋覆所用
沙祭器秩
沙罇貳 罇所〻排
沙磁碗叁 進膳所用
沙餅排大貼陸

沙茶甁壹
沙茶鍾壹
移安時所用欌袱秩
黑長欌壹部 上下豆錫鎖鑰貳部具上中下結褁紅紬絲浥叁艮衣具
欌内所用
紫的紬褥壹件 内拱紅紬
藍大段肆幅單袱壹 考本則叁幅不喻肆幅
多紅大段肆幅單袱壹件 付五色帶子壹条
有紋紅潞州紬伍幅單袱壹件
多紅方綵紬伍幅單袱壹件

白紬柒幅面袱壹件
芙蓉香入盛方綵紬長絳囊貳件
衣香入盛方綵紬廣絳囊貳件
欌外褁所用
紅紬叁幅甲袱壹件 舊謄錄以内褁袷衾載錄
紅細木伍幅甲袱壹件 舊謄錄雖肆幅今考本則伍幅
第二室
殿内床卓鋪陳儀仗
温堗別紋伍張付地衣壹浮 縇青木
龍床壹坐

床上黃花單席壹件 縇紫的吐紬

紫的方紬褥壹件 舊紫綾今改方紬 内木紅鼎紬

褥上彩花單席壹件 縇紫的吐紬

五峯山屛風壹坐肆貼

奉安紅絨絲淺貳艮衣長貳拾尺

捲軸紅絨絲淺貳艮衣長貳拾尺

白表紬拭巾壹件 長叁尺伍寸

紅綃面帳壹件 紅絨絲淺具

內朱簾壹浮 青鄕絲淺貳艮衣具

青盖壹 朱漆機具

鳳扇壹 朱漆機具

紅盖壹 朱漆機具

雀扇壹 朱漆機具

朱漆祭床肆坐

座面陸油芚壹番

紅綃床巾壹件

朱漆燭床貳坐

朱漆祝床壹坐

朱漆香床壹坐

鍮大燭臺壹雙

鍮祝板壹

鍮香爐壹 盖具

鍮香盒壹 盖具

雉尾箒壹柄

閤門外所排

鎻鑰壹部 付朴只 舊有封標鹿皮壹条重修時減削

外朱簾壹浮 青綿絲淺貳艮衣具

踏掌別紋席壹立

樽所朱漆床壹坐

座面厚油紙壹張 庚午釐正時厚字除去

樽所小燭臺壹隻

樽冪貳

勺鑵壹 盖具

黑漆床貳坐 中排設所用

祭器

銀鍮祭器秩

銀匙貼壹 盖具舊重貳拾兩

銀盞叁 臺具 舊謄錄肆坐內壹坐今番移錄適用秩以飮福盞行用

銀筯壹面 舊重貳兩伍錢

中桂子里肆坐 臺具

敬子于里伍坐 臺具

茶食于里伍坐 臺具

寶果鍾子陸坐 臺具

鍮匙卓玖 餠陸器進膳叄器臺

龍勺貳 樽所々排 舊膳錄叄坐內臺坐 今番移錄餘數秩

鍮沙用叄 盖具

鍮東海肆

鍮盖兒叄 進膳所用

鍮大也壹 盥洗所用

鍮所羅壹 盥洗所用

鍮者壹

釜子壹

大鼎壹 盖具

火鼎壹

木祭器秩

黑柒大盤玖立

黑柒小盤叄立 進膳所用

隅板肆立

案板叄立

木匙卓壹 茶鍾臺

紙盖兒叄 進膳盖覆所用

沙祭器秩

沙樽貳 樽所々排

沙磁碗叄 進膳所用

沙餠排大貼陸

沙茶鍾壹

沙茶瓶壹

移安時所用樻袱秩

黑長樻壹部 上下豆錫鎖鑰貳部具上中下結裹紅御絲乼叄艮衣具

樻內所用

紫的紬褥壹件

藍大叚肆幅單袱壹件

多紅大叚肆幅單袱壹件 付五色帶子壹条

多紅叚只紬伍幅單袱壹件

多紅花方紬伍幅單袱壹件

白紬柒幅面袱壹件

芙蓉香入盛方絲紬長絳囊貳件

衣香入盛方絲紬廣絳囊貳件

樻外裹所用

紅紬伍幅甲袱壹件

紅細木伍幅甲袱壹件

舊影幀奉安所排

黑長樻壹部 上下豆錫鑰貳部具上中下結裹紅御絲縇叁艮衣具

樻內所用

紫的紬褥壹件 內拱木紅

紅紬叁幅襦袱壹件 舊謄錄以襦衾載錄

紅紬伍幅單袱壹件

白紬柒幅面袱壹件

芙蓉香入盛方絲紬長絳囊貳件

衣香入盛方絲紬廣絳囊貳件

樻外裹所用

紅紬叁幅甲袱壹件 舊謄錄以內裹載錄

紅細木伍幅甲袱壹件

龍床所排 幷別置曝晒時所用乙卯年自光明殿移来

龍床壹坐

床上黃花單席壹件 縇紫的吐紬

紫的綾褥壹件

褥上彩花單席壹件 縇紫的吐紬

奉安紅絨絲縇貳艮衣長貳拾尺

捲軸紅絨絲縇貳艮衣長貳拾尺

前後面紅綃帳貳件 紅絨絲縇具

左右挾帳貳件 紅絨絲縇具

彩花貳張付單席壹浮 縇紫的吐

龍紋席壹浮 縇紫的吐紬

第三室

殿內床卓鋪陳儀仗

温堗別紋伍張付地衣壹件 縇青木

龍床壹坐

床上黃花單席壹件 縇紫的吐紬

紫的方紬褥壹件 內拱木紅鼎紬 舊紫綾今改方紬

褥上彩花單席壹件 縇紫的吐紬

五峯山屛風壹坐 肆貼

奉安紅絨絲縇貳艮衣長貳拾尺

捲軸紅絨絲縇貳艮衣長貳拾尺

白表紬拭巾壹件 長叁尺伍寸

紅綃面帳壹件 紅絨絲縇具

內朱簾壹浮 青御絲縇貳艮衣具

青蓋壹 朱漆檝具

鳳扇壹 朱漆檝具

紅蓋壹 朱漆檝具

雀扇壹 朱漆棧具

朱漆祭床肆坐

座面陸油芚壹番

紅綃床巾壹件

朱漆燭床貳坐

朱漆香床壹坐

鍮大燭臺壹雙

鍮祝板壹

龍香爐壹 蓋具

鍮香盒壹 蓋具

雉尾篇壹柄

闇門外所排

鎖鑰壹部 封標大鹿皮纓子具

外朱簾壹浮 青綿緣兒貳艮衣具

踏掌別紋席壹立

樽所朱漆床壹坐

座面厚油紙壹張

樽所小燭臺壹隻

樽羃貳

勺篚壹 蓋具

黑漆床貳坐 中排設所用

祭器

銀鍮祭器秩

銀匙貼壹 蓋具舊重貳拾兩

銀盞叁 臺具 舊謄錄肆坐內壹坐今番移錄餘數秩

銀筯壹面 舊重貳兩伍錢

中桂于里肆 臺具

散子于里伍坐 臺具

茶食于里伍坐 臺具

實果鍾子陸坐 臺具

鍮匙卓狄 餠陸器進膳叁器臺

龍勺貳 樽所〻排 舊謄錄叁坐內壹坐今番移錄餘數秩

鍮沙用叁 蓋具

鍮東海肆

鍮蓋兒叁 進膳所用

鍮大也壹 盥洗所用

鍮所羅壹 盥洗所用

鍮者壹

釜子壹

大鼎壹 蓋具

火鼎壹

木祭器秩

黑漆大盤玖立

黑漆小盤叁立 進膳所用

隅板肆立

柒板叁立

木匙卓壹 茶鍾臺

紙盖兒叁 進膳盖覆所用

沙祭器秩

沙樽貳 樽所〻排

沙磁碗叁 進膳所用

沙餅排大貼陸

沙茶鍾壹

沙茶瓶壹

移安時所用樻袱秩

黑長樻壹部 上下豆錫鎖鑰貳部具上中下結裹紅鄕綵浅叁艮衣

樻内所用

紫的褥壹件 内拱木紅

藍大段叁幅單袱壹件

多紅大段叁幅單袱壹件 付五色帶子壹条

有紋紅潞州紬伍幅單袱壹件

無紋紅潞州紬肆幅單袱壹件

白紬柒幅面袱壹件

芙蓉香八盛方綵紬長絳囊貳件

衣香八盛方綵紬廣絳囊貳件

樻外裹所用

紅紬叁幅甲袱壹件 舊謄錄以内裹襦衾載錄

紅細木肆幅甲袱壹件

第四室

殿内床卓鋪陳儀仗

温堗別紋伍張付地衣壹浮 縇青木

龍床壹坐

床上黃花單席壹件 縇紫的吐紬

紫的方紬褥壹件 内拱木紅鼎紬

褥上彩花單席壹件 縇紫的吐紬

五峯山屛風壹坐肆貼

奉安紅絨絲浅貳艮衣

捲軸紅絨絲浅貳艮衣

白表紬拭巾壹件 長叁尺伍寸

紅綃面帳壹件 紅絨絲浅具

內朱簾壹浮 青綿絲汔貳艮衣具
青蓋壹 朱漆機具
鳳扇壹 朱漆機具
紅蓋壹 朱漆機具
雀扇壹 朱漆機具
朱漆祭床肆坐
座面陸油芚壹番
紅紬床巾壹件
朱漆燭床貳坐
朱漆祝床壹坐

朱漆香床壹坐
鍮大燭臺壹雙
鍮祝板壹
龍香爐壹 蓋具 內下
鍮香盒壹 蓋具
雉尾幕壹柄

閤門外所排

鎖鑰壹部
外朱簾壹浮 青綿絲汔貳艮衣具
踏掌別紋席壹立

樽所朱漆床壹坐
座面厚油紙壹張
樽所小燭臺壹隻
樽幕貳
勺筐壹 蓋具
黑漆床貳坐 中排設所用

祭器

銀鍮祭器秩

銀匙貼壹 蓋具 內下 匙貼刻以庚子七月山陵祭器重參拾兩
銀盞參 臺具 內下 銀盞刻以庚子山陵合重拾柒兩玖錢

銀筯壹面 重貳兩柒錢
中桂于里肆坐 臺具
散子于里伍坐 臺具
茶食于里伍坐 臺具
實果鍾子陸坐 臺具
鍮匙卓玖 餠陸器進膳參器臺
龍勺貳
鍮沙用參 蓋具
鍮東海肆
鍮盖兒參 進膳所用

鍮大也壹 (盥洗所用)

鍮所羅壹 (盥洗所用)

鍮者壹

釜子壹

大鼎壹 (盖具)

大鼎壹

木祭器秩

黑漆大盤玖立

黑漆小盤叁立 (進膳所用)

隅板肆立

紫板叁立

木匙卓壹 (茶鍾臺)

紙盖兒叁 (進膳盖覆所用)

沙祭器秩

沙樽貳 (樽所〻排)

沙磁碗叁 (進膳所用)

沙餠排大貼陸

沙茶鍾壹

沙茶瓶壹

移安時所用樻袱秩

黑長樻壹部 (上下豆錫鎖鑰貳部具上中下結褁紅御綵浥叁艮衣)

樻內所用

紫的鼎紬褥壹件 (內拱木紅鼎紬)

藍雲紋大段叁幅甲袱壹件 (內拱藍方紬)

多紅雲紋大段叁幅甲袱壹件 (內拱紅方紬付沉香色)

(帶子壹条銀鐙懸內下)

雪綿子入盛

衣香入盛方綵紬廣絲囊叁件

樻外褁所用

紅紬叁幅甲袱壹件

紅木肆幅甲袱壹件

都已上

別紋伍張付地衣肆浮 (温堗所排)

龍床伍坐　黃花簟席伍件

紫的方紬褥伍件　彩花簟席伍件

五峯山屛風肆坐

紅絨綵浥貳拾捌艮衣 (內奉安浥拾艮衣捲軸浥拾艮衣紅綃帳浥捌艮衣)

白表紬拭巾肆件　朱簾捌浮 (內內朱簾肆浮外朱簾肆浮)

青御綵浥捌艮衣 (內朱簾浥)　青綿綵浥捌艮衣 (外朱簾浥)

青盖肆　鳳扇肆

紅蓋肆　雀扇肆
朱漆機掤　朱漆祭床拾陸坐
座面陸油芚肆番　紅綃床巾肆件
朱漆燭床掤坐　朱漆香床肆坐
朱漆祝板床肆坐　鍮大燭臺肆雙
鍮祝板肆　鍮香爐肆 蓋具 內龍香爐叄
鍮香盒肆 蓋具　雉尾箒陸柄 內小貳柄
閤門鎖鑰伍部 內肆部付朴只　蹈掌別紋席伍斥
樽所朱漆床肆坐　座面油紙肆張
樽所小燭臺肆隻　樽幕掤

勺籠肆 蓋具　中排設黑漆床掤坐
銀匙貼肆坐 蓋具　銀盞拾貳坐
銀筯肆面　中桂亍里拾陸坐
散子亍里貳拾坐　茶食亍里貳拾坐
實果鍾子貳拾肆坐　鍮匙卓叄拾陸坐
龍勺掤　鍮沙用拾貳 蓋具
鍮東海拾陸　鍮蓋兒拾貳
鍮大也肆　鍮所羅肆
鍮者肆　釜子肆
大鼎肆 蓋具　火鼎肆

黑漆大盤叄拾陸　黑漆小盤拾貳
隅板拾陸　案板拾貳
木匙卓肆　沙樽掤
沙磁碗拾貳　沙餠排大貼貳拾肆
沙茶鍾肆　沙茶瓶肆
黑長欑伍部 以下移安時所用　豆錫鎖鑰拾部
紅鄉綵淺拾伍艮衣　紫的紬褥伍件
藍大段叄幅單袱叄件　叄幅甲袱壹件
多紅大段叄幅單袱叄件
多紅大段叄幅甲袱壹件

有紋紅潞州紬伍幅單袱貳件
無紋紅潞州紬肆幅單袱壹件
多紅段只紬伍幅單袱壹件
多紅方絲紬肆幅單袱壹件
多紅花方紬肆幅單壹件
紅紬叄幅襦壹件　紅紬叄幅甲袱肆件
紅紬伍幅單袱壹件　紅紬柒幅單袱壹件
白紬柒幅面袱肆件　紅細木肆幅甲袱叄件
紅細木伍幅甲袱貳件
芙蓉香入盛長絳囊掤件

衣香入盛廣絲囊拾壹件
彩花貳張付篿席壹浮 曝晒時所用戊辰新備
龍紋席壹浮 曝晒時所用戊辰新備

移安廳所在秩
五峯山屛風陸坐 內叁坐舊件叁坐戊辰新造
欄干朱漆平床肆坐
床上黃花篿席肆件 縇紫的吐紬
紫的方紬褥肆件 內拵木紅鼎紬
褥上彩花篿席肆件 縇紫的吐紬
紅綃帳叁件 戊辰自摸寫都監仍傳教移來

紅綃盖覆巾肆件
黑長筒陸部 每部鎖鑰圓環紅綿絲浅貳艮衣具
內貳部舊件肆部戊辰新造
黑長筒外裹紅鼎紬叁幅甲袱肆件
黑漆大樻子壹浮 上下鎖鑰具新造黑長筒肆部入盛
大廳別紋貳拾叁張付地衣壹浮 縇青木
閤門鎖鑰叁部 內貳部付朴尺
朱簾叁浮 每浮青綿絲浅貳艮衣具
踏掌別紋席叁斥 已上并新造
黑漆樻子貳部 舊黑長筒貳部入盛

朱漆長床叁坐 舊在
輪臺板貳部 外裹貳張付油芚壹件

香大廳所在秩
朱漆香欌壹 付朴尺鎖鑰具
朱漆祝文床貳
祝文硯匣壹 硯石具
紫的紬肆幅篿袱貳件
白紋玖張付地衣壹浮
祝文所用藏置斗之壹 鎖鑰壹具
香雨傘壹柄

移還安祭時所用祭器秩
小桂于里臺具貳拾肆坐 內捌坐新造
散子于里臺具叁拾壹坐 內拾坐新造
茶食于里臺具叁拾玖坐 內拾坐新造
已上玖拾肆坐癸未十月二十六日領相洪鳳漢禮判具允明入侍時因傳教改鍊次自工曹持去
適四室移還安祭所用元數常爲小桂于里叁拾貳坐散子于里肆拾坐茶食于里肆拾坐則時存不足之數小桂于里捌散子于里玖茶食于里壹合拾捌坐雖不足而以大祭時所用于里推移行用
沙磁碗貳拾肆坐 內陸坐新造
沙餅排大貼肆拾捌 內拾貳立新備

祭器餘數秩

銀盞壹 自第三室祭器剩數中移来
鍮東海貳
鍮沙用壹 蓋具
鍮蓋兒柒
鍮匙卓拾
鍮燭臺壹隻
鍮小盒壹 蓋具
鍮龍勺貳 自第二室三室祭器剩數中移来
釜子壹 以造泥所用送于太常
隅板壹

火鼎壹 移錄於一室祭器秩

通用各様物種秩

殿內抹樓通伍間別紋肆拾玖張半付地衣壹浮 緇青木
朱漆剪燭床壹坐 朱漆小樻壹 庚午造以盛朔望所用香
鍮剪燭器壹
鍮剪燭刀壹 以上殿內所在
殿左右夾室抹樓別紋玖張付地衣貳浮 緇青木
楹內外前面別紋貳拾陸張付地衣貳浮 緇青木
左右別紋拾貳張付地衣貳浮 緇青木

閤門封標時所用朱漆硯匣壹硯石具 齋室在
拜席柒立
朱漆捧持卽壹
朱漆挾床壹 以上閤門外所在
典祀廳白紋拾伍張付地衣貳浮 緇青木
祭物捧上肆張付地衣壹浮
祭物捧上陸油芚壹番
祭物蓋覆陸油芚壹番
仰遮陸油芚伍番
祭物捧上時所用貳層大欌壹 付朴只鎖鑰具

銀盞臺具壹 親享時飲福所用 自第二室祭器剩數中移来
銅貫子壹
銅卜飛介壹
鍮酒鐥壹
鍮大火爐壹 舊謄錄無大字
大鑾金壹 舊謄錄無鑾金 庚午定例時添加
鍮亇壹
鑾者叁
鐵火筒壹
氷板貳 蓋具

沙盞壹 擧行時飲福所用

沙瓶壹 戊辰新備

沙盆子壹 戊辰新備

二層長床貳

一層長床貳

大桶叁部 內壹部庚午定例時減削

擔桶叁部 內壹部庚午定例時減削

小桶叁部 庚午定例時盡為減削

高槽壹 造沱時所用

磨橋壹 造沱時所用

乙亥十一月二十三日因礼判李鼎輔所
啓沱毋革罷自太常造來事稟定後
凡係造沱所用移送于太常

上下板貳 造沱時所用

朿板壹 造沱時所用

磨石壹 造沱時所用

柳箕捌部

柳筍伍部 以上典祀廳所在

祭器庫中銀器藏置小樻壹 鎖鑰壹具

小樻壹 鎖鑰壹具

銀器所裹紅木甲袱壹件 在樻中

砧造閤仰遮陸油芚壹件

確油芚肆張付壹番

祭官沐浴湯子壹

木把子壹

木斗壹

木升壹

木稱子壹 温埃木捧上時所用

禁火所用秩

豆毛伍坐 蓋具

小侍郎貳

乬江金貳

斧子貳

大朿洗貳民衣 內壹民衣庚午定例時減削

毛所乃布拾端

真長木拾箇

大桶叁

擔桶叁

小桶叁 以上桶子庚午定例時盡為減削都下中貳部取用

柳箕叁部 庚午定例時盡為減削

層橋壹

各門鎖鑰秩

正殿左邊西門付朴只鎖鑰壹部

夾門付朴只鎖鑰壹部
正殿右邊香門付朴只鎖鑰壹部
夾門付朴只鎖鑰壹部
神門龍鎖鑰壹部
左右夾門龍鎖鑰貳部
御齋室正門龍鎖鑰壹部
夾門龍鎖鑰壹部
御齋室二門付朴只鎖鑰貳部
東宮齋室二門付朴只鎖鑰貳部
外大門正門龍鎖鑰壹部

東西夾門龍鎖鑰貳部
祭器庫門内外鎖鑰貳部
砧造閤鎖鑰壹部
還下雜物留置庫鎖鑰壹部
望瘞位盖板鎖鑰壹部
册欑鎖鑰壹部

書册秩

丁丑年　影幀攺修粧謄錄册一卷
庚戌年　影幀攺修粧謄錄册一卷
壬申年　影幀攺修粧謄錄册一卷
癸巳年　影幀攺修粧謄錄册一卷
壬午年　祭兕儀仗謄錄册一卷
乙卯年　影幀摸寫時謄錄册一卷
戊辰年別謄錄二卷 自禮曹移來
戊辰年摸寫重修時儀軌册各一卷
各該司進排謄錄册一卷
五禮儀十三卷内 本五禮一卷續五禮儀十二卷自禮曹移來
戊辰釐正　祭兕雜物置簿册一卷

肅廟朝壬戌十二月初三日大臣備局堂上　引見時
禮曹判書南龍翼所　啓　南別殿三室内　第一
室則將奉　太祖大王睟容　第二室則奉安
世祖大王睟容　第三室則奉安　元宗大王睟容
矣即見　南別殿叅奉所報則　正殿三室各有閤
門白是一樣正門而重建之後以　第二室閤門謂
之正門獨設朱簾　一室　三室閤門則謂之夾門
不為設簾請自該曹變通云　第一室姑為空室當
待〻御容奉安後設簾而　第三室則時方奉安
御容不可異同於　第二室宜一體設簾而掛環懸簾

之舉不可不先告事由亦不可頻數煩瀆待明年春
奉審告由設簾何如 上曰依為之
已卯閏七月十三日 傳曰 永禧殿 影幀移
安時納于黑長櫃安於 神輿此則平時儀也脫有
警急奚暇備儀衛乎昔在兵燹 先王睟容至有
不忍言之變思之至今不覺隕淚也予意以為別造
一黑長筒平時則奉安於 真殿後別殿急難則
三朝睟容皆安于筒內隨便陪往則實為萬全豈有難
言之慮乎其令該曹稟處禮曹 啓曰 命下矣
聖教辭緣誠為恰當 慶基 濬源 長寧諸殿亦不
宜與同一體舉行得宜 永禧殿則令該曹造成諸
各 殿則分付各其道一體造成何如 傳曰允
十六日禮曹 啓曰 永禧殿 影幀奉審後出
見樣分付該院造成黑長筒而 下教內以為造成
一長筒以安 三朝睟容則只造一筒同安 三
室 影幀乎 三室各造一筒乎敢稟 傳曰只
造一筒同安 三朝睟容可也

○御製

當宁朝御製

憶先創業中興辰小子于今追慕新其將何以答
前烈勉滌朝廷黨習臣
辛酉仲春 酌獻日感慨以作
興感書示元良
癸卯于今廿二春頃年豈意有茲辰佩服訓詩銘夙
夜孜〻春〻舊時臣
大意訓諭畧同谷元良惕然于心一若臨此時
歲甲子仲春題

題齋室
丁卯仲春冷節日冕衣親　享此懷新　殿裡周旋
怳若　侍延惟向歲奉安辰
今年二月二十七日乃寒食也初行親　享興感
賦詩
述幸
重禮順成邦慶新幸深日吉又良辰此時小子中心
喜他歲冕衣　侍攝親
歲戊辰仲春書

御製飭諭
殿司齋官
噫國之所重　祀典也予雖衆耗命元良代理一心
惟在　殿庭故其於　祀典必欲躬行吁嗟　殿司
齋官其敢不欽先入　紅門必也起敬而况　寶
軸輝煌儼若　端臨在豈不欽凡於　祀典必誠必
敬毋使予有不祭之歎其他可以奉行者条列于左
一禮將適公所必齋宿况　殿內乎　殿司入直之
人必先清齋一日後乃直而若有不時替直之事則
必清齋直所然後入　殿內如或有不時奉審之事
勿拘此例
一滌冕必前期為之　殿司監滌而藏冕時　殿司
及典　祀官同為監藏其勿一任下屬以致不敬
一陳設徹饌　殿司典　祀官躬詣監視毋令錯雜
省　祭物必謹必誠其勿因循凡於儀節一遵毋違
祭後餕餘切勿褻慢以存餘敬
一奉審時若有執頉則必也告由其宜審慎知悉此
意毋使因微而擧重　祀
一守僕輩所守重焉　殿內事外其勿用他
右項諸条其宜欽遵若或有違國有常憲

○御諭
當宁朝甲子七月初八日　傳曰國之所重祀典也於
太廟則大享朔望犧牲　祭物皆以獻官看品而至於
真殿　陵祭一付典祀官事體輕矣此後典祀官雖前
期詣　享所看品熟設獻官受　香進詣後亦為一
番看品以重祀典之意即令禮曹奉承傳施行
丙寅五月初一日　傳曰一欲下教于今開端穆穆
真殿何等重地而昔日在邸之時聞奉審之外凡人奉
審者多云頃聞大臣陳達果若前聞此雖由於臣子
延慕之誠事涉屑越噫　寢廟園陵人豈敢私自奉

審咫尺威顔尤宜敬謹此後則禮官 殿郞奉審外
無論有職無職私自奉審者一切嚴禁而若復如前
當該 殿郞當以重繩以此嚴勅爲宜咸興江都一
軆申飭
丁卯二月二十六日寒食 大祭 親享時
上詣尊所問曰此則空尊乎對以例設空尊矣 上
曰此後則空尊盛玄酒事下 教
同年六月十一日 傳曰易曰王假有廟王有所重
莫先於 寢廟亦莫先於 祭享莫重 祭享簠簋
爲先令因守門軍以 太廟門軍下問曾經廟郞入

侍翰林乃知雇軍之弊而其中尤爲寒心者其不謹
乎莫重 祭享器也噫以晃衣躬審 祭器何等重
也而一任其雇軍乎不敢若此矣 太廟如此 社
稷 眞殿之弊推此可知也大抵此弊知之熟矣
不謹守直其雇軍也不敬不謹其雇軍也或有偸窃
其雇軍也莫重 廟 社 殿褁宜去此習此後則
太廟 社稷 眞殿永革雇軍之弊以鄕軍壯實勤
幹者擇送而若或不謹擇送則本署官貟當該衛將
繩以重律以此分付本署及該曹
同年同月十四日 傳曰凡幣帛祝文之望燎望瘞

精不精異焉而我朝行有數百年雖難輕議而年久
祝幣埋處不可不定其處以備不潔 太廟 社稷
永禧殿各 陵 殿各廟墓大成殿廟墻外精潔處定
其所廣狹隨其地形圍以小墻而長屋盈尺以表埋
處之意分付儀曹
同年十一月初九日 傳曰黍稷不潔何以致敬令
聞輪對宗臣陳達莫重 祭物有偸窃之事莫重膳
肉有私賣之事云聞來不勝懍然噫不德臨御所愼
者 享祀而不潔不敬若此皆由於時王享上誠淺
不能飭下之致徒不 祭之心雖然一則銓曹本署

該寺之官不能擇差之致一則本署該郞不能舉職
隨現以報不能致恪因循謬例之致此後則嚴飭犧
牲宰殺時 祭物熟設時本署郞官典祀官一一看
檢即爲草記令秋曹刑推遠配膳肉私賣之類亦依
此律施行或矇不覺察或拘於顔面有事不報之郞
官本署該寺提調檢察以聞先罷後拿施以制書有
違之律事定式施行頃者守直洗井軍皆以元軍爲
之事下 教則令聞衛軍猶以雇軍云可駭無狀之
弊專由於此此後則以一體元軍定送而復踵前習
者本署草記當該曹司衛將拿處事定式施行又聞

攝行時喧譁尤甚云莫重致敬之地豈有親行攝行之分裁事之可駭莫此爲甚此後則丹門内雖攝行時一從跟隨之㳄其喧譁者勿論上司三司指名報兵曹從重决棍而不檢官員大臣外獻官以下草記請推堂下官以下亦勿論三司草記拿處而不爲報知部將隨現令兵曹棍汰事一體分付

同年同月十四日 傳曰昔年闕内入直官員及廟 社獻官執事闕門内 廟門内不敢着便服事已有申飭而歲月稍久不無解弛之獘另加嚴飭 廟社 殿三處部將便是守門將闕内門開閉宜着冠服亦依守門將例着撿而今聞或着便服或着軍服亦無一一着撿開閉之事云其涉寒心此後則嚴飭後復若此者本署該曹草記令兵曹棍汰凡 祭享時亦爲撿察雜人一依闕門爲之而門開閉向暮而閉日曙而開一遵闕門例無奉命人来到則不敢任意開閉事一体申飭

戊辰五月初五日 傳曰今因相劄又覧頃者真殿酌獻禮散致齋一依 文廟酌獻時例舉行事下教矣今聞 文廟或中祀故散致五日矣 真殿酌獻時亦以五日舉行云若此于今釐正之後酌獻時散致齋不可及重於時 祭故只清齋一日事已諭於相劄之批而因此思之 文廟所謂中祀即有三獻釋菜也於釋菜則毋論親享攝行一從五禮儀而散致五日而至於酌獻則無禮文所載自昔年義起而行之者與大 祭有間用大 祭例散致齋五日此亦過於禮者也予意則酌獻時一依 文廟告由 祭例只清齋一日於禮當然事係禮典令儀曹問議于大臣稟處

己巳五月初七日 傳曰今者飭諭 廟 社 殿齋室懸揭外方亦令自其處懸揭于 殿齋室各陵勿爲懸揭以此鐫板令禮曹印送貼于齋室板藏置本曹若或有復印之事報該曹印送事分付

庚午正月二十五日 傳曰今聞禮官奉審所達其雖無及時稟處者大抵向年重摸乃舊 本欲爲奉藏之意其後有下詢大臣而新 本遽然展奉有所不敢中止今番奉審今雖 龍衮之間若一向展奉又有奉審至重之事比於不敢輕重何本 殿酌獻不遠因此時奉藏舊 本展奉新 本情禮當然其令禮官問于時原任大臣稟處

同日 傳曰今聞禮官議大臣獻議純同其日早朝

先行告由於舊　影幀新　影幀展奉後依告
安祭例行酌獻禮而並當親行其日質明先行望　殿
禮奉審後行　祭吉日以閏月旬前推擇舊　影
幀奉藏後奉審數次更為問于大臣後常定矣
同年二月十一日　傳曰饗　影幀奉審每於酌
獻禮時為之奉審時揭奉重大只展而奉審事定式
同日　永禧殿舉動奉審時　上曰　殿內各
室當排環移繫紅索於兩楹之間以此分付舉行寒食
日兼告由宜當
辛未正月初九日　本殿展謁時　上曰　影
幀奉安只有前面結紐故不無動搖之慮矣大內
真殿則後面亦有結紐無動搖之事今亦倣此後面亦
施結紐好矣禮曹判書申晩曰然則依　聖教後
排屛風左右邊子下方各着一小環以爲結紐之至
而姑待日後移還　安時舉行何如　上曰依為
之
同日本　殿展謁後望瘞位奉審時　上曰望瘞
位例有封標之規則封標之痕以為年久矣事極駭
然今正朝大祝令該府處治可也（還宮翌日政院以處治舉條入啓則上曰今番則置之此後申飭可也）仍詣　祭器庫奉審時　上
曰此庫纔以新造故雖能封標如此而歲月稍久則
以致解弛安知不如望瘞位之踈忽乎本　殿官負
及守僕輩處另加申飭可也禮判申晩曰以此
聖教揭板於　殿官直所壁上以為永久遵行之地何
如　上曰依為之

○變通

肅廟朝癸亥正月初三日大臣備局堂上　引見時禮
曹判書南龍翼所啓　南別殿朔望焚　香時自
前元無炬燭進排之規每於平明行禮事體未安焚
香時炬燭令該曹進排何如　上曰令該曹進排
可也
丁丑六月十二日本　殿參奉報于禮曹曰本　殿
南挾門拒　殿陛不過六七間而地勢汚下少有微
雨輒成沮洳每當奉審之時多有沾汚不潔之患享
官所立處亦有此患雖不能周鋪磚石量宜畧鋪則

可無此患守直軍士前因粘　啓雖曰添給四名各
處守直至於八處必得加給數名可以成貌當此偷
盜竊發之時墻外巡邏坐更亦令定送以為備豫事
據曹　啓目當此饑歲若非緊切之役似難施行而
享官　殿官出入時若有沾汚之患則似當有變通
之道六七間磚石累鋪之役不過一日可畢所入磚
石亦不過數十立令户曹量宜鋪排宜當軍卒則前
以五六名添給之意覆　啓蒙　允而自兵曹只給
三名有此守直苟簡之患數三名更為添給之意分
付兵曹坐更則　社稷　永昭殿亦繞革罷今難定

給而本　殿南墻與閭家接連多有踈虞之弊其洞
内坐更移役於墻外則事似合宜亦無弊端以此意
分付漢城府何如　啓依　允
當宁朝乙丑八月　本殿守僕金盛澤等於　陵幸時
上言曰臣矣徒等廩料當初依　太廟　社稷之例
只給單料與春秋衣資布各一疋而服役則晝夜恪
謹猶恐生梗矣　朝家深憐守僕等之食少役煩
太廟守僕則辛酉年特加廩布每朔使食十斗料一疋
布　社稷守僕則甲子冬因本署提調援例陳達亦
增料布而獨臣矣徒等迄未蒙一視之　澤且　璿

源殿典僕依別監例受食十二斗料一疋朔布矣
永禧殿與　璿源殿俱是　真殿則所屬守僕斷無彼
此輕重之别臣矣徒等廩布伏乞一依　璿源殿例
磨鍊俾得保存服役焉　啓下禮曹判書趙觀彬以
依　太廟守僕例加磨鍊事覆　啓　允下
丁卯二月晝講入侍時叅賛官洪象漢所　啓臣待
罪春曹時　永禧殿官員來言　本殿弊瘼而未即
登　筵尚未仰達矣今當　親享不可不變通　本
殿祭器修淨軍當初自兵曹定送三十名矣次次減
削今則以祭物負持軍使用事體苟簡守直軍元數

二十名今為八名亦多踈虞之患西南墻垣最為低
下以致年前祭器偷失之患守僕服色亦有與　太
廟守僕斑駁不同者其他種種可以釐改者不少云
令禮曹堂上審量稟處何如　上曰依為之
本殿令丁錫天叅奉崔普興弊瘼報狀據禮曹(判書趙觀彬)
啓目觀此所報則　本殿祭器取色軍當初三十名
式前期定送矣乙未秋與　太廟祭器取色軍同為
權減其後　太廟則復舊而　本殿則尚未復舊守
直軍則以元定二十名分排守直猶患不足而次次
減省今止八名故守直虗踈以致祭器之見偷祭器

取色軍與守直軍依前數定給而墻垣低下處特令
加築守僕輩紅衣亦係祭享服色而 太廟守僕曾
以木紅麻布題給矣改給紅花苧布 璿源殿屬隷
亦給紅花苧布而 本殿守僕則尚給木紅麻布亦
涉不均依 太廟 璿源殿屬隷例以紅花苧布磨
鍊題給云 真殿事體至重且經 筵稟此等變通
有不可已並令該曹依此舉行何如 啓依允
戊辰三月十三日禮曹判書李周鎮入侍時所 啓
永禧殿事體比前尤重而守僕料布涼薄故俱是貧殘
之類稍厚其廩料然後可以擇人而守護矣 宗廟

守僕有春秋兩等衣資而 本殿守僕只有一年一
次衣資若以春秋兩等磨鍊加給則恐為得宜矣
上曰春秋衣資題給可也
同年九月二十一日禮曹判書李周鎮所 啓臣聞
永禧殿官之言 本殿行祀時祭物預先陳設於臺上
及其時至始入設於 殿內祭床黑夜輸運之際不
但事體未安不無欠潔之患 太廟陳設燭亦自甲
子年定式 各室一雙式磨鍊進排云依 太廟例
定式似宜矣 上曰陳設燭 各室一隻式進排
事分付可也

庚午八月 本殿叅奉金用謙報于禮曹曰 本殿
有數件事當為變通者敢此條列焉自前 祭享時
樽所酒樽之東別設空樽一坐矣丁卯年寒食
親祭時自 上俯詢後玄酒入盛於空樽事 傳教
矣考見五禮儀序例諸壇廟陳設圖則玄酒樽例設
於酒樽之西蓋是尊崇玄酒以西為上之意而今則
以空樽自初在東之故仍致玄酒於東邊擬以禮式
有所相違事當釐正而自 本殿有難任自移易
本殿守僕房在於 正殿內墻之內故守僕等諸貟役
常時出入每由 香門之挾門肅敬之地不無猥雜

之弊竊聞 宗廟則守僕房跨在於東墻之交而外
邊設門出入而 本殿守僕房東邊墻隅別設一小
門使之出入則事甚穩當戊辰年 本殿重修時自
上以東墻神門至近之地此後則禁其乘馬事 傳教
故揭設下馬木碑於東墻南北兩隅而木碑經年腐
傷殆無形體續續改備事涉苟簡今若於東墻外下
馬處設立下馬碑石使之下馬則事體嚴正亦可以
永久奉行上項三件事一體入 啓稟 旨變通焉
辛未正月初九日 親臨展謁時禮曹判書申晚
以報狀辭意陳達 上命玄酒樽移置西邊東墻

外立下馬石碑守僕房隅別設小門而設門事則因
戶曹判書金尚魯防塞寢不行云
庚午八月二十二日大臣備局堂上入 侍時戶曹
判書金尚星所 啓臣日前奉審 永禧殿祭器庫
改建處則地形狹窄他無可合之地今若毁 香大
廳北邊數間移建於南邊於其北邊空垈改建 祭
器庫則事甚便當典祀廳本來窄隘 祭器舊庫則
以典祀廳庫間用之爲好告由一節及始役日子令
該曹擧行何如 上曰依所達爲之

○盜變
顯廟朝癸丑十一月十八日禮曹 啓曰卽接 南別
殿參奉嚴纘所報則本 殿祭用銀器中銀盞八坐
臺具銀匙貼二坐盖具銀筯二隻等物藏小樻入於
大樻中封鎖置於深處而捨其外置之鍮器偷竊其
深藏之銀器此非外人之事云其日守直守僕及庫
直等令攸司囚禁治罪見失銀器令該曹急速精造
進排而入直官員亦難免常時不能檢飭之責從重
推考何如還出給政院 啓曰以禮曹 南別殿祭
用銀器見失事草記 傳曰參奉報禮曹時見失日

子初不擧論乎禮曹草記時落漏日子乎何如是矇
然耶問啓事 啓下矣取考 南別殿參奉嚴纘報
禮曹牒呈則本 殿各樣祭器冬至行 祭後參奉
親自看檢入庫今十八日入番下人等進告內 祭
器庫南邊篝墻穿破云故參奉卽爲親審則南邊墻
則只毁外面而止屋架西盖尾撤出數十張仍穿壁
土而仍廣板之所碍不得容身以入又從北壁穿破
作穴矣庫藏銀器一一點閱則其中銀盞八坐臺具
銀匙貼二坐盖具銀筯二雙等物折拔鎖金後數偷
竊之事見失日子元不書塡此必其日見偷與否不

能的知十八日始爲覺察故也但如此辭緣不得詳
細擧論本 殿參奉及該曹之不察甚矣而臣等矇
然捧入之失亦所難免不勝惶恐此草記還出給使
之改入而當該參奉及禮曹當該堂上郎廳並推考
何如 傳曰觀此牒呈則辭說無狀慢不知其何事
其常時不爲巡審 殿內外之狀據此可知極爲痛
該冬至 祭後入直參奉及守僕庫直崔立軍李属
三等並拿問處之該曹堂上郎廳並姑先從重推考
同月十九日禮曹 啓曰 南別殿見偷器皿中
銀盞八坐臺具銀匙貼二坐盖具銀筯二雙等物令

該曹急速精造進藏置處與叅奉守直之房稍遠前亦有如此之事令後則此等銀器入櫃封鎖常置於所宿之房以為防奸之地而曾於癸卯年間銀器見失其時典守人因禁刑推矣今者又有此偷竊之變極為痛駭一邊令捕盜廳可起者窺伺期於捕得何如　傳曰允

○官員 附吏卒

令一員 從五品舊叅奉　當宁朝乙巳改為令以蔭官差出辛酉以文官差出

叅奉一員 從九品舊二員一員後升為令

部將一員 掌守衛大門

守僕六

書員一 守僕中一人兼

庫直一

吹螺赤一

房直一 右兩任今合為廳直一

守直軍士九 衛將所以上番騎兵送舊二十名後累次[illegible]

顯廟朝辛亥七月十三日大臣備局堂上　引見時禮曹判書鄭知和所　啓　南別殿叅奉以守門部將使之入直於門內事請報蓋欲防備近來偷盜之患也自今使之入直何如　上曰依為之

○殿司式例

殿司通行事例節目

一奉審一節為　殿中最嚴最緊之事惟當逐日早起恪謹奉行而風雪霧雨之朝務在加意致察　殿門既闢即詣每　室榻下詳細仰瞻後周視床卓儀仗掃除必使潔淨無留一塵次及　殿外諸處而幀子中如或有頉處則走報僚員悉召諸守僕一齊聚會反覆叅驗　殿內外有鼠穴鼠破雨漏及墻垣崩頹樹木折拔去處所當登時狀聞而雨漏處則或有今日漏而明日不漏之時苟不大段且宜審徐每

室點火亦宜看檢申飭只防濕氣不必過燦點火畢後
即令覆蓋板向夕必令守僕敺逐鳥雀俾無棲宿營
損污穢丹碧之患他人勿敢私自奉審事旣有嚴禁
傳教揭在齋壁此姑不論
一 正殿有漏則 移安廳 御齋室 東宫齋
室同日一體奉審常時則十日一次奉審而守僕苔
直亦在是日出入番守僕四人同陪司貟淨掃廳内
所有雜物一〻經眼俾無踈失之弊
一 祭享時雖有獻官及典祀官董治 祀事 殿
司實為主人兼差 祭官凡百尤宜另飭前期一日

開庫出 祭器一〻看檢洗滌修整 祭物〻種如
或未盡則點退使即改備熟設時亦宜頻〻往視不
可專委於典祀官而次知守僕都熟手以下役軍及
餅母湯母等各別嚴飭俾無一毫不精不謹之弊砧
造間別定一守僕照管 祭物盛奉後餘在者一〻
收拾封置勿敢先嘗務盡誠敬
一 餕餘進上 殿司例與獻官監察典祀官合坐列
名封進而司貟家分果單字則只書庫直之名事涉
肩越盖餕餘之物所重存焉有非他飲食之比此後
則依 太廟例入番司貟親審封褁而單子着名

以送之地
一 令叅奉番次當依 陵官例一朔内各十五日分
定而或以一直滿一朢為支離則新僚初入直日從
便酌定或十日五日亦無不可而替直日必面看交
代雖有緊故毋或徑出至如聽 傳教則事急入直
司貟進去褒貶則事緩出直司貟進去定式
一 春秋修改時 祭器及他雜物每有遷延時日中
自消融之弊修改奉審日言于户曹郎官謄出 摘
元闕受出物力使次知守僕監董修改工役畢後逐
一 打點捧上 祭器則登時入庫他雜物各授次知

人處而凢 祭器等物入庫以後有闕失之弊則庫
直當其罪 祭享及修改時未入庫前有闕失之弊
則衛將所修整人等及次知守僕處擔當責出
一 禁火所用取考 太廟事例則不啻申嚴而本
殿所存者不無年久踈虞之弊後次修改時一〻執頉
逐件修整
一 栽木事在本 殿亦為緊務每歲春初四山例有
輸送之規松檜及花卉可植之類使之帶土移納入
直司貟親行監視封植必堅固行列必端整而先期
催促等事使當番守僕銘心舉行

一本　殿事體之嚴重旣班於　太廟而又無異
於時　御所門內雜人之出入理宜一切禁斷不
可專委於守門部將而　祭享時尤宜申飭獻官以
下帶率當依眾隨法奉行而每當　祭享初罷時雜
人攔入　殿庭攫取餕餘致有喧譁鬪鬨之弊事之
寒心莫此為甚將事之前另擇軍人中强幹者數輩
使之把守丹門守僕庫直熟手外他雜人痛禁其混
入如有不率者軍人則自本　殿決笞各司下人則
移刑曹痛治

一本　殿文報之事大氐不越乎　祭享修改等項

而旣無提調只報禮曹禮曹轉以入　啓事體之嚴
重如此文報不可不致詳致謹凡有頉處枚報之際
必先商議條貟詢問守僕論定後乃報而輕事入直
司貟獨署重事兩司貟并署

一　殿中親臨及大小　祭享祭器與他雜物各有
次知或臨時差出或輪差或原定而差備記一通帖
付齋壁及守僕房使知一或生頉責有所歸常〻警
惕之地

一守僕之任旣為典守　殿宇而設差除時必用
天點則雖是下人迥異於各司吏屬使喚等事依前例

一切除免而苟非重罪不可輒施汰典舊例有罰直
及上中下三等施罰之規姑存其例而至若闕直及
祭物祭器祭享時不謹之罪則斷不饒貸從輕重各
別論罪

一庫直只有一人看守庫中　祭器而且兼使令之
事兩司貟番次往來時外出番司貟不得輒招使喚
焉

一廳直一人晝夜長番太涉勞苦而庫直亦然不可
無弛張之道夜直則兩人迭使交替或三日或五日
定式

一　殿中所有書籍及可考文簿悉納于櫃中照數
列錄帖付櫃蓋封鎖之置之齋室使廳直掌其出納
如有闕失之患廳直當其罪齋室所有雜物亦列錄
付之齋壁廳直庫直同為照管

一鄉軍替直時入番守僕庫直眼同點視如有不合
者告于司貟即為退送換擇以来京軍代入者一切
防塞　正殿軍人則入番守僕次知　香廳以外軍
士則庫直次知

一　殿中守直軍本為二十名次〻減削至於九名
因　太廟庭軍之有弊一體變通復立鄉軍鄉軍

旣不識東西而齋室柴油債又無出處去丁卯年
殿司以此意報于禮曹禮曹　啓達蒙允盡復二十名
之數移關兵曹兵曹只給雇軍三名價一名則責立
旁直俾應緊切事役一名則以充齋室柴債一名則
畫給守僕以備公私經費粗成貌樣故姑從前例而
其所變通曲折俱載往復文移中此不枚擧
一坊軍專當修掃而掃雪軍則有定數其他無定數
親臨祭享時外除草及朔望焚香及　祭享前後修掃
坊軍量宜酌定毋令兒弱充數擇入丁壯申飭擧行
而
正殿及　移安廳兩　齋室修掃八番守僕看

檢　香廳以外修掃庫直看檢逐日修掃則御軍爲
之而看檢則守僕庫直分掌如右
凡內外大小官司莫不有事例上自官員下至吏
屬得以一切持循而本　殿自刱立初至今百有
餘歲未有明的可據文摘豈齋居清靜無甚職責
而然歟然官無閑劇必有其務有務則有例而此
獨闕焉初至茫昧無可攷信臨事牵率靡所適從
所以於昨年增修日自　上有令儀曹修整之
教而差兼時日宗伯遽已遆去了無告成之期可
勝嘆哉私竊惟念刱修年月　奉安次第等事必

待詳考實錄博采典故然後可以成書且非　殿
司所可代斷者而至若本　殿日用應行之事尙
可諉之他人而不自爲計乎玆用議于僚員詢于
守僕取考　太廟規例纂定節目十八條書諸
屛面常目在之盖奉職欲其嚴謹御下務從寬簡
以爲永久遵行之啚非敢自以爲能盡一日之責
竊自附於従隗始之義若其討論潤色之工尙有
望於後來之賢云爾歲己巳仲春下澣忝奉洪梓
題
守僕輪回差備式

一春秋奉審修改次知則二人式輪定
一典祀廳　祭享及硈造間春末時看檢次知各
一人式輪定
一　祭兒及香爐燭臺修整次知一人式輪定吉燭
一禁火次知一人式輪定歲祭亦一人式輪定看檢
一　祭享時各差備中典祀廳次知當次則原定
差備段置次人替當
一原定次知及輪回次知各執擧行大小雜役則
八番擔當擧行而如是釐整之後或有異論之弊

則各別論罪

雜規

一每年六月十二月吏曹禮曹褒貶時 本殿守直官員進叅

一守僕有闕則 殿司報于禮曹禮曹轉移刑曹以有根着文筆之人備三望入 啓受 點其人或不合則自 本殿退送使之更定

一守僕每二人式入番六日而遞每日平明入番守僕以 殿内有無事進告于入直 殿司交替退食之外晝夜直宿

一入直部將管軍士二名守外大門嚴禁雜人而輪回交替晝夜守直

一軍士九名分直各處 正殿二名 香大廳一名 典祀廳一名 御齋室 東宮齋室各一名 殿司直所一名外大門二名

一朔望及大小 祭享時自當部修掃次坊軍三十五名式定送而 祭享則前期三日朔望則前期一日定送每五日除草次坊軍五名式定送

一外大門内喪人女人僧尼及馬畜毋得許入

一大小祭享時自當部定送餅母麪母泡母各若干名使造祭用餅麪豆泡

○殿司什物

祭冠一頂

祭服一件 白布袱褁

紫的鹿皮鑰匙囊一部 内黑長樻鑰匙六入盛

馬皮鑰匙囊一部 内 正殿 移安廳 御齋室等處及 祭器庫鑰匙合九入盛

先生案新舊二件 黑柒樻子入盛

謄録冊入盛大樻一坐

大廳地衣一浮

登每一件

方席二立　鑰匙櫃一（庚午造）
按息一件　平床一（二片實 午造）
鍮茶兕一
鍮錚盤一
鍮烔爐一（年久破傷故癸亥十月以烏銕烔爐換備）
鍮燈檠一
鍮唾壺一
鍮要缸一
式例屛風一（年久破裂乙酉十二月以畫屛改備）
書案二（一庚午造）

歲庚午夏不佞忝叨　本殿殿郎之任問典故可攷者則只有儀曹所來謄錄二冊而粗疎繁冗不成紀志體據心竊病焉遂不揆僭易就其謄錄撮出緊要者兼采五禮儀續五禮儀等書又詢諸般事例於殿僕輩分類纂輯釐爲二冊名之曰　永禧殿志俾後之官　本殿者得有以考按遵依焉

上之三十七年辛未季春日參奉安東金用謙謹識

書寫　本殿廳直宋大源

남전속지

南殿續志

南殿續志

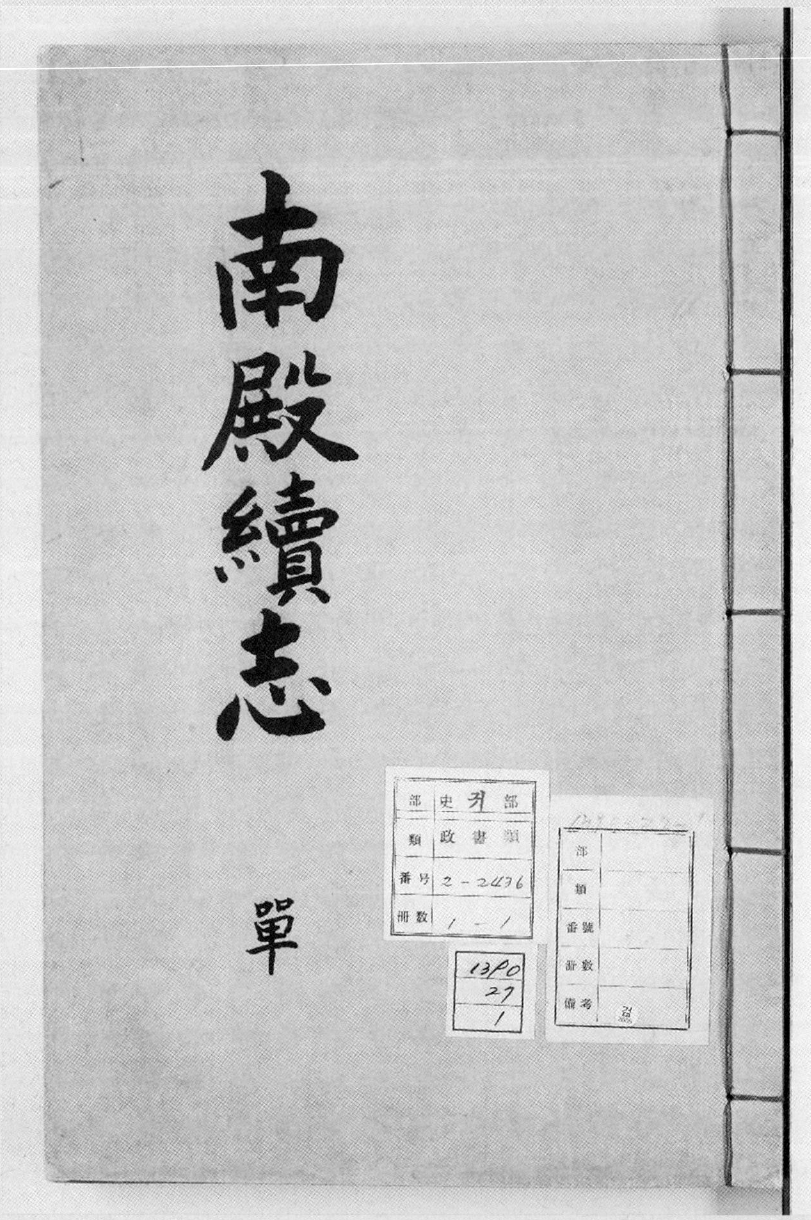
南殿續志
單
部 史部
類 政書類
番号 2-2436
冊数 1-1
13PO
27
1
部
類
番號
冊數
備考

南殿續志目錄

躋享

增建

影幀位次 表識

重修

各樣修補 簾帳 鋪陳 樑上塗灰 改瓦 墻堦 下馬碑 主脉禁鑿

祭享總目

親享

酌獻禮

祭享饌品 稟定條

祭享進排 稟定條

祝文

祭享儀註 追補

祭享雜儀 準祝 傳香 望瘞 進上

雜儀 移還安 春秋奉審 受香

儀物祭器

御製

御諭

變通

一總目第次謹遵前誌而間或有因時損益者倣凡例採條列于左

一創建顛末之為躋享增建原續之異也

一殿宇間架為之圖與饌品陳設圖并載篇首

一殿號既有一定之稱自無更書之事故不為立目

一影幀改摸 影幀修補等節無近年謄錄故不敢立目

一重建之為重修以役之大小殊其目也

一各樣修補可記者頗繁故區別分類大目中有

細目亦遵前誌雜儀之例也

一祭享進排　兩位條加磨鍊而各物種所加數爻可以前誌推知故只錄其稟定者載于饌品稟定條下

一雜儀細目無可誌者闕之

一官員　殿司式例　殿司什物間有沿革增減而事非忒重故只於前誌略略懸註

殿宇間架圖

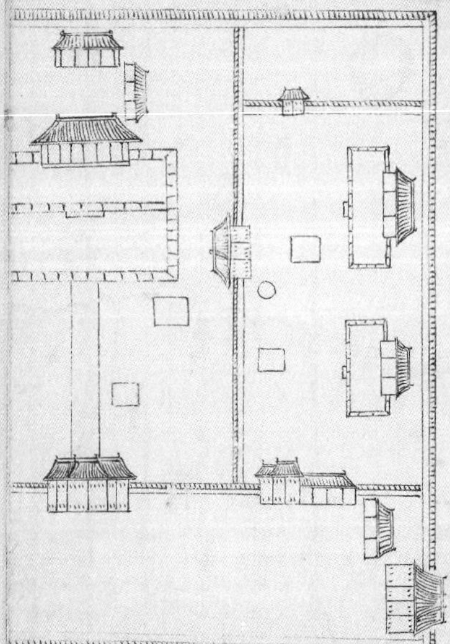

正殿三十二間

移安廳十間

戊午增建時　正殿添四間　移安廳添二間爲此數餘如原誌所載

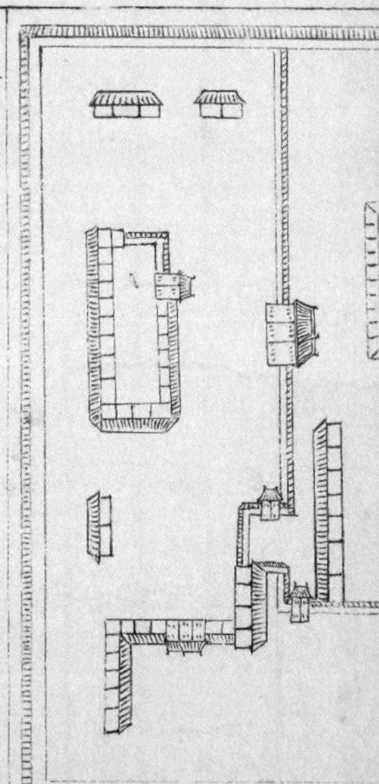

饌品陳設圖

乾柿大棗黃栗則夏秋兩節代以生果二種或三種而器用鍮楪匙

躋享

正宗丙申四月十二日承旨入侍禮曹判書鄭尚淳同為入侍時 傳曰聞禮判所奏 永禧殿所奉影幀當奉於何間為稟 肅宗影幀奉安之禮令當遵用而此則亦有不同者遣禮官問議于時原任大臣後稟處禮曹 啓曰問議事 命下矣領議政金陽澤左議政金尚喆右議政鄭存謙以為御真移奉自是邦家之盛舉必以鼓吹備儀吉蠲為饎庸作賁飾之典顧今遏密之時似不宜輕議徐待喪制之畢乃舉移安之禮恐合事宜伏惟上裁云判府事李溵以為 真殿移奉之舉與太廟吉祔之禮似無異同姑待喪制之畢倣祔廟例舉行恐為允當伏惟 上裁云 上曰知道 戊戌三月十九日祔 廟都監郎廳以都提調意啓曰 永禧殿祭器新備者令方別單書入而祔廟後孝明殿祭器中多有不合用於 宗廟而合用於 永禧殿者以此移用恐合便宜而自下不敢擅便何以為之敢稟 傳曰依此為之 閏六月初七日 傳曰 永禧殿第五室奉安節次有下詢事大臣禮堂兵判入侍 傳曰明日禮堂入侍時 第二室第四室奉安節目奉考以入 初八日領議政金尚喆左議政徐命善右議政鄭弘淳禮曹判書李景祜參判徐浩修參議李秉模兵曹判書李徽之入侍時 上曰今日召卿等欲議永禧殿影幀奉安事而多有商量取考乙卯戊辰兩年謄錄則設都監舉行今番亦設都監否當日告由祭與 第一室并行事有難處當位單行既有前例且 璿源殿祭當自內設行而告 動駕祭當自外設行矣此事多有掣碍處何以則為便耶景祜曰 影幀移奉 永禧殿時當有告 動

駕祭而即令奉安處所事有不便何以為之乎
上曰以養志堂為之酌獻禮磨鍊可也　上曰
肅廟朝時祭咒新造為之今番　當室祭咒亦新
造可也而　當室既有新造祭咒告　動駕祭時
引用無妨矣僉曰　聖教允合矣　上曰奉安時
都監當設禮曹舉行以向来都監舉行而別無賞
典之事矣景祜曰戊辰年移奉時依續五禮儀五
享儀具三獻為之令亦依此磨鍊乎且移奉時都
監堂上例為陪從而前月　璿源殿移奉時有春
都監堂上陪從之例矣今亦依此為之乎　上曰

依為之　十一日禮曹　啓曰臣景祜與戶曹判
書具允鈺進詣　永禧殿奉審則　殿內床卓鋪
陳別無修改處而窓戶塗紙年久楹內外退地衣
多有色渝處閤門朱簾縇及絡纓東都里薘亦為
破傷當即修改修改則今閏六月二十一日先告
事由祭當為兼行祝文中措辭添入同日卯時始
役而所用雜物令各該司進排亦令繕工監別定
監役官趁即修改事分付何如　上曰依為之
七月初二日　永禧殿排設　初九日養志堂排
設　十一日辰時　影幀移奉

英宗戊辰　肅宗影幀移奉時添建二間一作空
室故至是無都監之役而只有　影幀移奉之節

增建
當宁戊午六月二十五日知中樞府事尹定鉉上疏
曰臣竊伏惟念　列聖朝睟容既皆奉安於闕內
而又有　影殿之在外如原廟之制誠以百官萬
姓瞻仰寓慕之有所也故　肅宗　英宗御真追
配　南殿　正宗御真建華寧殿以虔奉崇報之
節精微之義如是而後始可無憾也洪惟我　純
祖大王以聖繼聖重光累洽準海隆深之孝追慕
靡逮於終身事天對越之誠小心冈閒於幽獨惻
怛好生不忍一物之有傷恭儉節用不知千乘之

為富在宥二十四年盛德軼於前代豐功被於永
世遵守乎 太祖所貽之謨訓發揮乎 正廟所
秉之義理陰陽淑慝之早辨為政而正其不正雨
露霜雪之并行討罪則刑期無刑闢洋教而痛絕
根株邪說不作平土冠而同治齊從大化丕新天
德王道之躬行於上民彝物則之自協於中夙夜
基命宥密用鞏我丕丕基式至于今日休我 聖
上纘承洪緒孝思無極冊寶屢薦於追上 廟號
加隆於祖功其於尊顯闡揚之道至矣盡矣而
真容安奉惟在於 九重深嚴未有別殿為臣民

瞻慕之地豈非缺典之猶有未舉者乎臣愚淺見
不必新占基址創始營搆以體昔日謙冲之 聖
意只就 永禧殿增拓一間躋配 五室之次神
理允協情文兩盡庶可慰八方羣黎親賢樂利沒
世不忘之思此非獨臣之私言即舉國所同聲願
之而無異辭者也伏乞 聖明詢于在廷亟舉縟
儀以光 聖孝以副輿情焉 答曰省疏具悉
影殿即原廟之制也有其志而未及舉矣今見卿
疏倍切愴廓所請敬奉 同日 傳曰重臣疏總
已賜批而事體重大設都監舉行都監稱號以

南殿增建為之政官牌招都監堂郎差出 同日
傳曰增建都監郎廳以都提調領議政為之 二十八日
增建都監都提調意 啓曰 南殿增建
基址及移安處奉審次臣等當日進詣 永禧殿
之意敢啓 傳曰知道 同日又 啓曰臣等進
詣 永禧殿增建基址及移安處奉審則正殿南
邊地形狹窄巖石盤踞難以擬議北邊基址稍濶
增建之節以北為定移安廳多有修補處而間架
只為三間故日後若值 六室移安之時實有狹
小之慮一間亦為加建於北邊移安處所依戊辰

年例奉安於齋室何如 傳曰允 七月十五日
傳曰 純祖大王御真庚寅大本奉安於 南殿
十七日增建都監郎廳以都提調意 啓曰 純
祖大王御真庚寅大本奉安于 南殿事 命下
矣臣等今日進詣 景慕宮望廟樓奉審之意敢
啓 傳曰知道 七月初三日始役 八月二十
二日卯時 各室移安 午時 正殿開基 二
十六日辰時定礎 二十八日卯時立柱申時上
樑 九月二十六日辰時 純祖大王御真自
景慕宮望廟樓權安齋殿 二十七日辰時 純

祖大王御真移奉于 永禧殿神門外權安幄次
同日午時 各室還安 同日同時 六室入奉
增建都監堂郎座目都提調領議政金左根提調
行户曹判書金炳國禮曹判書洪說謨工曹判書
金泳根都廳副司果李應寅徐臣輔郎廳户曹正
郎金相喜禮曹佐郎崔擎祖工曹正郎朴履韶副
司果金奭鉉金箕錫朴獻陽監造官副司勇俞致
中趙濈百任吉模金民均趙垣宋基鉉別工作繕
工監假監役朴齊鴻 殿司令徐相學參奉洪淳
性 增建上樑文伏以 先王殆見群臣悅令儀

之睟盎 神孫丕承 聖祖拓宸宇之秘嚴雖舊
維新孔曼且碩窮稽 南别殿懿制寔奉 五聖
人御真 德容膺肇命之符創業垂統為可繼
英采颯受禪之烈聰明睿知足有臨在 長陵而
崇奉 章陵追報之孝思不匱猗 英考之篤承
肅考嗣受之靈緒有光七分覲髣髴之儀萬代留
瞻慕之所無待朱絃之倡歎殆若清廟之見文王
自有素繪之傳神奚但鄉黨之畫夫子恭惟 純
祖大王與天地合其德為人君止於仁承先烈而
纘丕基體祖宗啓佑之正闢洋教而布聖武致邦

國綏靖之休大威原潤黙之治漢太宗守文之世
久道迓靈長之祿殷祖甲享國之年弓釰之至慟
永纏羹墻之 聖慕恒切議樂已隆於世獻彝章
屢加揄徽載舉於祖功鴻號彌闡風樹不定愴志
養之無期雲梧莫追攀容光於何地 顯冊繞〻薦
於揚厲 睟幀爰議於揭虔玳捡瑤鐫有餘禮而
有餘敬珠衡玉斗如事生而如事存 大聖之典
型永留非無誠軒望廟之妥奉 列祖之謨烈克
紹宜仿 真殿神御之追躋是吾先君亦行之此
以没世不忘也第緣棟榮之稍窄乃有架蓬之新

添遵 太室增建之覸邦禮可攷體平日尚儉之
意民力不煩迺慰迺止迺理迺宣棟隆之吉是尋
是尺是斷是度寢成孔安集僝功而告竣簡吉辰
而祇配倣漢家之原廟衣冠月遊邁宋帝之孝嚴
籩豆時饗愾然聞僾然如見 六聖天臨望之儼
即之也温四海春觧于以肯堂而肯搆可見有德
而有功於乎三紀間休治丹青莫狀允矣一幅上
神采金玉其相禮節迴出尋常盡尊尊親親之義
威顔不違咫尺拚肅肅雝雝之容助舉修樑恭颯
善頌抛樑東萬户鷄鳴瑞日紅天上龍飛傳樂府

煌煌大業垂無窮抛樑西金天正氣肅端倪 光
陵松栢交蒼翠神駕雲鄉路不迷抛樑南繫馬樹
枝生意含視履考祥昌厥後仁民至德與天參抛
樑北衆星環拱辰居極崇儒衛道日星明訓戒丁
寧留 寶墨抛樑上無黨無偏王道蕩毆一世民
壽域躋潛心對越承天貺抛樑下 聖生庚戌綏
宗社盈庭垂涕萬臣民盡是當年親見者伏願上
樑之後諸福潛周百靈拱衛風雨攸除鳥鼠攸去
玉殿如南山不騫天日之表龍鳳之姿 寶軸與
北斗高揭大提學金炳學製

影幀位次 表識
正殿第一室
太祖大王御容
第二室
世祖大王御容
第三室
元宗大王御容
第四室
肅宗大王御容
第五室
至行純德英謨毅烈王御容 崇禎紀元後百十七載 卽祚二十年甲子陽月 圖寫 旹春秋五十一歲
第六室
淵德顯道景仁純禧王春秋四十一歲御真 卽祚三十年庚寅季春 圖寫

重修
英宗壬辰六月十五日本 殿令洪配漢參奉鄭東
閔報狀內本 殿殿內第三室廳堗相接處自六
七年來小有高低不平之意中防北邊因此傾側
乙仍于丙丁兩年及昨今年以此事連為報牒則
事體重大前頭修改時更審以處亦為題是如乎
今則歲月漸久不知不覺之中比前有加且 各
室廳堗間中防又皆有低陷之意雖不至大段是
乎乃地衣上所見顯有其痕是乎等以詳細奉審
是乎則 第三第四兩室間柱木低陷柱下所屬

耳機板頭自致鈌傷當初高低傾側之患皆由於此而中防之連屬者其勢自相牽挽而漸至如此是乎所所見雖非時急事體至重不敢泯默去月又為論報本曹則本曹堂上欲為 達禀矣意外遆易玆更牒報以此意審量 達禀事 同日藥房入 診時都承旨李潭以禮曹判書李昌壽有禀達事来待之意陳達 上即命入侍 下問曰所欲陳達者何事昌壽曰 永禧殿第三室殿柱有頃本殿殿官牒報持来入侍矣 上曰卿讀奏可也奏畢 上曰卿出去與左相即往奉審後来

奏可也 同日左議政申晩禮曹判書李昌壽奉審後入侍時 傳曰令聞大臣禮堂奉審所奏不即修葺何敢便處玆事莫重遣大臣明日受 香再明朝權 安後仍為看撿十八日始役畢役後奉安仍為奉安祭事分付 十六日 傳曰凡諸我國事姑息彌縫為今痼弊若備局回啓更觀前頭處之者多而至於莫重處豈用此例昨夜乃覺戊辰加造處有頃者報狀四度既有烟氣云莫重殿中既有烟氣随烟氣者何物令聞予心竦然若此而迄于六年於今年有此舉其在國體决不可

泛過只題辭而不奏該堂并施不叙之典 同日傳曰令番事而稍重設廳而名曰重修營建廳堂即各一員直宿 十八日 傳曰禮房承旨奉審後着始役形止與都監堂上同為入侍入侍時右議政李潝所 啓殿柱低陷處臣等與别看役木手等反復相議則以為殿柱舊木堅好令雖改備決難得如此之木而但舊柱下端入於廳下處温濕相薄少致傷損致此低陷而實非由於基址等杵之不堅云修改之道有兩議其一以為舊柱下端削去傷損處以石材接連使石材入於廳下柱

木出於廳上則永無腐傷之患其一以為不必石材但以堅完之木更為接連則可以持久臣等不敢擅便敢此仰禀矣 上曰以新石接連舊柱安於礎上者最穩當以此為定可矣但 當室柱礎獨為如是者參差不精事體未安 殿内諸柱一并如是改之宜矣李潝曰 殿内諸柱合為四柱皆如是改之乎 上曰然矣又 教曰私儲石取用未安新石浮出以用可也 二十二日 傳曰噫於莫重何敢吾衷歎而令番營建廳其衷可判豈特衷乎雖詣於石於木其何了了故身雖在此

心在營建廳 奉安日子以廿八日定為其日先
詣奉審奉安後留庭中小次仍為酌獻 世孫百
官依例隨駕 二十四日備忘記令予身雖在此
心在營建廳此時忽然憶昔予懷萬倍何則明年
予年二十歲逢國中罕有邦慶時年也興懷及此
冥然到此令將重逢此豈孝也亦豈孝也憶昔興
懷心何抑心何抑二十歲事八十歲其將重逢是
豈予道亦豈予道將予此意諭乎內局其休其休
使予心便予心 二十五日 傳曰令予身雖在
乎此心已懸於營建廳大抵齋三日一則宿於齋

室例也况昨日以後微忱萬倍再明日先為望殿
奉審權安廳後詳審重修處仍宿齋室三明日親
自 奉安而迴禮房知悉 二十八日 傳曰令
已禮成前禮判左相其餘禮堂皆安徐 六月十
七日寅時 影幀移安齋殿 十八日辰時始役
二十日柱底排石 二十八日寅時 影幀還
安 重修廳堂郎座目都提調右議政李溵堂上
禮曹判書李昌壽戶曹判書李思觀工曹判書徐
命膺郎廳戶曹正郎金思穆禮曹正郎高益謩工
曹佐郎韓文洪監造官本 殿參奉鄭東閔浮石

所監造官翊衛司侍直金憲行司圃署直長鄭文
啓別工作繕工監奉事申暎殿司令洪配漢

各樣修補

簾帳鋪陳

英宗辛巳三月十六日 傳曰頃見孝章廟簾縇渝
裂故欲為下教而未果與懿廟一體擇日修葺而
絡纓與縇俱以生綃為之故易裂色亦不光自此
則絡纓綠細縇則青綿布為之此後 廟殿宮與
陵園修葺時亦依此舉行
癸巳九月十七日 傳曰 南殿此後內室雖褥
席紗帳有頃處勿為權安依昨日例修補內室若
此 殿內尤無可論內室若有塗褙修補事與龍

床下地排修補事則不可不權安而雖龍床下席其若縇只修補其縇事該曹與　殿官知悉令闡殿內地排皆用廣頭釘云此後修補時其勿設事亦為分付

正宗癸丑八月十三日戶曹判書沈頤之入侍時永禧殿薍簾隨毁修補事　榻前定奪

純祖戊辰二月三十日大臣備堂入侍時戶曹判書徐榮輔所　啓　永禧殿鋪陳簾帳自前無修補之式雖一二張若有所傷則必全改矣　先朝癸丑因戶曹判書沈頤之所奏薍簾則隨毁修補至令遵用矣臣意則薍簾既如此楹外鋪陳勿為全改隨其有頉而隨即修補恐好故敢此仰達矣　上曰　殿內鋪陳并依　太廟例修補乎大臣之意何如左議政李時秀曰　殿內則依前遵行殿外則無論楹內外隨毁修補恐宜矣右議政金載瓚曰臣意與左相無異楹內外則一體修補恐好矣　上曰大臣所奏如此　殿內鋪陳依前舉行　殿外依此為之

椺上塗灰

英宗乙酉五月十一日　傳曰凡椺上塗灰令不如古古則塗灰於瓦下故以闕中見之令幾十年色渝尚堅緻今則一處修補遍為加灰以水和灰非但所見之不精朝塗夕落故曾已　下教其雖色渝精堅則何傷而雖以一新水灰散瓦所見寒心此後則落處修補雖一時色異經月則同莫重太室帳席不嫌二色瓦瓦修補此儉德之遺傳者此後只令補落大抵此事不無無中生有之弊以告由舉行豈不屑瀆申飭京外以示軆儉德之意

正宗乙巳七月二十日戶曹判書趙埈所　啓凡於椺上塗灰時每以水灰為之故灰不堅凝自多頹傷之弊揄白皮浸取汁和拌匀則堅凝如石我國城堞亦或用之云臣取來試之則其堅果如所聞令此　永禧殿椺上塗灰修改之後依此法和灰用之則似好故敢此仰達矣　上曰依為之

改瓦

正宗乙巳五月二十八日禮曹草記　批答　傳曰知道設梯改瓦既有　真殿已例則本　殿騰錄有無不須說也　第三室若有移奉之舉則　各室亦當移奉即此一款事面重大決不可遽議移奉修改待晴擇日舉行而檐外設梯改瓦事分付

雖非移奉宣不躬詣奉審修改日展拜待竣役還
宮以此知悉宜有告事由之節當日曉頭遣官設
行

墻堦

純宗庚午七月三十日賓對入侍時禮曹判書朴崙
壽所 啓每當鮮凍霖潦之時 廟殿宮内墻或
月臺堦砌有頃則 慰安祭不卜日設行而行祭
後三四日内又或有頃連續擧行事近瀆褻至為
未安此不可不一番稟定之事矣此後 宗廟永
寧殿景慕宮墻堦間有頃則本署本宮提擧躬詣
奉審頃處後 慰安祭設行當否消詳報來自臣
曹以為擧行之地而 永禧殿墻堦間有頃則臣
曹堂上進去奉審後稟旨擧行恐合便宜而事體
重大 下詢大臣處之何如 上曰大臣之意何
如左議政金載瓚曰 廟宮則提調奉審 永禧
殿則禮堂奉審執頃輕重行祭當否随所見詳審
後報禮曹擧行果合慎重之道矣右議政金思穆
曰禮判所奏允合慎重之道依此擧行似為得宜
矣 上曰依為之

下馬碑

英宗辛未三月因 傳教立碑于東墻外
癸酉八月 日 傳曰 太廟令得舊下馬碑
真殿紅箭門即闕門紅馬木一體則紅箭門外下
馬事奉承 傳 十月 日立碑
主山来脉不許鑿斷鑽傷犯者禁斷治罪事

親享

英宗乙酉正月三十日 傳曰暮年一心其惟追慕
且本 殿親祭頃年令節初行噫穆穆 真殿若
侍陟降今年 永禧殿寒食祭當為親行少伸微
忱而 王世孫尚未瞻仰故聞此其欲随禮良知
之誠其宜從焉况日候和暢與 大祭有間亦宜
令知祭儀亞獻依禮文擧行
正宗辛丑十一月二十八日 傳曰 廟宮五享令
年皆未躬祼情禮缺然以此之故 社稷春秋享
南殿時享亦未親行矣臘享時詣 太廟展拜省

牲省器仍詣　社稷省牲次詣　永禧殿親行臘
享祭該房知悉
英宗甲戌端午　親行
庚辰二月二十日寒食　親行
乙酉閏二月十六日寒食　親行
王世孫亞獻
正宗辛丑十二月初二日臘享　親行
壬寅十一月十一日冬至　親行
癸卯十一月二十九日冬至　親行
丙辰十一月二十二日冬至　親行

辛亥十一月二十七日冬至　親行

酌獻禮

純祖壬申八月　傳曰是年是月卽我　聖祖開剏
正位之八回甲也遣大臣攝行酌獻禮于　永禧
殿
乙亥六月初十日藥房入　診時領議政金載瓚
所啓太歲乙亥卽我　太祖大王誕降之寶甲
也謹稽寶鑑以是年十一月十一日　誕降于永
興黑石里私邸卽位之三年定都于漢陽越明年
乙亥　聖壽光躋回甲而　宗廟及宮室成享
先王先后于新　廟宴羣臣于新宮今已星霜八

周舊甲重届 聖上追遠之感臣民於乎之思尤
有所不自已者粤在 英宗乙亥以義起之禮
親行酌獻禮于 永禧殿矣以今年月若日謹遵
英廟已行之禮行酌獻禮于 永禧殿允叶情文
庶慰群忱故敢此仰達而 躬行與攝行令儀曹
臨時稟 旨何如 上曰依爲之
英宗壬申七月二十六日 親行
癸酉二月初二日 親行
乙亥二月初十日 親行
己卯六月初十日 親行

壬午二月初九日 親行
甲申二月二十日 親行
庚寅八月初九日 親行
壬辰六月二十八日重修畢役 影幀還安後
親行
癸巳九月十七日 親行
丙申二月初十日 王世孫攝行
正宗戊戌七月十一日 第五室影幀躋配後 親
行
己亥二月二十一日 親行

庚子五月二十五日 親行
癸卯七月十七日修改畢役後 親行
乙巳二月初四日 親行
戊申二月初二日 親行
辛亥二月十三日 親行
甲寅二月初三日 親行
丁巳二月十一日 親行
庚申二月十三日 親行
純祖癸亥閏二月初二日 親行
丁卯八月初三日 親行

庚午二月初十日 親行
壬申七月初十日攝行
癸酉四月十二日 親行
乙亥十一月十一日攝行
丙子四月初四日 親行
己卯四月二十九日 親行
乙酉三月初七日 親行
戊子二月初九日 親行
辛卯二月二十六日 親行
甲午八月二十八日 親行

憲宗戊戌四月初三日 親行
辛丑二月初十日 親行
當宁辛亥九月十一日 親行
甲寅二月十三日 親行
丁巳二月二十一日 親行
戊午九月二十七日增建畢役 第六室影幀躋
配時 親詣祗迎于 殿門內仍爲展拜 命大
臣攝行酌獻禮

祭享饌品稟定條

英宗癸未七月二十一日領議政洪鳳漢所 啓事
係 祀典有不敢輕易議到而 先朝名臣之所
陳達者臣亦何可不陳於 聖聰乎丁酉年間故
判書臣閔鎭厚入侍時所達雖未盡記大略則以
各樣油果皆有尺數而 永昭敬寧兩殿造果反
高於 永禧殿事體未安云云則 先朝以造果
尺數一依式例更加申飭可也爲 教謹以其時
事推之 永禧殿造果不過於亐里可知而近來
則亐里外高排至於六七寸殊非丁酉稟定之意
也區區愚見惟願自 上深加留意矣 上曰此
事予嘗慨然此則欲法堯舜當法祖宗者况昔年
下教乎近者特甚若此不已亐里之高將加依丁
酉年 下教擧行而亐里之上過一尺事分付亐
里尺數一遵典禮可也
二十三日崇賢門 殿座入侍時 上曰凡 祭
享羹湯所盛何如耶領議政洪鳳漢曰或高於兕
矣 上曰雖以粡言之爲取其高醬水反少事甚
未安此後諸色湯無過於兕限可也
正宗乙巳三月初八日貢市堂上徐有隣所 啓適
因言端敢此仰達矣 祭享所用黃栗無論全栗
綻栗惟取色品完好自是前例而頃因一提調之
過於申飭純用全栗貢人進排每患難繼若使全
栗必合用於 祭享貢人進排之難固不足恤而
第伏念栗之爲性乾則必綻以其純用全栗之故
外有不乾之弊內有不審之歎此後則依前以全
栗綻栗另加審擇一體進排恐合事宜以此分付
太常何如 上曰依爲之
同年五月二十二日右承旨趙興鎭所 啓各
祭享所用茶食製樣每有參差不齊之患故昨承

下教問于本寺則元無見樣之板輒當享時取用
熟手私件云非但製樣不均亦不無欠敬之歎此
後則分付本寺多數造板典祀官責往監造以為
準式取潔之地似好故敢此仰達矣 上曰依為
之如是定式而茶食製樣此後有不齊之事當該
典祀官獻官草記論罪事使禮曺知委於 殿宮
陵墓官處可也

祭享進排 稟定條

英宗癸未七月二十一日領議政洪鳳漢所 啓各
處 祭享時果隅紙所進排者乃厚白紙而其品
與行用壯紙無甚異同當初以草注紙見樣故進
排之際每致生事此後則楮注紙換作進排事定
式何如 上曰依為之
正宗乙巳三月二十六日奉常提調鄭好仁所 啓
享所升斗有大小不齊之患故莫重 祭物封進
之際亦有多寡不均之弊分付該曺一并收來依
戶曹升斗校正何如 上曰依為之

祝文

第五室

維年號幾年歲次某甲某月某朔某日某甲
孝曾孫嗣王臣諱
謹遣臣某官某
敢昭告于
皇高祖考英宗至行純德英謨毅烈章義弘倫光仁
敦禧體天建極聖功神化大成廣運開泰基永
堯明舜哲乾健坤寧配命垂統景曆洪休巍文
宣武熙敬顯孝大王伏以節序易流當茲令辰

罙增感慕聊薦明禋謹以清酌庶羞式陳明薦
尚
饗
第六室
維年號幾年歲次某甲某月某朔某日某甲
孝子嗣王臣諱
謹遣臣某官某
敢昭告于
皇考純祖淵德顯道景仁純禧體聖凝命欽光錫慶
繼天配極隆元敦休懿行昭倫凞化峻烈大中
至正洪勳哲謨文安武靖英敬成孝大王伏以
節序易流當玆令辰罙增感慕聊薦明禋謹以
清酌庶羞式陳明薦尚
饗

祭享儀註 追補
英宗戊辰八月初十日 明陵親祭時 上曰有節
而無正節之節自今爲始初獻奠酌後大祝正節
于匙楪而西柄擧行事分付可也
甲戌端午本 殿親祭時從五禮儀兩樽皆盛香
醴事 下教
戊寅端午 祭時都承旨李彛章奉承傳来詣
御齋室前井修井後封裹待子時汲水取用 祭
物事依式擧行
正宗戊戌十月 日 教曰凡享于廟祭于社先期

戒且誓之示衆以易行之道盖不如是反致違令
也就誓文中不飮酒句從禮文釐正以不縱酒

祭享雜儀

準祝

正宗壬子十月十五日入侍時右副承旨洪義榮所
啓令因言端敢此仰達矣莫重祝文只於傳 香
時獻官與香官一次校準事欠敬謹此後則塡
祝時獻官與大祝及 廟司同爲校準而若有不
審之失則準祝諸臣并論勘 廟殿宮陵園墓所
一體定式施行仍以此意書揭香大廳以爲永久
遵行之地何如 上曰依爲之

傳香

英宗甲戌六月十四日 親傳香時 永禧殿香入
上曰香封似有親押矣承旨李得宗曰從前以代
押行之矣 上曰親傳豈可代押無押旣恠無臣
字尤恠矣 太廟亦無臣字乎得宗曰無之 上
曰封頭持来因親押

望瘞

英宗戊寅正月初七日 傳曰 廟社殿望燎春秋
奉審時爲之事載於補編
同年二月初一日 傳曰凡酌獻禮則望燎大祝
與 廟司殿司陵司爲之事定式載於補編

己卯十月十五日 傳曰望燎望瘞此後則獻官
舉行

進上

英宗甲戌閏四月 日禮曹判書洪象漢入侍時
傳曰 永禧殿知味果每以木器內入心常欠敬
令聞 太廟以木函內入云此後知味果內入器
數造鍮器內入時盛於此內入事定式

雜儀

移還安

正宗乙巳十月初四日戶曹判書趙塽所 啓 永禧殿兩漏處修改時移還安當行與否須有所下詢而事體至重臣不敢指一仰對矣 殿內及楹外不無輕重之別當行而不行不當行而行俱甚未安似當有一番定式 下詢大臣處之何如上曰出擧條遣禮官問議于時原任大臣及在外知禮之臣可也 初八日禮曹問議覆 啓後傳曰擔頭修改自可設梯楹內外則皆須升屋然後可以整葺今番收議之命蓋出於難愼之意觀此大臣儒臣之獻議大體別無參差依前規例升屋修改則移安一節磨鍊可也

純祖戊辰八月初六日賓對入侍時禮曹判書金履度所 啓今番 永禧殿修改竊有區區愚見敢此仰達矣移 安廳爲三間故 五室移奉地形苟艱自 第二室第三室第四室主壁向南奉安於正間 第一室西壁下向東 第五室東壁下向西最尊位之不爲移奉正間恐涉欠悚而似非當初講定之制不過一時倉卒之謬仍舊至今莫重位次雖是暫時權安所當十分審愼 下詢大臣議定穩當之道載之本 殿謄錄以爲日後遵行之地恐合事宜矣 上曰依 璿源殿例以昭穆爲次 第一室當中奉安 第二室東邊 第三室西邊 第四第五室東西殿奉安似好矣

春秋奉審

正宗乙巳十月初七日 親押入侍時禮曹判書金履素所 啓 永禧殿影幀奉安室內後面屛壁相貼無路奉審向以稍前奉安俾盡遍審之意有所仰稟今當移還安之時以此擧行恐合事宜而

不敢擅便更此仰達矣 上曰依為之
戊申八月十六日慶熙宮 動駕入侍時户曹判
書徐有隣所 啓 永禧殿修改每於 宗廟景
慕宮修改日同為舉行故本曹則只有郎廳進參
捴以事體終涉苟艱此後令禮曹別為擇日修改
本曹堂上進去舉行事定式何如 上曰此後判
堂進去奉審修改判堂亦為進去可也

受 香

英宗甲戌每月朔望出直 殿官受 香事定式
正宗戊申五月十三日禮房承旨徐鼎修所 啓
永禧殿令金正淳今日政除拜而今日肅拜明日
受 香事甚便好是乎矣以 國忌齋戒姑未謝
恩明日受 香何以為之敢稟 傳曰先受 香
後謝恩可也

儀物祭器

第五室

殿内床卓舖陳儀仗
温堗別紋伍張付地衣壹浮 縇青木
龍床壹坐
床上黃花単席壹件 縇紫的 土紬
紫的方細褥壹件
褥上彩花単席壹件 縇紫的 土紬
五峯山屛風壹坐 四貼
奉安紅絨緣迄貳艮衣 長貳拾尺

捲軸紅絨絲迲貳艮衣 長貳拾尺
白表紬拭巾壹件 長參尺伍寸
紅綃面帳壹件 紅絨絲迲具
內朱簾壹浮 青鄉絲迲貳艮衣具
青蓋壹 朱柒機具
鳳扇壹 朱柒機具
紅蓋壹 朱柒機具
雀扇壹 朱柒機具
朱柒祭床四坐
座面陸油芚壹番

紅綃床巾壹件
朱柒燭床貳坐
朱柒祝床壹坐
鍮大燭臺壹雙
鍮祝板壹
龍香爐壹 蓋具
鍮香盒壹 蓋具
雉尾箒壹柄

閤門外所排

鎖鑰壹部

外朱簾壹浮 青鄉絲迲貳艮衣具
踏掌別紋席壹坐
樽所朱柒床壹坐
座面油紙壹張
樽所小燭臺壹隻
勺篚壹 蓋具
黑柒床貳坐 中排設所用

祭器

銀匙貼壹 蓋具
銀盞參 蓋具臺具

銀茶鍾壹 蓋具臺具
銀筯壹面
中桂亐里肆坐 臺具
散子亐里伍坐 臺具
茶食亐里伍坐 臺具
宗果鍾子陸坐 臺具
鍮貼匙陸坐
鍮大貼匙參坐
鍮周鉢壹坐 蓋具
鍮湯器貳坐 蓋具

龍樽貳坐 樽所所排
龍勺貳
鍮大也壹坐
鍮所羅壹坐
鍮東海參坐
鍮沙用參坐
鍮煑壹介
釜子壹坐
鼎壹坐
火鼎壹坐

紙盖兒參件
移安時所用樻袱秩
黑長樻壹部 上下豆錫鎖鑰貳部具上中下結 裏紅鄉綵縇參艮衣具
樻內所用
紅鼎細褥貳件
紅雲紋大段貳幅甲袱壹件 內貢花紋英綃付 藍帶子鍍金簪懸
雪綿子
芙蓉香入盛方綵細長絳囊壹件
衣香入盛方綵細廣絳囊壹件
樻外裹所用

紅細參幅甲袱壹件
紅細木肆幅甲袱壹件
紅綃陸幅單袱壹件
第六室
殿內床卓鋪陳儀仗
温堗別紋伍張付地衣壹浮 縇青木
龍床壹坐
床上黃花單席壹件 縇紫的土細
紫的方細褥壹件 內貢木紅鼎細
褥上彩花单席壹件 縇紫的土細

五峯山屛風壹坐 肆貼
奉安紅絨綵縇貳艮衣
捲軸紅絨綵縇貳艮衣
白表細拭巾壹件 長參尺伍寸
紅綃面帳壹件 紅絨綵縇具
內朱簾壹浮 青鄉綵縇貳艮衣具
青蓋壹 朱漆機具
鳳扇壹 朱漆機具
紅蓋壹 朱漆機具
雀扇壹 朱漆機具

朱漆祭床肆坐
座面陸油芚壹番
紅紬床巾壹件
朱漆燭床貳坐
朱漆祝床壹坐
朱漆香床壹坐
鍮大燭臺壹雙
鍮祝板壹
龍香爐壹 蓋具
香盒壹 蓋具

雉尾箒壹柄
閤門外所排
鎖鑰壹部 付朴只
外朱簾壹浮 青鄕絲貳艮衣具
踏掌別紋席壹尼
樽所朱漆床壹坐
座面油紙壹張
樽所小燭臺壹隻
勺籠壹 蓋具
黑漆床貳坐 中排設所用

祭器
銀匙貼壹 蓋具 內下
銀盞參 蓋具臺具 內下
銀茶鍾壹 蓋具臺具 內下
銀筯壹面 內下
中桂于里肆坐 臺具
散子于里伍坐 臺具
茶食于里伍坐 臺具
實果鍾子陸坐 臺具
鍮貼匙陸坐

鍮大貼匙參坐
鍮周鉢壹坐 蓋具
鍮湯器貳坐 蓋具
龍樽貳坐 樽所所排
龍勺貳
鍮大也壹坐
鍮所羅壹坐
鍮東海參坐
鍮沙用參坐
鍮煮壹

釜子壹
鼎壹坐
火鼎壹坐
紙盖兒叅
移安時所用樻袱秩
黑長樻壹部 上下豆錫鎖鑰貳部具上中下結 褁青鄉絲造叅艮衣具樻衣内紅 鄉絲造闊金絳囊貳件懸
樻内所用
紫的常織褥壹件 内貢藍雲紋大段
紅雲紋大段叅幅甲袱壹件 内貢藍雲紋大段
黑雲紋大段叅幅甲袱壹件 付兩色帶子銀箇 懸

雪綿子
小香囊貳拾伍件
樻外褁所用
紅吐紬樻衣壹件 内貢藍潞州紬象牙圜紐陸 顆懸
紅紬伍幅甲袱壹件
紅細木伍幅甲袱壹件
紅綃陸幅單袱壹件

御製
英宗庚辰冷節 親祭而記本 殿親祭自丁卯至今年再行此月十四年之間怳若昨日噫丁丑暮春豈意復行節日且瞻望 寳榻追憶戊辰懷尤一倍伊時奉陪而来同奉 殿中回拳 慈聖今日將奉於何身雖回矣心在 殿中只自愴涕也夫
正宗辛丑十二月初三日 親行臘享大祭以 英廟御製詩書下曰此 先大王戊辰幸此 殿時御製也 詩載前誌 上敬次其韻并小序曰昔在我 寧

考乙酉寒食日 享于 南殿小子陪祭行亞獻
今於十有七年之後躬薦臘享前夕齋居不任感
慕之誠恭和璧上 御製詩韻時予踐祚之五載
辛丑也詩曰十年前事怳如新 南殿仲誠又此
辰小子敢言能繼述 先王八耋享猶親仍命隨
駕諸臣賡進

御諭
英宗辛未六月初七日 親傳 香入侍時 上曰
永禧殿影幀奉安處榻上板子如或有滲漏之患
易汚於 寶幀每當雨濕之時入直殿郎頻頻奉
審之意分付可也 又教曰 永禧殿有頃處報
於禮曹手判敦寧申晩曰例報禮曹矣 上曰此
後或有 殿内雨漏則 殿郎即爲來告政院徹
禀可也
乙亥二月初十日酌獻禮後回鑾時 上駐轎於
大門之外招 殿官守僕立於駕前而傳教曰予

今回甲之後展謁本 殿可謂不易之事此後則
殿内凡事各別申飭而至於守僕則江流石不轉
尤爲另念可也
正宗辛丑十二月初三日本 殿臘享大祭親行後
傳曰取見本 殿志則庚午以後未克續撰伊後
儀文之因是曠缺豈非欠事曾聞禮議有蒐輯之
本云矣且令裒輯此等文字及此時同爲修潤甚
爲便好本 殿志令禮曹參議柳義養斯速撰次
以進
癸卯七月十七日本 殿修改時 上親臨董役

教曰昔在 先朝凡有 廟殿修改整衣臨御于
移安廳前還 安後始入小次此小子之所嘗欽
仰者今何敢自暇自逸不思繼承之圖乎
正宗丁未五月二十九日 傳曰 神室雨漏無歲
無之此盖守直官員不謹之致室上落葉這這掃
除則豈有是也因此思之 南殿守直官隷之不
謹亦類是焉視 廟宮勤怠判異今當修改後又
復不謹禮曹各別察飭 殿監設置既倣 文昭
殿監之例而凡所修舉未聞有別般勤勵事極駭
然亦須申飭可也

壬子二月 日本殿春奉審執頉判下内 傳曰南殿奉審修補每於殿監守僕輩任意執頉其為屑越莫甚於此此後户判各别致察無或如前任置大抵殿監與守僕一齊隨現嚴治然後方可為重所重而亦可以仰體昔日軫恤貢市人之 聖意卿等知悉仍又嚴飭渠輩

變通

英宗丙戌八月十八日藥房入診時領議政洪鳳漢所 啓 陵園親祭時及 殿宮祭享時為餅糆泡湯措備輒令女人待令故京兆各部憑此横侵固多騷擾之弊況至尊敬之地使来歷不明不精潔之女人相雜於諸熟手之中亦甚未安太常熟手無物不造何獨於餅糆泡湯不可造乎方自太常别為變通欲使熟手擧行一以尊事體一以除民弊而事係享祀故敢達矣 上曰依為之聞甚駭然非徒褻慢民弊可勝言哉此後嚴禁其犯者

太常官貟部官重繩

正宗辛丑十二月初三日 親行臘享大祭後 傳曰本 殿事體莫重而殿官只有二人之故五日奉審朔望焚香如值有故難保其若禮擧行其為褻慢孰大於是雖以假官差出一事言之以忠義衛權差者又屬欠敬此後奉審焚 香等節十分惕念無或違式而假官則以成均館官貟差定六曹假郎尚瑞假官尚有 稟啓或口傳之擧焉本殿假官差出自禮曹草記仍令吏曹口傳 啓下事定式

同日 傳曰兹事曾所仰聆而廷議亦未已迄此因仍寔由未遑本 殿事體一如 真殿然於出納 御真之際展軸開櫝助擧傳捧决非入直殿司一人獨可周旋之事以此之故守僕輩每多同力擧行 祭物陳設時忠義之進止年前既因先朝特教至今遵用況此至尊至敬之事 文昭殿監又是旁照之襯例繼今為始守僕一窠姑減而差出 殿監一人帽帶供職如是定式則本殿守僕必以自中有家閥能解事人差定為可且移還安時鳳頭節次一依别監例為之與 廟社

守僕大有異焉然則烏可不用　璿源殿别監兼
稱守僕之例也此後本　殿守僕自政院該房取
才備三望入　啓受點而本　殿志及五禮儀能
講然後擬望根派文技懸註入　啓事定式施行
仍令載于本院故事
同日右承旨徐有防所　啓　殿監事體自異不
可單付令方備三望以入而　下批之後宜有料
窠區處之道分付兵曹遆兒中以為隨窠付祿之
地何如　上曰依為之
壬子十一月初九日　殿監之代　命內閣擬望
入　啓　殿監守僕此後則自內閣擬入事　下
教

上之九年戊午九月己亥　南殿第六室成始躋
純祖大王真容遂有事　上親幸焉辛丑啓鎮忝除
齋郎詣本　殿奉審訖退息于齋廬　永禧殿志
有二冊自創建緣起　祝號饌品暨夫尊彝敦匜
鼎鼏之數牀簾屛帷之屬下而至齋廬什器僕隷
廩布之瑣碎與大小條例之所裁定靡不纖悉賅
載俾永永無失墜寔啓鎮族祖故判書嘐嘐公郎
于　英廟時所述其䟦語可按而知也既又謹稽
正廟聖教若曰取見本　殿志庚午以後未克續撰
儀文因是曠缺豈非欠事令禮曹參議柳義養撰

次以進錄是觀之宜其有續編而迄未見焉豈所撰之未遑於進覽歟抑已進而未下本 殿歟監僕輩無能言故實而柳家草本亦遭燬云可勝惜哉蓋庚午距今百有十年卽無論漫節徵文若重修廳之設于壬辰 第五室之奉于戊戌固已炳炳可書矧玆 廟貌重煥縟儀甫擧採摭闕遺尤所當務也顧惟藐末何敢肩是而上攀 正廟綍言下襲族祖緖墨誠不爲無據且就本 殿之儀軌謄錄旁訂以喉院日記剗繁撮要闕疑傳信已耳乃自 英宗辛未至今 上戊午而止彙成一篇曰 南殿續志噫前誌所鋟固若有待乎今日今日以往可誌者又何限後之君子尙無以啓鎭之忲而嗣有修述焉則是編也亦庶幾徵之無極云爾

哲宗己未歲己未季秋日參奉金啓鎭謹識

盜變

壬辰十一月初六日早朝上直守僕詗察祭器庫前後則後面椽上有撤瓦穿穴之跡故遑忙奔告于入直官員而開庫入審則六 室銀器沒數見失萬萬惶懍稟告于都提調提調而緣由入 啓

啓目

永禧殿官員以都提調提調意

啓曰卽接守僕所告則以爲今月初五日夜 祭器庫有偷竊之變銀匙貼具蓋六坐銀盞具蓋與臺十八坐銀茶鍾具蓋與臺六坐及飮

福盞具臺二坐并為見失矣　莫重敬謹之地
豈有此萬萬驚懔惶悚之事乎盤爵之節
不可晷刻暫緩令左右捕廳嚴加譏詗期於
捉得當日入直官員與守門將并令該府拿
問嚴勘上直守僕庫直軍士並移送秋曹鉤
覈根因常時不能操飭之失臣等不勝惶恐
待罪而　祭器措備之節令度支即速擧
行何如
傳曰豈意肅敬之地有此偷竊之變聞極驚悚
繼以痛惋當日入直郎廳與守門將並令該
府拿問重勘守僕軍士等出付秋曹到底
鉤覈而此非一漢之獨辦左右捕將發牌詗
犯諸漢刻期譏捉事聽　傳敎　祭器當
自內新造卿等勿待罪
壬辰十二月初四日
銀祭器內下
第一室
銀匙貼壹 盖具　重肆拾兩
銀盞叁 盖具 臺具　重伍拾貳兩伍戔
銀茶鍾壹 盖具 臺具　重拾捌兩
銀筋壹面　重叁兩伍戔
第二室
銀匙貼壹 盖具　重叁拾捌兩伍戔
銀盞叁 盖具 臺具　重肆拾玖兩伍戔
銀茶鍾壹 盖具 臺具　重拾捌兩
銀筋壹面　重叁兩伍戔
第三室
銀匙貼壹 盖具　重叁拾陸兩伍戔
銀盞叁 盖具 臺具　重肆拾捌兩
銀茶鍾壹 盖具 臺具　重拾捌兩
銀筋壹面　重叁兩伍戔
第四室
銀匙貼壹 盖具　重叁拾陸兩伍戔
銀盞叁 盖具 臺具　重肆拾捌兩肆戔
銀茶鍾壹 盖具 臺具　重拾捌兩
銀筋壹面　重叁兩伍戔
第五室
銀匙貼壹 盖具　重叁拾陸兩
銀盞叁 盖具 臺具　重肆拾捌兩
銀茶鍾壹 盖具 臺具　重拾柒兩玖戔

銀筯壹面 重叁兩肆戔陸分

第六室

銀匙貼壹 蓋具 重叁拾玖兩伍戔

銀盞叁 蓋具 臺具 重肆拾柒兩捌戔

銀茶鍾壹 蓋具 臺具 重拾捌兩

銀筯壹面 重叁兩伍戔

銀飲福盞貳 蓋具 臺具 重叁拾壹兩